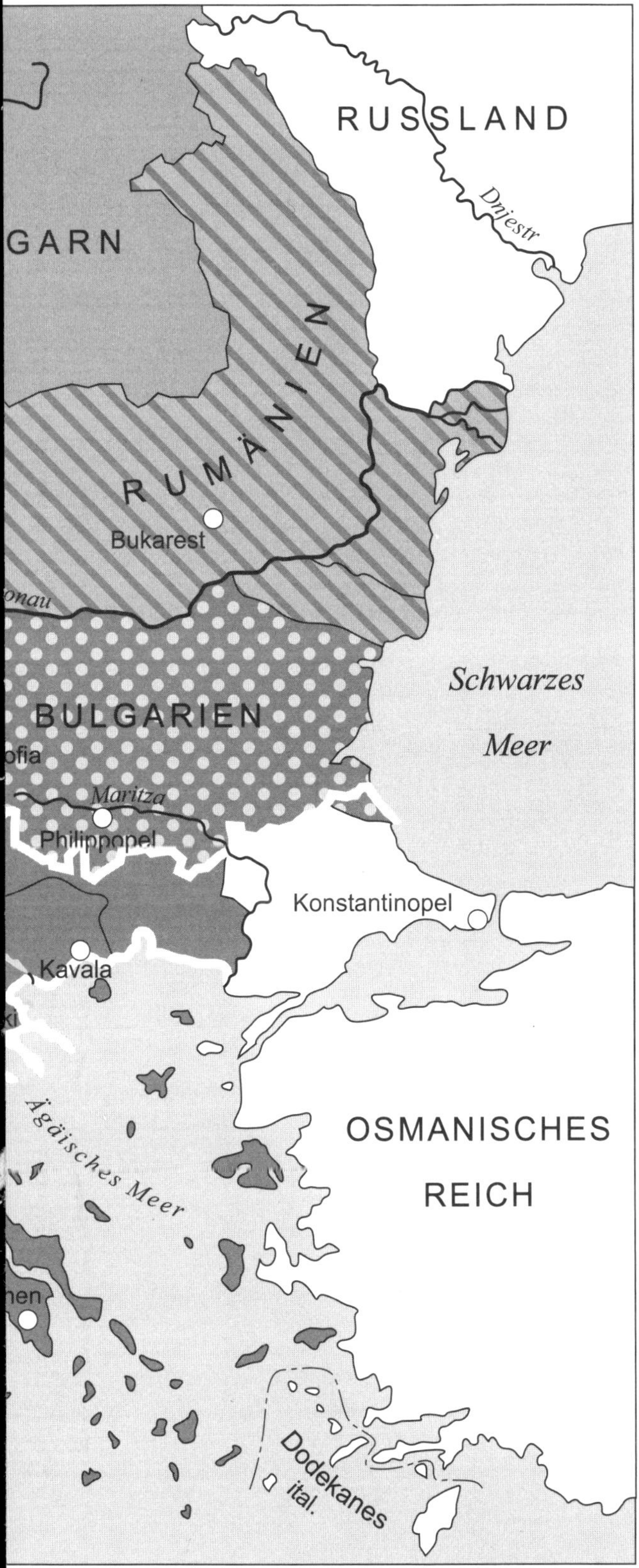

RUSSLAND

Dniestr

GARN

RUMÄNIEN

Bukarest

onau

Schwarzes
Meer

BULGARIEN

ofia

Maritza

Philippopel

Konstantinopel

Kavala

Ägäisches Meer

OSMANISCHES

REICH

hen

Dodekanes
ital.

Die weiße Linie kennzeichnet die
Gebiete, die bis zum Beginn der
Balkankriege dem osmanischen
Reich angehörten.

Die Julikrise 1914

Lüder Meyer-Arndt

Die Julikrise 1914: Wie Deutschland in den Ersten Weltkrieg stolperte

Mit einem Geleitwort von
Imanuel Geiss

2006

BÖHLAU VERLAG KÖLN WEIMAR WIEN

Bibliografische Information der Deutschen Nationalbibliothek:
Die Deutsche Nationalbibliothek verzeichnet diese Publikation in der
Deutschen Nationalbibliografie; detaillierte bibliografische Daten
sind im Internet über http://dnb.d-nb.de abrufbar.

© 2006 by Böhlau Verlag GmbH & Cie, Köln
Ursulaplatz 1, D-50668 Köln
Telefon (0221) 91 39 00, Fax (0221) 91 39 011
info@boehlau.de

Satz und Lithographie: Peter Kniesche Mediendesign, Tönisvorst
Druck und Bindung: Strauss GmbH, Mörlenbach
Gedruckt auf säurefreiem Papier
Printed in Germany
ISBN-10 3-412-26405-9
ISBN 978-3-412-26405-5

Inhaltsverzeichnis

Vorwort

Die vorliegende Arbeit ist aus einer von dem Verfasser empfundenen Literaturlücke entstanden: Er fand in der einschlägigen Sekundärliteratur keine für ihn überzeugende Antwort auf die Frage, wie es geschehen konnte, dass Deutschland, obwohl die Entscheidungsträger die sehr schlechten Chancen ganz richtig einschätzten, es zum großen Krieg hat kommen lassen. Er zog daraus die Folgerung, selbst in die Quellen zu steigen, wohl ohne volle Vorstellung der damit verbunden Arbeit.

Er las die amtlichen Dokumente, auf die sich die bisherige Forschungsliteratur meist konzentrierte, neu und selbständig, interpretierte sie, vielfach scharfsinnig. Jenseits der amtlich publizierten Akten erschloß er reiches und informatives Quellenmaterial erschlossen. Bei dieser Art zu arbeiten, gelingen ihm bemerkenswerte Einsichten, die der bisherigen Forschung weitgehend entgangen waren oder ihr nur als sekundär erschienen.

Besonders instruktiv ist seine genaue Differenzierung der verschiedenen Handlungsebenen im Auswärtigen Amt, die zu unterschiedlichen Zeitpunkten der Julikrise 1914 unterschiedlich agierten und auf die Handlungsabläufe einwirkten: Die bisherige Forschung nahm mehr oder weniger naiv die Unterschriften unter Telegramme, Erlasse usw. der Männer an der Spitze, vor allem Reichskanzlers Bethmann Hollweg und des Staatssekretärs des Auswärtigen Amtes v. Jagow, zu unbesehen für bare Münze oder beachtete zu wenig, von wem die *Entwürfe* zu den Dokumenten tatsächlich stammten.

Hier zeigt Meyer-Arndt, dass Beamte unterhalb der Führungsebene Reichskanzler und Staatssekretär v. Jagow bzw. Unterstaatssekretär Zimmermann sehr viel aktiver waren als bisher wahrgenommen, vor allem der Dirigent der Politischen Abteilung im Auswärtigen Amt, von Stumm. Er bestimmte anfangs stärker, als bisher gesehen, die deutsche Reichspolitik in Richtung auf den Krieg Österreich-Ungarns gegen Serbien, der den Stein ins Rollen brachte. Dagegen erscheint namentlich der Reichskanzler als merkwürdig getrieben oder sich treiben lassend: Als der Kanzler seit dem 29. Juli versuchte, das Steuer herumzuwerfen, offensichtlich aus Angst vor der eigenen Courage und den Konsequenzen seiner Fahrlässigkeit gegenüber der heraufziehenden Gefahr eines allgemeinen Krieges, war es schon längst zu spät.

Ferner arbeitet der Vf., viel stärker als sonst üblich, das Kompetenz-Chaos an der Spitze des Deutschen Reiches heraus, das noch nicht einmal eine klare vorherige institutionalisierte Diskussion der großen Linie der Politik zuließ. Schon gar nicht gab es ein geordnetes Zusammenwirken von Reichspolitik und militärischer Führung zu Lande (Armee) und zu Wasser (Flotte), weit über fast schon normale Rivalitäten zwischen Heer und Marine nicht nur im Deutschen Reich hinaus, weder in der Rüstungspolitik vor dem Kriege, noch in der Julikrise 1914 oder in einer strategischen Gesamtplanung im Kriege. Dass Kaiser Wilhelm II. in seiner Sprunghaftigkeit und seinem ebenso irrlichternden wir irritierenden Bramabarsieren als nationale oberste Koordinierungsinstanz kläglich versagte, findet hier noch einmal eindrucksvolle Bestätigung: Wenn er in kritischen Momenten das erste oder letzte Wort hatte, kam er entweder voreilig zu früh, wie am 30. Juni und 5. Juli in der Festlegung auf ein Drängen in Wien zum Krieg gegen Serbien, oder zu spät, wie am 29. Juli mit seinem „Halt in Belgrad"-Vorschlag, den die in Berlin von seinen ihm formal unterstellten Untergebenen entfesselte Dynamik des Großen Krieges schon überrollt hatte – vom Lokalkrieg der Donaumonarchie gegen Serbien über den Kontinentalkrieg mit Rußland und Frankreich, durch den Kriegseintritt Englands ausgeweitet zum veritablen Weltkrieg.[1] Kurz: Rein führungstechnisch entpuppte sich das stolze Deutsche Reich im Juli/August 1914 der Sache nach „kopflos", buchstäblich im doppelten Sinne – die Entscheidungsfindung verlief konfus bis chaotisch, so dass zuletzt die Militärs das sich auftuende Machtvakuum ausfüllten, in das sie kopfschüttelnd eintraten. In einem früheren Stadium war die Schrift ganz treffend „Kopflos in der Krise" betitelt.

---

1 John Röhl: Wilhelm II.

Die Lage im Jahre 1914 wurde durch die weitere und engere Vorgeschichte des Ersten Weltkrieges[2] geprägt, einem Ensemble der damaligen objektiven Machtkonstellation in Europa und der Welt vom Zyklus aufsteigender, niedergehender und (damals) untergegangener Mächte[3]: Das Deutsche Reich war 1914 *in Europa* die stärkste, am dynamischsten aufstrebende Großmacht, zwischen niedergehenden, nur noch formalen Großmächten (Osmanisches Reich, Österreich-Ungarn), Großmächten, die schon den Höhepunkt ihrer Macht überschritten hatten (Frankreich), gerade auf dem Höhepunkt ihrer Macht standen (England mit seinem British Empire) oder nur formal zu den Großmächten zählte (Italien). Hinzukamen zwei aufstrebende Großmächte in Übersee, noch unterhalb des europäischen Horizonts, die ihre Rivalität einen Weltkrieg später kriegerisch miteinander ausfochten, die USA und Japan im pazifischen Teil des Zweiten Weltkrieges. Schließlich sind noch traditionelle Macht- und Zivilisationszentren zu nennen, die vor 1914 auf dem Tiefpunkt ihrer Macht standen, aber im Laufe des 20. Jahrhunderts zu unterschiedlichen Großmächten eigenen Rechts aufstiegen – Indien, China, Persien/Iran.

Komplizierter und deshalb ein Kapitel für sich war Rußland, deshalb hier ausführlicher zu erklären: Das damals zarische Rußland war intern vielfach gespalten. Rein *quantitativ*, nach wachsendem Territorium und wachsender Bevölkerung, gehörte der größte Flächenstaat der Weltgeschichte mit Bevölkerungs- und Territoriumswachstum zu den expandierend Großmächten seiner Zeit, aber nach innen war es zerklüftet, gehörte daher zu den absteigenden Großmächten: Mit seiner heterogenen Bevölkerung erfüllte Rußland den Idealtyp traditioneller Großreiche im Zahlenverhältnis zwischen Reichsnation (Großrussen) und nationalen Minderheiten – ungefähr 50:50. *Qualitativ* war zwar

---

2 Imanuel Geiss: Der lange Weg in die Katastrophe, Vorgeschichte des Ersten Weltkrieges 1815–1914, München 1990, 1993.
3 Ders.: Deutschland und Österreich-Ungarn beim Kriegsausbruch 1914. Eine machthistorische Analyse, in: Ungleiche Partner? (HMRG, Beiheft 15), Wiesbaden 1996, S. 375–395.

Rußland stark mit einer seit der Bauernbefreiung 1861 expandierenden Industrie, die aber zugleich ein entsprechendes Industrieproletariat großzog, aber schwach in seiner traditionell agrarischen Basis. Dazu hatte seine Funktionselite eine geringe Qualität: Ihre traditionelle Spitze verteidigte das eigene zarische System selbst kaum noch, ließ sich in die heraufziehende Revolution treiben, die seine revolutionäre Intelligentisa eifrig betrieb. Beide, alter Gutsbesitzeradel und junge Intelligentsia waren verantwortungslos, im doppelten Sinn. Die Folge war eine innere Labilität, die, nach kriegerischen Niederlagen 1914–17 und Afghanistan 1979–88, in den zweifachen Zusammenbruch mündeten – 1917 und 1989/91.

In dieser Gesamtweltlage wollte das Deutsche Reich mit seiner „Weltpolitik" den Aufstieg von der seit 1871 kontinentalen Großmacht zur wie auch immer verstandenen „Weltmacht" erzwingen, ebenbürtig mit England und seinem Britischen Empire. Es stützte sich auf eine seit der Reichsgründung 1871 für damalige Zeit rasante Industrialisierung und ein anhaltendes Bevölkerungswachstum. Das Reich rühmte sich einer Armee, die damals als die beste der Welt galt, und der zweitstärksten Flotte zumindest in Europa, die sich Chancen ausrechnete, selbst die englische zu besiegen, dank (nur punktueller) qualitativer Überlegenheit und mit etwas Kriegsglück. Aber „Weltpolitik und kein Krieg" (gegen England) war bestenfalls pure Illusion, schlimmstenfalls arglistige (Selbst-)Täuschung, denn eine solche gewaltige Machtverschiebung war, nach allen bisherigen historischen Erfahrungen, ohne entsprechende Gewaltanwendung, also einen großen Krieg, nicht zu haben.

Außerdem erwarteten die Kabinette und intelligenten Journalisten den „Weltkrieg", den Krieg aller fünf Großmächte der Europäischen Pentarchie gleichzeitig, wenn eines von zwei Ereignissen eintrat, die bald erwartet wurden – Auflösung des Osmanischen Reiches, Tod Kaisers Franz-Joseph und Auflösung Österreich-Ungarns: Der Erste Weltkrieg wäre dann als Osmanischer oder Habsburgischer Erbfolgekrieg mit elementarer Wucht ausgebrochen. In der Tat entzündete sich der Erste Weltkrieg mit dem

Attentat von Sarajevo vom 28. Juni 1914 an der Schnittstelle von Osmanischer und Habsburger Frage, die dem Wort nach, so nie gestellt wurden, aber der Sache nach genau dort explodierten, mit geschichtsnotorischer Brisanz, wenn auch zeitlich versetzt: Beide dynastisch-multinationale Großreiche, als Verbündete des Deutschen Reiches eng umschlungen, gingen jedoch nicht *vor* Ausbruch des Ersten Weltkrieges unter, sondern unmittelbar in seinem Ende (Österreich-Ungarn) Oktober/November 1918 bzw. kurz danach (Osmanisches Reich 1920–23).

Hinter dem Drang des Deutschen Reiches zu Höherem in seinem (ersten) „Griff zur Weltmacht" (Fritz Fischer) wirkte das universale Prinzip der „Pleonexia", (Platon, Aristoteles), das „Mehrhabenwollen von Macht und Geld", das noch alle stolze Reiche der Weltgeschichte ruinierte, auch gegenwärtig die größte Weltmacht der Weltgeschichte in ihr *„imperial overstretch"* (Paul Kennedy) treibt, in Überschätzung eigener Allmacht, dank schier unendlich qualitativer Überlegenheit gegenüber dem „Rest der Welt".

Unter so weiten welthistorischen Perspektiven macht dann auch die konzeptionelle Konfusion an der Spitze des Reiches Sinn: Bismarck in seinen späten Jahren hatte in der Zeit der großen West-Ost-Krise 1885–87 (gegenüber Frankreich Boulanger-Revanche, gegenüber Rußland Bulgarien-Afghanistan) hellsichtig die politische Großwetterlage so charakterisiert: Der große Weltgegensatz des 19. Jahrhundert ist der zwischen England und Rußland. Solange er anhält, ist Deutschland sicher. Mit der „Weltpolitik" lehnte sich das Reich aber zu weit aus dem Fenster und zog nun die Hauptspannungen auf sich. Aus inneren wie äußeren Gründen war es aber nicht in der Lage, mit England oder Rußland ein Bündnis zu schließen, auch weil es, in der Logik damaliger Weltpolitik, früher oder später den Krieg mit dem verschmähten Partner bedeutet hätte. Allein, ohne *gleichwertigen* Verbündeten, aber war Deutschland auf Weltebene nicht mächtig genug, schon weil niemand gegen die später selbstzerstörerisch betonte „Welt von Feinden" siegen kann, heute auch nicht die schier übermächtige USA.

So war Deutschland 1914 so gut wie allein, militärisch und ökonomisch zu schwach, mehr als nur einen Kontinentalkrieg zu gewinnen, nicht aber gegen England einen ausgewachsenen Weltkrieg, schon gar nicht ab 1917 gegen die USA, die kommende Weltmacht. Die außenpolitisch-diplomatische Konfusion an der Spitze des Deutschen Reiches im Juli/August 1914 war daher nur eine logische Konsequenz der vorausgegangenen Fehl-Analyse der Weltlage: Die deutschen Spitzenmilitärs konstatierten diese Konfusion der politischen Führung aber nicht als den Frieden rettende Schutzengel, wie man annehmen könnte, sondern weil sie fürchteten, die politische Konfusion würde auch auf ihre sorgfältig ausgetüftelte militärische Planung übergreifen. Der hochgelobte Schlieffenplan aber entpuppte sich ohnehin als katastrophale Fehlplanung, denn er reichte allenfalls nur für den Kontinentalkrieg gegen Rußland und Frankreich. Wie die gesamte deutsche „Weltpolitik" basierte der Schlieffenplan auf einer Kette ebenso grandioser wie kostspieliger deutscher (Fehl)Spekulationen, seit der verdeckten Finanzierung der preußischen Heeresreform 1863 und der Reichseinigungskriege von 1864 und 1866 durch Bismarck mit einem streng geheimen Darlehen vom Hause Rothschild.[4]

Solche weltpolitischen und welthistorischen Gesichtspunkte liegen außerhalb des vom Verfasser gewählten Themas. Meyer-Arndt stellt seine ganze Aufmerksamkeit in den Dienst eines Ziels – weshalb die 1914 Handelnden es zum großen Kriege kommen ließen, obwohl sie die Macht der Gegner und die Gefahr eines Unterliegens ins Auge sahen. Dennoch bekam seine Entscheidung der Beschränkung auf die entscheidenden Akteure an der Reichsspitze im Juli/August 1914 seinem Werk gut: Es ist

---

4 Fritz Stern: Gold und Eisen. Bismarck und sein Bankier Bleichröder. Aus dem Amerikanischen. Berlin 1978, S. 63–113; die Tradition „ebenso grandioser wie kostspieliger deutscher (Fehl)Spekulationen" von Bismarck zu Hitler etwas näher skizziert bei J. Geiss: German foreign policy in the Weimar Republic and the Third Reich, 1919–1945, in: Panikos Panayi, ed.: Weimar and Nazi Germany, 1919–1945. Continnities and Discontinnities. London 2001, S. 134–170, besonders S. 137–168.

flüssig geschrieben und informativ, verdient in seinem Bemühen um selbstkritischer Objektivität auch die Aufmerksamkeit der Fachwelt.

Imanuel Geiss, Bremen   Mai 2006

Einführung

Die Geschichtswissenschaft ist wenig erstaunt darüber, daß die deutschen Staatsmänner im Juli 1914 einen Krieg zugelassen haben, in dem das Reich sich der deutlich überlegenen militärischen, wirtschaftlichen und diplomatischen Kriegspotentiale dreier Weltmächte gegenüber sah. Erstaunen wäre aber am Platze, die Verantwortlichen kannten die Schwäche der deutschen Streitkräfte im Verhältnis zur Übermacht der Gegner. Daß sie gleichwohl dem Krieg nicht, was leicht möglich gewesen wäre, ausgewichen sind, ist rätselhaft. Das gilt um so mehr, als unklar blieb, was Deutschland bei diesem Kampf eigentlich zu gewinnen hatte. Jeder Historiker, sollte man meinen, müßte dieses Paradoxon hervorheben und sich in irgendeiner Form dazu stellen.

Fritz Fischer hatte die historisch-wissenschaftliche Debatte ab 1961 für anderthalb Jahrzehnte geprägt. Aber im Gegensatz zu ihm und auch im Gegensatz zu einigen amerikanischen und britischen Forschern schreiben die meisten deutschen Historiker die Geschichte des Juli 1914 ohne Kritik an den verantwortlichen Männern. Sie finden in den Motiven und Zielen der „Reichsleitung" keinen Willen zum Weltkrieg und bewerten ihre Antwort auf die Sarajewoer Provokation als nachvollziehbar und vertretbar. Das gilt selbst für Historiker, die Albertinis Werk und Fritz Fischers Bücher ernst nehmen. Sie billigen den handelnden Personen zu, in einer schwierigen Lage ihr Bestes gegeben zu haben. Daß die deutsche Diplomatie von dem relativ besten verfügbaren Staatsmann gelenkt worden sei, diese Behauptung reizt sie nicht zum Widerspruch. Die deutsche Diplomatie sei durch die Umstände geboten gewesen. Das Risiko des Weltkrieges habe man in Kauf nehmen müssen. Man spricht dabei von einem „kalkulierten" Risiko; dabei soll dieses Adjektiv das Eingehen des Risikos sinnvoller und billigenswerter erscheinen lassen.

Die dieser Grundauffassung entsprechenden Abhandlungen und Schriften stellen den Krisenverlauf aber zu milde dar. Sie lesen sich zwar ganz flüssig, aber nur deswegen, weil sie den Leser mit dem eben definierten Paradox verschonen.

Mit seinen Kritikern ist sich Fritz Fischer in einem Punkt einig: Sie gehen alle gar nicht oder höchstens in unzulänglichem Maße auf die Frage ein, ob die Akteure von 1914 ihrer Verantwortung gegenüber Deutschland und dem deutschen Volke gerecht geworden sind. Dies ist unbefriedigend, weil die natürliche Fragestellung verkürzt wird und man zu einigen wichtigen Aussagen nicht vordringt.

Zum Verständnis der deutschen Diplomatie gehört auch die Frage, wie Bethmann Hollweg zu beurteilen ist. War er wirklich die zentrale Figur der deutschen Diplomatie und Politik in der Julikrise? Oder lag größere Verantwortung doch bei anderen? Hier kommt der Kaiser in Frage, dann auch der Staatssekretär des Auswärtigen Amtes, Gottlieb von Jagow, der Botschafter in Wien und schließlich „die Militärs".

Was den Kaiser betrifft, so behauptet Fritz Fischer, Bethmann habe ihn „entmachtet". Darauf wird einzugehen sein. Dann ist zu prüfen, welche Ziele Jagow, der Chef des Auswärtigen Amtes, verfolgt hat. Wie groß war sein Einfluß auf diplomatische Einzelentscheidungen in der Krise oder das Fehlen solcher Entscheidungen? Wollte er den Krieg vermeiden? Das ist noch keineswegs sicher bewiesen. Hat er im Übermaß auf die Hocharistokratie der Doppelmonarchie oder des wilhelminischen Regimes Rücksicht genommen? Oder hielt er vielleicht aus Gründen, die das Licht der Öffentlichkeit scheuen mußten, an der fixen Idee fest, daß Österreich seinen Krieg gegen Serbien führen müsse, koste es, was es wolle?

Mehrere Arbeiten aus den letzten Jahrzehnten sprechen von einem „Operieren der Reichsregierung am Rande des Abgrunds", von dem man dringend wünschte, daß das ohne Auslösung eines großen Krieges gelingen werde. Welcher Art war dieses Operieren? Oder wurde vielleicht gar nicht „operiert", sondern nur reagiert? Welches Ziel hatten die Handelnden vor Augen, als sie ein Risiko von größtem vorstellbaren Gewicht eingegangen sind? Hierauf antwortet die Wissenschaft: Man habe

„die Entente auseinandermanövrieren" wollen. Deutschlands Politiker hätten sich von Rußland, Frankreich und Großbritannien, die ihr Verhalten untereinander abstimmten, „eingekreist" gefühlt. Sie hofften, eine harte österreichische Strafaktion gegen Serbien werde die Tripleentente belasten und auseinandertreiben. Jagow und Bethmann Hollweg, wird gesagt, glaubten, Frankreich werde sich aus verschiedenen Gründen der Bündnispflicht entziehen. Dieses Verhalten werde, so stellen mehrere Historiker weiter das Denken Bethmann Hollwegs oder der deutschen Staatsmänner dar, in Petersburg übel vermerkt werden. Rußland werde seine auswärtige Politik neu orientieren. Es werde den Allianzvertrag mit Frankreich auslaufen lassen und eine neue Gruppierung mit Österreich-Ungarn und Deutschland bilden. Diese Auffassung fragt, ob und in welcher Weise die „langfristigen Strukturen", darunter das langfristig angelegte europäische Bündnissystem, für den Kriegsausbruch ursächlich waren, nicht nach den unmittelbaren Vorgängen des Sommers 1914.

Die Lehre des „Auseinandermanövrierens" beruht (mindestens: in erster Linie) auf den Tagebüchern Kurt Riezlers, eines jungen Diplomaten, der während der Krise für drei Wochen als Gast des Reichskanzlers auf dessen Gut Hohenfinow täglich mit ihm gesprochen hat. Es ist strittig, ob man es hier mit einem verläßlichen Fundament für die historische Urteilsfindung zu tun hat. Das Original der Tagebücher, soweit sie die Wochen der Julikrise betreffen, ist nämlich nicht verfügbar und ihr Inhalt nicht bekannt; wahrscheinlich sind sie vernichtet. Riezler hat diesen Teil seiner Tagebücher irgendwann zwischen den beiden Kriegen „abgeschrieben" und ihn danach mindestens unauffindbar gemacht. Es wäre ein Wunder, wenn er dabei nichts geändert hätte. Die „Tagebücher" sind also geschrieben, als Riezler vom Rathaus gekommen war, sie sind als Material für Geschichtsschreibung untauglich.

Waren es nicht Gründe der direkten Beziehungen zu den Mächten der Entente, die Berlin kriegsbereit gemacht haben, so sollte vielleicht einfach eine vor Jahrzehnten Österreich-Ungarn gegenüber eingegangene Bündnisverbindlichkeit erfüllt werden? Auch dieser Frage ist erneut nachzugehen.

Es geht dem Verfasser darum, die Handlungen der Entscheidungsträger zu charakterisieren, indem er sie mit einer – ex post betrachtet – erfolgreicheren Politik vergleicht. (Natürlich müssen Kenntnisse, die die Handelnden nicht haben konnten, bei einer solchen Betrachtung außer Betracht bleiben.) Ohne Kritik würden die Ereignisse uninteressant sein, unlebendig und unverstehbar bleiben. Dabei soll gewissermaßen die Kritik nachgeholt werden, die das wilhelminische Regime 1914 durch Falschinformation und Pressezensur auf weite Strecken unmöglich gemacht hatte und die wichtiges mit einem schweren patriotischen Verdikt belegt war.

Fritz Fischer hatte an dem Verhalten der Entscheidenden, das zum Krieg geführt hat, zweifellos ausreichende Kritik geübt. Und er hat frei ausgesprochen, daß die Geschichtswissenschaft bis zu seinen Veröffentlichungen als Magd der Politik die Fakten in apologetischer Absicht zusammengestellt und gedeutet hatte. Dennoch hilft er nicht aus dem Dilemma: Er hat das Pendel zu weit nach der anderen Seite ausschlagen lassen. Er hat, wie ein englischer Autor sich ausdrückt, die wirklichen Sünden Deutschlands um imaginäre vermehrt. Infolgedessen hat auch Fischer den Zugang zu der Paradoxon-Fragestellung nicht gefunden.

Ein zweites Manko des Geschichtsverständnisses der heutigen Wissenschaftler könnte darin liegen, daß sie die schlechte Art, daß auf deutscher Seite Beratungen und Kooperation gefehlt haben, nicht wichtig genug nehmen.

Die Untersuchung beschränkt sich auf die Verantwortung der Handelnden gegenüber dem Volk. Ob Deutschland internationales Recht oder andere internationale Ordnungen, etwa noch intakte Reste der „Pentarchie", verletzt hat, wird nicht untersucht. Innerhalb dieses Bereiches ist es unerheblich, ob die Entente den Krieg wollte. Die deutsche Regierung mußte ihre Politik mit Vorsicht führen. Die Diplomaten in der Wilhelmstraße hatten ihr Verhalten so einzurichten, daß Deutschlands Interesse insbesondere auch im Falle des Kriegswillens Rußlands bestmöglich gewahrt wurde.

Das Wort „Krieg" kann, wenn es um die Krise vom Juli 1914 geht, dreierlei bedeuten: den Balkankrieg, den Österreich-Ungarn am 28. Juli gegen Serbien erklärt hat, den Kontinentalkrieg und schließlich den Weltkrieg. Das Rätsel, dem die vorliegende Monographie gewidmet ist, betrifft nur den Kontinentalkrieg. Denn der Krieg Österreich-Ungarns gegen Serbien konnte geführt werden, ohne die Kräfte der Habsburger Monarchie und Deutschlands zu überfordern. Insofern aber Rußland als Beschützer Serbiens auftrat, ist die Diplomatie der Mittelmächte erklärungsbedürftig. Das Wort „der Krieg" bezeichnet hier, wenn der Zusammenhang nichts anderes ergibt, den Kontinentalkrieg, Rußland und Frankreich auf der Gegenseite, mit dem Risiko des Beitritts Englands auf der Seite der Festlandsgegner.

Die Studie befaßt sich nicht direkt und sicher nicht erschöpfend mit den Ursachen des Krieges. Dem Verfasser geht es vielmehr darum, die kurzfristig auf das Attentat reagierenden Handlungen der Entscheidungsträger Deutschlands zu charakterisieren. Ereignisse der Vorgeschichte werden in die Darstellung der Krise eingeflochten. Soweit das zum Verständnis erforderlich ist.

Daß die hier vorgetragene Sicht in Teilen neu ist, liegt in erster Linie an der veränderten Fragestellung: Thema ist die Verantwortung nach innen, nicht die Schuld gegenüber den mit Krieg überzogenen Mächten der Entente. Darüber hinaus sind aber auch neue Dokumente gesichtet worden. Die Aufsätze in Jagows Nachlaß waren zwar seit längerem im Politischen Archiv des Auswärtigen Amtes zugänglich, sind bisher aber von der Forschung nur unzulänglich ausgewertet worden. Auch sonst hat der Verfasser in den Archiven neues Material gefunden, zum Beispiel das Journal des Hoffouriers im Preußischen Geheimen Staatsarchiv in Berlin. Neu sind Dokumente oder Schlußfolgerungen über die Reihenfolge der „Weltbrandtelegramme", über die gesundheitlichen Handicaps des Staatssekretärs von Jagow, über die Authentizität der Tagebücher von Kurt Riezler, dem Freund und Gesprächspartner Bethmann Hollwegs. Zu erwähnen sind auch die Tagebücher Theodor Wolffs, die bei der Veröffentlichung von Fischers Büchern noch nicht bekannt waren.

Die hier entwickelte Sicht wird die Wahlmöglichkeit der heute an diesen historischen Fragen interessierten Kreise erweitern; sie können in den Vergleich mit anderen Problemlösungen das Ergebnis der vorliegenden Studie mit einbeziehen: Bejahung von haarsträubenden, unverantwortlichen Fehlern der deutschen Entscheidungsträger, aber Verneinung des Strebens nach europäischer Hegemonie.

28. Juni bis 5. Juli: Die Mission Hoyos

I

Als der Erzherzog-Thronfolger am 28. Juni 1914 von serbischen Attentätern ermordet wurde, befanden sich Deutschland und Österreich in einem Dialog über Fragen der Balkanpolitik. Unmittelbar ging es dabei nur um ein etwa abzuschließendes Bündnis mit Bulgarien. Mittelbar aber sollte durch dieses Bündnis die Position der Donaumonarchie auch gegenüber Serbien und anderen dritten Mächten gestärkt werden.

Wilhelm und die deutschen Diplomaten in Berlin hielten ein Bündnis mit Bulgarien für gefährlich. Sie fürchteten, daß Rumänien mit Rücksicht auf seine schlechten Beziehungen zu Bulgarien den geheimen Bündnisvertrag mit den Mächten des Dreibundes stillschweigend beenden oder jedenfalls, daß die politisch maßgebenden Kreise des Landes sich innerlich von dem Bündnis lösen und es dadurch praktisch wertlos machen würden.

Hierüber hatte es zwei Wochen vor dem Attentat von Sarajewo auf höchster Ebene einen Meinungsaustausch gegeben. Auf Einladung des Erzherzogs Franz Ferdinand weilte der deutsche Kaiser – sein Freund – zwei Tage als Gast auf Schloß Konopischt.

Die politischen Auffassungen des Kaisers müssen bei dem Erzherzog eine günstige Aufnahme erfahren haben. Denn als Wilhelm von der Ermordung Franz Ferdinands hörte, waren seine ersten Worte: „Jetzt muß ich wieder von vorn anfangen." Allerdings muß man annehmen, daß die beiden Monarchen nur bezüglich der österreich-bulgarischen Beziehungen etwas rasch auszuführendes beschlossen haben: zunächst nur die Abfassung eines Memorandums.

Etwa zehn Tage nach Wilhelms Aufenthalt auf Schloß Konopischt legte der zuständige Referent des österreichisch-ungarischen Außenministeriums, Franz von Matscheko, den leitenden Herren seines Hauses den Entwurf des Memorandums vor. Das

Schriftstück betraf verständlicherweise nur Bulgarien, selbst das Wort „Serbien" kommt nicht vor.

Die Schüsse von Sarajewo veränderten die Diplomatie des Ballhausplatzes: das Ziel der Gewinnung Bulgariens als Bundesgenossen rückte in der Rangfolge der Priorität in die zweite Linie. Jetzt war die Regulierung des Verhältnisses zu Serbien das Hauptziel. Die Österreicher wollten nunmehr beides: Deutschlands Einverständnis mit harten Maßnahmen gegen Serbien als Vergeltung für den Tod des Thronfolgers und mit dem Versuch eines Bündnisabschlusses mit Bulgarien.

Schon am Tage nach dem Attentat begannen die in Frage kommenden Diplomaten in Wien mit Beratungen: Graf Berchtold als Minister des Äußeren, der österreichische und der ungarische Ministerpräsident – Graf Stürgkh und Graf Tisza – sowie der Chef des Generalstabs Conrad von Hötzendorf. Die Lagebeurteilung blieb durchaus kontrovers. Nur darin stimmten alle überein, daß man vor abschließenden Diskussionen wissen wollte, wie Deutschland auf die neue Situation reagierte.

Im Rahmen dieser Ermittlungen lud der Kabinettchef des Außenministeriums am Ballhausplatz, Graf Alexander Hoyos, schon am 30. Juni einen ihm bekannten deutschen Journalisten zu sich ein. Er traute ihm eine verläßliche Meinung über das Denken der Räte im Auswärtigen Amt zu. Hoyos war einer der einflußreichsten Männer des Wiener Außenministeriums; Dr. Victor Naumann galt als gut unterrichtet und als Intimus des deutschen Botschafters. Hoyos befragte seinen Gast insbesondere nach der zu vermutenden Meinung des deutschen Kaisers. Der Kabinettchef legte einen ausführlichen Vermerk hierüber sofort seinem Minister vor. Darin heißt es:

„Dr. Naumann glaubt, daß Kaiser Wilhelm, wenn man im jetzigen Augenblick, wo er über die Bluttat von Sarajewo entsetzt ist, in der richtigen Weise mit ihm spricht, uns jede Zusicherung geben und diesmal auch bis zum Kriege durchhalten wird, weil er die Gefahren für das monarchische Prinzip einsieht. Im Auswärtigen Amt werde man aber dieser Stimmung nicht entgegentreten, weil man den Augenblick für günstig halte,

um die große Entscheidung herbeizuführen. Was die öffentliche
Meinung in Deutschland anbelange, meinte Naumann, sie wäre
niemals für einen Krieg wegen Djakowa zu haben gewesen, jetzt
würde er aber die Garantie dafür übernehmen, daß sie wie ein
Mann sich an die Seite des Verbündeten stellen und den Krieg
als befreiende Tat ansehen würde". (Djakowa, eine Stadt im Ko-
sovo nahe der serbisch-albanischen Grenze, war 1913 Gegenstand des Streits zwischen Serbien und Österreich.) „Österreich-
Ungarn sei als Monarchie und als Großmacht verloren, wenn es
diesen Moment nicht benütze". Naumann machte sich, heißt es
weiter in Hoyos' Vermerk, anheischig, das Thema mit dem Leiter der Politischen Abteilung des Auswärtigen Amtes in Berlin
zu besprechen, und Hoyos dessen Meinung mitzuteilen. (An
diesem 30. Juni wußte Wilhelm Stumm von Hoyos' Initiative
und von dem Gespräch mit Naumann noch nichts.)

Gegen den hartnäckigen Widerspruch des Grafen Tisza, der
immerhin die Hälfte der Monarchie repräsentierte, entschlossen
sich der Minister, die Grafen Hoyos und Forgách und die sonst
hinzugezogenen Diplomaten in den wenigen Tagen des 29., 30. Juni
und 1. Juli zu einem Krieg gegen Serbien als Antwort auf das
Attentat.

Man wollte den Berliner Kollegen die Argumente schriftlich
unterbreiten, mit denen man sie zu gewinnen hoffte. Hoyos sollte
einen Brief an den deutschen Kaiser schreiben. Der Sache nach
wurde besonders die unzuverlässige Haltung Rumäniens, das
durch Allianzen in aller Form sowohl mit Österreich als auch mit
Deutschland verbunden war, mit einem gewissen Gefühl der Er-
bitterung und ausführlich dargestellt. Die Klagen über Rumänien
nahmen deutlich mehr Raum in Anspruch als die Kritik an dem
Verhalten der serbischen Regierung. In der Tat war die Haltung
der Regierung passiv und auch die des Königs korrekt. Im letzten
Absatz wird zum Verhältnis zu Serbien gesagt: an eine Versöhnung mit Serbien sei nicht zu denken, der Herd von verbrecherischer Agitation in Belgrad dürfe nicht ungestraft fortleben.

Der Minister bestimmte, daß Hoyos den Brief Franz Josephs
als Kurier nach Berlin bringen sollte; gleichzeitig konnte der

Kabinettschef das deutsche Auswärtige Amt besuchen und dessen Meinung erkunden.

II

Deutscher Botschafter in Wien war Heinrich Leonhard von Tschirschky und Bögendorff, Sohn eines Generaldirektors der sächsischen Staatsbahnen. Von 1887 bis 1909 hatte er in Berlin gearbeitet, zunächst als Privatsekretär Herbert von Bismarcks, dann als Staatssekretär des Auswärtigen Amtes. Als jüngerer Diplomat war er zweiter Sekretär der Botschaft in Wien gewesen, wurde aber vorzeitig an eine andere Auslandsvertretung versetzt, weil er 1888 eine reiche Österreicherin geheiratet hatte, die einem Gerücht zufolge Jüdin war. Daß er, nach Verwendung auf anderen Auslandsposten, erneut nach Wien versetzt wurde, stieß bei einigen Vortragenden Räten auf Unverständnis, sie glaubten, Frau von Tschirschky werde die Position ihres Gatten in Wien „unmöglich" machen. Tatsächlich wurde sie von der Habsburger Gesellschaft ablehnend und geringschätzig behandelt. Der sächsische Aristokrat selbst wurde aber wegen seiner „bewunderungswürdigen Offenheit" akzeptiert.

Tschirschky war eine der vier wichtigsten deutschen Figuren der Julikrise; die anderen sind der Kaiser, Staatssekretär von Jagow und der Leiter der Politischen Abteilung des Auswärtigen Amtes, von Stumm. Im Vergleich zu ihnen war Bethmann Hollwegs Rolle relativ unbedeutend, das wird sich bei Darstellung des Krisenverlaufs zeigen. Tschirschky machte sich, zum Teil unabhängig von Anweisungen des Auswärtigen Amtes, die Interessen Österreich-Ungarns zu seinen eigenen. Mit Recht wird von einem Zusammenspiel der deutschen Botschaft in Wien mit jüngeren Diplomaten des österreichisch-ungarischen Außenministeriums gesprochen.

Am 30. Juni, wenige Stunden nach dem Attentat, sandte Tschirschky einen Bericht nach Berlin, in dem er mitteilte:

„Hier höre ich, auch bei ernsten Leuten, vielfach den Wunsch, es müsse einmal gründlich mit den Serben abgerechnet

werden. Man müsse den Serben zunächst eine Reihe von Forderungen stellen und, falls sie diese nicht akzeptierten, energisch
vorgehen. Ich benutze jeden solchen Anlaß, um ruhig, aber sehr
nachdrücklich und ernst vor übereilten Schritten zu warnen. Vor
allem müsse man sich erst darüber klar werden, was man wolle,
denn ich hörte bisher nur ganz unklare Gefühlsäußerungen.
Dann solle man die Chancen irgendeiner Aktion sorgfältig er-
wägen und sich vor Augen halten, daß Österreich-Ungarn nicht
allein in der Welt stehe, daß es Pflicht sei, neben der Rücksicht auf
seine Bundesgenossen die europäische Gesamtlage in Rechnung
zu stellen und speziell sich die Haltung Italiens und Rumäniens in
allen Serbien betreffenden Fragen vor Augen zu halten."

III

Die auswärtigen Angelegenheiten Deutschlands lagen in diesen
Tagen in den Händen Arthur Zimmermanns, des Unterstaatssekretärs des Auswärtigen Amtes. Er vertrat Exzellenz von Jagow,
der seine Flitterwochen in den Schweizer Urkantonen verbrachte. Zimmermann, Ostpreuße, ehemaliger Korpsstudent, Jungge-
selle, galt als kontaktfreudig, jovial, war nicht ohne Ehrgeiz. Er
kam aus dem konsularischen Dienst, der damals noch selbständig neben der diplomatischen Laufbahn arbeitete, war also im
strengen Sinne kein Diplomat. Der Ex-Kanzler Fürst von Bülow
meinte, Zimmermann sei von „den Vieren", nämlich dem Kanzler und den drei leitenden Beamten des Auswärtigen Amtes,
„noch der Beste, forsch, optimistisch, ein vorzüglicher Arbeiter". Im Kriege bezeichnete der letzte kaiserliche Botschafter in
London ihn als den „einzigen vernünftigen Mann" im Auswärtigen Amt.
    Der Vertreter Jagows hatte am 2. Juli oder an einem der vo-
rangehenden Tage eine Unterredung mit Sergej J. Swerbejew.
Der russische Botschafter distanzierte sich von der „empörenden
und abscheulichen Ermordung des österreichisch-ungarischen
Thronfolgers". Er sprach die Überzeugung aus, die serbische

Regierung stehe keineswegs hinter dem Attentat. Es handele sich um Verbrechen von Privatpersonen, noch dazu von unreifen Anarchisten, und die Verantwortung dafür könne man nicht einer ganzen Nation anlasten. Man müsse hoffen, daß die österreichische Regierung keine Repressalien gegen Serbien verhängen werde. Sie solle vielmehr den Wiener antiserbischen Demonstrationen Einhalt gebieten, deren Fortsetzung „zu äußerst unerwünschten Folgen führen könnte". Zimmermann war mit diesen Auffassungen einverstanden. Er erwartete von der serbischen Regierung lediglich, die von österreichischen und ungarischen Behörden betriebene Aufklärung des Verbrechens zu unterstützen. Falls das Attentat in Serbien vorbereitet worden sei, seien die Schuldigen streng zu bestrafen. Dieses Verlangen hielt sich im Rahmen des international Üblichen.

IV

Als Franz Ferdinand ermordet wurde, wurden mehrere deutsche Spitzenämter von den Vertretern der Chefs verwaltet. Während der Sommerpause waren von Berlin abwesend: der Staatssekretär des Auswärtigen Amtes, der Leiter der „Politischen Abteilung" dieses Amtes, die Chefs des Großen Generalstabs und des Admiralstabs, der Staatssekretär des Reichsmarineamtes und schließlich der Reichskanzler, Theobald von Bethmann Hollweg.

Als höchster Reichsbeamter war Bethmann Hollweg auch für die Auswärtigen Sachen zuständig. Er war 1909 als Nachfolger des Fürsten Bülow berufen worden, der in der „Daily-Telegraph-Affäre" das Vertrauen des Kaisers verloren hatte und zurückgetreten war. Vorher war Bethmann in Ämtern der inneren Verwaltung tätig gewesen, zuletzt als Staatssekretär des Reichsamts des Inneren. Seinen Aufgaben als Reichskanzler hatte er eher in bürokratischer Art wahrgenommen, im Unterschied zu einer politischen Auffassung seines Amtes. Er konnte sich nicht auf ein Bündnis von Reichstagsparteien stützen. Daß er den Anforderungen seines Amtes nicht gewachsen war, ist unstrittig. Erfahrungen im auswärtigen Dienst und in der Armee fehlten ihm völlig, darüber hinaus zeigte er sich in der Behandlung internationaler Fragen verblüffend unbegabt.

Zurück zum 1. Juli. An diesem Mittwoch ging in Potsdam ein erstaunliches Telegramm des deutschen Generalkonsuls in Sarajewo ein. Darin wurde dem Kaiser die Reise zur feierlichen Beisetzung des ermordeten Erzherzogs „auf das allerentschiedenste" widerraten. Zehn bis zwölf „Mordgesellen" seien aus Belgrad ausgeschickt, um einen Anschlag auf ihn zu verüben. (Wilhelm II. hatte seine Teilnahme bereits am Sonntag dem Hof Kaiser Franz Josephs angekündigt.)

Es dürfte sich um eine gezielte Falschmeldung handeln, wie sich aus einer halbamtlichen deutschen Darstellung von 1919 ergibt. Die Weitergabe des Gerüchts sollte Wilhelm gegen die Serben einnehmen. Der Trick erwies sich als überraschend wirksam: auf Bethmanns und des obersten Adjutanten des Kaisers Rat verzichtete Wilhelm auf die Reise.

Am Donnerstag, dem 2. Juli, führte Tschirschky ein eher inoffizielles Gespräch mit dem Grafen Berchtold, k.u.k. Außenminister. Wahrscheinlich hatte der Minister ihn gebeten. Berchtold nahm die von Belgrad drohende Gefahr betont ernst und sprach von „systematischer großserbischer Wühlarbeit". Tschirschky versicherte ihm, Deutschland werde in seiner Balkanpolitik stets hinter Österreich stehen. Dennoch gingen die Meinungen in zwei wichtigen Beziehungen auseinander. Der Botschafter behauptete, das Reich habe den Habsburgerstaat „während der Krise" – das heißt seit dem Ersten Balkankrieg 1912 – unterstützt. Dem Grafen Berchtold, der das bestritt, werden die Argumente nicht gefehlt haben. Dennoch: Tschirschky knüpfte die deutsche Hilfe an zwei Bedingungen. Die Österreicher müßten mehr tun, als nur von Ideen zu sprechen, vielmehr einen „festumschriebenen" Aktionsplan formulieren. Und er verlangte eine vorherige Klärung des Verhältnisses zu Italien und Rumänien. Für sich selbst hätten die Österreicher keine formulierbare oder definierbare Konzeption gebraucht. Ihr Ziel war einfach und lautete: Serbien niederwerfen. Das hätten sie aber den Deutschen nicht gern so gesagt, es hätte nicht den preußischen Vorstellungen von Ordnung und Zielbewußtsein entsprochen.

Die Meinungsverschiedenheiten blieben bestehen. Zwar hat Tschirschky, wie sich aus dem Gesagten ergibt, eine „Abrechnung mit den Serben" nicht prinzipiell verworfen. Seine Stellungnahme beinhaltete aber, daß bestimmte Voraussetzungen erfüllt sein müßten, was eher schwierig war.

Ein Auftrag aus Berlin konnte der Unterredung nicht zugrunde liegen: Der Botschafter sah nämlich von einem sonst selbstverständlichen Bericht nach Berlin ab. Noch am selben Tag suchte Tschirschky Kaiser Franz Joseph auf und überbrachte ihm eine von Wilhelm selbst formulierte schriftliche Begründung der Absage seiner Reise nach Wien. Außerdem versicherte er dem 84jährigen Herrscher, er könne darauf bauen, Deutschland geschlossen hinter Österreich-Ungarn zu finden, wenn es sich um die Verteidigung eines seiner Lebensinteressen handelte. Die Entscheidung darüber, wann und wo ein solches Interesse vorliege, müsse der Doppelmonarchie selbst überlassen bleiben. Wie schon am Vormittag bei Berchtold schränkte er seine Zusage ein und sagte dem Habsburger: „Aus Stimmungen und Wünschen heraus, wenn sie auch noch so verständlich seien, könne verantwortliche Politik nicht gemacht werden. Es müsse vor jedem entscheidenden Schritt sehr genau erwogen werden, wie weit man gehen wolle und mit welchen Mitteln das ins Auge gefaßte Ziel zu erreichen sei. In erster Linie müsse bei jedem folgenschweren Schritte die allgemeine politische Lage erwogen und die voraussichtliche Haltung der anderen Mächte und Staaten in Rücksicht gezogen und das Terrain sorgfältig vorbereitet werden."

Der Sache nach bewegte sich die Erklärung eher in der Nähe eines vorsichtigen Abwiegelns. Dem Kaiser ließ Unterstaatssekretär Zimmermann den Bericht ebensowenig vorlegen wie dem Reichskanzler. Statt dessen steht in den Akten: „Vom Unterstaatssekretär persönlich beantwortet." Leider ist eine solche Antwort nicht bei den Dokumenten.

V

In Berlin war von den österreichischen Plänen, auf das Verbrechen zu reagieren, bis einschließlich Freitag, den 3. Juli, nichts bekannt. Auch das Auswärtige Amt und der Kanzler verfügten über keine Informationen. Erhalten gebliebene Dokumente geben lediglich Hinweise auf Persönlichkeiten, die genau genommen in dem Entscheidungsprozeß keine Rolle gespielt haben: Da sind die Gespräche des deutschen Botschafters in London, der sich zufällig in Berlin aufhielt und für die deutsch-österreichischen Beziehungen nicht zuständig war, sowie Erkundigungen sächsischer Diplomaten bei General Georg Graf Waldersee, dem amtierenden Chef des Generalstabs. Initiativ hat die deutsche Diplomatie keine Überlegungen über eine Reaktion auf Sarajewo angestellt. Wilhelm betrachtete das Verbrechen noch am 6. Juli, wenige Minuten vor seiner Abreise nach Norwegen, als „reine Balkanangelegenheit".

Fürst Lichnowsky meldete sich in diesen Tagen bei Bethmann Hollweg. Während der Unterredung erwähnte der höchste Beamte des Reiches die russischen Rüstungen, über die der Generalstab ausführlich berichtet habe und die einen für Deutschland bedrohlichen Umfang annähmen. Die russische Armee werde um 900.000 Mann verstärkt. Außerdem bauten die Russen strategische Bahnen zur deutschen Grenze.

Darüber hinaus informierte Bethmann Hollweg auf Empfehlung des Unterstaatssekretärs den Botschafter erstmals über ein brisantes und aktuelles Thema: Durch Geheimnisverrat wußte man von Plänen einer Zusammenarbeit zwischen der englischen und der russischen Kriegsflotte. In den Verhandlungen darüber, die zu einer förmlichen Marinekonvention führen sollten, war eine Hilfe englischer Schiffe bei einer Landung russischer Truppen an der Küste Pommerns ins Auge gefaßt. Diese Entwicklung beunruhigte das Auswärtige Amt und den Kanzler schon seit Monaten. Im Gespräch mit dem Botschafter ließ Bethmann erkennen, daß es anläßlich von Sarajewo Streit mit Rußland geben könne. Lichnowsky kam wohl nicht auf die Idee, daß man aus sentimentalen Gründen gezwungen sein könnte, sich in einen großen Krieg verwickeln zu lassen. Er konnte sich nichts anderes denken als den vorbeugenden Krieg. Er erwiderte daher, schon vor 1890 habe der Generalstab auf einen prophylaktischen Krieg hingearbeitet, Bismarck habe sich dem aber immer entgegengestellt. Er scheint zu wenig verhohlen zu haben, daß er glaubte, Bethmann Hollweg in Sachen Außenpolitik belehren zu können. Bethmann fragte pikiert: „Wollen Sie mich als Kanzler ablösen?" – Über die selben Themen sprach Lichnowsky an diesem Tag mit Unterstaatssekretär Zimmermann.

Der Chef des Generalstabs, Generaloberst von Moltke, war für vier Wochen beurlaubt. Er nahm zur Therapie eines schweren Leberleidens und einer Arterienverkalkung die Kur in Karlsbad. Die Geschäfte wurden Rang entsprechend von General Graf Waldersee versehen. Waldersee war mit Jagow befreundet, kooperierte außerdem mit Zimmermann.

Auch ihn suchte Lichnowsky auf. Der General brachte ihm den Gedanken nahe, daß England im Falle eines europäischen Krieges neutral bleiben sollte unter der Voraussetzung der Neutralität des mit Österreich und Deutschland verbündeten Italien. (Diese Idee kam wenige Wochen später auch dem italienischen Minister San Giuliano.) Ein so konkreter Meinungsaustausch über einen europäischen Krieg nimmt Wunder, er setzt eigentlich eine Information aus Wien voraus. Es liegen darüber zwar keine Dokumente vor, aber das allein kann nicht entscheidend sein. Es können Privatbriefe geschrieben, Dokumente mögen vernichtet worden sein, oder Waldersee hat in Telefongesprächen aus Wien etwas erfahren, vielleicht von dem Militärattaché Graf Kageneck. – Er versprach dem Botschafter, ihm zwei schriftliche Darstellungen russischer Vorhaben zur Verfügung zu stellen, und zwar über die Eisenbahnpläne und allgemein über „Rußlands wachsende militärische Stärke".

An diesem Tage – 2. Juli – kommunizierte der sächsische Gesandte die Lagebeurteilung Zimmermanns seiner Heimatbehörde. Der Bericht ist deshalb von Interesse, weil der Reichskanzler sich in dieser Woche von Zimmermann hat beraten lassen, an derseits vier Mal den Kaiser in Potsdam aufgesucht hat. Alle Dokumente aus dieser Woche müssen herangezogen werden, damit wir ein Bild von dem Denken des Kaisers gewinnen. Das Schreiben nach Dresden gibt die Auffassung Zimmermanns wieder: „Die Hauptschwierigkeit der Politik des Deutschen Reichs werde durch das Bundesverhältnis mit Österreich-Ungarn hervorgerufen; von diesem könnten wir aber jetzt nicht mehr zurück, und es sei nur dahin zu streben, daß das verbündete Kaiserreich uns in keine zu schwierige Lage bringe." Erstaunlich einsichtige Worte und kaum vereinbar mit dem, wie Zimmermann drei Tage später sprechen wird.

Der russische Botschafter habe, sagte Zimmermann außerdem zu dem sächsischen Gesandten, seiner Regierung empfohlen, Serbien Entgegenkommen anzuraten. „Man glaubt auf dem Auswärtigen Amte, daß ein Krieg zwischen Österreich-Ungarn und Serbien vermieden werden wird." Am Schluß heißt es aber: „Von militärischer Seite wird jetzt wieder gedrängt, daß wir es zum Kriege jetzt, wo Rußland noch nicht fertig, kommen lassen sollen, doch glaube ich nicht, daß Seine Majestät der Kaiser sich hierzu wird verleiten lassen." Mit der „militärischen Seite" konnte nur Waldersee gemeint sein; offenbar blieb aber sein Versuch, Zimmermann zu „drängen", ohne Erfolg.

Am Freitag – 3. Juli – empfing der Kaiser den Militärattaché der Gesandtschaft in Bukarest. Wilhelm erwähnte, er plane für den Herbst einen Besuch in der rumänischen Hauptstadt. Aber ein Krieg zwischen Österreich und Serbien hätte seine Reise nach Rumänien praktisch ausgeschlossen. Wilhelm kann also an diesem Tag noch nichts von einer militärischen Strafaktion Österreichs gegen seinen südslawischen Nachbarn gewußt haben.

Der sächsische Militärbevollmächtigte berichtet, „daß hier in zuständigen Kreisen die politische Lage – auch für uns – als sehr ernst angesehen wird. Ich habe heute ... Gelegenheit gehabt, mit dem Generalmajor Graf Waldersee, Oberquartiermeister im Großen Generalstab, darüber zu sprechen. Was er sagte, schien die Ansicht des Herrn Chefs des Generalstabs der Armee zu sein. Er äußerte sich dahin, daß wir von heute zu morgen in einen Krieg verwickelt werden könnten. Alles hänge davon ab, wie Rußland sich zu der österreichisch-serbischen Angelegenheit stelle. Jedenfalls werden die Verhältnisse auch im Großen Generalstab eingehend verfolgt." Waldersees Lagebeurteilung stimmt mit anderen Umständen nicht gut überein, ist in ihrer Tendenz zu pessimistisch. Allerdings spricht der Vorgang für die Annahme, daß Waldersee über nicht dokumentierte Informationen von dem Militärattaché der deutschen Botschaft in Wien verfügte.

VI

Am Donnerstag den 2. Juli hatte Bethmann Hollweg den Kaiser wegen der Reise zur Trauerfeier nach Potsdam besucht. Am Samstag, den 4. Juli war er Gast an der kaiserlichen Frühstückstafel und begleitete den Hausherrn des „Neuen Palais" bei der Besichtigung von „Bauplänen". Am selben Tag las der Kaiser Tschirschkys den Lesern schon bekanntes Schreiben an das Auswärtige Amt vom 30. Juni; er schreibt höchst ungnädig an den Rand:

„Wer hat ihn dazu ermächtigt? das ist sehr dumm! geht ihn gar nichts an, da es lediglich Österreichs Sache ist, was es hierauf zu tun gedenkt. Nachher heißt es dann, wenns schief geht, Deutschland hat nicht gewollt! Tschirschky soll den Unsinn gefälligst lassen! Mit den Serben muß aufgeräumt werden, und zwar *bald*."

Aber der Kaiser irrte sich, der Botschafter hatte nur die amtliche Auffassung der Wilhelmstraße wiedergegeben. Persönlich mißbilligte er diese Politik. Man darf sogar annehmen, daß er aus der Diskrepanz zwischen seiner und der amtlichen Auffassung manchem Wiener Gesprächspartner gegenüber keinen Hehl gemacht hat. Tschirschky war – und das schon vor der Ermordung des Erzherzogs – Anhänger einer Politik, die die Probleme der beiden Kaisermächte militärisch lösen wollte. Im März 1914 hatte ihm der Chef des österreichischen Generalstabs gesprächsweise gesagt, „die Frage mit Rußland sei so ernster Natur, daß man sich fragen müsse, ob nicht ein früherer Austrag vorteilhafter wäre." Tschirschky erwiderte: „Zwei Große sind dabei hinderlich, Ihr Erzherzog Franz Ferdinand und mein Kaiser." Die Lage hatten die Schüsse von Sarajewo verändert! Der Erzherzog war tot, und Kaiser Wilhelm war vom Serbenbeschützer zum Serbenhasser geworden.

Eine besondere Anmerkung machte Wilhelm zu Tschirschkys Worten, „daß es Österreichs Pflicht sei, neben der Rücksicht auf seine Bundesgenossen die europäische Gesamtlage in Rechnung zu ziehen und speziell sich die Haltung Italiens und Rumäniens in allen Serbien betreffenden Fragen vor Augen zu halten." Der Kaiser tat das ab: „versteht sich alles von selbst, und sind Binsenwahrheiten." Er war verärgert, wollte die Beschränkungen nicht zur Kenntnis nehmen, die Österreich bei seinen Aktionen gegen Serbien beachten mußte.

Neben die Passage „es müsse einmal gründlich mit den Serben abgerechnet werden" schrieb Wilhelm die Worte „jetzt oder nie". Man sei aber gewarnt, aus diesem Ausruf zu weitgehende Folgerungen zu ziehen. Zwar war Wilhelms Spontanäußerung eine Positionsbestimmung, aber von einem Entschluß zur Unterstützung Österreichs bei einem politischen oder militärischen Vorgehen konnte man an diesem Tag noch nicht sprechen.

Irgendwann erfuhr Tschirschky von den Marginalien. Ab jetzt war sein Eintreten für die feste Linie offiziell.

VII

Es stellt sich die Frage, ob Wilhelm in den Tagen vor der Randnotiz sich mit Militärs und dem Reichskanzler beraten hatte. Bei dem fast völligen Fehlen von Akten könnte man Hinweise dazu in dem von Säuberungsaktionen nicht erreichten Tagebuch des Hoffouriers suchen. Aber dort ist (für den 30. Juni) nur eingetragen: „S.M. der Kaiser hörten von 11 1/2 Uhr ab die Vorträge des

Chefs des Militärkabinetts und des Kriegsministers. Beide Militärs nahmen an der Frühstückstafel um 1 Uhr teil."

Gegen die Annahme von Beratungen spricht, wie die großen zeitgenössischen Kritiker der Berliner Politik sich zu den Vorgängen zwischen Sarajewo und der Zusage an Szögyény geäußert haben, also Lichnowsky, Admiral von Tirpitz, Ex-Kanzler Fürst Bülow und der Zeitungsherausgeber Wolff. Und keiner von ihnen erwähnt eine Beratung des Kaisers über die neue, durch das Attentat von Sarajewo veränderte Situation. Hätte es Beratungen gegeben, würde das schwerlich allen vier Männern entgangen sein. Sie waren Beobachter von großer Aufmerksamkeit und vorzüglichem Zugang zu Informationen.

Ebenso hat keiner derjenigen, die selbst als Berater des Kaisers in Frage kommen, in Briefen, Memoiren oder sonstwo auch nur einen Satz über solche Treffen zu Papier gebracht. Dies hebt sich deutlich ab beispielsweise von den Berichten über den „Kriegsrat" vom 8. Dezember 1912. Es hebt sich auch ab von Berichten über zweit- und drittrangige Fragen des Juli 1914, nämlich über den Widerruf der Absicht, nach Wien zu fahren, und über eine etwaige Absage der Nordlandreise.

Die Fahrten des Kanzlers nach Potsdam sprechen allerdings für die gegenteilige Auffassung. Daß er in der ersten Krisenwoche an vier Tagen überhaupt in Potsdam war, geht aus seinen Reisekostenabrechnungen hervor und ist unbestreitbar. Vielleicht hat es Vermerke, Briefe usw. gegeben, die man 1918 vernichtet hat. Selbst wenn die Konsequenzen aus Sarajewo Thema zwischen dem Kaiser und Bethmann waren, so wissen wir nichts über den Inhalt solcher Besprechungen. Bach, Herausgeber einer 1937 publizierten Dokumentensammlung, behauptet zwar, Wilhelm habe am 30. Juni abends Bethmann in Audienz empfangen, und sie hätten Überlegungen über die geschehene Herausforderung Österreichs angestellt. Aber er gibt keine Quelle an! Ein sorgfältig arbeitender amerikanischer Autor meint sogar, daß der Kaiser die Tage nach dem Attentat nur mit Routine verbracht habe.

Aus dem oben zitierten Bericht des sächsischen Gesandten ist gleichfalls nichts über Beratungen beim Kaiser zu entnehmen.

Das „von militärischer Seite" zum Kriege gedrängt heißt: von Waldersee gedrängt und zwar gegenüber dem Auswärtigen Amt als der Quelle der von dem Gesandten weitergegebenen Information.

Der Kaiser war von seinem Hof umgeben: von August Graf Eulenburg, dem Minister des Königlichen Hauses (der 1909 hätte Reichkanzler werden können), der Kaiserin und ihren Damen, dem Oberhofmarschall usw. Sie waren gegen einen Krieg, das bezeugen General Falkenhayn und Ex-Kanzler Bülow übereinstimmend. Und damit geht konform, was Wilhelm am Sonntag vor dem Dejeuner dem Botschafter des Habsburger Kaisers sagen wird.

Daß der Kaiser und Bethmann riskante Pläne geschmiedet hätten, ist nach allen Umständen so gut wie ausgeschlossen. Noch weniger trifft es zu, daß vor dem Besuch des Sondergesandten Hoyos – darüber gleich – die Deckung Österreichs beschlossen worden sei. Bethmann Hollweg war bis zum Tag des Mordanschlags offener Gegner eines Krieges, und es liegt nichts dafür vor, daß er nach dem Attentat seine Ansicht geändert hätte.

Zu dem österreichischen Botschafter äußerte sich Zimmermann an diesem Sonnabend – wohl nachmittags – recht zurückhaltend. Der Vertreter Jagows hatte von einem Gerücht gehört, Wiener Zeitungen wüßten etwas über eine offizielle Reaktion der österreichischen Regierung auf den Sarajewoer Mord. Szögyény berichtete darüber nach Wien: „Unterstaatssekretär fragte mich heute gesprächsweise, ob mir etwas von einem in den Zeitungen gemeldeten Schritt k.u.k. Regierung in Belgrad bekannt sei, was ich verneinte. Herr Zimmermann versicherte, er fände ein energisches, entschiedenes Vorgehen der Monarchie, auf deren Seite heute die allgemeinen Sympathien der gesitteten Welt wären, gegen Serbien ganz begreiflich, doch würde er diesbezüglich große Vorsicht empfehlen und raten, an Serbien keine demütigenden Forderungen zu stellen." Zu der Zeit dieser Erklärung dürfte dem Auswärtigen Amt Wilhelms scharfe Randbemerkung kaum schon bekannt gewesen sein.

Im krassen Gegensatz zu Zimmermanns Äußerung ließ Tschirschky an diesem Tag den deutschen Journalisten Hugo Ganz gegenüber dem Pressereferenten des Ballhausplatzes mit unerhörter Schärfe sprechen. Ganz war Korrespondent der linksliberalen Frankfurter Zeitung. Er kündigte die Zustimmung der Berliner Regierung zu jeder Vergeltungsaktion gegen Serbien an: Von Bedingungen war nicht mehr die Rede. „Er (Ganz, Verf.) sei heute von Herrn von Tschirschky empfangen worden, welcher ihm nachdrücklichst und wiederholt – offenbar mit der Absicht, daß seine Äußerungen im Ministerium des Äußeren wiedergegeben würden – erklärte, Deutschland würde die Monarchie durch Dick und Dünn unterstützen, was immer dieselbe auch gegen Serbien beschließen sollte. Der kaiserlich deutsche Botschafter fügte dann noch hinzu, je früher Österreich-Ungarn losgehe, desto besser. Besser wäre gestern gewesen als heute, besser aber heute als morgen. Selbst wenn die deutsche Presse, die heute ganz antiserbisch sei, wieder zum Frieden blasen würde, sollte man sich in Wien nicht irremachen lassen, Kaiser und Reich würden unbedingt zu Österreich-Ungarn halten. Offener könne eine Großmacht zu einer anderen nicht mehr sprechen." Da Tschirschky hiervon nichts an das Auswärtige Amt berichtete, sind die Worte des Dr. Ganz inoffiziell. Die Wendung „offener könne eine Großmacht nicht ..." dürfte folglich mit gewisser Einschränkung zu lesen sein.

Der Vorgang zwingt nicht zu dem Schluß, daß der Botschafter schon am Vormittag im Gespräch mit Ganz von Wilhelms Randbemerkung Kenntnis hatte. Dennoch, daß Bethmann mit der Erklärung des FZ-Mannes einverstanden gewesen wäre, wenn er vorher um eine Stellungnahme gebeten worden wäre, ist durchaus unwahrscheinlich. Aber der Kanzler hatte die Dinge nicht in der Hand.

VIII

5. Juli, Sonntag, am frühen Morgen traf Alexander Hoyos als Sondergesandter des Wiener Außenministeriums mit dem Nacht-

zug in Berlin ein. Er brachte ein Handschreiben des österreichischen Kaisers an Wilhelm II. mit. Da der Kaiser am Montag früh nach Kiel und Norwegen aufbrechen wollte, blieb für die Audienz nur der Sonntag. Szögyény hat daher sicher die deutschen Stellen schnellstmöglich benachrichtigt. Bethmann hatte sich am Samstag auf sein Rittergut Hohenfinow zurückgezogen. Man fragte sich, ob Bethmann Hollweg am Samstag oder am Sonntag Vormittag von dem Besuch aus Wien erfahren hat. Hätte er sich rechtzeitig in Berlin und Potsdam eingemischt? Ihm ist zuzutrauen, daß er das nonchalant unterlassen hat. Oder hat Zimmermann es trotz der Ortsabwesenheit des Staatssekretärs nicht für nötig gehalten, den Kanzler ausreichend zu informieren? Das ist weniger wahrscheinlich. Vor diesem Zeitpunkt hätte Zimmermann die Möglichkeit gehabt, dem Kaiser telegraphisch oder telefonisch über einen Adjutanten anzubieten, während des Gesprächs mit dem österreichischen Botschafter in einem Salon des Schlosses auf etwaige Befehle S.M. zu warten. Er hätte fragen können, ob er den Reichskanzler aus Hohenfinow kommen lassen solle. Nichts davon ist geschehen.

Am Beginn des Vormittags konferierte Graf Hoyos mit dem k.u.k. Botschafter, um die Audienz in Potsdam hatte der ältere und ranghöhere Szögyény für sich nachgesucht. Unter diesen Umständen sprach Hoyos mit Zimmermann, bei dem er sich um halb zwölf Uhr vormittags einfand. Er überreichte ihm eine Abschrift des Briefes von Franz Joseph an Kaiser Wilhelm, außerdem die Kopie einer umfänglichen Denkschrift des österreichischen Außenministeriums. Zimmermann las beides sofort. Die Denkschrift ist jenes Memorandum, das auf den Gesprächen von Konopischt beruhte, und das nach den zwischenzeitlichen Ereignissen der Politik des Ballhausplatzes durchaus nicht mehr entsprach.

Immerhin hielt Graf Tisza, der ungarische Ministerpräsident an der Balkanpolitik der Denkschrift, fest. Er wollte keinen Krieg gegen Serbien. Hoyos und Szögyény schickten sich also an, den Deutschen zwei unvereinbar gegensätzliche Konzepte zu unterbreiten, das von Tisza nur schriftlich, das von Berchtold ebenfalls schriftlich (ein Postskriptum zum Memorandum und das Handschreiben Franz Josephs) und mündlich gegenüber Zimmermann und später gegenüber dem Kaiser. Der Sondergesandte war engagierter Anhänger, wenn nicht der Erfinder der Politik Berchtolds.

In dem nach Sarajewo verfaßten Postskriptum lautete der entscheidende Satz: „Um so gebieterischer tritt an die Monarchie die Notwendigkeit heran, mit entschlossener Hand die Fäden zu zerreißen, die ihre Gegner zu einem Netze über ihrem Haupt verdichten wollen." In seinem Handschreiben behauptete Franz Joseph, solange dieser „Herd von verbrecherischer Agitation" in Belgrad ungestraft fortlebe, sei die konservative Friedenspolitik aller europäischer Monarchen bedroht. An eine Versöhnung des Gegensatzes zwischen Österreich und Serbien sei nicht mehr zu denken. Er verlangte, daß Serbien „als politischer Machtfaktor am Balkan ausgeschaltet wird".

Das war viel gefordert! „Als Machtfaktor ausgeschaltet" bedeutete: der Einfluß der Donaumonarchie wäre, verglichen mit dem Stand vor dem Attentat, wesentlich verbessert. Die Männer des Ballhausplatzes wollten also aus dem Tode des Erzherzogs und seiner Gemahlin politisches Kapital schlagen.

Indessen, gegen Tiszas Stimme wollten Stürgkh und Berchtold den Krieg mit Serbien nicht beginnen. (Berchtold war Ungar, trotz seines deutschen Namens.) So fädelten sie mit der Entsendung Hoyos' eine Intrige ein. Graf Hoyos trug sein Begehren in Berlin so vor, als wenn der Ballhausplatz in der Monarchie mit seinem Plan auf keine Opposition stoße. Gab in dieser Annahme Wilhelm II. die Zusage, konnte Berchtold Tisza zur Aufgabe seines Widerstandes bewegen. Wahrscheinlich war Szögyény in das Betrugsspiel einbezogen. Zimmermanns Befürwortung des Hoyos-Anliegens, am späten Nachmittag in Potsdam ausgesprochen, beruhte auf dieser Täuschung.

Im Gespräch mit Zimmermann behauptete Hoyos, die Habsburger-Monarchie wolle Serbien mit Einheiten des stehenden Heeres und ohne jede diplomatische Vorbereitung überraschend angreifen. Die erste Bemerkung des Unterstaatssekretärs dazu:

„Ja, neunzig Prozent Wahrscheinlichkeit für einen europäischen Krieg, wenn Sie etwas gegen Serbien unternehmen." Zimmermann war dafür bekannt, daß er seine Worte nicht wählte. Aus seiner Bemerkung darf man keinesfalls folgern, daß auch andere auf deutscher oder österreichischer Seite die Wahrscheinlichkeit auf 90 Prozent schätzten. Objektiv war das doch wohl zu hoch gegriffen. Der weitere Verlauf sagt aber nichts über Wahrscheinlichkeitsgrade vor dem Ereignis aus. Eine seriöse Prognose über Rußlands Intervention hat im Juli 1914 niemand ausgearbeitet.

Zimmermann riet, Österreich solle seine Aktion möglichst schnell beginnen und ausführen. Er befürchtete diplomatische Gegenmaßnahmen der „Entente". Wenn Österreich zügig vorgehe, würden Frankreich, England und Rußland sich mit der Lokalisierung des austro-serbischen Konflikts einverstanden erklären und auf eine Intervention verzichten, fügte Zimmermann hinzu. Intervenierten aber Frankreich und Rußland, so werde Deutschland vermöge seiner inzwischen gewachsenen militärischen Kraft mit ihnen fertig werden. Er überschätzte, wie sich hier zeigt, die Stärke der deutschen Armee gewaltig. Die beiden Bedingungen, die Tschirschky in Wien am 2. Juli gestellt hatte, waren zu Unrecht vergessen.

Zimmermann ließ durchblicken, der Kaiser werde vermutlich der österreichisch-ungarischen Monarchie seine Unterstützung nicht versagen: Eine kaum verantwortbare Spekulation, die sich allein auf die berüchtigte Randbemerkung des Kaisers vom Vortage stützen konnte. Und das war zu wenig. Über die Absichten und das Verlangen der Österreicher unterrichtete Zimmermann telefonisch den Reichskanzler.

IX

Die Audienz für den österreich-ungarischen Botschafter begann kurz vor ein Uhr mittags. Der Kaiser hatte niemanden gebeten, zu seiner Unterstützung teilzunehmen. Die Bitte des Grafen Szögyény um ein Gespräch war erst am Morgen dieses Tages im

Neuen Palais eingetroffen. Obwohl nach allen Umständen das Anliegen Franz Josephs von einiger Wichtigkeit sein mußte, gab es keine Unterredung des Kaisers mit einem seiner Leute, z.B. mit Zimmermann, zur Vorbereitung auf den Besuch des österreichischen Diplomaten. Schon das war auffällig. Zimmermann hätte verhindern müssen, daß Wilhelm unvorbereitet in die Verhandlung mit Österreich-Ungarn ging. Aber der Kaiser hatte es nicht vermocht, die Liebe der Männer in seiner Umgebung zu erwerben. Zimmermann gab ihm keine unerbetenen Ratschläge, ebensowenig wie der Botschafter in Wien, der höchst wahrscheinlich von der Mission Hoyos unterrichtet war. Darüber hinaus war es eine allgemeine Eigentümlichkeit des Regimes, daß jedermann möglichst vermied, Verantwortung zu übernehmen. Die Verhandlungen zwischen dem österreichischen Botschafter Szögyény und dem deutschen Kaiser sind wie nichts anderes für den katastrophalen Ausgang der Krise verantwortlich.

Wilhelm las die ihm übergebenen Schriftstücke, auch die 27 Seiten des Memorandums, „mit großer Aufmerksamkeit". Das ist aus dem Fehlen einer Vorbereitung erklärlich. Und tatsächlich lehnte er das Begehren der Österreicher ab. Szögyény berichtet entsprechend nach Wien: „versicherte mir Höchstderselbe, daß er eine ernste Aktion unsererseits gegenüber Serbien erwartet habe, doch müsse er gestehen, daß er infolge der Auseinandersetzungen unseres Allergnädigsten Herrn (d.h. in dem Handschreiben!) eine ernste europäische Komplikation im Auge behalten müsse und daher vor einer Beratung mit Reichskanzler keine definitive Antwort erteilen wolle". Die scharfe Randbemerkung auf Tschirschkys Bericht bedeutete also nicht, daß Wilhelm schon bereit war, einen Strafkrieg gegen die Serben mit deutschen Divisionen zu unterstützen.

Wilhelm, Bethmann und Zimmermann dürften bis zum Beginn der Gespräche mit Hoyos und Szögyény kaum ausreichende Informationen über die Absichten der Österreicher gehabt haben. Darauf beriefen sich Bethmann und Zimmermann am nächsten Tag im Gespräch mit dem sich bei ihnen beschweren den Staatssekretär: sie hätten erst aus den beiden von Szögyény überreichten Dokumenten etwas von Wiens Absichten erfahren, vorher habe es nichts zu beraten gegeben, und deswegen hätten sie ihn durchaus loyal an seinem Urlaubsort lassen können.

Man setzte sich zu Tisch. Nach der Zahl der Gäste und ihrer Zusammensetzung ist es sehr wahrscheinlich, daß Szögyénys offizielles Anliegen kein Thema der Tischgespräche war. Und Graf Szögyény betrachtete die Ablehnung seiner Anfrage nicht als endgültig. Wilhelm und er verhandelten also nach dem Essen im „Kleinen Garten" weiter. Szögyény betonte „den Ernst der Situation nochmals mit großem Nachdruck". Nach dem weiteren Verlauf der Krise muß man annehmen, daß er an die Ritterlichkeit des Kaisers appellierte und an dessen persönliche Beziehung zu Franz Joseph. Wilhelm hätte es nur schwer mit seiner Ehre vereinbaren können, dem würdigen Habsburger die in existentieller Gefahr erbetene Hilfe zu verweigern. Kurzum, er gab jetzt dem Begehren statt. Österreich solle, erklärte er, mit seiner „Aktion gegenüber Serbien" nicht auf eine andere Gelegenheit warten. „Rußlands Haltung werde jedenfalls feindselig sein, doch sei er darauf schon seit Jahren vorbereitet, und sollte es sogar zu einem Krieg zwischen Österreich-Ungarn und Rußland kommen, so könnten wir" (gemeint sind die Österreicher) „davon überzeugt sein, daß Deutschland in gewohnter Bundestreue an unserer Seite stehen werde"; so berichtet Szögyény am selben Tage nach Wien.

Der Kaiser wollte sich dem Botschafter gegenüber nicht dazu äußern, was die Österreicher im Detail tun sollten. Das sei nicht seines und nicht Amtes der deutschen Diplomatie. Erstaunlich! Denn in den 35 Jahren seiner Regierung hat doch Deutschland das immer als seine Sache betrachtet, und mit Recht! Als Wilhelm Bismarck entließ, bestand der Zweibund schon, und schon damals, 1890, drohte die Wirkungskette: Streit zwischen Österreich und Serbien führt zu Streit zwischen Österreich und Rußland, dann müssen sich Deutschland, Frankreich und England beteiligen. Dementsprechend hat sich das Auswärtige Amt immer um die österreichisch-serbischen Beziehungen gekümmert.

Das galt noch während der Balkankriege 1912/1913. Woher dieser Wandel? Glaubte Wilhelm vielleicht, daß es sicherer sei,
wenn er sich nicht in die Balkanvorgänge einmengte? Demon-
strierte er damit seine Nichtverantwortlichkeit zur Sache, handelte nur nach der formalen Ehrenpflicht gegenüber Franz-
Joseph? Über den Antrag Szögyénys ging er dabei hinaus! Szögyény hatte sicher nicht verlangt: „Wir erwarten neben der
Bündnishilfe außerdem, daß Österreich allein Entscheidungen
über Diplomatie und Krieg trifft." Mit einer so weitgehenden
Forderung hätte der Botschafter die Ablehnung seines Begehrs
riskiert.

Man muß Szögyény vorwerfen, daß er den deutschen Kaiser
belogen hat: Er hat einen wichtigen Punkt verschwiegen: daß die
eine Hälfte der Monarchie, das von ihm, dem Botschafter, vorgetragene Ersuchen ablehnte, eine ganz andere Politik forderte,
und daß Wilhelms Antwort die Entscheidung zwischen Berchtold und Tisza bringen sollte. Gegenüber dem in „Nibelungen-
treue" verbundenen deutschen Kaiser standen dem Grafen
Berchtold solche Tricks nicht gut an.

Was Wilhelm hier vollzog, war eine Politik der Schwäche.
Ein effeminierter, weicher, durch ein Leben von Luxus und
durch Byzantinismus geschwächter Aristokrat gab einer dreisten
diplomatischen Forderung des benachbarten Kaiserreichs nach.
Er wurde dadurch verführt, daß er der Nichteinmischung Rußlands sicher zu sein glaubte. Diese Einschätzung teilte er mit anderen. General von Plessen, sein oberster Adjutant, notierte im
Tagebuch: „Bei uns herrscht die Ansicht, daß die Österreicher je
früher je besser gegen Serbien losgehen und daß die Russen –
obwohl Freunde Serbiens – doch nicht mitmachen." Erst auf der
Nordlandreise sah der Kaiser seinen Irrtum ein.

Von Tschirschkys Bedingungen war nicht mehr die Rede:
Die Österreicher brauchten weder einen Aktionsplan mit der
Bezeichnung von Mitteln und Zielen aufzustellen, noch die
Bündnishilfe Italiens und Rumäniens zu sichern. Insofern stand
Wilhelms Verhalten in Widerspruch zu seiner Randbemerkung
vom vergangenen Tage(!), wo er es als „Binsenwahrheiten" be-

zeichnete, daß diese Bedingungen geltend gemacht werden müßten. Eine solide Sachbehandlung hätte für eine Vorbesprechung
mit Zimmermann und dem Kanzler gesorgt, man hätte dabei
dem Kaiser diese Punkte in Erinnerung gerufen.

Noch war die Erklärung des Kaisers vorläufig, es fehlte die
Zustimmung des Reichskanzlers. Darauf hat Wilhelm den Botschafter hingewiesen, aber hinzugefügt, „er zweifle nicht im geringsten daran, daß Herr von Bethmann Hollweg vollkommen
seiner Meinung zustimmen würde." Der Kanzler ließ sich mehr
als gelegentlich vor vollendete Tatsachen stellen, und schon hier
drängt sich die Frage auf, ob er fähig war, die deutsche Diplomatie in ihrer schwierigen Lage zu lenken. Jagows Amtsvorgänger
hatten ihn den „Regenwurm" genannt.

X

Nun war die Donaumonarchie „Deutschlands einziger zuverlässige Bundesgenosse". Löste sie sich mangels eines entschlossenen, Risiken in Kauf nehmenden Widerstands gegen Terror und
„Wühlereien" in ihre Bestandteile auf, etwa vermöge serbischer
nationalistischer Propaganda und Terrorismus, so wäre die internationale Isolation Deutschlands offenkundig geworden. Die deutsche Politik gegenüber Frankreich, Rußland und England wäre
sicherlich eine andere geworden. Aber das hätte dem Reich nicht
die Gegnerschaft Rußlands, Frankreichs und Englands zugezogen. Dies im Gegensatz zur tatsächlichen Politik der Wilhelmstraße. Folglich war Deutschlands Interesse an der internationalen Machtstellung der Doppelmonarchie per Saldo objektiv
nicht so groß, daß es sich von ihr in einen europäischen Krieg
hätte hineinziehen lassen müssen. Mit einem großen Krieg ris-
kierten die Mittelmächte voraussehbar ihre Niederlage und damit zugleich das Auseinanderbrechen Österreich-Ungarns. Dieses Risiko, war deutlich größer als in vergleichbaren zeitlichen
Größenordnungen die Gefahr einer Desintegration der Monarchie in Folge serbischer „Wühlereien". Von der Regierung in Bel-

grad brauchte man nicht zu befürchten, daß sie eine zu vereinbarende, den Interessen der Monarchie gerecht werdende Regelung unterlaufen oder sabotieren würde. Ministerpräsident Paschitsch war kein Protektor der österreichfeindlichen, fanatischen serbischen Gewalttäter. Die Regierung in Belgrad sah in den Terroristen „Todfeinde", weil sie ihre Handlungsfreiheit einengten. Die Mörder kämpften übrigens für ein unabhängiges Bosnien-Herzegowina, nicht für Großserbien.

Es gab recht wenige Anzeichen dafür, daß sich die österreich-ungarische Monarchie von Deutschland ab- und Frankreich zuwenden wollte. Dennoch mögen sich einzelne deutsche Diplomaten davon haben beeindrucken lassen. Bei rationaler Politik hätte Deutschland Österreichs Ausscheiden aus dem Zweibund und Dreibund mit Erleichterung zur Kenntnis genommen, eine für das Reich gefährliche Quelle kontinuierlicher krisenhafter Verwicklungen wäre versiegt. Aus allem wäre, rational gedacht, zu folgern gewesen, daß man die Hilfe zwar nicht abgelehnt, aber doch, notfalls stark, bremsend auf Österreich-Ungarn eingewirkt hätte.

Mit Rücksicht auf diese Überlegungen muß die dem Habsburger Kaiser gegebene Zusage irrationale Gründe gehabt haben. Wilhelm leistete sich den Luxus eines gesteigerten Ehrgefühls und der daraus erwachsenen, weitgehend imaginären Verpflichtung. Auch deutsche Diplomaten und Militärs wären sich schäbig vorgekommen, wenn sie eine andere Politik durchgeführt oder mit angesehen hätten.

Seine Zusage hat Wilhelm spontan, aus der Eingebung des Augenblicks gegeben. Der australische Historiker Avner Offer: „The most crucial decision during the whole of the Sarajewo crisis was taken by Wilhelm on 5 July ... it was taken impetuously, almost casually". Auch hier liegt Schwäche vor. Die Umgebung des Monarchen hätte nicht zulassen dürfen, daß er unvorbereitet und allein mit dem fremden Botschafter verhandelte.

XI

Der Kaiser tat einen weiteren Schritt, der den Reichskanzler präjudizierte: er unterrichtete drei Generäle von der risikoträchtigen
Zusage: den Kriegsminister von Falkenhayn, den obersten Generaladjutanten und den Chef des Militärkabinetts; ihnen trug er im
„Kleinen Garten" die österreichischen Dokumente vor. Er informierte sie auch, welchen Bescheid er Szögyény gegeben hatte.
Falkenhayn hielt in seinem Bericht an den Chef des Generalstabs
in Karlsbad fest: „haben S.M. das Handschreiben wie das Memorandum vorgelesen, und aus ihnen habe ich, soweit es bei der
Schnelligkeit des Vorganges möglich war, zu einer Ansicht darüber zu kommen, die Überzeugung von einem festen Entschluß
der Wiener Regierung nicht gewonnen ... Von einem kriegerischen Austrag sprechen aber beide" gemeint sind die beiden von
Hoyos nach Berlin gebrachten Dokumente – „nicht, vielmehr
deuten sie ‚energische‘ politische Schritte, zum Beispiel den Abschluß eines Vertrages mit Bulgarien an, für die sie sich die Unterstützung des Deutschen Reiches sichern wollen ... Der Herr
Reichskanzler, der auch in Potsdam war, scheint ebensowenig wie
ich daran zu glauben, daß es der österreichischen Regierung mit
ihrer immerhin gegenüber früher entschiedeneren Sprache Ernst
ist ... Sicherlich werden in keinem Fall die nächsten Wochen eine
Entscheidung bringen. Ehe der Vertrag mit Bulgarien geschlossen
sein wird, vergeht lange Zeit." Diese Formulierungen bestätigen
die Behauptung, daß es einen Beschluß des Kaisers und seiner Berater im Sinne des „Blankoschecks" bis dahin nicht gegeben hat.

XII

Abschließend wollte der Kaiser vom Kriegsminister wissen, „ob
das Heer für alle Fälle bereit sei". Falkenhayn bejahte das ohne
jede Einschränkung „ganz kurz" und fügte hinzu: Sind irgendwelche Vorbereitungen zu treffen? Wilhelms Antwort war ein
abwehrendes, ebenfalls kurzes Nein.

„Bereit" hieß wohl: Ist es bereit, zu kämpfen? Wichtiger als das war allerdings die Fähigkeit zu siegen! Hätte Falkenhayn auch die Aussicht auf Sieg „ohne jede Einschränkung" bejahen können? Bejahen können ohne Unterschied, welche Mächte sich auf der Seite der Gegner am Krieg beteiligten?

Merkwürdig: Die Siegeswahrscheinlichkeit oder -gewißheit blieb während der ganzen Krise im Unklaren, sowohl beim Kriegsministerium als auch beim Generalstab. Kein Gedanke an eine exakte Analyse! Niemand fragte danach, wie es darum bestellt war und auf welchen Annahmen die Beurteilung beruhte. Arroganz und Glaube an die Superiorität des preußischen Junker-Offizierskorps wirkten hier mit. Etwa: „Wir zwingen das Glück!" Jagow, Stumm und Bethmann Hollweg dachten wohl nicht so, möglicherweise aber doch Falkenhayn, einige Abteilungsleiter, die den Chef des Generalstabs „mit eisernen Zangen" auf seinem Kurs festhielten, auch Offiziere des Kriegsministeriums und zum Beispiel General Wenninger, der bayerische Militärbevollmächtigte in Berlin. Der Zeitungsherausgeber Wolff sagte im Kriege zu dem Fürsten Bülow: „Bethmann und noch einige ... haben im Unterbewußtsein gesagt: ‚und wenn es doch zum Kriege mit Rußland kommt, dann machen wir ihn eben.' Ich denke dabei immer an Monte Carlo. Wer ist es, der in Monte Carlo Kopf und Kragen verliert? Doch nie der große Spieler, der abgebrühte Clubmann. Der Oberlehrer ... der brave Rentier – das sind die wilden (sic!) Verlierer". Es war ein Vabanquespiel. Viele Offiziere dachten und handelten emotional und unkritisch, sie spekulierten auf das Glück.

Über die Chancen, den Krieg zu gewinnen, gingen auch innerhalb des Generalstabs die Ansichten auseinander. Aber die Spannweite variierte nur zwischen einer gewissen, seinem Selbstgefühl entsprechenden Zuversicht einerseits, sowie Skepsis und Pessimismus andererseits. Schlicht siegesgewiß waren lediglich eine Anzahl von Berufsoptimisten wie Waldersee und wohl auch einige der Abteilungschefs. Auch außerhalb von Berlin werden die Ansichten unter den Korpskommandeuren ähnlich geteilt gewesen sein. Dementsprechend wandte Bethmann sich am 13. September

1914 gegen die Auffassung, der Juli 1914 sei der günstigste Zeitpunkt für einen Krieg gewesen, vielmehr lasse sich nur über den
„am wenigsten ungünstigsten Zeitpunkt" reden.

Die Schwäche der deutschen Landstreitkräfte ist an den Zahlen
der im Juli 1914 unter Waffen stehenden Männer ablesbar. In der
Spalte „Kriegsstärke" sind die Reserveeinheiten mitgerechnet.

Kriegsstärke Davon Feldheer

Angaben in Tausend

Kriegsstärke	Davon Feldheer	
3.823	2.398	Deutschland
2.500	1.421	Österreich-Ungarn
6.323	3.819	Mittelmächte ohne Türkei
3.580	1.867	Frankreich
4.800	3.420	Rußland
350	155	England
300	240	Serbien
40	25	Montenegro
9.070	5.707	Entente ohne Belgien

Frankreichs Streitkräfte allein waren den im Westen verfügbaren
Landtruppen des Deutschen Reiches zahlenmäßig überlegen.
Deutschland mußte 13 Divisionen in Ostpreußen aufstellen. An
den Einsatz österreichischer Truppen an der Westfront war
nicht entfernt zu denken. Zu den französischen Divisionen kam
die englische Berufsarmee in einer Stärke von 150.000 Mann
hinzu.

Ein deutscher Truppenteil war im Normalfall nicht kampf-
kräftiger als ein zahlenmäßig gleich starker französischer oder
russischer, jedenfalls gingen die deutschen Entscheidungsträger
hiervon offiziell aus. Ludendorff zum Beispiel äußerte sich in
diesem Sinne.

Über die Tapferkeit der französischen Soldaten dachte der
Generalstab durchaus mit Respekt. Daran hatte sich seit Bis-

marcks Zeiten nichts geändert. Für die Chefs der Abteilungen des Generalstabs wird man von einem Vertrauen in die Tüchtigkeit der deutschen Armee ausgehen können, nicht von Siegesgewißheit, obwohl sie die Kräfte der Gegner in gewissem Grade unterschätzten.

Auch waren die französischen und die britischen Truppen als Verteidiger mit einem Faktor x höher zu veranschlagen. Schließlich schwächte die Fernblockade der britischen Kriegsflotte die Kampfkraft der deutschen Streitkräfte. Man wird allerdings schwer ausschließen können, daß doch eine Anzahl von Generalstäblern im Herzen an die Überlegenheit der deutschen Führung glaubte, einige auch an die Überlegenheit der deutschen gegenüber den russischen Soldaten. Quantifizieren ließ sich eine solche Überlegenheit, wenn sie bestand, von niemandem.

Zimmermann zweifelte nicht an der Überlegenheit der deutschen Streitkräfte. Tschirschky war umgeben von Österreichern, für sie war es ein Axiom, die deutschen Armeekorps könnten alles, seien unschlagbar. Hat er sich von dieser Haltung anstecken lassen?

Jagow glaubte wohl an Deutschlands militärische Überlegenheit. Er hat in seinen nachgelassenen Aufsätzen einen Absatz geschrieben, der in diesem Sinne ausgelegt werden kann. Er hat zwar dieses Zeugnis in Watte verpackt, aber das ändert im Ergebnis wenig. Es sollte ihm niemand entgegenhalten können, er habe die Schuld auf die Generäle abschieben wollen. Er hatte sehr gute Beziehungen zu Waldersee. Hier steht also ein Informationsweg fest, auf dem die Überzeugung des Sieges auf ihn übertragen worden sein kann.

Hoyos zeichnet auf: „Als ich nach Wien zurückkehrte, erzählte ich General Conrad, was Zimmermann uns gesagt hatte, und unser Generalstabschef, der die genauen Verabredungen kannte, lachte mich einfach aus und meinte, Zimmermann wisse nicht, was er sage." Alle diese Schwierigkeiten und Bedenken hätten bei der Begegnung des Kaisers mit seinem höchsten greifbaren militärischen Berater zur Sprache kommen sollen.

XIII

Bethmann, auf seinem Rittergut Hohenfinow benachrichtigt, traf nachmittags gegen drei Uhr in Berlin ein, er bat den Unterstaatssekretär, mit ihm nach Potsdam zu fahren. Zimmermann gab ihm die beiden Schriftstücke, die Hoyos aus Wien gebracht hatte. Der Kanzler will aber bloß von ihrem „Tenor" Kenntnis genommen haben, wie er sich später in seinen Memoiren ausdrückt. An diesem widersprüchlichen Charakter fielen seinen Zeitgenossen Nachlässigkeit (Nonchalance) und Sorglosigkeit, andererseits Pedanterie, nebeneinander auf.

Gegen etwaige Absichten, einen großen Krieg künstlich herbeizuführen, hatte Bethmann sich bis zum Tag des Attentats mit Entschiedenheit erklärt. Er habe „von Krieg und Kriegsgeschrei" genug, womit er auf die Situation anspielte, daß es angesichts zunehmender Isolation immer mal wieder Leute gab, die in einem Krieg die Lösung dieses Problems sahen. Auch in einem Brief an den Kronprinzen hatte sich der Reichskanzler gegen einen Präventivkrieg ausgesprochen. Noch im Monat des Attentats beharrte er hierauf: Der rechte Augenblick für einen Präventivkrieg sei versäumt. Daß ein Krieg die innere Spaltung auflösen werde, stelle, wiederholte er, eine trügerische Hoffnung dar; ganz im Gegenteil könne ein Weltkrieg manche Throne stürzen.

Der Kaiser, Bethmann und Zimmermann trafen sich um sechs Uhr abends im „Kleinen Garten". Den Verlauf des Gesprächs haben Bethmann und Zimmermann nach dem Kriege folgendermaßen geschildert: Einleitend trug der Kanzler den Sachverhalt vor. Als er zu seinem Vorschlag ansetzte, unterbrach Wilhelm ihn, um selbst zu sagen, welche Folgerungen zu ziehen seien. Das war kein gutes Verfahren. Schon im Gespräch mit dem Botschafter hatte der oberste Kriegsherr mehr gesagt, als ihm im Hinblick auf die verfassungsrechtliche Kompetenz des Reichskanzlers angestanden hätte. Wilhelm erklärte jetzt am Abend, er könne sich über den Ernst der Lage, in die die Donaumonarchie durch die großserbische Propaganda gebracht sei, keiner Täuschung hingeben. Deutschlands „Amtes sei es aber nicht, dem

Bundesgenossen zu raten, was auf die Sarajewoer Bluttat zu tun sei. Darüber müsse Österreich-Ungarn selbst befinden. Direkter Anregungen und Ratschlägen müsse die Reichsleitung sich um so mehr enthalten, als wir mit allen Mitteln dagegen arbeiten müßten, daß sich der österreichisch-serbische Streit zu einem internationalen Konflikt auswachse. Kaiser Franz Joseph aber müsse wissen, daß Deutschland auch in ernster Stunde Österreich-Ungarn nicht verlassen werde". Deutschlands eigenes Lebensinteresse erfordere die unversehrte Erhaltung Österreichs.

Der Kaiser war also an diesem Tag eher bereit, Kriegsrisiken auf sich zu nehmen, als Bethmann. Das stimmt überein mit dem stets beachtenswerten Urteil des italienischen Historikers Luigi Albertini: Bethmann träumte nicht einmal davon, zu seinen eigenen friedlichen Absichten zu stehen. Er folgte, führt der scharfsichtige Analytiker aus, blind Instruktionen des Kaisers, mochte er mit ihnen übereinstimmen oder nicht.

In dem sich anschließenden Meinungsaustausch führte Zimmermann für sich und Bethmann das Wort. Er soll sich wenige Tage später gerühmt haben, der Kaiser und er „hätten den schwankenden Kanzler stark gemacht". Er – Zimmermann – habe an Bismarck erinnert und dessen Maxime, die Donaumonarchie um der eigenen Existenz willen mit dem Einsatz des Deutschen Reiches zu verteidigen. Auch Freiherr von Rheinbaben, ein Mann mit Insiderwissen, behauptet in seinen Memoiren, Zimmermanns Worte zu Gunsten des „Blankoschecks" seien ausschlaggebend gewesen.

In einem Gespräch mit einem Beauftragten der Reederei HAPAG bekannte Zimmermann 1915, er habe in diesem Gespräch zu dritt die harte Linie vertreten. Er bezeichnete die Zusammenkunft als „Kronrat" und erklärte, in der Zeit danach trotz richtiger Voraussicht der Parteinahme Großbritanniens „absolut für die scharfe Tonart gegenüber Serbien und Rußland eingetreten" zu sein. Damit Deutschland der österreichisch-ungarischen Unterstützung sicher sein konnte, müßte sich der Krieg, so Zimmermann, an einem Konflikt des Bundesgenossen entzünden. Dabei ging er von Deutschlands militärischer Überlegenheit aus, so hatte er sich ja am Vormittag geäußert.

Bethmann stellt später in seinem Erinnerungsbuch seine Haltung nur durch Bezugnahme auf die Worte des Kaisers dar. Alles, was seine „Betrachtungen zum Weltkriege" hierüber sagen, ist: „Diese Ansichten des Kaisers deckten sich mit meinen eigenen Anschauungen". Und doch erwarteten die Leser mehr über die Gesichtspunkte zu erfahren, die sein Denken bestimmt hatten. Seine Überlegungen waren ja verfassungsrechtlich, politisch, diplomatisch und historisch von höchster Wichtigkeit. Und seine Meinung konnte sich auf wichtige Nebenpunkte der österreichischen Anfrage beziehen: den Verzicht auf Einfluß in die Politik der Monarchie, den Verzicht auf deutlich umschriebene Mittel, den Verzicht auf frühen Kontakt mit Italien und Rumänen (falls diese Ermittlungen unbefriedigend, Überprüfung der grundsätzlichen Zusage).

Wilhelm hat durch sein Vorgehen den Entscheidungsspielraum des Kanzlers wesentlich eingeengt. Darin lag ein Mangel an Achtung gegenüber dem Kanzler und dessen Amt. Und, von Bethmann Hollweg aus betrachtet, war er zu demütig dieser Behandlung gegenüber. Er muß so etwas gewohnt gewesen sein. An seiner Verantwortlichkeit ändert das alles freilich nichts.

Bethmann lehnte es auch sonst nicht ab, gegen seine eigene Einsicht Politik zu machen. 1912 zum Beispiel hatte sich in dem elsässischen Städtchen Zabern ein Subalternoffizier einen gesetzwidrigen Übergriff auf Zivilpersonen erlaubt. Vor dem Reichstag verteidigte der Kanzler wider bessere Einsicht die Sache der Militärs. Das wichtigste für ihn war, im Amt zu bleiben. Er galt als „Kleber", der nur daran dachte, wie er sich im Amt halten könnte, sagte Lichnowsky zu dem jugendlichen Golo Mann, von diesem erzählt in „Erinnerungen und Gedanken". Unvereinbar mit Bethmanns Verhalten in Potsdam ist jedenfalls das Bild, daß alle anderen sich nach seinem Willen richteten.

Über dem Kaiser stand ein anderes Verfassungsorgan: der Bundesrat. Indessen, der Bundesrat wurde nicht einberufen, die „verbündeten Regierungen" wurden weder gefragt noch spontan informiert.

6. bis 14. Juli: Tisza sperrt sich weiter

I

Wie dargestellt, beschlossen der Kaiser und Bethmann den „Blankoscheck" nicht auf Grund einer Beratung. Vielmehr handelte der Kaiser gemäß einer Augenblickseingebung, präjudizierte den Kanzler und dieser nickte mit dem Kopf. Problemerörterungen, die dem Gegenstand angemessen gewesen wären, hat es auch zwischen Bethmann und Jagow nicht gegeben. „Deutsche" Politik war oft die Summe dessen, was einzelne Amtsträger innerhalb ihrer Machtbereiche taten oder unterließen.

Der Tagebuchschreiber Harry Graf Kessler äußerte 1906 – während der Kanzlerschaft des Fürsten Bülow – die Meinung: Die Mißwirtschaft dauere schon so lange, daß man anfangen könne zu hoffen, sie werde ohne Katastrophe ablaufen. Walther Rathenau, der Chef des Elektrokonzerns AEG, widersprach ihm: „Sie irren sich, eine Bank wie die Deutsche Bank kann fünf Jahre lang von gänzlich unfähigen Direktoren geleitet werden, ohne daß draußen jemand etwas merkt; aber dann wird allmählich der Abstieg beginnen. Bei einem Staat wie Deutschland kann ein Mißregiment vielleicht zwanzig Jahre ohne großen Schaden dauern, dann melden sich aber plötzlich überall die Folgen."

Wie die Dinge sich nun verhielten, hätte Wilhelm seine Nordlandfahrt zwingend ausfallen lassen müssen. Eine solche Kreuzfahrt dauerte üblicherweise vier Wochen. Und Österreich sollte möglichst bald nach dem Attentat zuschlagen, jedenfalls noch *vor* der planmäßigen Rückkehr des Kaisers nach Deutschland. Wilhelm sah das ebenso, und wollte nicht reisen. Bethmann hätte ihn darin bestärken sollen. Aber er tat das Gegenteil, übte vielmehr eigensinnig und unnachgiebig Druck auf den Kaiser aus. Als Grund machte er geltend, die Nichtausführung der seit vielen Jahren traditionellen Ferienfahrt könnte die internationale Spannung erhöhen und eine Eskalation auslösen. Es mag sein, daß dieser Gesichtspunkt eine Rolle gespielt hat. Ein weiteres Motiv des Kanzlers könnte gewesen sein, daß er sich für vier Wochen von der lästigen Zusammenarbeit mit dem nervösen, taktlosen Monarchen befreien konnte. Aber das waren erbärmliche Gründe, gemessen an der Tatsache, daß, wenn Wilhelm reiste, das Deutsche Reich für drei oder vier Wochen handlungsunfähig war.

Mit diesem Druck auf Wilhelm hat Bethmann unnötig so viel Unheil angerichtet wie sonst nie. Bei seiner Zustimmung zur casus-foederis-Erklärung war er nicht völlig frei, wie eben berichtet. Und in der Frage des uneingeschränkten U-Boot-Krieges stand ihm die überwältigende Mehrheit der Fachleute entgegen. 1914 gab es nur eine Möglichkeit für Deutschland und für ihn selbst, sich aus der Abhängigkeit von Österreich-Ungarn zu befreien und überhaupt Politik zu machen: die Zusage des Kaisers einzuschränken. Das wäre möglich gewesen, aber Wilhelms mehrwöchige Abwesenheit hat es dem Kanzler und dem Auswärtigen Amt erheblich erschwert, ihre Handlungsfreiheit zurückzugewinnen.

Auf einen Nenner gebracht, läßt sich die Krise folgendermaßen definieren: Der Kaiser gab eine unüberlegte Erklärung von größter Tragweite ab. Danach war das Reich drei Wochen handlungsunfähig. In dieser Zeitspanne ist das österreichische Ultimatum übergeben worden, und nun war Deutschland in einer wahrhaft scheußlichen Lage. Jetzt ist die falsche Entscheidung des Kaisers so verfestigt, daß die dann noch verbleibenden sieben Tage für eine Korrektur nicht ausreichten, mehr als diese sieben Tage war nicht Zeit, weil Rußland mobil machte.

Zu Beginn der Krise habe er, schreibt Bethmann in seinem Buch „Betrachtungen zum Weltkriege", nicht angenommen, daß Rußland ohne äußerste Not „den schrecklichen Schritt tun" werde. Nun, Rußland war nicht in äußerster Not. Also ging Bethmann an diesem Sonntag spätnachmittags von der russischen Nichtintervention aus. Nach der Behauptung des russischen Außenministers Sasonow soll Graf Pourtalès, der deutsche Botschafter in Petersburg, dem Auswärtigen Amt berichtet haben, daß Rußland niemals kämpfen werde. Dachte Bethmann wirklich so? Dachte er so, obwohl sein außenpolitischer Fachmann und Berater Zimmermann wenige Stunden vorher, ohne auf Widerspruch zu stoßen, praktisch das Gegenteil – neunzig Prozent Wahrscheinlichkeit – gesagt hatte? Der mit ihm nach Potsdam gefahren war und ihn bei dem Gespräch mit dem Kaiser unterstützte? Eine mögliche Deutung dieses Widerspruchs: in seinem Buch hat Bethmann Hollweg die Tatsachen geschönt. In Wahrheit rechnete er – wie Zimmermann – mit der russischen Intervention. Aber er wagte es nicht, die Österreicher zu bremsen und die nationale oppositionelle Rechte in Deutschland vor vollendete Tatsachen zu stellen. Die preußischen Konservativen würden bald von einer Neuauflage der „schlappen" Außenpolitik Wind bekommen und seine Entlassung betreiben. Ebenso scheute er sich, die ihm feindlich gesonnenen Führer der konservativen Partei zu informieren und in die Verantwortung einzubeziehen.

Bethmanns Zustimmung zu der Kaiser-Erklärung war für die Kriegspartei in Wien wichtig, Zimmermann teilte sie dem Botschafter Szögyény daher noch am selben Abend mit. Nachdem der Kaiser einen Offizier des Admiralstabs informiert hatte, wußten nur noch der Generalstab und das Reichsmarineamt nichts von der Verhandlung mit Szögyény. Der Ausschluß dieser militärischen Spitzenbehörden gab keinen rechten Sinn mehr, nachdem es sich bloß um die Verlesung von Dokumenten handelte. Diese Information konnten auch die geschäftsplanmäßigen Vertreter der Chefs entgegennehmen. In diesem Sinne gingen am Montag sehr früh am Morgen telefonische Einladungen heraus. Die jeweils ranghöchsten Offiziere begaben sich auf schnellstem Wege zum Kaiser, wurden, jeder für sich, von ihm unterrichtet, wie vorher die anderen Militärs.

Der Vertreter des Reichsmarineamtes notierte: „S.M. hält ein Eingreifen Rußlands zur Deckung von Serbien für nicht wahrscheinlich, weil der Zar die Königsmörder nicht unterstützen werde und weil Rußland zur Zeit militärisch und finanziell völlig kriegsunfertig sei. Das Gleiche gelte, besonders in finanzieller Beziehung, für Frankreich. Von England hat S.M. nicht gesprochen ... Maßnahmen, die geeignet sind, politisches Aufsehen zu erregen oder besondere Kosten (!) zu verursachen, sollen vorläufig vermieden werden". Admiral von Capelle selbst schrieb an Tirpitz u.a.: Der Kaiser „machte einen durchaus ruhigen, bestimmten Eindruck".

In dem Bericht des Generalleutnants von Bertrab (Generalstab) heißt es: „der Kaiser von Österreich sei entschlossen, in Serbien einzurücken. Seine Majestät billigt im Einvernehmen mit dem Auswärtigen Amt und dem Kriegsministerium diesen Beschluß." Von Bethmann Hollweg ist keine Rede! Tatsächlich hatte ja am Vortage spätnachmittags Zimmermann das Wort geführt, nicht der in auswärtigen Angelegenheiten unsichere Kanzler. Weiter schreibt der General: „Allerdings glaubt Seine Majestät nicht, daß Rußland eingreifen werde. S.M. faßt daher die Sache zunächst als reine Balkan-Angelegenheit auf."

Die Frage, ob die Armee „bereit" sei, stellt Wilhelm nicht. Bertrab war ein unbekannter, für die Kartographie zuständiger Oberquartiermeister, ein Vertreter des Vertreters. Vielleicht erinnerte der Kaiser sich noch an einen Vortrag Moltkes bei ihm im Mai 1914, als dieser den unzureichenden Vollzug der allgemeinen Wehrpflicht beklagt und gemahnt hatte, „daß wir unter den obwaltenden Umständen diesen Verzicht auf unsere Wehrfähigkeit uns nicht leisten können".

Nachdem Bertrab aus Potsdam zurückgekommen war, brach Oberstleutnant Tappen, Nachfolger Ludendorffs im Generalstab, nach Karlsbad auf. Moltke war zu unterrichten, vielleicht auch zu beraten. Tappen wirkte von 1914 bis 1916 als rechte Hand der Generäle Moltke und Falkenhayn.

Man kann das Geschehene zusammenfassen: Die Woche vom 28. Juni bis zum 5 August scheint wenig zur Aufklärung des Paradox beizutragen. Immerhin erfährt der heutige Betrachter, weshalb das Reich bereit ist, sich mit ganzer Kraft zu engagieren: Es sind die alles andere zur Seite schiebenden Emotionen des Kaisers zu Gunsten von Franz Joseph und seines ehrwürdigen Kaiserreichs. Der Gedanke des Präventivkrieges taucht nicht auf, auch nicht das Streben nach der Hegemonie in Europa.

II

Am Nachmittag des Montags fand im Kanzlerpalais eine lange Besprechung statt, an der Bethmann, Zimmermann, Szögyény, der Sondergesandte Hoyos, und vielleicht auch Jagow teilnahmen. Eine wichtige Zusammenkunft, zumal es bislang keine eigentliche Verhandlung mit den Österreichern auf der Ebene unterhalb der Monarchen gegeben hatte! Das Treffen am Vortage im Auswärtigen Amt hatte eher die Bedeutung einer Höflichkeitsvisite.

Hoyos setzte am Dienstag seine Wiener Vorgesetzten darüber in Kenntnis, was er in Berlin sagte: „daß wir aber vollkommen einsehen, daß eine solche Politik den Weltkrieg heraufbeschwören könne und daher die Ansicht der deutschen Regierung darüber erfahren wollten, ob sie den Zeitpunkt aus politischen und militärischen Gründen für geeignet halte und ob wir gegebenenfalls auf ihre Unterstützung rechnen könnten. Daraufhin hat mir sowohl Zimmermann wie auch der Reichskanzler gesagt: ‚Österreich-Ungarn ist allein in der Lage zu beurteilen, inwiefern seine vitalen Interessen ein Vorgehen gegen Serbien erheischen, und wir (d.h. die Deutschen) können uns in dieser Hinsicht nur durch die Entschließungen der k.u.k. Regierung leiten lassen. Für alle Fälle kann sie auf unsere bundestreue Unterstützung rechnen und wir sind der Ansicht, daß, wenn der Krieg kommen muß, es besser ist, er kommt jetzt als in ein bis zwei Jahren, wo die Entente viel stärker sein wird als heute‘.“ Bethmann hat also die Äußerung des Kaisers wiederholt, hat sie weder verstärkt noch abgeschwächt, weder ergänzt noch mit Akzenten versehen. Auch das könnte eine unbewußte Nebenbedeutung haben: „Ich habe mit dieser Sache nichts zu tun.“

Auf die Frage, was Wien mit Serbien nach gewonnenem Krieg zu tun gedächte, beging Hoyos, wie er später festgehalten hat, „die mir von Tisza sehr verübelte Eigenmächtigkeit zu erklären, Serbien müsse zwischen uns, Bulgarien und Rumänien aufgeteilt werden. Ich tat dies, weil ich wußte, daß die Deutschen in der Unterstützung unserer Pläne wankend werden würden, wenn wir, wie dies im Balkankrieg und in den darauf folgenden Jahren der Fall gewesen war, unsere Politik Serbien gegenüber nicht genau formulieren könnten und unsichere Ziele hätten. Für die Sache selbst hatte es gar keine Bedeutung, was ich als unser Kriegsziel angab, taktisch war es aber notwendig, etwas zu sagen, und ich nahm es auf mich, das schärfste und prägnanteste Ziel anzugeben. Tisza hat mir das sehr übelgenommen."

Erstaunlich unbefangen diese Selbstbeschuldigung! Hoyos' Antwort war, wie seine Darstellung ergibt, eine Lüge. Das Auswärtige Amt verlangte Klarheit über das Ziel, bevor es das Unternehmen billigte. Der Ballhausplatz hatte hierüber noch nicht nachgedacht. Hoyos konnte keine amtliche österreichisch-ungarische Position liefern. Also griff er eine Antwort aus der Luft und stellte sie unwahrhaftig als die offizielle dar.

Ebenso unwahrhaftig ist, was Hoyos später dem österreichischen Diplomaten Grafen Mérey gegenüber behauptete: „Die deutsche Regierung hatte damals vollkommen freie Hand, uns ‚Nein' zu sagen und uns an unserem Vorgehen gegen Serbien abzuhalten, wir hätten dies vielleicht etwas übel genommen, aber wegen unserer guten oder schlechten Laune hat sich die deutsche Regierung gewiß nicht beeinflussen lassen."

III

Zurück zum 6. Juli, Montag, nachmittags! Die österreichisch-ungarischen Armeekorps sollten sofort, ohne irgendwelche diplomatischen Vorbereitungen, in Serbien einrücken, hatte Hoyos seinen Gesprächspartnern gesagt: ein Überraschungsangriff, ausgeführt von mobilen Truppen, unmittelbar nach einer plötzlichen, unerwarteten Kriegserklärung. Diese Information war für Bethmann und die deutschen Diplomaten Grundlage ihrer Entscheidung. Es lag im deutschen Interesse, daß der Vergeltungsschlag spontanen und improvisierten Charakter hatte: Das hätte die Russen deutlich weniger provoziert als ein geplanter, mit Heeresmacht geführter Krieg.

Auch bei diesem Treffen sprach Zimmermann die Frage nicht an, ob der Kaiser zugleich mit der Unterstützung Österreichs gegen Serbien den europäischen Krieg bejahte. Darüber hatte Wilhelms Bündnisaussage keine Klarheit gebracht, vermutlich ließen alle das gern im Halbdunkel. Zutreffend bemerkt Isabel Hull: „The decision that the imperial political leadership took in July 1914 was neither clear nor straightforward. It's complexity and selfcontradiction have helped to make it the most controversial subject in German historiography."

Erst nach der Konferenz ging eine telegraphische Information über die Bündnisfall-Erklärung an den deutschen Botschafter in Wien. Sie war zu diesem Zeitpunkt das einzige deutsche diplomatische Dokument darüber: „Was endlich Serbien anlange, so könne S.M. zu den zwischen Österreich-Ungarn und diesem Lande schwebenden Fragen keine Stellung nehmen,…"

Man halte bei dem Wort „endlich" einen Augenblick inne. Serbien war damals nicht der einzige und in den Augen von Bethmann und Zimmermann zweifellos nicht der erste Gegenstand der Verhandlungen zwischen Wilhelm und Szögyény! Mit Bulgarien befaßte sich der Verfasser des Telegramms früher und ausführlicher als mit Serbien. Und die Bearbeitung der Initiative Bulgariens im Auswärtigen Amt bedeutete das Offenhalten einer Friedenschance.

„…da sie sich seiner Kompetenz entzögen", heißt es im Erlaß an die Botschaft weiter. „Kaiser Franz Joseph könne sich aber darauf verlassen, daß S.M. im Einklang mit seinen Bündnispflichten und seiner alten Freundschaft treu an der Seite Österreich-Ungarns stehen werde". Im zweiten Satz hatte der Kanzler die Worte Zimmermanns „unter allen Umständen" gestrichen.

Noch am Abend begab sich Bethmann wieder nach Hohenfinow. Er nahm weder mit dem Generalstab Verbindung auf noch sonst mit irgendeiner militärischen oder zivilen Reichsbehörde. Daß sich die Chefs im Urlaub befanden, hätte ihn nicht abhalten müssen, da überall Vertreter die Amtsgeschäfte führten. Sein Verhältnis zu dem Generalstabschef Moltke war notorisch

schlecht, für seine Beziehung zu Admiral von Tirpitz galt dasselbe. Diese Männer waren Satrapen, die ihre Privatfehden gegeneinander ausfochten. Erst am 26. und 27. Juli konferierte
Bethmann mit ihnen, nach dem Abbruch der österreich-serbi-
schen Beziehungen und 21 Tage nach der Zusage des Kaisers.

IV

Der Kaiser brach gegen neun Uhr vom Neuen Palais aus auf. Er
reiste im Sonderzug. Der Chef des Marinekabinetts, Admiral
Georg Alexander von Müller, notierte in seinem Tagebuch:
„Ununterbrochene Unterhaltung im Speisewagen bis nach Kiel
mit Ausnahme von 20 Minuten Vortrag. S.M., der tags zuvor
und noch am Morgen des heutigen Tages Vertreter des Kriegsministers, des Generalstabs, Admiralstabs u. R.M.A. (Reichsmarineamts) empfangen hatte, zur Besprechung der Lage, die sich
aus dem beabsichtigten Einmarsch der Österreicher in Serbien
ergibt, sprach mit mir kein Wort darüber. Bei der Ankunft auf
der Hohenzollern nahm er sich den Flottenchef und den Stati-
onschef bei Seite und sprach auch mit ihnen die Situation durch,
was ganz überflüssig, zumal, wie er erklärte, erst in etwa 9 Tagen
die Entscheidung über die Schritte Österreichs fallen würde.
Trotz der offenbaren Absicht S.M., mich bei der Unterredung
zu schneiden, ging ich einfach mit auf das Promenadendeck und
wohnte der Unterredung bei. S.M. blieb weiter nichts übrig, als
sich dem zu fügen. Aber ich werde mir den Fall merken."
   Admiral Müller war ein Gegner des Krieges, setzte sich aber
in diesem Sinne nur zurückhaltend und wirkungslos ein. Er
stand seit längerer Zeit beim Kaiser in Ungnade, war daher im
Juli 1914 ohne politischen Einfluß.
   Auf seiner Jacht gab Wilhelm für die Teilnehmer der Kreuzfahrt ein festliches Essen, geladen war auch sein Freund Gustav
Krupp von Bohlen und Halbach aus Essen, dessen Ehefrau Berta
Eigentümerin des größten deutschen Rüstungsbetriebes war.
Der Kaiser spielte den starken Mann: Er werde, wenn Rußland
mobil mache, sofort den Krieg erklären. Diesmal werde man se-

hen, daß er nicht umfalle. Daß Wilhelm wiederholt betonte, in diesem Falle werde kein Mensch ihm wieder Unschlüssigkeit vorwerfen können, wirkte auf Bohlen „fast komisch". Zwar sprach hier ein miles gloriosus, dennoch war ihm ein Rest von Kriegsbereitschaft anzumerken.

Der deutschen Öffentlichkeit wurde die Unterredung zwischen Wilhelm und Szögyény verschwiegen, ebensowenig erfuhr sie etwas von Franz Josephs Handschreiben an Wilhelm II. Die Geheimhaltung der deutsch-österreichischen Verabredungen war angeordnet, damit die Mächte der Entente keine Gegenmaßnahmen trafen, sie sollte den aggressiven Charakter der österreichischen Politik verhüllen. So erschien das österreichische Vorgehen als spontane, emotionale Reaktion auf das Attentat, jenseits politischer Absichten. Das wäre zweifelhaft gewesen, wenn bekannt geworden wäre, daß Österreich sich vorher eine deutsche Deckungszusage geholt hatte.

In dem deutschen Weißbuch aus den ersten Augusttagen hieß es unverändert nur sehr allgemein, „wir" hätten der Doppelmonarchie versichert, die Aktion gegen Serbien werde „unsere" Billigung finden. Von wem und wann dies erklärt worden war, blieb offen. Die Vorgänge zur casus-foederis-Anerkennung sind den höchsten militärischen Chefs nur unter strenger Diskretion mitgeteilt worden, also nicht zur Weitergabe innerhalb der Ressorts. Die Marine ging allerdings locker mit der Geheimhaltung um: Admiral von Capelle informierte 17 Offiziere und Beamte des reichsmarineamts. Auch die italienische Regierung erfuhr nichts. Man befürchtete, sie werde das Wissen den Ententemächten verraten. Allerdings erhielt Rom doch recht bald von den Plänen der Österreicher Kenntnis, ebenso gelangte dieses Wissen kurz darauf an die Regierungen der Gegner. Die deutschen diplomatischen Vertretungen im Ausland blieben ohne Information, selbst die Botschaften in Paris und Petersburg. Eine Ausnahme machte der Botschafter in Rom, ein sehr guter Freund Jagows. Er wurde über alles wesentliche ziemlich klar unterrichtet. Und Lichnowsky erfuhr einiges, weil er sich zufällig in Berlin aufhielt.

Am frühen Nachmittag des 5. Juli hatte Botschafter Fürst Lichnowsky – auf dem Wege von seinen oberschlesischen Latifundien nach London – im Auswärtigen Amt vorgesprochen. Wie abgesprochen, hatte der Generalstab zwei Papiere ausgearbeitet mit den Überschriften „Ausbau des russischen Eisenbahnnetzes" und „Rußlands wachsende militärische Stärke". Die Kurzgutachten hatten die Besorgnisse des Generalstabs wegen der russischen Rüstungen plausibel gemacht. Was die Eisenbahnen anging, so sollte in Polen die breitere russische Spurweite eingeführt werden. Im Widerspruch zu dem Ersuchen des Generalstabs übergab der Unterstaatssekretär Lichnowsky diese Ausarbeitungen nicht, skeptisch wegen seiner „Zuverlässigkeit" unterrichtete er ihn nur mündlich von ihrem Inhalt.

Durch den glücklichen Zufall dieser Information erfuhr der Botschafter auch von der Reise des Grafen Hoyos. Über den Brief des habsburgischen Kaisers hörte er, man wolle in Wien den unerträglichen Zuständen an der serbischen Grenze nunmehr durch ein energisches Vorgehen ein Ende bereiten. Außerdem bemerkte Zimmermann – als seine Meinung –, „daß, wenn der Krieg für Deutschland (!) nun doch unabwendbar (!) sei, infolge der unfreundlichen Haltung Rußlands es vielleicht besser sei, ihn jetzt zu führen als später."

Lichnowsky: „Ich verfehlte nicht, dieser Ansicht gegenüber ernste Bedenken zu äußern und darauf hinzuweisen, daß ein kriegerisches Vorgehen Österreichs gegen Serbien zweifellos den Weltkrieg nach sich ziehen würde." Aber in dem am selben Tage bevorstehenden Gespräch mit dem Kaiser und Kanzler hatte Zimmermann diese Warnung unbeachtet gelassen.

Der Ex-Botschafter hat nach Kriegsausbruch Selbstkritik geübt: „Heute bereue ich, nicht in Berlin geblieben zu sein und sogleich erklärt zu haben, daß ich eine derartige Politik nicht mitmache." Karl Max Lichnowsky spielte in der Julikrise eine tragische Rolle. Von allen deutschen Diplomaten war er der einzige, der die Folgen des Handelns gegenüber Österreich voraussah, war sich aber dessen nicht bewußt, daß die Pflege seiner Beziehungen zu Bethmann und dem Auswärtigen Amt wichtiger war als seine Freundschaft mit Sir Edward Grey.

Schon am Nachmittag des 6. Juli suchte Lichnowsky den britischen Außenminister auf und unterrichtete ihn „privat" über die Besorgnis und den Pessimismus, die ihm in Berlin begegnet seien. Österreich wolle militärisch gegen Serbien vorgehen. Ihm war bewußt, daß er mit dieser Ankündigung die Grenze des Erlaubten überschritt, denn er erwähnt diese Bemerkung nicht in seinem Bericht nach Berlin. Tschirschky war nicht der einzige Botschafter, der eigenmächtig Politik machte! Sir Edward Grey aber notierte sich Lichnowskys Äußerungen: „Er erklärte, daß der Mord an Erzherzog Franz-Ferdinand eine sehr starke serbenfeindliche Stimmung in Österreich hervorgerufen habe; obschon er Einzelheiten nicht wußte, war ihm als Tatsache bekannt, daß die Österreicher etwas beabsichtigten, und es sei nicht unmöglich, daß sie militärisch gegen Serbien vorgehen würden." Grey warnte durchaus nicht vor einer solchen Aktion, sondern „enthielt sich vorläufig einer bestimmten Meinungsäußerung".

Als zweiten Punkt der Besorgnisse und des Pessimismus in Berlin nannte Lichnowsky die russischen Heeresverstärkungen, als dritten die Sorge wegen der beabsichtigten britisch-russischen Marinekonvention: „Der Botschafter ging so weit zu bemerken, in Deutschland habe man, und zwar insbesondere auf Grund des zweiten und des dritten Punktes, die er heute nachmittag mir gegenüber erwähnt habe, einigermaßen das Gefühl, daß ganz sicher Verwicklungen eintreten würden und daß es darum besser wäre, Österreich nicht zurückzuhalten und das Übel lieber jetzt als später herankommen zu lassen. Er betonte mehr als einmal nachdrücklich, daß er ganz persönlich und über sehr heikle Dinge spräche."

Grey war „sichtlich betroffen" über Österreichs Pläne. Der Fürst suchte dem englischen Minister die völlige Unterwerfung Serbiens nahezubringen. London solle den Serben dies über Petersburg anraten. Aber das hieß, die Kosten der Friedenswahrung vollständig den Gegnern aufzuerlegen. Wenn Lichnowskys Vorschlag nicht geradezu naiv war, so überschätzte der Fürst jedenfalls den Grad der Übereinstimmung der Ziele der deutschen und der britischen Diplomatie.

Über Lichnowskys Hinweis auf den persönlichen Charakter seiner Eröffnungen ging Grey hinweg. Er teilte sie nicht nur dem britischen Geschäftsträger in Berlin mit, sondern trug sie auch im Kabinett vor, wo sie „Bestürzung" erregten.

V

Während der Abwesenheit des Reichskanzlers lagen seine Kompetenzen für die internationalen Beziehungen in den Händen des Auswärtigen Amtes, nicht etwa in denen des Vizekanzlers von Delbrück.

Staatssekretär Gottlieb von Jagow war von kleiner Statur, 51 Jahre alt, bis Juni 1914 unverheiratet. Man kann ihn als Ziehbruder des Kaisers bezeichnen: Wilhelms Erzieherin Sophie von Dobeneck hatte Gottliebs (damals vier Jahre alt) verwitweten Vater geheiratet. Aufgewachsen auf dem Lande, besuchte er zunächst die Klosterschule zu Rossleben, dann eine Unterrichtsanstalt des Landadels, die „Ritter-Akademie Brandenburg a.H." Er soll in der Schule „das kleine Mißverständnis" genannt worden sein. Während seines Studiums in Bonn gehörte er dem Corps Borussia an, wie vor ihm der vier Jahre ältere Kaiser, der ihn duzte. Jagow war Jurist, die Arbeit als Regierungsassessor der Bezirksregierung in Potsdam war ihm aber physisch zu anstrengend, er war durch eine Halblähmung behindert. Durch Beziehungen gelang es ihm, als Attaché an die deutsche Botschaft in Rom versetzt zu werden.

Jagow war stockkonservativ, altmodisch und ein typischer Junker. Er liebte es nicht, in größerem Kreise oder in der Öffentlichkeit in Erscheinung zu treten, wird daher von seinen Zeitgenossen und den Historikern unterschätzt. Er sympathisierte mit der Konservativen Partei, war in den letzten Kriegsjahren Hospitant der konservativen Fraktion des Herrenhauses. Theodor Wolff über ihn: „Jagow war gewiß auf seine Art intelligent und gebildet, aber er hatte in einer Schule studiert, in der man sich noch das Haar puderte, dialektische Ausflüchte wie zierliche Tanzschritte einübte, das gleichmütige Lächeln probte und darauf dressiert wurde, über die Form zu plaudern, während es um das Leben der Völker ging. Diese altmodische, wirklichkeitsfremde Künstelei paßte zu seiner zarten Konstitution, seiner Geschmacksveranlagung, seiner ultrakonservativen Denkrichtung, seiner Natur, die gepflegt und abgezirkelt war wie die beschnittenen Taxushecken im Park von Sanssouci."

Jagow war keine gute Wahl für das Amt des Staatssekretärs. Er empfand das selbst, hatte sich ernsthaft gegen die Ernennung gesträubt und seinen Widerstand nur aus preußischer Pflichtauffassung aufgegeben.

Bülow und Lichnowsky hatten sich für seine Berufung eingesetzt. Bülow war seit Jagows Eintritt in den diplomatischen Dienst dessen Protektor. Später nannte Bülow ihn aber einen Diplomaten dritten Ranges; Freiherr von Eckardstein bezeichnete ihn als „schlicht unfähig". Nach Meinung von Insidern war er „vollkommen von Stumm abhängig". Wilhelm von Stumm war der Leiter der Politischen Abteilung des Auswärtigen Amtes, zur Zeit des Hoyos-Besuches in Ferien. Johannes Haller urteilte über Jagow und Bethmann: „Derselbe schwache Faden, Zwirn statt Draht." Eine neuere Monographie über die zweite Marokko-Krise sieht Jagow als „schwächlichen Dilettanten", vergleicht ihn mit seinem Vorgänger, dem selbstbewußten, „nachdenklichen und weitblickend arbeitenden" Kiderlen-Wächter und stellt fest, einen größeren Unterschied könne es nicht geben.

Daß Jagow kriegsbereiter war als alle Berliner Zivilisten, wird durch ein erst neuerdings öffentlich erwähntes Dokument bestätigt. Es ist ein Brief des nationalistischen österreichischen Publizisten Paul Samassa an seinen Freund Heinrich Claß, den Vorsitzenden des Alldeutschen Verbandes, vom 27. Juli 1914: Es sei vor allem das Verdienst Jagows und Tschirschkys gewesen, „daß sie diesmal entweder Ruhe oder energisches Vorgehen verlangt" hätten.

Jagow verschmähte Intrigen nicht prinzipiell, wie er auch sonst Mittel wenig sympathischer Art anwandte, zum Beispiel das Fälschen von Dokumenten, die an den Kaiser gingen, Nichtinformation seiner Vortragenden Räte, absichtlich verspätete In-

formation. „Diese Persönlichkeit", behauptet der Freiherr von
Eckardstein, „besaß obendrein eine Dosis von Boshaftigkeit, die
normalerweise für eine ganze Wagenladung von Affen hingereicht hätte". Amerikanische Journalisten fanden Jagow „kalt
und überheblich".

Cambon und Albertini schreiben Jagow keinen aufrichti-
gen Willen der Vermeidung des Großen Krieges zu. Jules
Cambon hat drastisch gesagt: „ein Junker von der kriegerischsten
Sorte".

Als Jagow drei Wochen als Staatssekretär im Amt war, sagte
der Kaiser: „Jagow rauche sich vortrefflich an. Der kleine Mann
habe erklärt, er würde der erste sein, der Se. Maj. den Krieg
empfähle, wenn man versuchen wollte, Deutschlands Rechte da
(auf dem Balkan) und auf Kleinasien anzutasten. Solche Sprache
habe er – Se. Maj. – aus der Wilhelmstraße noch nicht gehört."
Auch das war möglicherweise eine von Stumm übernommene
Meinung. Jagow war von Bethmann gerade „wegen seines vorsichtigen Naturells" auf seinen Posten berufen worden.

Grey schätzte Jagow als einen Diplomaten „wie wir" ein, das
heißt wie seine Männer im Foreign Office. Das spiegelt aber
wohl das Urteil seines Botschafters Sir Rennell Rodd wieder, der
deutschfreundlich dachte und der Jagow in Rom bei der Bewäl-
tigung wesentlich leichterer und ganz kriegsferner Aufgaben, also
innerhalb der Grenzen seiner Fähigkeiten, erlebt hatte. Goschen
schreibt in seinem Schlußbericht: „Ich bin mehr denn Cambon
davon überzeugt, daß sowohl der Kanzler als auch Jagow einen
allgemeinen Krieg vermeiden möchten – wie auch die Meinung
der Hitzköpfe und des Generalstabs sein mag. Das ist nicht nur
meine Meinung, sondern auch die der meisten Diplomaten und
vieler Deutscher." Diese Beurteilung ist nicht unzutreffend.
Jagows erstes Ziel war die Deckung der Österreicher bei der
Ausführung ihres Rachekrieges, und zwar unter Vermeidung des
großen Krieges. Nur eventuell, wenn er das Ziel No. 1 nicht erreichte, bejahte er den großen Krieg.

Etwa fünf Wochen vor Sarajewo hatte Jagow sich einem aus-
drücklichen Ansinnen General Moltkes auf Herbeiführung eines

Präventivkrieges verweigert. Sie hatten ihr Gespräch in dem Automobil des Generals auf der Fahrt von Potsdam nach Berlin geführt, Jagow schildert: „Unterwegs entwickelte mir Moltke seine Auffassung unserer militärischen Lage. Die Aussichten in die Zukunft bedrückten ihn schwer. In zwei bis drei Jahren würde Rußland seine Rüstungen beendet haben. Die militärische Übermacht unserer Feinde wäre dann so groß, daß er nicht wüßte, wie wir ihrer Herr werden könnten. Jetzt wären wir ihnen noch einigermaßen gewachsen. Es bleibe seiner Ansicht nach nichts übrig, als einen Präventivkrieg zu führen. Der Generalstabschef stellte mir demgemäß anheim, unsere Politik auf die baldige Herbeiführung eines Krieges einzustellen." Aber Jagow lehnte ab. Er hoffte auf eine Besserung der Beziehungen zu England. Und Moltke „insistierte nicht weiter auf seiner Anregung."

Noch eine andere Tatsache verdeutlicht, daß Jagow vor dem Attentat keinen Krieg wollte: Er plante, mit Sir William Tyrrell zu reden, dem höchst einflußreichen Sekretär des britischen Außenministers Sir Edward Grey. Ein geheimes Treffen an neutralem, privatem Ort war vorbereitet. Er wollte sich mit Tyrrell in der Absicht der Vermeidung eines großen Krieges freimütig aussprechen.

An Wilhelms Zusage der Bündnishilfe hatte Jagow keinen Anteil: „Nach dem Kriege ist mir von verschiedenen Seiten gesagt worden, wäre ich am 5. Juli in Berlin gewesen, so würde unsere Antwort an Österreich wohl anders ausgefallen und der Lauf der Dinge ein anderer gewesen sein. Ich selbst habe das nie behauptet ... Niemand kann sagen, was er in einem Falle, der sich für ihn nicht geboten hat, getan haben ‚würde' ... Wohl habe ich, als ich am 6. nach Berlin zurückkehrte und das Vorgefallene erfuhr, mir ernste Gedanken über die möglichen Folgen gemacht. Ich glaube, daß ich die Wiener, zwar unter Anerkennung der Bündnispflicht, doch gemahnt hätte, es nicht zu einem großen Kriege kommen zu lassen, da dieser für beide Mittelmächte zu schwere Gefahren implicirte. Eine Antwort läßt sich nuanciren und modificiren. Aber es ist möglich, daß diese Annahme sich bei mir erst ex post gebildet hat ... Die Mitverantwortung habe ich nie abzulehnen gesucht."

Obwohl er sich am 6. Juli „ernste Gedanken über die möglichen Folgen" gemacht hat, nimmt er die Kaiser-Zusage ernst. Sie ist das Wort seines kaiserlichen Herrn, daher unverbrüchlich.

VI

Jagow folgte zwar oft dem Rat seiner Vortragenden Räte, handelte aber selbständig im Verhältnis zu Bethmann Hollweg, wie das dem Stil einiger seiner Amtsvorgänger entsprach. Dem Botschafter Tschirschky ließ er mehr Freiheit, als dem Interesse Deutschlands gut tat.

Die Ermordung des Erzherzogs bot, anders als manche behaupten, der deutschen Führungselite keine außenpolitische Chance. Im Gegenteil, sie versetzte die Diplomatie in eine böse Verlegenheit. Sie mußten eine schwierige Entscheidung treffen, zwischen zwei Übeln wählen. Die eine Gefahr war, an der Bündnisfall-Erklärung des Kaisers festgehalten zu werden und dem Weltkrieg ins Auge zu sehen. Wenn aber die Diplomaten den Krieg durch zu defensives Verhalten vermieden, so drohte das Regime vielleicht Schaden an Ehre und Ansehen zu nehmen.

Am Montag, den 6. Juli traf er aus seinem Urlaub in Berlin ein. Gegenüber Bethmann und Zimmermann äußerte er sein Befremden, daß man ihn nicht früher aus der Schweiz hatte kommen lassen. Er seinerseits pflegte aber den Kanzler nur unzulänglich zu unterrichten. Die Inkonsequenz seines Verhaltens schien er nicht zu bemerken. Ein Beispiel ist sein Gespräch mit Moltke in dessen Automobil, oben im vorigen Unterkapitel erwähnt. Er schildert die Unterredung in seinen nicht veröffentlichten Aufsätzen, erwähnt dabei den Kanzler nicht. Wäre Bethmann von Jagow informiert worden, so hätte er sicher etwas zu dem Präventivgedanken geäußert, Jagow hätte seinen Kommentar festgehalten. Auch was er im Januar oder Februar 1913 mit Moltke über eine Abkehr vom Schlieffenplan verhandelte, hat Jagow dem Kanzler höchstwahrscheinlich nicht mitgeteilt.

Angesichts der außenpolitischen Inkompetenz Bethmann Hollwegs und seiner Entscheidungsschwäche würde es verwundern, wenn Jagow loyal des Kanzlers Intentionen gefolgt wäre. Der englische Gelehrte George P. Gooch sagt über Bethmann Hollweg: „He was never master in his own house." Sir Horace Rumbold, der Untertreibungen liebte, drückt es so aus: der Kanzler habe nicht das vollständige Vertrauen seines Kabinetts gehabt. Wolfgang J. Mommsen nennt als Berater Bethmanns nur (seinen Freund) Riezler und Zimmermann, nicht jedoch Jagow.

In diesen Tagen gelangten Berichte und Telegramme der Auslandsvertretungen in Jagows Hände. Er teilte davon nur wenig nach Hohenfinow mit: etwa ein Viertel der an das Auswärtige Amt oder den Reichskanzler adressierten, die Krise betreffenden Telegramme. Bei den meisten nachgesandten Schriftstücken hatte er keine Wahl: sie waren an den Kanzler adressiert. Kopien ausgehender Telegramme erhielt Bethmann gar nicht.

In Wien war die Lage am Dienstag der zweiten Woche (7. Juli) Gegenstand der Erörterungen im „Gemeinsamen Ministerrat". An der Vorbereitung des Treffens nahmen außer Berchtold und den beiden Ministerpräsidenten auch der deutsche Botschafter teil. Die Herren der deutschen diplomatischen Vertretung in Wien waren überzeugte Anhänger einer festen Außenpolitik Österreich-Ungarns gegenüber Serbien. Das gilt zunächst für den Botschafter, Heinrich von Tschirschky und Bögendorff, dann aber besonders für den zweiten Sekretär, Legationsrat Dietrich von Bethmann Hollweg, 37 Jahre alt, einen Vetter des Kanzlers. Ihm war es zu Beginn seiner Karriere gelungen, die Sympathie und die Protektion des Fürsten Bülow zu gewinnen. Von der mündlichen Prüfung für die Aufnahme in den diplomatischen Dienst hatte Bülow ihn gegen das ausdrückliche Votum der Prüfungskommission befreit. Kiderlen-Wächter, damals noch Gesandter in Bukarest, schrieb in seiner offiziellen Beurteilung für die Personalakten über den Kandidaten: „Ich spreche dabei die Hoffnung aus, daß seine guten geistigen Anlagen es Herrn von Bethmann erlauben werden, die bisherigen Lücken in seinen Kenntnissen in sprachlicher und anderer Hinsicht eini-

germaßen auszufüllen, sobald es ihm gelungen sein wird, seinen
bisherigen Widerwillen gegen geistige Arbeit zu überwinden."
Nach 1909 wurde er ebenso von Theobald von Bethmann Hollweg gefördert.

Dietrich Bethmann hatte völlig vertrauensvolle, offene, wohl
auch freundschaftliche Beziehungen zu den beiden einflußreichsten ihm im Rang und auch sonst überlegenen Persönlichkeiten
des österreichischen Außenministeriums, den Grafen Johann
Forgách und Alexander Hoyos, wobei er derjenige war, der beeinflußt wurde. Forgách, als Sektionschef gleich nach dem Minister rangierend, war aus der Sicht Tschirschkys der spiritus rector des Ministeriums.

Dietrich Bethmann hat sich selbst als einen der Haupturheber
des Krieges bezeichnet. Nach Ansicht eines politisch interessierten Wiener Historikers, Joseph Redlichs, trägt er sogar eine noch
größere Verantwortung für den Krieg als sein Chef Tschirschky.
Redlich berichtet über ein mit ihm 1915 geführtes Gespräch:
„Dann sprachen wir von der Inszenesetzung des Krieges. Ich sage, daß ich nebst Alek Hoyos ihn für den Haupturheber des
Krieges halte. Er bestätigt dies und sagte, er habe auch schwere
Stunden darüber gehabt, aber die nachfolgenden Ereignisse, die
zeigen, daß es für uns Deutsche die letzte Gelegenheit gewesen
sei, hatten ihn innerlich völlig beruhigt. Es ging nicht mehr: das
war doch bei allen Einsichtigen als Gefühl längst vorhanden."
Mit „uns Deutsche" meinte er offenbar „Deutsche sowohl im
Reich als auch in der Doppelmonarchie".

Auch gegenüber Graf Kessler hat Dietrich Bethmann sich zu
seinem Handeln bekannt; dessen Tagebuch hält fest: „Da steck-
ten mir persönlich Dietrich Bethmanns Mitteilungen ein Licht
auf. Er und Hoyos haben in Wien jede Gelegenheit ausgenützt,
um den Krieg herbeizuführen, so sagte er mir selbst ... Jetzt er-
kenne ich erst, daß Dietrich Bethmanns Selbstbeschuldigungen
und Gewissensbisse nicht bloß Pose, sondern leider bitterer
Ernst waren. Öffentlich wird das allerdings vorläufig kaum bekannt werden, und so rennen die Leute in die (sic) Schuldfrage
immer mit dem Kopf gegen die Wand, indem sie sie in Berlin su-

chen, während der wirkliche Knoten in Wien sitzt, in der deutschen Botschaft in Wien und am Ballhausplatz bei Hoyos mit seinem hölzernen Gesicht und seiner mathematisch trockenen, närrisch-klugen Psychologie. Dieser närrische Rechenmeister und der Romantiker Dietrich Bethmann sind in ihrer unheimlichen Verbrüderung in der Tat die treibenden Kräfte des Kriegsausbruchs gewesen."

VII

Botschafter von Tschirschky sagte in dieser Woche zu einigen seiner Wiener Freunde und Gesprächspartner: „Wenn ihr (Österreicher) euch das gefallen laßt, seid ihr nicht wert, daß man euch anspuckt. Dann muß Deutschland sich nach einem anderen Bundesgenossen umsehen." Von dem deutschen Marineattaché ist bestätigt worden, daß Tschirschky „scharfe Töne aufgezogen" und (zum Handeln) „getrieben" habe. Der Botschafter selbst hat das bekundet, sogar, um den Gesprächspartner nicht zu täuschen, hinzugefügt, er befinde sich insofern nicht ganz in Übereinstimmung mit Berlin. Das bestätigt Graf Lützow, der frühere österreichische Botschafter in Rom: Tschirschky habe im Widerspruch zu Instruktionen des Staatssekretärs vor der Übergabe der österreichischen Note Druck auf Berchtold ausgeübt. Er handelte seit den weichenstellenden Worten des Kaisers konsequent auf der harten politischen Linie.

Die deutsche Botschaft in Wien war „die einzige Vermittlungsstelle zwischen Deutschland und Österreich", so das Urteil des österreichischen Außenministeriums. Den österreichischen Botschafter in Berlin, Ladislaus Graf Szögyény-Marich, betrachtete man in Wien wegen seines Alters nicht mehr als fähig, allen Anforderungen seiner Aufgaben gerecht zu werden, obwohl er am 5. Juli sein Gespräch mit dem deutschen Kaiser erfolgreich geführt hat.

Einige Tage später trieb Szögyény – wohl um Tisza weiter weichzuklopfen - Berchtold erneut zum Krieg: „Dagegen glaube ich, daß es doch einer gewissen Erklärung bedarf, daß die maßgebenden deutschen Kreise und nicht am wenigsten Seine Majestät Kaiser Wilhelm selbst uns – man möchte fast sagen, geradezu drängen, eine eventuell sogar kriegerische Aktion gegen Serbien zu unternehmen." So Szögyény am 12. Juli: eines der Telegramme des Botschafters, auf welche die Auffassung gestützt wird, Berlin habe die Doppelmonarchie „zum Kriege gedrängt".

Die österreichische Politik fand nicht zuletzt die Unterstützung von Dietrich von Bethmann Hollweg, Graf Hoyos erinnert sich, „daß Herr Dietrich Bethmann Hollweg mich in jenen kritischen Tagen, ich glaube es war nach meiner Berliner Reise, in meiner Wohnung in Wien aufsuchte, sich darauf berief, er komme eben von Berlin, habe dort mit dem Reichskanzler eingehend gesprochen und sei zu der Überzeugung gelangt, dies sei die Schicksalsstunde für Österreich-Ungarn, der Moment, da sich unsere Zukunft entscheiden werde. Wenn wir nichts unternehmen sollten, um unsere Grenzen und den Bestand der Monarchie sicherzustellen, werde man in Berlin an uns verzweifeln und sich neue Bundesgenossen suchen müssen." Im selben Sinn sprach sich Dietrich von Bethmann Hollweg sogar öffentlich aus.

Tschirschky war von Berchtold zu der Vorbesprechung geladen worden, damit er den Ministerpräsidenten die Hoyos- und Szögyény-Berichte bestätigte, was er auch tat. Tatsächlich aber entsprachen sie in einem zentralen Punkt nicht der Wahrheit: In ihnen wurde behauptet, Wilhelm und Bethmann Hollweg hätten das österreichische Vorgehen gewünscht. Die Fakten sahen anders aus, beide haben die Aktion der Monarchie lediglich als bündnisgedeckt anerkannt. Dem Botschafter lag nur *eine* schriftliche Information aus Berlin vor, und sie war in diesem Punkt deutlich genug, nämlich Bethmanns Telegramm vom Montag, 6. Juli, dem Tag von Wilhelms Reise nach Kiel. In ihm fehlte jede Andeutung, daß Kaiser oder Kanzler die Aktion gegen Serbien wünschten.

Für Wilhelm ist das völlig klar. In seinen, am Sonntag abend an Bethmann und Zimmermann gerichteten Worten ist nicht die

Spur einer Forderung zu finden. Er sah vielmehr, daß es zu einem österreichisch-serbischen Streit kommen werde und erklärte, „wir müßten mit allen Mitteln" dagegen arbeiten, daß dieser Streit sich zu einem internationalen Konflikt auswachse. Ihm war es lieber, wenn Österreich keinen Krieg gegen Serbien begonnen, sondern in milderer Art reagiert hätte, etwa so, wie Graf Tisza sich das vorstellte. Von dem Richtungsstreit innerhalb der Monarchie wußte er nichts.

Eugen Fischer, der Geschäftsführer des Untersuchungsausschusses von 1919, meint, der Botschafter habe Erläuterungen erhalten, die nicht aufgezeichnet worden seien. Weitaus näher liegt eine andere Erklärung: Er ist auf eigene Faust vorgegangen, wie er es auch sonst getan und weshalb ein Gutachter des Untersuchungsausschusses ihn einen Verbrecher genannt hat. Das will etwas heißen! Denn für Deutschland waren die Beziehungen zu Österreich der Dreh- und Angelpunkt für Verlauf und Ausgang der Krise. Wien stellte damals den mit Abstand wichtigsten Außenposten der deutschen Diplomatie dar.

In dem Gespräch mit Tschirschky am Dienstag – 7. Juli – widerriefen Berchtold und Tisza alles, was Hoyos in Berlin gesagt hatte. Es seien „rein persönliche Auffassungen" gewesen. Also auch das sofortige Losschlagen mit mobilen Truppen nahm man zurück! „Wenn Österreich entschlossen sei zu handeln", so Zimmermanns Erwiderung auf Hoyos Worte am 5. Juli, „müsse es das unmittelbar und ohne diplomatische Verzögerung tun, durch die kostbare Zeit verschwendet und die Diplomatie der Entente alarmiert würde." Anders ausgedrückt, die desavouierten Erklärungen des Sondergesandten waren Grundlage des deutschen Kalküls, insbesondere der Beratungen des Kanzlers mit Zimmermann.

Mußte man auf deutscher Seite die Frage jetzt nicht neu aufrollen? War es nicht Tschirschkys Sache, die Berliner Diplomaten zu alarmieren? Hätten Jagow und Zimmermann nicht nach Hohenfinow fahren und die neue Lage mit dem Reichskanzler besprechen müssen? Nichts dergleichen geschah. Stillschweigend nahmen Tschirschky und Jagow den Widerruf hin. Damit

ging eine wichtige Voraussetzung der Nichtintervention Rußlands verloren.

Im Ministerrat waren anwesend: Berchtold als Vorsitzender,
die beiden Ministerpräsidenten, zwei gemeinsame k.u.k. Minister (sozusagen Bundesminister: für Finanzen und für Krieg)
sowie zwei Offiziere im Generalsrang. Graf Tisza bekämpfte
weiter die Politik des Ministeriums am Ballhausplatz – Mission
Hoyos, Krieg gegen Serbien. Er wollte „einen Kampf auf Leben
und Tod" mit Rußland nicht riskieren und sprach sich für eine
Note aus, die für Serbien annehmbar war. Österreich-Ungarns
Prestige am Balkan werde steigen, im ganzen werde die Monarchie „einen eklatanten diplomatischen Erfolg aufzuweisen haben". Ein Beschluß kam nicht zustande.

Am folgenden Tag bemühten sich Berchtold und Tschirschky
erneut, Tiszas Widerstand zu überwinden. Man erfand zu seiner
Täuschung eine Mitteilung des deutschen Kaisers. Sie besagte
angeblich, man werde es in Deutschland nicht verstehen, wenn
Österreich „die gegebene Gelegenheit vorübergehen ließe, ohne
einen Schlag zu führen". Wenn Österreich mit Serbien verhandele, müsse man das in Berlin als Schwäche auslegen. Das könne,
so Kaiser Wilhelm weiter in der erdichteten Mitteilung, nicht
ohne Rückwirkungen auf Österreichs Stellung in Deutschland
und die künftige Politik Deutschlands bleiben. Hierüber sei er
soeben von Tschirschky informiert worden, gab Berchtold dem
ungarischen Ministerpräsidenten vor. Tschirschky mußte die Intrige genehmigt haben, sonst hätte Berchtold so nicht reden
können. Erneut zeigt sich die Neigung des Botschafters zu selb-
ständigen, mit der amtlichen deutschen Politik nicht abgestimm-
ten Aktionen. Über sein Gespräch mit Berchtold berichtete er
kein Wort nach Berlin!

Ein paar Tage später kabelte Tschirschky: „Die Formulierung
geeigneter Forderungen gegenüber Serbien bildet gegenwärtig
hier die Hauptsorge, und Graf Berchtold sagte, er würde gern
wissen, wie man in Berlin darüber denke." Weiter hieß es: „Sollten die Serben alle gestellten Forderungen annehmen, so wäre
das eine Lösung, die ihm (Berchtold) sehr unsympathisch wäre,

und er denke noch darüber nach, welche Forderungen man stellen könne, die Serbien eine Annahme völlig unmöglich machen würden."

Jagow ging darauf nicht ein, er überließ es Tschirschky, dem österreichischen Minister zu antworten. Daß der Botschafter das tat, ist so gut wie sicher. Fürst Eulenburg, langjähriger Botschafter in Wien, war wegen des Stils der Note sogar überzeugt, daß Deutsche sie formuliert hätten!

Der Leiter der Politischen Abteilung des Auswärtigen Amtes, Wilhelm von Stumm, kam am 11. Juli aus dem Urlaub zurück. Er hat kräftigen, ja maßgebenden Einfluß auf die deutsche Krisenpolitik ausgeübt. Mehrfach ist bezeugt, daß der Staatssekretär völlig von ihm abhängig gewesen sei. Der telefonische Kontakt mit der deutschen Botschaft in Wien lag in seinen Händen. Stumm waren in etwa die Zuständigkeiten des Vortragenden Rats Friedrich von Holstein anvertraut, der während der Kanzlerschaft Hohenlohes und Bülows die deutsche Außenpolitik prägte. Es ist anzunehmen, daß er – wie seinerzeit Holstein – die Akten führte.

Am 11. Juli informierte Tschirschky den Staatssekretär ausführlich über den Stand der Arbeiten am Wortlaut des Ultimatums. Er kannte die Bedeutung der österreichischen Forderungen besser als jeder andere: Sie sollten abgelehnt werden. Tschirschky war mit den österreichischen Texten zufrieden, daran läßt der Ton seines Briefes keinen Zweifel. Es handelte sich um einen Privatbrief, der sich als „Ganz geheim" bezeichnete und dem Kanzler nicht vorgelegt wurde. Erneut sprechen die Umstände dagegen, daß Bethmann Hollweg die Fäden gezogen hat.

Die österreichische Botschaft in Berlin machte kräftig Propaganda für die Hoyos-Diplomatie, offenbar bestellt von den Falken des Ministeriums am Ballhausplatz. Der Zweck war klar: Intrige gegen Tisza.

In den Wochen nach dem Aufbruch des Kaisers nach Kiel waren fast alle maßgebenden Minister, Generäle und Admiräle im Urlaub. Zimmermann, wird gesagt, habe das organisiert. Die Entente sollte den deutschen Diplomaten nicht so früh Fragen stellen, die vielleicht die Gefährlichkeit des österreichisch-deut-schen Komplotts hätten erkennen lassen. Der Reichskanzler hielt sich auf seinem Gut Hohenfinow auf. General von Lyncker begleitete den Kaiser auf der Kreuzfahrt. Falkenhayn war sech-zehn Tage von Berlin abwesend. General Graf Waldersee ließ sich von General Bertrab über dessen Audienz beim Kaiser be-richten und befand, es sei nichts zu veranlassen. Noch am selben Tag trat er einen Erholungsurlaub in Mecklenburg auf dem Land an. Von dort fuhr er allerdings zweimal nach Berlin. Er war überzeugt, daß Deutschland dem Krieg nicht ausweichen dürfe: „Wir hätten es, wenn es unseren Gegnern anders gefallen hätte, auf Dauer nicht in der Hand gehabt, den Krieg zu vermei-den." Mit dem ihm befreundeten Jagow hielt der unzweifelhafte Falke täglich brieflich oder telefonisch Kontakt. Er schrieb ihm: „Ich bin hier sprungbereit". Ein Einfluß des Oberquartiermei-sters auf Jagow würde, wenn feststellbar, dessen Handeln in der Krise verständlicher machen.

Die Militärs erfuhren von der diplomatischen Korrespondenz des Auswärtigen Amtes nichts. Meinungsvorgaben, Empfehlun-gen oder Forderungen von ihrer Seite an das Auswärtige Amt sind nicht ersichtlich. Die Öffentlichkeit wurde nicht offiziell unterrichtet. Jagow veranlaßte immerhin eine halbamtliche In-formation, die als redaktionelle Notiz der „Kölnischen Zeitung" erschien: „Die Ausführungen, mit denen der ungarische Mini-sterpräsident Graf Tisza im Abgeordnetenhaus zu Budapest die Interpellation ... beantwortet hat, werden in hiesigen (Berliner) politischen Kreisen mit Zustimmung begrüßt. Graf Tisza hat das große Interesse an der Erhaltung des Friedens betont, aber auch in ernster Weise auf die Wahrung der Lebensinteressen und des Prestiges der österreichisch-ungarischen Monarchie hingewie-sen." Die Notiz ist widersprüchlich. Die Wahrung des Friedens und die Verteidigung des Prestiges der Habsburgmonarchie – wie in Wien aufgefaßt – waren unvereinbar. Diese Sätze lassen Jagows widersprüchliches Denken erkennen.

Im Zusammenhang mit der Mission Hoyos hatten die Deut-schen kein Kalenderdatum für die österreichische Aktion bestimmt. Deshalb hätte es für Jagow und Tschirschky nahegelegen, die Österreicher zu mahnen: Ab dem und dem Termin gilt unsere Zusage nicht mehr. Aber eine solche Fristsetzung war mit der austrophilen Grundeinstellung der deutschen auswärtigen Politik unvereinbar.

In der zweiten Woche nach Wilhelms Zusage fragte Jagow bei Tschirschky an, „welches die Ideen der österreichisch-ungarischen Staatsmänner über die künftige Gestaltung Serbiens sind." War das ein Schritt zurück? Aber vom Auswärtigen Amt ließen sich die in Wien arbeitenden deutschen Diplomaten die Lenkung der Dinge so leicht nicht aus der Hand nehmen. Jagow erhielt auf seine Anfrage keine Information. Sollte eine schriftliche Antwort vernichtet sein, dann wohl deshalb, weil sie die blamable Schwäche des Auswärtigen Amtes im Verhältnis zu Österreich-Ungarn zu deutlich gemacht hätte.

VIII

Ganz anders als Jagow verbrachte Bethmann Hollweg die Juliwochen. Während Jagow in ständiger Kommunikation mit Tschirschky stand, machte der Reichskanzler auf seinem Rittergut Hohenfinow Ferien. Seine Außenpolitik beschränkte sich auf das Lesen von Berichten der Auslandsvertretungen, die das Auswärtige Amt auswählte und ihm zuschickte. Bethmann verzichtete darauf, von Hohenfinow aus die deutsche Sarajewopolitik zu beeinflussen oder gar zu lenken. Er schrieb Jagow keine Briefe, schickte ihm keine Telegramme, telefonierte nicht mit ihm. Das sollte man sich vor Augen führen, bevor man den Kanzler als die Zentralfigur der deutschen Krisendiplomatie ansieht. Durch die Einzeldokumente wird bestätigt, was sein Biograph Eberhard von Vietsch schreibt: Der Betrachter der Julikrise könne nur überrascht sein, in welch großer Passivität Bethmann verharrt habe. Das sei das „eigentliche Problem der politischen Wesensart Bethmann Hollwegs".

Bethmann Hollweg hat für die Entwicklung der Julikrise eine wesentlich geringere Bedeutung als der Kaiser. Wilhelm hat die

Entscheidung vom 5. Juli nachmittags allein getroffen, sie war schon vielen bekanntgegeben worden, bevor dem Kanzler eine Meinungsäußerung möglich war. Und mit dieser Erklärung vom 5. Juli war das Geschehen vom Tag darauf und in all den Wochen geprägt, bis zum Einmünden der Krise in den Krieg. Das Leitseil war um den Hals der deutschen Diplomatie gelegt.

Besonders im Verhältnis zum Auswärtigen Amt sehen die Professoren der Zunft Bethmann als zu bedeutend. Er ließ sich die Entscheidungen von seinem Staatssekretär aus der Hand nehmen, kaum weniger als er das schon geduldet hatte, als Kiderlen-Wächter Chef des Auswärtigen Amtes war. Erstaunlicherweise ist das bislang kaum gesehen worden. Die einzige Ausnahme scheint der Mailänder Historiker Corrado Barbagallo zu sein, der hervorhebt, „daß zwischen Persönlichkeiten, die im Juli 1914 die deutsche Politik leiteten (Kaiser, Kanzler, Staatssekretär), erhebliche Meinungsverschiedenheiten bestanden". Er fügt treffend hinzu, „daß es ein gefährlicher Irrtum sei zu glauben, die einzelnen Regierungshandlungen würden von einer abstrakten Mittellinie der Ansichten eingegeben. Es sind im Gegenteil jedesmal die Männer, die einzelnen Männer, die von Fall zu Fall entscheiden und handeln. Sie sind es, deren Überzeugungen (Leidenschaften) auf ihre Handlungen abfärben („sono essi a colorire delle loro passioni i loro atti")," und deshalb muß man diese Leidenschaften zu ergründen und zu verstehen suchen. Was den besonderen Fall Deutschlands im Juli 1914 betrifft, so ist diese Erwägung von ausschlaggebender Bedeutung: Viele Übelstände ergaben sich aus der Tatsache, „daß das Reich einer beständigen, übereinstimmenden und einheitlichen Führung ermangelte." Schließlich ist Corrado Barbagallo zuzustimmen, wenn er geltend macht, „wie oft Herr von Jagow teils in gutem Glauben, teils auch mit Absicht gegen die Auffassung des Kanzlers gehandelt hat, sowohl in dessen Abwesenheit als auch in dessen Anwesenheit".

Mit anderen Worten: Bethmann Hollweg tat in diesen Tagen nichts gegen Tschirschkys und Jagows konsequente Unterstützung des Wiener Wegs in den Weltkrieg. Daß er vom 7. bis zum

26. Juli die diplomatischen Geschäfte so gut wie ganz dem Auswärtigen Amt überlassen hat, ist schon dem Exkanzler Fürsten Bülow aufgefallen. Er stellte sich vor, was man Bethmann im Jüngsten Gericht fragen würde: „Hast du das österreichische Ultimatum vorher gekannt? Nein? Und warum hast du dich nicht darum gekümmert? Wie konntest du 67 Millionen Deutsche mit ihrem Gut und Blut dann engagieren?" Max Weber hat die Lage nach der Ermordung des Erzherzogs treffend gekennzeichnet: „Was fehlte, war die Leitung des Staatswesens durch einen Politiker – nicht etwa durch ein politisches Genie ..., nicht etwa durch eine bedeutende politische Begabung, sondern: durch einen Politiker überhaupt!" Diese Formulierung zielt auf Bethmann Hollweg. – Unter all diesen Umständen genügt es nicht, wenn die Professoren der Zunft knapp und begründungslos behaupten, er sei der Urheber der deutschen Politik gewesen.

Clemens von Delbrück, Staatssekretär des Inneren, machte sich an die Verwirklichung der allgemein geltenden amtlichen Planungen zur wirtschaftlichen Kriegsvorbereitung. Aber der Kanzler sagte ihm am 9. Juli auf Hohenfinow, der Konflikt werde auf Österreich und Serbien beschränkt bleiben. Auch Jagow sei dieser Ansicht. „Jedenfalls" – also selbst, wenn Rußland in einen möglichen europäischen Krieg einbezogen würde – „sei es nicht angängig, daß irgendwelche Maßnahmen getroffen würden, die als Vorbereitungen für einen bevorstehenden Krieg gedeutet werden könnten." Er fürchtete die Eskalation, wollte keinen Krieg.

Immerhin, Bethmann war nicht durchgängig passiv: Er fuhr drei Mal nach Berlin, das ergibt sich aus der „Kladde" des Zentralbüros des Auswärtigen Amtes und aus Reisekostenabrechnungen. Die Daten sind: 10., 15. und 18. Juli. Am 10. Juli sprach er mit Jagow, angeblich auch mit Staatssekretär Delbrück. Fischer meint: ebenso mit Ballin, aber der Hapag-Chef war mit einem besonderen diplomatischen Auftrag in London. Und Delbrück sollte nach des Kanzlers Anweisung gerade auf Kriegsvorbereitungen verzichten. Am 15. Juli war Bethmann erneut mit Jagow verabredet, auch mit Delbrück sowie schließlich mit dem Präsidenten des Reichsbankdirektoriums. Drei Tage später konferierte er angeblich mit Falkenhayn, Jagow, Delbrück, Tirpitz, Drews und dem Staatssekretär des Reichsjustizamtes. Aber für Delbrück und dessen Unterstaatssekretär Drews gilt das eben Gesagte: Sie sollten den Krieg nicht vorbereiten. Falkenhayn war in Wahrheit auf Juist, Tirpitz im Engadin. – Die einzige Quelle dieser Chronik ist Fritz Fischers Streitschrift „Nicht geschlittert", leider sind dort nicht die Archivalien bezeichnet, auf denen sie beruhen.

Worüber der Kanzler jeweils in Berlin gesprochen hat, ist nicht bekannt. Wahrscheinlich ließ er sich von Jagow über die diplomatische Lage unterrichten. Mangels eines gegenteiligen Hinweises muß man annehmen, daß er gegen Jagows Haltung nichts einzuwenden hatte. An einem dieser drei Tage sprach er „eingehend" mit seinem Vetter Dietrich von Bethmann Hollweg.

IX

Auf Hohenfinow hielt sich als Gast des Kanzlers der ehrgeizige junge Legationsrat Dr. Kurt Riezler auf, „Ständiger Hilfsarbeiter" des Auswärtigen Amtes. Er stammte aus München, hatte klassische Philologie studiert und war während der Kanzlerschaft des Fürsten Bülow in das Pressereferat des Auswärtigen Amts eingetreten. Bald war er auch für den Reichskanzler tätig, vorwiegend mit Information der Presse. Er hatte zwei Bücher außenpolitischen Inhalts verfaßt, die die Aufmerksamkeit der Öffentlichkeit fanden. Für sie hatte offensichtlich seine Arbeit im AA Anregung und Stoff geliefert.

In den drei Wochen nach dem 6. Juli sprach der Kanzler täglich, auch auf gemeinsamen Spaziergängen, mit Riezler über die aktuelle außenpolitische Situation und über langfristige Möglichkeiten der deutschen Außenpolitik. Als kluger Zuhörer erleichterte Riezler es ihm, sprechend seine Gedanken zu entwickeln und zu klären. Die Annahme, er habe Bethmann beraten, ist nicht belegt und nach den Umständen ganz unwahrscheinlich. Gelegentlich ist Riezler als „Bethmanns Liebling" bezeichnet worden.

Riezler hat während seines Aufenthalts auf Hohenfinow und danach Tagebuch geführt. Soweit es die Tage der Julikrise betrifft, sind die Originale aber vernichtet oder versteckt worden, möglicherweise in den 1960er Jahren, nachdem Riezler sie etwa 1927–1931 „abgeschrieben" hatte. Für die Tage vom 28. Juni bis zum 6. Juli und ab dem 28. Juli liegen weder originale Tagebücher, noch „Abschriften" vor. Das „Abschreiben" der Tagebücher kann nur den Zweck gehabt haben, Teile wegzulassen, hinzuzufügen oder inhaltlich zu verändern. Unter diesen Umständen sind die von Erdmann 1972 veröffentlichten „Abschriften" als historische Quelle unbrauchbar.

Im übrigen sind die publizierten Texte nicht frei von inhaltlichen Unstimmigkeiten. So heißt es in der Aufzeichnung vom 7. Juli: „Unser altes Dilemma bei jeder österreichischen Balkanaktion: Reden wir ihnen zu, so sagen sie, wir hätten sie hineingestoßen; reden wir ab, so heißt es, wir hätten sie im Stich gelassen." Aber am 6. Juli abends bestand dieses Dilemma nicht mehr! Bethmann hatte ja im Gespräch mit Szögyény und Hoyos die Antwort gefunden: Zusage der Waffenhilfe, wenn Österreich die „Balkanaktion" in Angriff nimmt. Hier dürfte Riezler einen Eintrag *aus früheren Tagen* in die neu geschriebenen Seiten gerettet haben. Bernd F. Schulte glaubt sogar, das genaue Datum der zuletzt zitierten Formulierung angeben zu können: sie stamme vom 25. November 1912.

Die edierten Tagebücher erwähnen nicht die Reisen des Kanzlers nach Berlin. Sie lassen auch einen wirklich klugen Gedanken Riezlers unberücksichtigt, der sich in seinem Buch „Grundzüge der Weltpolitik in der Gegenwart" findet. Dort bezeichnet er das deutsch-französische Marokko-Abkommen vom Februar 1909 als Muster einer erfolgreichen Politik. Er lobt es als „Rückzug (!) oder die Fortsetzung des Rückzugs (!), den Deutschland auf der Konferenz von Algeciras angetreten" habe. Damit sei die diplomatische Einkreisung des Reiches durchbrochen worden. Generell meinte Riezler, Deutschland hätte versuchen müssen, den politischen Druck der gegnerischen Koalition zu lockern, „auch um den Preis eines zeitweiligen Zurückweichens." Der diplomatischen Einkreisung durch einen überfallartigen siegreichen Angriffskrieg ein Ende zu setzen, diesen Gedanken hat niemand geäußert.

X

Chef des Generalstabs Moltke war, wie schon erwähnt, zur Kur in Österreich. Dort blieb er bis zur Überreichung des Ultimatums, danach noch einige Tage. Er hat in diesen Wochen nicht versucht, schriftlich oder über seinen Vertreter Waldersee in Berlin Einfluß auf den Gang der außenpolitischen Geschäfte zu nehmen. Eine Einflußnahme wäre unter dem Gesichtspunkt des Praevenire in Betracht gekommen. Aber am 13. Juli notierte er auf einem Bericht des Militärattachés Kageneck: „Österr. soll die Serben schlagen, dann bald Frieden schließen und als einzige Bedingung ein österr.-serbi. Bündnis fordern. Ähnlich wie Preußen 1866 mit Österr. gemacht hat." Dies belegt, daß jedenfalls während der ersten 27 Tage der Krise Moltke nicht für den großen Krieg plädiert hat.

Nach dem Kriege war in den Ländern der Entente die Meinung verbreitet, Deutschland habe den Krieg absichtlich – als Präventivkrieg – geführt. Mendelssohn Bartholdy, einer der vier Professoren, die die deutsche Delegation bei den Verhandlungen über den Friedensvertrag beraten haben, hat geurteilt, daß dem „etwas zweifellos Richtiges" zu Grunde liege: Denn außer dem Präventivgedanken habe Deutschland durchaus keinen Grund gehabt, es zum Krieg kommen zu lassen.

Tatsächlich drohte die militärpolitische Lage sich zu verschlechtern, auf drei Gebieten: Das russische Heer wurde in furchterregender Weise vermehrt; die zusätzlichen Soldaten sind mit einer sechsstelligen Zahl zu beziffern, vielleicht sogar mit mehr. Außerdem wurden strategische Eisenbahnen in Polen gebaut. Sie sollten die russischen Armeen schneller nach Ostpreußen, Schlesien und Galizien bringen. In zwei oder drei Jahren würde nach allgemeinem Fürwahrhalten die so verbesserte und vergrößerte „russische Dampfwalze" voll einsatzbereit sein. Die Kriegsvorbereitungen richteten sich gegen Deutschland, waren eine Antwort auf die Große Heeresvorlage von 1912/13. Zweitens würde die Zuverlässigkeit der slawischen Regimenter des k.u.k. Heeres abnehmen. Schließlich stand der Abschluß einer britisch-russischen Marinekonvention bevor. Die Entwürfe sahen den Einsatz englischer Kriegsschiffe und Truppentransporter in der Ostsee vor, eine britische Ostseeflotte sollte den Russen die Landung einer Armee an der Küste Pommerns ermöglichen. Allerdings waren hiervon nur der Kanzler und drei Männer des Auswärtigen Amtes unterrichtet; der Kaiser und Botschafter Tschirschky wußten nichts davon.

Für 1917 stellten die meisten Militärs sich auf eine Angriffsabsicht Rußlands ein, mithin zugleich auch Frankreichs. Gewißheit hatte allerdings niemand. Deshalb überlegte man wie folgt: Der von Deutschland gebilligte österreichische Strafkrieg gegen Serbien griff nicht so stark in Rußlands Sphäre ein, daß es schlechterdings gezwungen war, mit Krieg zu antworten. Mobilisierte es dennoch gegen Deutschland, obwohl es – verglichen mit dem für 1917 erwarteten Stand – nicht gerüstet war, so würde es Deutschland 1917 um so mehr unter einem Vorwand den Krieg erklären. Man konnte also 1914 Rußland auf die Probe stellen, indem man eine halb-aggressive Politik trieb, die es nicht vital beeinträchtigte. So gesehen, war Österreichs Aktion ein „Prüfstein".

Der Prüfsteingedanke war eine mildere Variante des Rüstungskrieges. Wenn der Test ergeben hätte, daß die Russen keinen willkürlichen Krieg beabsichtigten, hätten die Generäle dennoch über einen Präventivkrieg erneut nachgedacht. Für sich allein wäre der Prüfsteingedanke nicht ausreichend gewesen, die Hinnahme des Krieges zu motivieren. Denn sonst hätten die Verantwortlichen dem entsetzlichsten Krieg die Schleusen geöffnet, bloß um eine Information zu erhalten. So schlimm waren sie dann doch nicht.

Die Zivilisten waren keine Anhänger des Krieges zur Vereitelung der russischen Rüstungen. Von Tschirschky und Zimmermann liegen keine Äußerungen im Sinne einer solchen Zielsetzung vor. Jagow hat in seinem Privatbrief an Lichnowsky vom 18. Juli auf den in zwei Jahren befürchteten Angriff hingewiesen und damit angedeutet, daß die Bejahung der Präventivlage immerhin in Frage komme. Die Passage „ich will keinen Präventivkrieg ...“ ist aber klar: er lehnte für die damalige Situation einen Präventivkrieg ab. Jagow belehrte zwar am Vormittag des 25. Juni Theodor Wolff, England und Frankreich würden den österreichischen Rachefeldzug geschehen lassen. Und er sagte nach einer kleinen Pause: Wenn dem anders sei, dann zeige sich, daß der Krieg jedenfalls irgendwann komme, und in zwei oder drei Jahren sei Rußland stärker als jetzt. Wolffs Tagebuchnotiz im Ganzen widerstreitet aber dem Gedanken, Jagow habe den Präventivkrieg gewollt.

Nun hat jede Regierung zu prüfen, ob sie auf bedrohende Rüstungen einer gegnerischen Macht durch Nachziehen der eigenen Rüstung antworten will. Aber die deutschen Militärs haben sich dieser Lösung des Problems widersetzt, weil sie nur eine kleine Armee mit Junker-Offizieren ausstatten konnten. Hinzu kommt übrigens, daß eine energische Rüstung auch auf finanzielle Schwierigkeiten stieß. Bethmann Hollweg wehrte sich als eingefleischter Zivilist mit allen Kräften gegen das, was er „Wettrüsten“ nannte, sprach von „Rüstungsfanatikern“. Konkret befürchtete er für den Herbst 1914 eine erneute „umfangreiche“ Verstärkung des Heeres, die „auch ruhigere Politiker“ mit Rücksicht auf das beschädigte militärische Gleichgewicht fordern könnten. Das nannte er den „Ausbruch eines neuen Rüstungsfiebers“, den er mit Energie und Entschlossenheit verhindern wollte.

Moltke sagte am 2. Mai 1914: „Daß der Reichskanzler für keine neue Wehrvorlage zu haben sein wird, steht über allem Zweifel fest.“ Bethmann lag über Kreuz mit der Konservativen Partei, die den preußischen Landtag beherrschte. Ohne die Konservativen und die SPD hatte er keine stabile Mehrheit im Reichstag.

15. bis 21. Juli: Nach Tiszas Einschwenken

I

Mitte des Monats wurden die Diplomaten Europas unruhig. Es war durchgesickert, daß Österreich etwas plante. Die Auslandsvertretungen und die Geheimagenten wurden zu höchster Aufmerksamkeit verpflichtet. Am 14. berichtete Tschirschky, Tisza habe seinen Widerstand gegen Berchtolds Pläne aufgegeben, zweifellos ein wichtiges, folgenschweres Ereignis. Tschirschky war nun nicht mehr unabkömmlich, reiste zu einem viertägigen Urlaub nach Deutschland.

Die Börsenkurse fallen. Am 11. Juli erlebt der Wiener Geldmarkt einen Kurssturz: Das legt Schlußfolgerungen nahe! Der britische Botschafter berichtet darüber nach London. Andere beobachten in den folgenden Tagen auffällige Rückgänge der Kurse an den Aktienbörsen in Österreich. Auch in Berlin gaben die Kurse nach.

Berlin tat in diesen nahezu drei Wochen nichts zur Vorbereitung eines Krieges. Man hielt einen europäischen Krieg auch jetzt noch für unwahrscheinlich. Eine Ausnahme machte die Kriegsmarine: Der Schlachtkreuzer „Goeben", der im Mittelmeer operierte, lief zur Kesselreparatur in die österreichische Werft in Pula ein.

Noch nach Tiszas Einschwenken zweifelte man im Auswärtigen Amt, ob der Ballhausplatz seinen harten Kurs auf die Dauer durchhalten werde. Zimmermann sagte zu einem Offizier des Reichsmarineamtes: „Es wird wieder nichts. Österreichischer Kriegsminister und Generalstabschef gehen auf Urlaub. Österreichern wäre es wohl lieber gewesen, wir hätten abgeraten gegen Serbien vorzugehen. Entente hat in Belgrad zum Nachgeben geraten. Sie will jetzt keinen Krieg."

Aus einer Aufzeichnung des Reichsmarineamtes: „Auch Zimmermann habe nicht geglaubt, daß es wirklich ernst werden würde, und zu Capelle noch kurz vorher gesagt: ‚Ich halte die

Lage für ungefährlich. Wo sind in Europa die Nerven, die so etwas auf sich nehmen? Es wird Noten und Conferenzen geben,
dann wird sich allmählich alles nivellieren. Wir haben allerdings
Interesse daran, daß Österreich sich nicht wieder blamiert!! Daß
Zimmermann ebenso wie die anderen mit dem Feuer gespielt
habe, sei möglich."

Es gab kaum Gespräche zwischen den Diplomaten des Zweibundes und denen der Entente, zu wenig war ihnen über den
bevorstehenden diplomatischen Schritt Österreichs bekannt. Die
deutschen Botschafter in Paris und Petersburg wußten nichts
von den Vorgängen des 5. und 6. Juli. Grey und Lichnowsky
trafen sich am 9. Juli, Jagow und der Botschafter Italiens, Riccardo Bollati, am 18. Juli. Jagow redete so, als wüßte er nichts
über die österreichischen Absichten und heuchelte die Hoffnung, Wiens Forderungen würden „moderat" ausfallen. In den
letzten Wochen vor der Überreichung des Ultimatums stellte
ihm Bollati, wie er behauptet, täglich die Frage, ob die Gerüchte
über eine feindselige Absicht Österreichs gegen Serbien zuträ-
fen. Jagow leugnete dies jedesmal. – Am 20. Juli redeten Jagow
und der serbische Geschäftsträger miteinander.

Ähnlich erwähnte ein Brief Jagows vom 15. Juli an den Vor-
standsvorsitzenden der HAPAG die Sarajewo-Krise mit keinem
Wort; er klammerte den Besuch des Grafen Hoyos in Berlin, die
Zusage des Kaisers und die dadurch geschaffene Lage aus. In
dem Schreiben bat er Albert Ballin, sich wegen der geplanten
britisch-russischen Marinekonvention inoffiziell an den Kabi-
nettsminister Lord Haldane zu wenden – inoffiziell: das heißt
ohne Wissen des deutschen Botschafters.

II

In den drei Wochen nach der Hoyos-Mission korespondierten
der Generalstab und das Kriegsministerium über eine Frage der
langfristigen Rüstung, über die sie sich nicht einigen konnten.
Zwischen ihnen herrschte seit Jahrzehnten eine eingefahrene,

emotional aufgeladene Gegnerschaft, an Feindschaft grenzend. Es war einer der im wilhelminischen System nicht seltenen Privatkriege, und nicht der unwichtigste. In der Julikrise brach dieser Konflikt erneut auf. Es ging um folgende eine Frage. Das preußische Heer hatte eine doppelte Aufgabe zu erfüllen: Es sollte den äußeren Feind zurückschlagen, aber auch und sogar in erster Linie den König und die Herrschaftselite vor Unbotmäßigkeit, Aufruhr und Revolution schützen. Man wollte die Armee bei einem Machtkampf der Besitzlosen gegen die Besitzenden einsetzen und erwartete, daß sie, wie es zu Bismarcks Zeiten der Chef des preußischen Großen Generalstabs ausgedrückt hatte, „ohne Bedenken, sobald es verlangt wird, die Kanaille zusammenschießt".

Damit die Armee ihre Aufgabe im Inneren erfüllen konnte, sollten die Mannschaften sich im wesentlichen aus den agrarischen Teilen des Königreichs rekrutieren. Die Offiziere entstammten entweder – und zwar vorzugsweise – dem Adel oder doch dem als gleich zuverlässig anerkannten satisfaktionsfähigen gehobenen Bürgertum. Aber kleine Gewerbetreibende, selbständige Handwerker, Arbeiter, Bauern, Beamte der unteren Ränge konnten weder Berufsoffiziere noch Reserveoffiziere werden. An dieser Tradition hielt man fest, obwohl das die Rekrutierung der Gemeinen und Offiziere beschränkte. Infolgedessen blieb das preußische Heer, gemessen an den Aufgaben gegen äußere Feinde, relativ klein.

Die Größe des Heeres in den ersten Monaten des Jahres 1914, wie auch in den Jahren davor, beruhte auf einem Kompromiß. Der Generalstab kämpfte im Interesse der Sicherheit Preußens und des Reiches für eine größere Armee. Eine gewisse Minderung der Prätorianerkraft nahm er in Kauf. Dagegen beharrten Kriegsministerium und Militärkabinett auf dem kleinen Heer.

Das Ministerium fürchtete, das Niveau des Offizierskorps werde Schaden leiden, wenn es vermehrt bürgerliche junge Männer aufnähme; die Fundamente des preußischen Staates müßten jedenfalls erhalten bleiben. Ein Schreiben etwas älteren Datums macht das anschaulich; es war 1914 unverändert aktuell. Darin bemerkte der damalige Kriegsminister: „Zweifellos würde dem Mangel (an Offizieren) bald abgeholfen werden können, wenn wir geringere Ansprüche an die Herkunft pp. der Offiziers-Aspiranten stellten. Dazu kann aber nicht geraten werden, weil wir es dann nicht verhindern könnten, in vermehrtem Umfange demokratische und sonstige Elemente aufzunehmen, die für den Stand nicht passen." Die Ergänzung des Armee-Führungspersonals war 1913 und 1914 unverändert schwierig. Zum Beispiel schrieb der Kriegsminister von Heeringen am 20. Januar 1913 an den Chef des Generalstabs zu dessen Forderung, drei neue Armeekorps aufzustellen: Weder in der Klasse der Offiziere noch in der der Unteroffiziere könne der außerordentlich erhöhte Bedarf gedeckt werden „ohne Hineingreifen in für die Ergänzung des Offizierskorps wenig geeignete Kreise, das, von anderen Gefahren abgesehen, dadurch der Demokratisierung ausgesetzt wäre". Konkret auf einen Feldzug gegen Frankreich bezogen bedeutete das: zur Ausführung des Schlieffenplans fehlten vierundzwanzig Divisionen.

Vor diesem Hintergrund sind die Vorschläge „für die Fortentwicklung unserer Wehrmacht" zu sehen, die Kriegsminister Falkenhayn am 8. Juli 1914 dem Reichskanzler unterbreitete. Es ging dabei um vier Maßnahmen, von ihnen stand die Vermehrung des Heeres um 117.000 Mann im Vordergrund. Sie war 1913 durch Gesetz angeordnet worden. Die Spitzen der Armee stimmten darin überein, die neuen Regimenter nicht sofort, sondern stufenweise im Verlauf von zehn Jahren aufzustellen. Strittig blieb aber der Beginn der Frist. Des Ministeriums wollte die zehn Jahre am 1. Oktober 1916, der Generalstab sie schon ein Jahr früher beginnen lassen.

Falkenhayn trug am 2. Juli die Streitfrage dem Kaiser vor und erhielt dessen Zustimmung. Nach dem Inhalt eines an Moltke gerichteten Briefes ist davon auszugehen, daß das Gespräch zwischen Wilhelm und dem Kriegsminister etwaige deutsche Konsequenzen aus Sarajewo nicht berührt hat.

Falkenhayns Schreiben vom 8. Juli an Bethmann Hollweg informierte den Kanzler über die Entscheidung des Kaisers. Es entsprach ganz dem Stil und der Tendenz, wie Kriegsministerium und Generalstab in allen vergangenen Jahren über langfristige Rüstungsfragen miteinander korrespondiert hatten. Die Ereignisse vom 4., 5. und 6. Juli waren dem Schreiben nicht anzumerken. Diese Korrespondenz ist schlechterdings unvereinbar mit den Bemühungen, den Weltkrieg von deutscher Seite als Präventivkrieg zu verstehen.

Falkenhayn argumentierte: „Das Programm für die Durchführung der allgemeinen Wehrpflicht wird einen 10-jährigen Zeitraum unter Berücksichtigung des jährlichen Zuwachses an Diensttauglichen umfassen. An sich wäre es aus auf der Hand liegenden Gründen natürlich mit Freuden zu begrüßen, wenn mit seiner Durchführung ebenfalls sofort begonnen werden könnte. Leider ist dies jedoch meiner Überzeugung nach nicht möglich. Die Armee braucht unbedingt noch einige Zeit Ruhe, um sich mit den Folgen der großen Wehrvorlage abzufinden." Selbst zu diesem späten Zeitpunkt, am 8. Juli, sah Falkenhayn in den russischen Rüstungen keinen Grund für eine Vergrößerung des Heeres: „da unser voraussichtlicher Gegner im Osten in der Lage ist, jede zahlenmäßige Vermehrung bei uns zu überbieten, hat eine solche nur Zweck, wenn dadurch die Qualität nicht geschädigt wird."

Eine Kopie des Schreibens an den Kanzler ging an den Generalstab. Dort vermerkte Oberstleutnant Tappen am Rand: „Frankreich kann uns nicht mehr folgen, und das ist die Hauptsache." Mit anderen Worten: Ludendorffs Nachfolger blieb bei der Devise „Rüstung". Hätte Deutschland energisch gerüstet, so wäre ein Krieg im Juli 1914 den deutschen Generälen möglicherweise doch weniger notwendig erschienen. In Übereinstimmung hiermit blieb der Generalstab ungeachtet der Entscheidung des Kaisers hartnäckig. Moltke und Tappen appellierten an Bethmann Hollweg und suchten seine Unterstützung gegen die Auffassung des Ministeriums zu gewinnen. Der Generaloberst schrieb nach dem Konzept seines Abteilungschefs:

„Nach der Mitteilung des Herrn Kriegsministers im Reichstage am 5. Mai d.J. sind im Jahre 1913 schon 36.000 vollständig dienstfähige Leute übrig geblieben, die nicht ausgebildet werden ... Es wird nicht schwerfallen, auch den breitesten Schichten der deutschen Bevölkerung klar zu machen, daß wir unter den obwaltenden Umständen diesen Verzicht auf unsere Wehrfähigkeit uns nicht leisten können. Die erforderlichen Geldmittel, die – soweit ich unterrichtet bin – im Lande reichlich vorhanden sind, müssen beschafft werden ... Jedenfalls darf m.E. die Geldfrage kein Hinderungsgrund sein, eine Maßnahme unverzüglich durchzuführen, die man für die Sicherheit des Reiches für notwendig hält. Die Lasten, die nach einem verlorenen Kriege auf dem Volk drücken werden, sind nicht auszudenken."

Am 18. Juli, wenige Tage vor dem Beginn der offenen diplomatischen Krise, verstand sich das Gesagte also nicht von selbst! Hatte Tappen es nötig, so engagiert zu argumentieren? Dieser Brief des Generalstabs – wie auch die dazugehörigen beiden Mitteilungen des Kriegsministeriums an den Generalstab und den Kanzler konnten deshalb nur so geschrieben werden, weil man durchaus zweifelte, „ob die Österreicher diesmal ernst machen". Und diese Korrespondenz deutet nirgendwo an, daß etwa Deutschland oder doch die Generäle den Ausbruch des Großen Krieges für erwünscht hielten.

Etwa am 21. Juli sandte Falkenhayn eine Entgegnung an den Generalstab. Er wandte sich direkt an Moltke, und zwar unter der Ortsbezeichnung „Berlin", obwohl er sich auf Juist aufhielt. Erst jetzt sah er sich veranlaßt, an Krieg zu denken, aber immer noch nur im Konjunktiv: „Wenn tatsächlich die Gegner Angriffsabsichten gegen Deutschland hegten," gab er zu bedenken, „dann müsse man ganz andere und viel durchschlagendere Maßnahmen ergreifen, als es die Mehreinstellung von 35.000 Mann im Herbst 1915 (!) sei. Dann müsse man sich fragen, ob in diesem Falle nicht ein sofortiges Handeln" – also ein Präventivkrieg – „von unserer Seite dem Erwarten des drohenden Angriffs vorzuziehen wäre". Er lehnte es aber ab, sich dazu unaufgefordert zu äußern. Das sei, machte er geltend, „nicht meine Aufgabe", falle in den Entscheidungsbereich des Kaisers und des Reichskanzlers, vielleicht noch Moltkes. Und er überließ es ihnen ausdrücklich, ihn gegebenenfalls hierzu zu fragen. Zwar war der

Kaiser in Norwegen, Bethmann auf Hohenfinow, Moltke in Karlsbad. Sie konnten ihm also keine Fragen stellen, jedenfalls nicht sofort. Dennoch verhielt sich Falkenhayn nach dem allgemein abwartenden Stil, keine Verantwortung für Dinge zu übernehmen, die nicht zweifellos in die eigene Zuständigkeit fielen.

III

Am 16. Juli warnte Botschafter Fürst Lichnowsky den Kanzler vor den Gefahren seiner Diplomatie. Er bezeichnete die österreichische Politik als abenteuerlich und lenkte Bethmanns Aufmerksamkeit auf die Frage, ob Rußland und Rumänien Österreich freie Hand lassen würden.

Fürst Lichnowsky kämpfte während der Julikrise verzweifelt gegen die Strategie der Wilhelmstraße. Die Erfolglosigkeit dieses seines Kampfes hat tragischen Charakter. Der Botschafter in London hatte visionären diplomatischen Weitblick, seine Analyse außenpolitischer Lagen war nüchtern, rational, hierin von niemandem übertroffen, auch nicht von dem Bismarck der siebziger und achtziger Jahre. Seine Kritik an dem deutsch-österreichischen Bündnisvertrag von 1879 zeugt von einem unbestechlichen Scharfblick für das System der europäischen Großmächte. Aber er stand mit seiner Auffassung nahezu allein. Er versuchte, von seiner amtlichen Stellung in London aus das Auswärtige Amt auf den Weg der Vernunft zurückzubringen, das scheiterte vollkommen.

Lichnowsky war Inhaber eines der größten Vermögen Preußens, er gehörte zu den oberschlesischen Nabobs. Der Name seiner Familie war ehrenvoll mit der Biographie Ludwig van Beethovens und der Revolution von 1848 verbunden. Karl Max Lichnowskys Karriere war ungewöhnlich. Er war Protegé des Kaisers, sie waren Kameraden im 1. Garderegiment zu Fuß gewesen. Vor der Jahrhundertwende war er Mitglied der erfolgreichen und höchst einflußreichen Seilschaft „Eulenburg, Bülow, Holstein, Lichnowsky" gewesen. Besonders zu Bülow stand er

in einem intimen Verhältnis. 1909 wäre er fast Kanzler geworden. Über sein Gespräch mit dem Kaiser nach seiner Rückkehr
aus London berichtet Lichnowsky: „Er hielt die ganze Zeit meine
Hände in seinen". Er war ritterlich auch, wo er es nicht hätte
sein sollen. Margot Asquith nannte ihn „The most true and
honorable of men", für einen Diplomaten zu dieser Zeit auf diesem Posten kein Kompliment.

Bethmann war 1912 mit Lichnowskys Ernennung einverstanden gewesen, u.a. deswegen, weil beide auf eine england-
freundliche Politik eingeschworen waren. Es wird behauptet,
Bethmann habe gefürchtet, von ihm als einem Mitbewerber um
das Kanzleramt verdrängt zu werden. Das mag zutreffen, hat
sich aber sachlich nicht ausgewirkt. Lichnowsky hatte 1912,
1913 und in den ersten Monaten von 1914 einen Rückhalt nicht nur
beim Kaiser, sondern auch beim Kanzler. Erst nach Kriegsausbruch
wurden Bethmann und Lichnowsky Gegner, als man den Botschafter zum Sündenbock für den Kriegseintritt Englands zu
machen suchte und Bethmann sich weigerte, ihn öffentlich in
Schutz zu nehmen. – Im Juli 1914 hat sich sein schlechtes Verhältnis zum Auswärtigen Amt – speziell zu Stumm – für die
Sache der kaiserlichen Regierung ungünstig ausgewirkt. Harold
Nicolson, der Sohn des damaligen Permanent Undersecretary of
State im Foreign Office, schreibt über Lichnowsky:

„He was a personal enemy of Herr von Kiderlen and carried
no weight whatever with the German Foreign Office. It is diffi-
cult to understand why, at so important a juncture, the German
Government should have selected as their representative a man
who had for thirteen years been buried in his castle at Grätz, and
whose opinion they regarded as of no value." (Wenn das Foreign Office das so deutlich wußte, warum hat Grey dann nicht
seine Warnungen über Goschen, über den Botschafter in Wien
oder den österreichischen Botschafter in London angebracht?
Aber das gehört nicht zum Thema.) „Mr. Asquith has expressed
the view that Baron Marschall, had he lived, could have prevented the European War. It should be added in fairness to
Prince Lichnowsky, who was not only a great gentleman but

also a great European, that had the Wilhelmstraße listened to his opinion and judgement the war might also have been prevented."

Der russische Botschafter in London stellt Lichnowsky in seinen Berichten als naiv und furchtsam dar. Bülow hat ihn sogar als Neurastheniker bezeichnet. Zu dem Charakterzug des Fürsten Karl Max, Unannehmlichkeiten aus dem Wege zu gehen, kam seine Loyalität Bethmann gegenüber, dem er seine Berufung auf dem Londoner Botschafterposten wesentlich mit verdankte.

Niemand sah die nationale Katastrophe so deutlich kommen wie Lichnowsky, das belastete seine schlechten Nerven. Man stelle sich vor, daß er dem Kaiser Kassandra-Telegramme zugeschickt hätte, alle drei Tage oder noch häufiger. Man stelle sich vor, daß er rechtzeitig seinen Vertreter, Kühlmann, nach London beordert hätte und am 26. abends aufgebrochen wäre, um den Kaiser in Potsdam eindringlich zu warnen! Er hätte sich Ungehorsam gegen Verbote des Auswärtigen Amtes und des Kanzlers leisten können, bis zur einzigen Grenze einer etwaigen Gegenorder des Kaisers selbst. Denn das beste wäre für ihn gewesen, wenn Kaiser oder Kanzler ihn abberufen hätte, das wäre eine höchst wertvolle Demonstration gegen die deutsche Katastrophenpolitik gewesen. Aber wenn der Londoner Marineattaché von Müller richtig beobachtet hat, dann werden die Gründe deutlich, weshalb diesem nervösen Charakter das nicht möglich war:

„Lichnowsky denkt selbst ganz anders wie das Auswärtige Amt; will sich aber keiner Mahnung mehr exponieren. Wir haben ihm gesagt, er solle sich doch diese – von Stumm ausgehenden – Briefe nicht gefallen lassen; er hat aber die leicht zur Schwäche werdende Neigung, Reibungen und Unannehmlichkeiten zu vermeiden."

Hätten die Dinge sich, wenn er dem Kaiser telegraphiert hätte, anders entwickelt? Das ist nicht sicher. Möglicherweise hätten Leute in Wilhelms nächster Umgebung solche Warnungen abgefangen. Aber ein Held hätte die Chance geprüft.

Lichnowskys Schreiben vom 16. Juli ließ Jagow dem Kanzler nicht vorlegen, beantwortet es vielmehr selbst, und zwar mit einem Privatbrief an den „lieben Lichnowsky". Fischer spekuliert, der Brief sei „ohne Zweifel in engster Absprache mit dem Kanzler" geschrieben worden. Aber gegen diese Annahme spricht der private Charakter der Antwort und weiter, daß Jagow schon am Tage des Briefeingangs erwiderte. Fischers Hinweis ist im Gegenteil von Interesse dafür, ob Bethmann die Zentralfigur der deutschen Diplomatie war.

Jagows Antwort auf den Brief des Botschafters ist eines der wichtigsten Dokumente für seine Ziele und die des Auswärtigen Amtes. Das Schreiben hat den Charakter eines bis auf weiteres geltenden Programms. Der kleine „Diplomat dritten Ranges" argumentiert ohne Beschönigungen.

Am Anfang bezieht er sich auf das Bündnis: „Aber wir haben nun einmal ein Bündnis mit Österreich: Hic Rhodus, hic salta! Auch darüber, ob wir bei dem Bündnis mit dem sich immer mehr zersetzenden Staatengebilde an der Donau ganz auf unsere Rechnung kommen, läßt sich diskutieren, aber ich sage da mit dem Dichter – ich glaube, es war Wilhelm Busch: ‚Wenn Dir die Gesellschaft nicht mehr paßt, such' Dir eine andere, wenn du eine hast.'"

Dies ist ein beweiskräftiges Dokument für die These, daß es um die Erfüllung einer Verpflichtung ging: die diesbezüglichen Äußerungen der Offiziellen aus den Tagen des Juli und des August 1914 sind aufrichtig, keine Vorwände. Ebenso hatte ja der Kaiser am 5. Juli sich an seine Bündnispflicht gefesselt gefühlt. Die Österreicher im Regen stehen zu lassen, hätte Deutschlands Bündnisfähigkeit, allgemein sein internationales Ansehen beschädigt. Und die handelnden Personen hätten das mit ihren Ehrbegriffen nicht vereinbaren können. Jagow war in diesen Tagen nicht bereit, von dem Wort seines Kaisers abzuweichen, wollte die damit verbundene Verantwortung nicht übernehmen. Und Wilhelms Erklärung zu Szögyény wußte nichts von einem mittleren Weg: Zusage mit Auflagen.

Zur Lokalisierung schreibt Jagow nach London: „Wir müssen sehen, den Konflikt zwischen Österreich und Serbien zu lokalisieren. Ob dies gelingen kann, wird zunächst von Rußland und in weiterer Linie von dem mäßigenden Einfluß seiner Ententebrüder abhängen. Je entschlossener sich Österreich zeigt, je energischer wir es stützen, um so eher wird Rußland still bleiben. Einiges Gepolter in Petersburg wird zwar nicht ausbleiben, aber im Grunde ist Rußland jetzt nicht schlagfertig. Frankreich und England werden jetzt auch den Krieg nicht wünschen."

Der erste Satz ist wörtlich zu nehmen. Er besagt, daß ein Präventivkrieg weder Jagows noch das Ziel seines österreichischen Bundesgenossen war. Der zweite Satz macht klar, daß Österreich nicht zurückweichen will. Allein Sasonow soll nachgeben, und die Westmächte sollen in diesem Sinne auf Rußland einwirken. Der dritte Satz („je entschlossener") zeigt wie kein anderer Jagows fatalen Irrtum, daß er Rußland von der Intervention abhalten könne. Der letzte Satz ist von größter Sorglosigkeit: Die stilistische Form der bloßen Vermutung „werden nicht" läßt die Möglichkeit des Gegenteils offen, falls Frankreich und England sich doch für den Krieg entscheiden. Und das „Wünschen" behält sich die Bejahung des Krieges vor, wenn die Westmächte im Gegensatz zu dem, was sie eigentlich vorziehen, durch das aggressive Vorgehen der Mittelmächte zu anderem genötigt werden. Der Satz bedeutet im Klartext: Frankreich und England empfinden zwar Abneigung gegen den Krieg, dennoch kann Frankreich durch seine Bündnispflicht, England durch sein Interesse an einem ungeschwächten Frankreich gezwungen sein, sich am Krieg auf Rußlands Seite zu beteiligen. Das muß von der deutschen Diplomatie hingenommen werden. Wie Jagow zu Rußlands Intervention stand, zeigt folgende Passage:

„In einigen Jahren wird Rußland nach aller kompetenten Annahme schlagfertig sein. Dann erdrückt es uns durch die Zahl seiner Soldaten, dann hat es seine Ostseeflotte und seine strategischen Bahnen gebaut. Unsere Gruppe wird inzwischen immer schwächer. In Rußland weiß man es wohl und will deshalb für einige Jahre absolut noch Ruhe. Ich glaube gern Ihrem Vetter (dem russischen Botschafter in London) Benckendorff, daß Rußland jetzt keinen Krieg mit uns will. Dasselbe versichert auch

Sasonow, aber die Regierung in Rußland, die heute noch fried-
liebend und halbwegs deutschfreundlich ist, wird immer schwächer, die Stimmung des Slawentums immer deutschfeindlicher.
Läßt sich die Lokalisierung nicht erreichen und greift Rußland
Österreich an, so tritt der casus foederis ein, so können wir
Österreich nicht opfern. Wir ständen dann in einer nicht gerade
proud zu nennenden Isolation".

Mithin, Jagow sah, daß die Lokalisierung vielleicht nicht zu
erreichen war. Das, stellte er fest, änderte aber nichts. Es ging
wieder um die Ehre, die, wie er glaubte, gefährdet war und die
die Abhängigkeit der deutschen Diplomatie gegenüber dem
Ballhausplatz in fataler Weise verstärkte.

Also, der europäische Krieg war nach offizieller Berliner Ansicht (Wilhelm 5. Juli) die zweitbeste Lösung. Den Krieg durch Zurückweichen zu vermeiden, war die dritte und zugleich schlechteste
Lösung, weil die Ehre des Kaisers und der Herrschaftselite Schaden
nähme, was nach der Kette von außenpolitischen Mißerfolgen nicht
hingenommen werden durfte. Wäre der Rüstungsaspekt für das
Auswärtige Amt wichtiger als die Lokalisierung gewesen, so hätte
Jagow diese Stelle seines Briefes anders formuliert, etwa so: „Wir
können nicht dulden, daß Rußland sich zur militärischen Super-
macht aufbaut. Das ist unter allen Umständen zu vermeiden. Das
Attentat auf den Erzherzog ist endlich der Anknüpfungspunkt für
einen Krieg zur Unterbindung weiterer russischer Rüstungen. Es
wäre daher ein Unglück, wenn es England und Frankreich gelingen
würde, den Konflikt zu lokalisieren."

Wäre es Jagows Endziel gewesen, mit dem großen Krieg die
russischen Rüstungen zu stoppen und ihre Fortsetzung zu verhindern (oder aber nach der Weltmacht zu greifen), so hätte er den
Ausbruch eines solchen Krieges notwendigerweise als einen politischen Erfolg betrachtet. Hiermit sind aber seine an Tschirschky gerichteten Telegramme, seine Reaktion auf die Teilmobilmachung
und anderes nicht vereinbar. Die mehrfachen Ablehnungen von
Vermittlungsinitiativen zwingen den Leser nicht, die Absicht der
Entfesselung eines Rüstungskrieges anzunehmen; diese Ablehnungen dienten der Unterstützung Österreich-Ungarns und las-

sen sich so erklären. Daher ist die Behauptung, er habe den Ausbruch des großen Krieges gewünscht oder gewollt, für diesen Zeitpunkt nicht zutreffend. Für ihn war der große Krieg eine Gefahr, wie dies auch von dem Gros der Schulhistoriker angenommen wird.

Dennoch unterscheidet sich die hier vertretene Auffassung von derjenigen z.B. Mommsens, Erdmanns, Hillgrubers und Krumeichs. Ihre Sicht ist zu sehr mit der Genugtuung verbunden, daß der deutsche Staatsmann „nur" das Risiko eingegangen sei. Sie sehen nicht die handgreifliche Unklugheit der Juli-Diplomatie und die schwere Schuld, die Jagow, Tschirschky und andere damit gegenüber der Nation auf sich genommen haben, würdigen nicht, daß der Eintritt der Bedingung „Mißlingen der Lokalisierung" von Anbeginn höchst wahrscheinlich war und die Dinge sich tatsächlich so entwickelt haben.

Wichtig ist, was Jagow über eine diplomatische Isolation schrieb. Gerade die Sarajewokrise zeigte erneut, was man natürlich immer schon wußte, daß ein Bündnis nicht per se ein Stärkung und eine Stütze ist. Zimmermann hatte in der ersten Woche nach dem Attentat, wie der sächsische Gesandte berichtet, Deutschlands Abhängigkeit von Österreich als Gefahr bezeichnet. Der französische Botschafter Jules Cambon äußerte in den letzten Tagen vor dem Kriegsausbruch zu dem belgischen Gesandten Baron Beyens, Deutschland sei ebenso wie Frankreich das „Opfer seiner Allianz". Fürst Lichnowsky begründet in „Wahn oder Wille?" die Ansicht, Deutschland brauche überhaupt keine Bündnisse. Speziell den Zweibundvertrag hat er als höchst schädlich gegeißelt. Jagow dachte anders.

„Ich will keinen Präventivkrieg, aber wenn der Kampf sich bietet, dürfen wir nicht kneifen." Das war deutlich. Jagows Ehrbegriffe und seine Pflichtauffassung schränkten seinen Handlungsspielraum und den des Auswärtigen Amtes ein. Und auch Lichnowsky, wünschte er natürlich, soll diesen Gesichtspunkt beachten.

In der zweiten Hälfte des Briefes kommt Jagow auf die „Lokalisierung" zurück: „Ich hoffe und glaube auch, daß der Konflikt sich lokalisieren läßt. Englands Haltung wird dabei von großer

Bedeutung sein. Ich bin vollständig überzeugt, daß die öffentliche Meinung dort sich nicht für Österreichs Vorgehen begeistern wird ... Aber man muß tun, was irgend möglich ist, daß sie sich nicht zu sehr für Serbien begeistern ... Sir Grey spricht immer von dem Gleichgewicht ... Er muß sich daher auch klar darüber sein, daß dieses Gleichgewicht total in die Brüche ginge, wenn Österreich von uns preisgegeben und von Rußland zertrümmert würde, und daß das Gleichgewicht auch durch einen Weltbrand erheblich ins Wanken gebracht würde. Er muß daher, wenn er logisch ist, uns beistehen, den Konflikt zu lokalisieren."

IV

Jagow glaubte in diesen Wochen verblendet, Österreichs intransigente Diplomatie und Rußlands Verzicht auf Intervention seien miteinander zu vereinbaren. Bis zum 29. Juli nachmittags waren Bündnistreue, Ehre, Pflicht und Ansehenserhaltung die maßgeblichen Gesichtspunkte für sein Handeln. Und er gab sich nicht zufrieden, es sei denn, Österreich-Ungarn führte den Serbienkrieg, auf dem Graf Berchtold beharrte. Die Risiken dieser Politik wurden aus zwei Gründen ignoriert: einmal, weil sonst die Ehre der handelnden Personen befleckt worden wäre, und außerdem, weil ein Zurückweichen vor dem Risiko als eine schwächliche Außenpolitik gewertet worden wäre, was das wilhelminische System im Inneren gefährdet hätte.

Imanuel Geiss hat gefragt: War die angestrebte Lokalisierung ein „diplomatischer Tarnschleier für die bewußte Entfesselung des Ersten Weltkrieges durch das Reich"? Er dachte dabei an Bethmann Hollweg. Noch interessanter ist diese Frage, wenn man sie auf Jagow bezieht. Sie ist zu verneinen. Die schlechten Gewinnchancen haben Jagow gehindert, zielgerichtet auf die Entfesselung des großen Krieges hinzuarbeiten.

Zusammenfassung: Jagows blinde Unterstützung der Verzweiflungspolitik des Ballhausplatzes war in hohem Grade leichtfertig, sie ermangelt nach wie vor einer rationalen Begründung (im Sinne von Stig Förster).

Albert Ballin muß irgendwann nach Kriegsausbruch etwas erfahren haben, was ihn Jagow wegen dessen Verhalten im Juli unbändig hassen ließ. Zum ersten Jahrestag der Vorgänge Anfang Juli, am 3. Juli 1915, schrieb er ihm einen Brief, worin es heißt, er (Jagow) „habe die entsetzliche Verantwortung zu tragen ... für die Inscenierung dieses Krieges, der Deutschland Generationen prächtiger Menschen kostet und es für 100 Jahre zurückwirft." „Die Inscenierung" – geht das noch darüber hinaus, was hier aus den Fakten gefolgert wird? Und wie zuverlässig waren Ballins Informationen? Im Januar 1916, von Jagow zu einer Besprechung nach Berlin eingeladen, lehnte Ballin ab; er wolle „nichts mehr mit einem Mann zu tun haben, der an diesem ganzen ungeheuren Unglück ... schuld ist." Zu Bethmann hat er zwar auch vorwurfsvolle Worte gesprochen, aber doch wesentlich mildere als die eben zitierten.

Im Kriege äußerte Theodor Wolff zu Botho Graf Wedel im Auswärtigen Amt, man habe den Krieg ja gemacht, und zwar die einen durch ihre Ungeschicklichkeit, die anderen, wie Jagow, „nicht nur dadurch". Diese drei Worte harmonieren mit der hier aus einer Fülle von Dokumenten abgeleiteten Deutung, daß Jagow in seinem Verhältnis zu Österreich nicht unabhängig war und den österreichischen Standpunkt mit der Starrheit des Schwachen vertreten hat.

Im letzten Kriegsjahr, als er nicht mehr im Amt war, suchte Jagow das Gespräch mit einer befreundeten Dame der Gesellschaft, der Pazifistin Gräfin Treuberg. Er beichtete, daß man den Krieg gewollt habe. Er sagte, er sitze so lange bei ihr," weil er nicht mehr schlafen könne." Diese Äußerung ist so zu verstehen: „man" hat zu einer Zeit, wo die Umkehr noch möglich war, an der bisherigen Politik festgehalten und so vorsätzlich den Krieg ausgelöst.

V

Jagow machte sich über England Gedanken. Er äußerte sich darüber im Gespräch (Stumm nahm neben ihm teil) mit einem

Vertreter des Admiralstabs, Konteradmiral Behncke. England werde im Falle eines Kontinentalkrieges voraussichtlich nicht auf der Seite Frankreichs und Rußlands mitmachen. Und er habe einen Gedanken, wie man die Abneigung der Engländer gegen eine Beteiligung an der Konflagration vielleicht noch verstärken könne. Die deutsche Regierung sollte ihnen drohen, sofort Holland zu besetzen, falls sie (die Engländer) sich gegen Deutschland erklärten. Natürlich sei das Ganze nur ein Bluff. Der Admiral fand ihn „unsicher, fahrig, nervös und ängstlich“. Es sei stundenlang, berichtet der Admiral, geredet „oder besser gesagt, gequasselt worden, ohne daß etwas Rechtes dabei herausgekommen sei“. Jagow habe die allgemeine politische Situation in nervös aufgetragenen, ziemlich düsteren Farben dargestellt und erklärt, ein allgemeiner europäischer Konflikt sei keineswegs ausgeschlossen. Kapitän Hopmann vom Reichsmarineamt, der Tirpitz brieflich unterrichtete, stellte am 20. Juli „erneut“ die Frage: „Wie ist es möglich, daß einer solchen Persönlichkeit die Leitung der Auswärtigen Politik Deutschlands anvertraut wird?“ Diese rhetorische Frage war beispielhaft für die Geringschätzung zwischen den Ressorts, die einem bei der Auswertung der Dokumente auffällt. Es gab keine Koordination der Entscheidungsträger; der Kaiser, dessen Aufgabe das gewesen wäre, versagte insofern vollkommen.

Ein angesehener unabhängiger Publizist schrieb einmal dazu: „In dem Kampf aller gegen alle, der für die Umgebung des Kaisers bezeichnend war, herrschten Eifersucht, Mißtrauen und Intrige.“ Der Geist der gegenseitigen Hilfe und Unterstützung, des Vertrauens, ja selbst die Achtung der Chefs anderer Ressorts fehlte durchgängig. Es gab Ausnahmen, aber sie waren selten, jeder handelte vielmehr innerhalb seiner Zuständigkeit für sich, notfalls auch im Gegensatz zu anderen. Die Nichtzusammenarbeit der einzelnen Funktionsträger, der sogenannte „Ressortpartikularismus“, prägte sich auch im Mangel gegenseitiger Unterrichtung aus, dem „décousu“.

Man kann in diesem Stadium der diplomatischen Entwicklung auch nicht von einer „deutschen Entscheidung“ zum Krieg sprechen. Zwar setzte Jagow mit Bewußtsein Ursachen für den Krieg, aber das Merkmal „mit Bewußtsein" heißt nicht, daß er gemeinsam mit mehreren anderen Entscheidungsträgern so gehandelt hätte. Einen gemeinsamen („deutschen") Entschluß hat es zunächst überhaupt nicht gegeben. Der früheste „deutsche" Entschluß datiert vom 1. August vormittags 11 Uhr, also nach Bekanntwerden der russischen Gesamtmobilmachung, an ihm haben u.a. Bethmann Hollweg und der Kaiser mitgewirkt.

Jagow versuchte, sich von den militärischen Absichten Österreich-Ungarns ein Bild zu machen. Auf sein Betreiben erkundigte sich hiernach sein Freund Waldersee in Wien. Das Ergebnis ist am 17. Juli: Österreich will acht Armeekorps gegen Serbien einsetzen und an der Grenze zu Rußland einstweilen gar nichts unternehmen.

Am 19. Juli brachte die Norddeutsche Allgemeine Zeitung einen zweiten Artikel, dem der Kundige den halbamtlichen Charakter anmerkte. Sein Inhalt: Die nicht beteiligten Mächte – sprich: Rußland – sollten Österreich und Serbien die Sache unter sich ausmachen lassen. Wird diese Pressenotiz vielleicht in Wien als zu milde angesehen? Jagow hält das für möglich. Er läßt daher dem Grafen Berchtolt sagen, der Artikel „dürfe durchaus nicht als Abrücken von der dortigen (österreichischen) Entschlossenheit gedeutet werden." Es ist erstaunlich, wie ängstlich Jagow um die gute Meinung des Ballhausplatzes bemüht ist. Dazu bestand nicht einmal ein sachlicher Anlaß, im Gegenteil, die Ententemächte sind beunruhigt. Jede von ihnen schickt ihren Botschafter ins Auswärtige Amt. Jetzt gerät Jagow in Verlegenheit: Er muß einerseits erklären, daß die österreichischen Forderungen berechtigt seien, andererseits, daß er sie nicht kenne.

Dem russischen Geschäftsträger versucht er die Logik seines Verhaltens darzustellen:, „er habe durch eine vorhergehende Prüfung der österreichischen Forderungen nicht die späteren Vorwürfe und die Kritik auf sich nehmen wollen, sei es im Sinne einer Übertreibung der Forderungen oder aber im Sinne ihrer Schwäche und Unzulänglichkeit. Seiner Meinung nach habe er vollkommen richtig gehandelt, wenn er der verbündeten Groß-

macht überlassen habe, sich allein in einer Frage zurechtzufin-
den, die mit ihren Lebensinteressen verbunden sei." Damit offenbart er erneut seine Abhängigkeit von Österreich. Denn wer
außer den Grafen des österreichisch-ungarischen Außenministeriums könnte ihm Textvorschläge verübeln? Bronewsky spricht
mokant von „den Methoden österreichischer Politiker, die im
Laufe von drei Wochen einen geheimnisvollen Schritt ankündi-
gen." Jagow weiß nichts besseres zu antworten als: das sei in der
Tat nicht geschickt.

Jagow war sich bewußt, daß die deutsche Diplomatie im Juli
1914 nicht der lex artis entsprach. Er sagte zu Gustav Krupp von
Bohlen: „Er als Diplomat habe natürlich auch daran gedacht",
die Vorkenntnis der österreichischen Note zu fordern. Das wäre
ein „Vorgehen nach diplomatischem Brauch" gewesen. Und er
rechtfertigte sich vor Krupp mit dem Hinweis: Der Kaiser habe
sich vor seiner (Jagows) Rückkehr aus der Schweiz schon so
festgelegt, daß er dies Verlangen nicht mehr habe stellen können.

Hiermit liegt das Wesen der Jagowschen Politik offen. Er betrachtete Wilhelms Zusage an Szögyény als Festlegung und jedes
Zurückweichen, das heißt: jede Beeinflussung Österreichs zum
Nachgeben, als eine Verdunkelung der Ehre der Herrschaftselite
und Deutschlands, gleichzeitig als Gefährdung der Privilegien
dieser Elite.

VI

Auch Bethmann wollte unwissend bleiben. Theodor Wolff gegenüber erläuterte er das folgendermaßen: „Ich habe sie (die Note) absichtlich nicht kennen wollen – ich wollte nicht darin kor-
rigieren – wenn man korrigiert, ist man immer der, der es falsch
gemacht hat, und das wollte ich absichtlich nicht." Er überließ
anderen diese Arbeit, dann traf ihn die Schuld nicht: so hat Pontius Pilatus „gehandelt".

Womit sich der Kanzler in diesen letzten Tagen der verdeckten Krise befaßte, das waren juristische Aspekte des von ihm für

möglich gehaltenen europäischen Krieges. Die Pläne sahen vor, daß der „Zustand drohender Kriegsgefahr“ gegebenenfalls für das ganze Reichsgebiet erklärt werden sollte. Er wollte das ändern und die Zahl der in Kriegszustand zu versetzenden Bezirke so klein wie irgend möglich halten. Aber er konnte die Generäle nicht überzeugen. Bekanntlich war das Militärwesen von Weisungen des Reichskanzlers frei.

Bethmann Hollweg schickte ein Schreiben an den Kronprinzen, hierzu war aus protokollarischen Gründen sonst niemand in der Lage. Zwei Kabel an den Kaiser aus den letzten Tagen des hier betrachteten Zeitraumes betrafen das Verbleiben der Hochseeflotte in norwegischen Gewässern. Bethmann wehrte sich gegen eine vorzeitige Rückfahrt der Schlachtflotte: Das würde zeigen, fürchtete er, daß Deutschland sich wegen eines britischen Überraschungsangriffs Sorge machte, und so indirekt eigene kriegerische Absichten erkennen lassen. – Aber auch hierin konnte er sich nicht durchsetzen.

Das österreichische Ultimatum warf jetzt seinen Schatten voraus. Am 19. Juli kannte sogar der Kaiser den Termin der Überreichung, nämlich den 23. Juli. Er hielt es für angezeigt, die beiden großen Reedereien, die Hapag und den Norddeutschen Lloyd, zu warnen, und gab in diesem Sinne Jagow den Auftrag, die Vorstände vertraulich zu verständigen. Es war also inzwischen Ernst.

Zusammenfassend: Nichts von dem, was an Dokumenten aus diesen drei Wochen vorliegt, deutet auf eine absichtliche Entfesselung eines Hegemonialkrieges hin. Auch die These von Bethmanns Kontrolle des Geschehens findet keine Unterstützung.

21. bis 26. Juli: Das Ultimatum

I

Die Donaumonarchie und Deutschland wollten die Welt mit der Aktion gegen Serbien überraschen. Dem wurde etwas geopfert: Weil man der verbündeten italienischen Regierung die Wahrung des Geheimnisses nicht zutraute, ununterrichtete man sie nicht. Das aber widersprach dem Dreibundvertrag. Berchtold, Hoyos und das deutsche Auswärtige Amt lieferten also Italien einen Grund oder Vorwand, den casus foederis zu verneinen. Schon nach zwei Wochen zeigte sich, daß sie sich verrechnet hatten. Die Gegner erfuhren vorzeitig genügend, um sich einzurichten.

Am besten wußte der russische Außenminister Sergej D. Sasonow Bescheid. Seine Kenntnisse beruhten auf Indiskretionen, die so zuverlässig schienen, daß er am 21. Juli den deutschen Botschafter zu sich bat. Er war aufgebracht, sprach von „sehr alarmierenden" Nachrichten aus London, Paris und Rom. Überall löse, behauptete er, die Haltung Österreich-Ungarns wachsende Besorgnis aus: „Der Minister fuhr erregt fort, auf jeden Fall dürfe Österreich-Ungarn, wenn es durchaus den Frieden stören wolle, nicht vergessen, daß es in diesem Falle mit Europa zu rechnen habe. Rußland würde seinem Schritt in Belgrad, der auf eine Erniedrigung Serbiens absehe, nicht gleichgültig zusehen können." So der Bericht des Botschafters.

Schon jetzt war ausgeschlossen, daß Rußland einem Krieg Österreichs gegen Serbien tatenlos zusah. Sasonow war Patriot, er liebte Rußland und nahm seinen Auftrag als Minister ernst. Er sagte einmal zu dem deutschen Unterstaatssekretär von Mühlberg „mit zitternder Stimme, daß er eine zweite Niederlage, wie Rußland sie in seinem unglücklichen Kriege mit Japan erlitten habe, nicht überleben würde". Pourtalès war über die Zusage vom 5. und 6. Juli nicht unterrichtet, erwehrte sich der Anschuldigungen des rusischen Ministers aus allgemeiner Kenntnis der europäischen Mächte und ihrer Beziehungen. Sein Bericht über das Gespräch schloß die Annahme aus, daß Sasonow nur bluffe.

Trotz der drohenden oder warnenden Reaktion Sasonows blieb Jagow bei seiner Politik, ebenso Tschirschky, der eine Kopie des Telegramms erhielt.

Am Tag danach tauschten Grey und Lichnowsky sich aus. Immer noch war die Note nicht übergeben. Das Foreign Office erwarte, sagte Sir Edward, Deutschland werde in Wien seinen Einfluß geltend machen und „unerfüllbaren Forderungen" der Österreicher entgegentreten. Darin lag eine Anspielung auf eine Kenntnis der spezifischen Punkte des Ultimatums, außerdem eine erste, sehr höfliche Parteinahme zu Gunsten Serbiens und Rußlands. Der Kaiser in Norwegen zeterte: „Wie käme ich dazu! Geht mich gar nichts an! Was heißt unerfüllbar? die Kerls haben Agitation mit Mord getrieben und müssen geduckt werden." Seinem Denken standen nur Superlative zur Verfügung.

Außerdem berichtete Lichnowsky, Grey rechne damit, daß Deutschland sich nicht mit Forderungen identifizieren werde, die offenkundig den Zweck hätten, den Krieg mit Serbien herbeizuführen. Erneut reagierte der Kaiser unverhältnismäßig heftig: „Das ist eine ungeheure britische Unverschämtheit. Ich bin nicht berufen, à la Grey S.M. dem Kaiser (Franz Joseph) Vorschriften über die Wahrung seiner Ehre zu machen! Grey begeht den Fehler, daß er Serbien mit Österreich und anderen Großmächten auf eine Stufe stellt. Das ist unerhört! Serbien ist eine Räuberbande, die für Verbrechen geduckt werden muß! Ich werde mich in nichts einmischen, was der Kaiser zu beurteilen allein befugt ist! Ich habe diese Depesche erwartet und sie überrascht mich nicht! Echt britische Denkweise und herablassend befehlende Art, die ich abgewiesen haben will! Wilhelm, I.R."

Nach Wilhelms Auffassung ging es um die Ehre Kaiser Franz Josephs. So hatte er es schon am 5. Juli gesehen. Eine Abschrift der Randnotiz übermittelte Stumm Lichnowsky. Damit sollte dem Botschafter klar gemacht werden, daß es keinen Zweck habe, seine Kritik an der AA-Politik etwa dem Kaiser direkt vorzutragen. Bei seiner Ernennung war dem Fürsten von Wilhelm

„befohlen" (so bezeichneten die amtlichen Dokumente die Genehmigung) worden, direkt an ihn zu berichten. In den ersten Monaten seiner Londoner Zeit war Lichnowsky tatsächlich einige Male so verfahren. Er hatte sich aber lange vor der Julikrise durch Bethmanns herben Tadel von Wiederholungen abbringen lassen.

Am Mittag des 22. Juli traf eine Abschrift der österreichischen Note beim Auswärtigen Amt ein, die Staatssekretär Jagow „direkt vorgelegt" wurde. Das ergibt sich aus den fortlaufenden Eintragungen der „Kladde" des Zentralbüros des Auswärtigen Amtes, deren Glaubwürdigkeit unanfechtbar ist. Die abweichenden Zeitangaben Jagows und Zimmermanns vor dem parlamentarischen Untersuchungsausschuß kommen dem gegenüber nicht in Betracht. Tschirschky hatte den Text am Nachmittag davor in Wien erhalten und durch Feldjäger nach Berlin geschickt.

In dem Ultimatum verlangt die Donaumonarchie von der serbischen Regierung, jegliche Form anti-österreichischer Propaganda zu unterdrücken; sie soll sich dazu verbindlich verpflichten. Auf der ersten Seite ihres offiziellen Verkündungsblattes sollte die serbische Regierung folgende im Wortlaut vorgeschriebene Erklärung veröffentlichen: „Die k. serbische Regierung verurteilt die gegen Österreich-Ungarn gerichtete Propaganda, d.h. die Gesamtheit jener Bestrebungen, deren letztes Ziel es ist, von der österreichisch-ungarischen Monarchie Gebiete loszutrennen, die ihr angehören, und sie bedauert aufrichtigst die grauenhaften Folgen dieser verbrecherischen Handlungen.

Die k. serbische Regierung bedauert, daß serbische Offiziere und Beamte an der vorgenannten Propaganda teilgenommen und damit die freundnachbarlichen Beziehungen gefährdet haben, die zu pflegen sich die k. Regierung durch ihre Erklärung vom 31. März 1909 feierlichst verpflichtet hatte.

Die k. Regierung, die jeden Gedanken oder jeden Versuch einer Einmischung in die Geschicke der Bewohner was immer für eines Teiles Österreichs-Ungarns mißbilligt und zurückweist, erachtet es für ihre Pflicht, die Offiziere, Beamten und die gesamte Bevölkerung des Königreichs ganz ausdrücklich aufmerksam zu machen, daß sie künftighin mit äußerster Strenge gegen jene Personen vorgehen wird, die sich derartiger Handlungen schuldig machen sollten, Handlungen, denen vorzubeugen und die zu unterdrücken sie alle Anstrengungen machen wird."

Der König sollte die Erklärung durch einen Tagesbefehl zur Kenntnis der serbischen Armee bringen. Sodann wurden in der Begehrnote spezielle Forderungen erhoben:

1. Die Unterdrückung von Publikationen, die zum Haß und zur Verachtung der Monarchie aufreizen.
2. Die Auflösung des Vereins „Narodna Odbrana" und anderer Vereine, die gegen Österreich-Ungarn Propaganda machen.
3. Keine Propaganda gegen Österreich-Ungarn im öffentlichen Unterricht.
4. Die serbische Regierung entfernt aus dem Militärdienst und der Verwaltung alle Offiziere und Beamte, die der Propaganda gegen Österreich-Ungarn schuldig sind; Wien kann solche Offiziere und Beamte namentlich benennen.
5. Organe der k.u.k. Regierung sind berechtigt, bei der Unterdrückung der gegen die territoriale Integrität der Monarchie gerichteten subversiven Bewegung mitzuwirken.
6. Von der k.u.k. Regierung delegierte Organe sollten an den Ermittlungen gegen die Attentäter von Sarajewo beteiligt sein.
7. Zwei namentlich bezeichnete Verdächtige sind zu verhaften.
8. Das Einschmuggeln von Waffen und Explosivkörpern über die Grenze ist zu unterbinden.
9. Der k.u.k. Regierung ist Aufklärung zu geben über österreichfeindliche Äußerungen „hoher serbischer Funktionäre".

Begründet wurde das Verlangen im ganzen mit einer von Serbien 1909 öffentlich übernommenen Verpflichtung, die Annexion von Bosnien und der Herzegowina anzuerkennen und sie nicht, sei es auch indirekt oder heimlich, zu unterminieren.

Jeder einzelne dieser Ansprüche schien, für sich betrachtet, sinnvoll zu sein. Aber durch die Häufung der Forderungen und durch das Regeln von Details wirkte die Note im ganzen übermäßig. Viele standen daher unter dem Eindruck, daß ein Krieg entfesselt werden sollte. Jagow sagte dem britischen Geschäftsträger am 25. Juli, das Ultimatum lasse „als diplomatisches Dokument" viel zu wünschen übrig.

Es ist bis heute strittig, ob das Auswärtige Amt nach Kenntnis des Ultimatums noch Zeit genug hatte, in Wien auf eine Milderung der Forderungen zu dringen. Jagow hat Wert darauf gelegt, daß die Zeit nicht ausgereicht hätte: Er habe die Note erst nach sieben Uhr p.m. von Botschafter Szögyény erhalten. Die Wahrheit ist jedoch, daß es sich dabei um ein zweites Exemplar handelte. Jagows Darstellungen dessen, wann er den Wortlaut kennengelernt hat, sind in mehrfacher Hinsicht unwahr.

Nach der Unterredung mit Szögyény ging Jagow sofort zu Zimmermann, um sich mit ihm auszutauschen. Er traf seinen ungeliebten Vertreter noch bei der Lektüre der Note. Wahrscheinlich hatte Jagow ihm das Stück „durch Feldjäger" zugeleitet, bevor der österreichische Botschafter ihn besuchte. Jagow entrüstete sich gegenüber Zimmermann, er finde die Sprache des Ultimatums übertrieben scharf, und er habe den Botschafter sofort hierauf hingewiesen. Die Bewertung „zu scharf" gibt durchaus Sinn. Jagow wollte zwar der Donaumonarchie zu dem Balkankrieg verhelfen, aber auch die Entente von einer Intervention abhalten.

Im Zusammenhang mit etwaigen Änderungen an dem Text des Ultimatums kommt es natürlich auf die um 12 Uhr eintreffende Kopie an. Szögyénys Angaben über den Zeitpunkt der Übergabe des Ultimatums an die serbische Regierungsdelegation, angeblich schon am kommenden Tag, sind erlogen. Jagow muß das durchschaut haben. Denn bereits am 22. Juli um 18.05 Uhr erwähnt er in einem Telegramm an die Botschaft in Wien, daß die Note erst am 23. Juli um fünf Uhr nachmittags der serbischen Regierung ausgehändigt werde. Es war mithin noch genug Zeit, um die Abmilderung der Note zu veranlassen. Jagow, der darauf verzichtet, nahm das friedensstörende Übermaß der Note in Kauf. Tschirschky hatte die Note gebilligt. Noch am Vormit tag des 21. Juli hatte er am Ballhausplatz vorgesprochen und von einer etwaigen Milderung des Ultimatums abgeraten. Auf diese Mahnung nahm Forgách bezug, als er in den Begleitbrief zur Übermittlung des endgültigen Textes aufnahm: „Die Note paßt zu Ihrem heutigen Ausspruche, ‚Landgraf bleibe fest‘. Das caudinische Joch ist sehr hart, bei der gegenwärtigen serbischen Verblendung für Serbien kaum akzeptabel und jedenfalls ein scharfes, aber notwendiges Medikament." Hier zeigt sich erneut: Tschirschky war härter als der Chef des AA, Jagow wollte die Regierungen der Entente nicht unnötig reizen.

Bethmann erhielt den Text des zu überreichenden Ultimatums am 22. Juli, wahrscheinlich erst in den letzten beiden Stunden des Tages. Daß er sich in Hohenfinow aufhielt, erschwerte ihm ein Eingreifen. Er war nicht der Mann, der die Fäden in der Hand hielt.

Am 23. Juli um sechs Uhr abends wurde das Ultimatum vom österreichischen Gesandten in Belgrad überreicht.

II

Am Freitag, den 24. Juli, berichteten die Zeitungen Europas über die österreichische Note und druckten den vollen Wortlaut. Die Nachricht schlug wie eine Bombe ein. Bisher hatte die Öffentlichkeit von einer politischen Spannung nichts wahrgenommen. Die Vorgänge werden sogar besser verständlich, wenn man erst von diesem Zeitpunkt an von einer „Krise" spricht.

Die russische Regierung brachte in einer amtlichen Verlautbarung sofort zum Ausdruck, daß sie in dem serbisch-österreichischen Konflikt unmöglich gleichgültig bleiben könne. Minister Sasonow erläuterte dem deutschen Botschafter die russische Haltung am 25. Juli (Sonnabend) außerdem persönlich. In dem Bericht des Grafen Pourtalès heißt es dazu: „Minister, der sehr erregt war und sich in maßlosen Anklagen gegen Österreich-Ungarn ergeht, erklärte auf das bestimmteste, Rußland könne unmöglich zulassen, daß österreichisch-serbische Differenz zwi-

schen beiden Beteiligten allein ausgetragen werde. Die Verpflichtungen, die Serbien nach der bosnischen Krisis übernommen habe und auf welche die österreichische Note anspielt, seien
Europa gegenüber übernommen worden, folglich sei die Angelegenheit eine europäische, und es sei an Europa zu untersuchen,
ob Serbien diesen Auflagen nachgekommen sei."

Sasonows Argument war schlechthin zwingend. Denn, wie
erwähnt, stützte sich das Ultimatum auf die Erklärung vom
31. März 1909, von Serbien damals abgegeben „in Befolgung der
ihm von den Großmächten erteilten Ratschläge". Hier wird ein
aggressives Element der österreichischen und mittelbar auch der
deutschen Krisendiplomatie deutlich. Die Mittelmächte verlangten übereinstimmend, daß Rußland sich aus dem österreichisch-
serbischen Streit heraushalten solle. Das war eine Zumutung,
weil Österreich seine Forderungen Serbien gegenüber aus-
schließlich auf ein Dokument stützte, das gerade nicht „lokalisiert" war, sondern auf einer Verständigung der Großmächte beruhte, natürlich auch und in erster Linie Rußlands.

Pourtalès beteuerte gegenüber Sasonows Vorwürfen, es werde sich nur um eine Strafexpedition handeln, Österreich-Ungarn
sei weit davon entfernt, an territoriale Erwerbungen zu denken.
Der Minister schüttelte ungläubig den Kopf: Er behauptete,
Österreich wolle Serbien „verspeisen", danach komme Bulgarien
dran und dann „werden wir sie am Schwarzen Meer haben".

Graf Pourtalès' Hinweis auf das monarchische Prinzip blieb
zu seiner Enttäuschung völlig wirkungslos. Sein Bericht an das
Auswärtige Amt endete mit den Worten:

„Im Laufe des Gesprächs rief Sasonow aus: Wenn Österreich-Ungarn Serbien verschlingt, werden wir mit ihm den Krieg
führen; hieraus läßt sich vielleicht schließen, daß Rußland erst in
dem Fall zu den Watten greifen würde, daß Österreich auf Kosten
Serbiens territoriale Erwerbungen machen wollte." Eine Bewertung, die eher Schönfärberei oder Wunschdenken war. Pourtalès
verließ den Minister in Erregung.

An Bord seiner Jacht las der Kaiser die Passage „werden wir
mit ihm den Krieg führen ... ." Daneben notierte er: „na dann

zu!" Zwar war diese Gelassenheit Schauspielerei vor den Vortragenden Räten des Auswärtigen Amtes, die das lesen würden.

Wie schon erwähnt, wollten Jagow und Bethmann die österreichische Note in der Phase ihrer Formulierung nicht sehen. Jetzt stellte sich eine ähnliche Frage: Sollte Bethmann oder das Auswärtige Amt wenigstens verlangen, vor Abbruch der Beziehungen zu Serbien Kenntnis der serbischen Antwort zu erhalten? Zweifellos, ja! Sofort nach Empfang der serbischen Antwort die diplomatischen Beziehungen abzubrechen, war die Wiener Regierung durchaus nicht genötigt. Aber Jagow bestand nicht auf der Möglichkeit einer Äußerung – eine Zurückhaltung, die tendenziell kriegsverursachend war, das mußte ihm klar sein.

Am Abend des gegenwärtigen 24. Juli sprachen Jagow und Cambon miteinander. Der Botschafter fragte, ob Jagow die Note erhalten habe und wie sein Eindruck sei. Jagow sagte: er billige die Note, die serbische Regierung habe seit langer Zeit die österreichische Geduld mißbraucht. „Ich", berichtet Cambon, „sagte ihm daraufhin, ich wolle nur ganz persönliche Ansichten mit ihm austauschen. Ich fragte ihn dann, ob wirklich die Berliner Regierung ganz und gar keine Kenntnis von den österreichischen Forderungen gehabt habe, bevor sie in Belgrad mitgeteilt worden sei. Da er mir dies bestätigte, gab ich ihm meine Überraschung darüber zu erkennen, daß er sich so darauf einlasse, Ansprüche zu unterstützen, deren Grenze und Tragweite er nicht kenne." Jagow unterbrach: „Nur da wir miteinander persönliche Ansichten austauschen, lasse ich mir das von Ihnen sagen."

An Hilflosigkeit grenzend! Bülow beriet 1909 seinen Nachfolger: „Sie müssen einen Staatssekretär haben, auf den Sie sich verlassen können. Es gibt für Sie vier Männer, zwischen denen Sie die Auswahl haben: Mühlberg, Kiderlen, Wangenheim und Bernstorff." Er nahm Kiderlen, und der Exkanzler stöhnte: „dann diesen Jagow. Das war das größte Unglück." Und in Bülows Notizen finden wir: „Jagow mit allen Schwächen und Fehlern des armen norddeutschen Adligen ohne die großen Tugenden, kribbelig, mißgünstig, nie große Perspektive, in allen klein, war nie weder in Rußland, noch in Frankreich, noch in England."

Man stellte sich in Berlin die Frage, ob bei Ausrufung des Zustandes drohender Kriegsgefahr alle sozialdemokratischen Reichstagsabgeordneten verhaftet werden sollten, ebenso wie die Abgeordneten der polnischen und dänischen Minderheiten. Das sahen die 1914 gültigen Richtlinien vor. Für eine etwaige Änderung dieser Pläne waren die stellvertretenden Kommandeure der Armeekorps zuständig. Bis dahin hatten sie hartnäckig an den alten Regelungen festgehalten.

Als man aber am 24. Juli auf der Ebene der Reichsstaatssekretäre und preußischen Minister über das Problem diskutierte, gaben die militärischen Befehlshaber nach. Der Staatssekretär des Inneren, Delbrück, führte wenig später ein Gespräch mit einem Mitglied der SPD-Vorstandes, Albert Südekum, um sich zu vergewissern, daß die Mitglieder der Partei im Falle eines Verteidigungskrieges kämpfen würden.

Bethmann war also tätig in Sachen der inneren Verwaltung. Davon verstand er etwas. Er traf gewisse Vorbereitungen für den Fall, daß es zum Krieg kam; ob es dazu kam, überließ er Jagow, Tschirschky und den Österreichern.

Jagow und Tschirschky sahen keine Veranlassung, in ihrer Politik etwas zu ändern, was sie aber hätten tun müssen, wenn sie einen Krieg vermeiden wollten. Das Gebot der Stunde war: weg von der Zusage des 5. Juli! Jagow und Tschirschky hätten alles tun müssen, was die Österreicher vom Fortschreiten auf ihrem lebensgefährlichen Weg abhalten konnte. An Möglichkeiten mangelte es nicht. Sie konnten warnende Telegramme aus London und Petersburg an den Ballhausplatz weiterleiten und Berchtold jedes Mal auf das Risiko eines österreichisch-russischen Krieges hinweisen. Es wäre möglich gewesen, die Botschafter in London und in Rom zu ermutigen, weiter realistisch und ohne Beschönigungen zu berichten. Das Gebot „An einem Kaiserwort soll man nicht dreh'n noch deuten" hatten sie zu ignorieren, wenn sie den Krieg fürchteten.

Hoyos schreibt in seinen Aufzeichnungen: „Es ist richtig, daß die deutsche Regierung ... die Zügel aus der Hand verlor und sich fremder Führung überlassen hat, aber meiner Ansicht nach geschah dies bewußt und in vorbedachter Weise, weil man nur auf dem Wege einer Aktion Österreichs auf dem Balkan mit oder ohne Weltkrieg aus dem Impass herauskommen konnte."

Auf Jagow, Tschirschky und Zimmermann trifft das zu, sehr wahrscheinlich auch auf Stumm. „Impass" ist eine Situation beim Whist: ein Spieler hat keine Trümpfe, und die Mitspieler stechen mit niedrigen Trumpfkarten. Gemeint ist die außenpolitische Bewegungsunfähigkeit, verbunden mit militärischer Unterlegenheit. Wenn Deutschland sich fremder Führung überließ, beteiligte sich die fremde Macht an dem Kampf.

III

Am Vormittag des 25. Juli, es war ein Samstag, unterhielten sich der Chefredakteur des „Berliner Tageblatts", Theodor Wolff, und Staatssekretär Jagow in einem Besprechungsraum des Auswärtigen Amtes. Man befand sich in der zweiten Hälfte der Ultimatumsfrist. Wolff fragte: „Ob wir aber nicht in einen Weltkrieg verwickelt werden können? Wenn Rußland nun nicht zurückweicht?" Jagow: „Ich glaube das nicht. Weder Rußland, noch Frankreich, noch England wollen den Krieg. Und wenn es sein muß", fügte er lächelnd hinzu, „einmal wird der Krieg ja doch kommen, wenn wir die Dinge gehen lassen. Und in zwei Jahren ist Rußland stärker als jetzt." Damit brachte er zum Ausdruck, weshalb der Ausbruch des Krieges, der mit seiner Politik verbunden war, ihn nicht schreckte: Er glaubte sich von dem Gesichtspunkt des Praevenire geschützt. Hierzu hatte er sich ja schon in seinem Privatbrief an Lichnowsky geäußert. Der Gedanke des Praevenire bildete das Netz, das ihn, wenn nötig, auffangen sollte.

Wolff schickte sich an zu gehen, da kamen Jagow Bedenken, ob er seine Einstellung zum Kriege wirklich auch bei Wolff voraussetzen durfte. Um das Gesagte abzuschwächen, rief er dem Journalisten hinterher: „Ich halte die Situation nicht für kritisch." Jagow war kein Held. Er glaubte, seine Pflicht zu tun, war nie als

Führer, nie als mitreißender, suggestiver Chef hervorgetreten. Im Gegenteil: sein Verhalten in der Krise war schwächlich, ärmlich, unsicher, abhängig vom Urteil anderer. Er lebte von der Hand in den Mund, half sich von einer Stunde zur anderen. Richard Grelling, ein akribischer Leser der Dokumente, charakterisiert ihn als „Jammerbild mitleiderweckender Hilflosigkeit". Sein Lächeln sollte verdecken.

Stumm, den Wolff danach aufsuchte, dachte weitgehend so wie der Staatssekretär. Er beurteilte die Lage sogar „sehr optimistisch". Wolff: „Wenn wir nur nicht hängen bleiben – das darf nicht geschehen". Stumm versicherte, daß man den Rückweg schon finden würde. Er war für seinen Leichtsinn berüchtigt. Und heute wissen wir, daß niemand etwas für einen Rückzug vorbereitet hatte.

„Es handele sich darum", dozierte Stumm, „festzustellen, ob Österreich bei uns als Bundesgenosse noch etwas wert sei. Es dürfe nicht zurückweichen. Die Russen würden laut herumschreien und es könnten heiße Tage kommen. Vielleicht werde Rußland mobilisieren, und dann werde es natürlich nötig, die Militärs zurückzuhalten. Aber Rußland werde es sich zweimal überlegen, ehe es losschlage. Bei einem Krieg mit Rußland würde man etwas erleben: Revolution in Finnland und in Polen – und man werde sehen, daß (aus den russischen Magazinen) alles gestohlen ist, sogar die Schlösser der Gewehre, und daß keine Munition da sei." Wolff notierte weiter: „Das eindrucksvollste Argument des Auswärtigen Amtes aber lag in der Versicherung, die russische Armee sei unfähig für den Kriegsgebrauch. Das wurde mit solcher Bestimmtheit und so viel Einzelheiten vorgebracht, daß man wenigstens einen Moment lang glauben konnte, Rußland werde wirklich nicht imstande sein zu schießen … Wie diejenigen, die das sagten, hielt Wilhelm II. Rußland für gelähmt."

Stumms Worte waren geprahlt. Wolff hätte sich von ihm wohl nicht so beeindrucken lassen, wenn ihm die Vorgänge des 5. und 6. Juli bekannt gewesen wären.

Der britische Minister reagierte auf das österreichische Ultimatum extrem negativ. Der Bericht des deutschen Botschafters über sein am Freitag mit ihm geführte Gespräch lag in der Nacht auf den 25. Juli, Samstag, in Berlin vor. „Sir Edward Grey war ersichtlich stark unter dem Eindruck der österreichischen Note, die seiner Ansicht nach alles überträfe, was er bisher in dieser Art jemals gesehen habe. Was Sir E. Grey am meisten beklagt, neben dem Ton dieser Note, ist die kurze Befristung, die den Krieg (gegen Serbien) beinahe unvermeidbar mache. Er sagte, er würde bereit sein, mit uns zusammen im Sinne einer Fristverlängerung in Wien vorstellig zu werden, da sich dann vielleicht ein Ausweg finden lasse. Er bat mich, diesen Vorschlag Ew. Exz. (d.h. Jagow) zu übermitteln."

Zur Erhaltung des Friedens regte Grey des weiteren an, „daß für den Fall einer gefährlichen Spannung zwischen Rußland und Österreich die vier nicht unmittelbar beteiligten Staaten England, Deutschland, Frankreich und Italien zwischen Rußland und Österreich die Vermittlung übernehmen sollten. Auch diesen Vorschlag bat er mich, Ew. Exz. zu unterbreiten."

Schon jetzt warnte Grey die deutsche Regierung vor dem großen Krieg: „Die Gefahr eines europäischen Krieges sei, falls Österreich serbischen Boden betrete, in nächste Nähe gerückt. Die Folgen eines solchen Krieges zu viert, er betonte ausdrücklich die Zahl vier und meinte damit Rußland, Österreich-Ungarn, Deutschland und Frankreich, seien vollkommen unabsehbar."

Lichnowsky ergänzte seine Meldung in nicht weniger als drei weiteren Telegrammen. Er riet dem Staatssekretär dringend und geradezu beschwörend, der Vermittlung zuzustimmen. Die letzte der Depeschen war ein Bericht über ein zweites Gespräch mit Grey. Das Gespräch ist auch in einer Verbalnote wiedergegeben, die Rumbold am 25. Juli im Auswärtigen Amt überreichte.

Nach dem englischen Vorschlag sollte Rußland während des Vermittlungsverfahrens nicht an einer Mobilmachung gehindert sein. Wie Grey es darstellt, hat er dem deutschen Botschafter das nicht verschwiegen. Deutschland würde also seinen Vorteil der schnelleren Mobilmachung in gewissen Grade verlieren! Lichnowskys Verhalten ist kaum gutzuheißen: Er ließ den militäri-

schen Widerhaken des Vorschlages in seinen Telegrammen nach
Berlin unerwähnt, offenbar um dessen Annahme nicht zu gefährden.

Admiral von Tirpitz schreibt dazu in seinen Erinnerungen:
„Als nach der Überreichung des Ultimatums der warnende Ausspruch Greys bekannt wurde: Die Lage wäre doch recht gefährlich, es könne leicht ein Krieg der vier Großmächte daraus entstehen, da preßten die Gelehrten der Wilhelmstraße aus diesem
Satz die Zuversicht, Grey hätte ausdrücklich betonen wollen,
daß für die fünfte Großmacht, England, keine Kriegsgefahr be-
stünde! Jagow, Stumm und andere bestärkten den Kanzler in
solchen unbegründeten Vorstellungen.“

Der mokante Ton des Admirals war berechtigt. Greys Worte
besagten: Gibt es Krieg zwischen Rußland, Österreich, Deutschland und Frankreich, so „sind die Folgen vollkommen unabsehbar“. Das heißt, dann kann eine dieser Folgen sein, daß England
auf der Seite Rußlands und Frankreichs am Krieg teilnimmt. Einen anderen Sinn durften Stumm und Jagow aus Lichnowskys
Sätzen nicht „pressen“. Politik auf Grund der im besten Fall
problematischen Auslegung zu machen, war halsbrecherisch.
Die Betonung, die Grey auf die Zahl vier gelegt hat, hat natürlich eine Bedeutung: Wenn Österreich-Ungarn, Deutschland,
Rußland Krieg führen und Frankreich (zunächst) neutral bleibt,
dann braucht er sich nicht zu engagieren. Er spielte bekanntlich
mit dem in Wahrheit unrealistischen, ja illusionären Gedanken,
daß ein kontinentaler Krieg auf zwei (Rußland, Österreich-
Ungarn) oder vielleicht drei Großmächte (zwei und Deutschland) beschränkt bleiben könnte.

Jagow las das Telegramm am 25. Juli vormittags um zehn
Uhr. Die Frage der Fristverlängerung war höchst eilig, in nur
acht Stunden überreichte ein serbischer Beauftragter die Ant-
wort. Trotzdem ließ Jagow den englischen Vorschlag ein paar
Stunden liegen. Natürlich stimmte er sich vorher nicht mit
Bethmann ab. Um vier Uhr nachmittags kabelte er nach Wien:
„Habe in London erwidert, daß ich Sir E. Greys Vorschläge
Wien mitteilen würde. Da aber Ultimatum heute abläuft und

Graf Berchtold in Ischl ist, glaube ich nicht, daß Fristverlängerung möglich wäre."

Zu Bronewsky, dem russischen Geschäftsträger, sagte er gegen fünf Uhr nachmittags, es sei zu spät für eine Verlängerung
der Frist. Nach Jagows Vorstellung sollten die Österreicher ihren Krieg gegen Serbien haben; Verhandlungen würden das er-
schweren oder möglicherweise verhindern.

Dem britischen Geschäftsträger eröffnete er um zwölf Uhr
mittags, er habe das Telegramm aus London mit dem Vorschlag
der Fristverlängerung „sofort" an den deutschen Botschafter in
Wien weitergeleitet und ihn beauftragt, den österreichischen
Minister des Äußeren zu informieren und mit ihm darüber zu
sprechen. Wenn die Beziehungen zwischen Österreich und Rußland bedrohlich würden, fügte er hinzu, sei er durchaus bereit,
auf Greys Gedanken einzugehen, daß die vier Mächte mäßigend
auf Wien und St. Petersburg einwirken sollten. Und nach London telegraphierte Jagow in der letzten Stunde des 25. Juli: Sollte
ein österreichisch-russischer Streit entstehen, so ist die Reichsregierung, vorbehaltlich ihrer bekannten Bündnispflichten, bereit,
mit den anderen Großmächten zwischen Österreich und Rußland zu vermitteln. Aber dieses Einverständnis wurde ausgesprochen in dem Bewußtsein, das Vier-Mächte-Engagement bereits torpediert zu haben. Er hatte nämlich, noch bevor er das
Kabel nach London schickte, Wien zur sofortigen Kriegserklärung an Serbien gedrängt.

Lichnowsky beeilte sich, am Sonntag das Foreign Office von
der deutschen Bereitschaft zu unterrichten. Grey war nicht erreichbar. Er war schon am Freitag in London aufgebrochen und
verbrachte, als Naturfreund und Angler, das Wochenende schwei-
gend in der Waldeinsamkeit auf seinem Cottage in Itchen Abbas,
Hampshire. So ließ Lichnowsky einen Brief ins Ministerium
bringen: „Meine Regierung nimmt die von Ihnen vorgeschlagene
Vermittlung zu viert an."

IV

Bevor Jagow sich zur Fristverlängerung äußerte, wurde Szögyény am Mittag dieses 25. Juli gebeten, nach Wien mitzuteilen, „daß man hier allgemein als sicher voraussetzt, daß auf eventuelle abweisende Antwort Serbiens sofort unsere Kriegserklärung verbunden mit militärischen Aggressionen erfolgen werde. Man sieht hier in jeder Verzögerung des Beginns der kriegerischen Operationen große Gefahr betreffs Einmischung anderer Mächte. Man rät uns dringend, sofort vorzugehen und die Welt vor ein fait accompli zu stellen. Ich teile diese Ansicht des Auswärtigen Amtes vollkommen." Eine Initiative von diesem Gewicht ist Jagow weder nach seinem Charakter noch nach seinen politischen Ansichten zuzutrauen. Daß Szögyény keinen Namen nennt, könnte mißtrauisch machen. Es ist aber ausgemacht, daß Jagow es war, mit dem er gesprochen hat. Und es ist so gut wie sicher, daß die Initiative bei Berchtold und seinen Beratern gelegen hat, Jagows Anregung also bestellt war.

Allgemein ließ Jagow Wünsche und Vorschläge an den Ballhausplatz über die deutsche Botschaft in Wien an Berchtold herantragen. Daß in diesem besonderen Falle Botschafter Szögyény die vermittelnde Rolle übernahm, ist leicht damit zu erklären, daß Jagows Demarche bestellt war. Es wird noch einen zweiten Grund geben, weshalb dieser Austausch von Ansichten über Szögyény lief: Jagow wollte keine Spuren in den Akten hinterlassen. Die Leute seines Amtes, insbesondere Stumm und Zimmermann, dann auch Kanzler und Kaiser, sollten nicht erfahren, daß Jagow bei dieser unerhörten Intrige mitwirkte. Albertini interpretiert den Vorgang so: „Szögyény had come to be used as the go-between when messages had to be conveyed to the Ballhausplatz of which it was not desired to keep a documentary record at the Wilhelmstraße." Der australische Militärhistoriker Turner nimmt an, man habe die Mitwirkung an der Intrige vor Moltke geheim halten wollen, weil dieser, wie man fürchtete, den Kaiser alarmiert hätte.

Österreichs Kriegserklärung an Serbien war das größte Hindernis für eine friedliche Lösung der Krise. Turner urteilt über

die verantwortliche Person in Berlin, sie sei „ohne ein Atom politischen Urteilsvermögens" gewesen.

Daß die Vortragenden Räte in der politischen Abteilung des
Auswärtigen Amts von Jagows Zustimmung zu Berchtolds Absicht nicht informiert wurden, wird durch eine Beobachtung von
Sir Edward Goschen bestätigt: Die Geheimräte wurden, als es so
weit war, von der Kriegserklärung an Serbien überrascht.

In Wien besprachen Berchtold, Conrad und Tschirschky am
nächsten Tag Szögyénys Telegramm. Tschirschky war natürlich
mit im Komplott. Ihm war die Wirkung einer alsbaldigen Kriegserklärung bewußt, er billigte sie. Der Botschafter „unterstützte"
die Forderung der alsbaldigen Kriegserklärung „warm", so berichtete er dem Auswärtigen Amt. General Conrad aber wollte
den Feldzug unter keinen Umständen mit unzulänglichen Kräften eröffnen. Er werde, sagte er, erst am 12. August mit dem
Vormarsch beginnen. Der Erfolg dieser unschönen Intrige trat
daher erst einen Tag später ein. Das unmittelbare Ergebnis der
Besprechung lautete also, daß Österreich einstweilen den Krieg
nicht erklärte.

An diesem Tag beschloß der russische Ministerrat die „Vormobilmachungsperiode", wie man am folgenden Tag in Berlin
durch Meldungen des Geheimdienstes erfuhr.

Am Abend des 25. Juli traf aus Wien eine Nachricht über die
serbische Antwort ein: die Serben hätten sämtliche Punkte des
österreichischen Ultimatums angenommen. Das löste im Auswärtigen Amt eine „fabelhafte Enttäuschung" aus. Das Telegramm muß vernichtet worden sein, es liegt nicht in der offiziellen Sammlung der Dokumente. Die Diplomaten der Botschaft in
Wien und General Conrad waren niedergeschlagen über Serbiens Antwort. Einige Stunden später wurde aber die Meldung
dementiert und mitgeteilt, Serbien habe das Ultimatum nicht
vollständig angenommen. Im AA herrschte darüber „ungeheure
Freude". All dies steht so in einem Brief eines namentlich nicht
genannten Beamten des Auswärtigen Amtes an Albert Ballin.

Am Abend kam Bethmann nach Berlin zurück. Inzwischen
hatte der österreichische Gesandte Belgrad verlassen. Damit wa-

ren Österreichs diplomatische Beziehungen zu Serbien abgebrochen.

V

Seit ihrer Ankunft in norwegischen Gewässern lag die kaiserliche Jacht „Hohenzollern" im Sonjefjord vor Anker. Als Bodygard schützte sie der Kleine Kreuzer „Rostock".

Wilhelm erhielt Kopien von etwa drei Dutzend Berichten der Botschafter und Gesandten. Die Auswahl lag in Jagows Händen. Er traf seine Entscheidungen deutlich tendenziös, um dem Kaiser die mit seiner Zusage vom 5. Juli verbundenen Gefahren möglichst klein erscheinen zu lassen. Wilhelm sollte sich nicht mit österreichskeptischen oder prestigeschädigenden Initiativen in die Geschäfte der Diplomaten einmischen.

Der Kaiser versah 24 Telegramme mit Schnellkommentaren auf dem Rand oder zwischen den Zeilen. So gingen sie an das Auswärtige Amt zurück, wo sie dem Staatssekretär, dem Unterstaatssekretär und Stumm, dem Leiter der Politischen Abteilung, vorgelegt wurden.

Randbemerkungen gehörten zu Wilhelms Gewohnheiten. Sie waren seit jeher unausgewogen. Von Philipp Eulenburg wissen wir: der Kaiser kannte nur Superlative, die Mitteltöne fehlten. Im Stil waren sie vielfach peinlich und unsympathisch, weil pueril, ungezogen, übelwollend und selbstherrlich. Das änderte aber nichts daran, daß die anti-serbischen Randnotizen als Bekräftigung der Willensäußerungen vom 5. Juli nachmittags aufgefaßt werden mußten: „Die Kerls haben Agitation mit Mord getrieben und müssen geduckt werden." „Serbien ist eine Räuberbande, die für Verbrechen gefaßt werden muß. Es ist kein Staat im Europäischen Sinne, sondern eine Räuberbande!" Als die serbische Regierung die Annahme bestimmter Punkte der österreichischen Note für unmöglich erklärt, notiert er höhnisch: „Die stolzen Slaven!" Und weiter: „Wie hohl zeigt sich der ganze sog. Serbische Großstaat, so ist es mit allen slavischen Staaten beschaffen!

Nur feste auf die Füße des Gesindels getreten!" Andere Rand-
notizen zeigen Respekt vor dem „ehrwürdigen Kaiser Franz
Joseph" und eine unaufgeregte, freundliche Einstellung zum
Osmanischen Reich.

Wilhelm hielt, wie auch andere, es anfänglich nicht für möglich, daß Rußland gemeinsame Sache mit Fürstenmördern machen werde. Etwa am 19. Juli sah er das als Irrtum ein. Er erläuterte: „Ich konnte nicht voraussetzen, daß der Zar sich auf Seiten
von Banditen und Königsmördern stellen würde ..." Von nun an
verspottete er die Lokalisierung. Zum Beispiel erfuhr er aus Paris: „Französische Regierung teile aufrichtig den Wunsch, daß
Konflikt lokalisiert bleibe, und werde sich in diesem Sinne im
Interesse der Erhaltung des europäischen Friedens bemühen."
Seine Randbemerkung: „Quatsch!" offenbarte seine neue Beurteilung. Daraus hätte er Konsequenzen ziehen müssen. An Bethmann oder Jagow wäre zu telegraphieren gewesen, daß eine Voraussetzung für seine Zusage vom 5. Juli weggefallen sei. Er
fordere das Auswärtige Amt auf, dazu Stellung zu nehmen und
ihm Vorschläge zu machen. Weshalb geschah nichts dergleichen? Empfand er es als Blamage, daß er sich in diesem höchst
wichtigen Punkt geirrt hatte? Wagte er nicht, mit dem Grafen
Wedel, der offensichtlich mit der Entwicklung der Dinge zufrieden war, zu sprechen und ihn über seine neue Beurteilung zu
unterrichten?

Wilhelms Gäste ließen sich in zwei gleich große Gruppen von
je acht einteilen: Künstler und hochrangige Offiziere. Von ihnen
waren nur wenige von den Vorgängen des 5. Juli unterrichtet:
die Generäle Freiherr von Lyncker (Chef des Militärkabinetts)
und von Loewenfeld, einer der Generaladjutanten des Kaisers.
Gegen Ende der Zeit im Sonjefjord schrieb General von Lyncker
an seine Frau:

„Wir – d.h. ein kleiner Kreis Eingeweihter – sind doch in einiger Spannung, wie die Dinge sich entwickeln werden. Wie
wird sich Rußland verhalten, wenn es jetzt – wie sehr wahrscheinlich – zum Krieg zwischen Österreich und Serbien kommen wird? Unsere eigene Rolle ist vorgeschrieben."

Am 23. Juli – Donnerstag – lagen vor Wilhelms Gästen noch mehrere Tage an Bord der „Hohenzollern". Admiral von Müller notierte: „Unruhe steigt. Flotte hat Funkspruchverbindung mit uns hergestellt. Heute soll Ultimatum übergeben werden." Am 24. vormittags lautet der Tagebucheintrag: „Noch keine Nachricht über Inhalt und Wirkung des Ultimatums." Am Abend setzte sich der Kaiser zu den Weinkennern des „Mosel-Clubs". Ihm wird ein Telegramm gebracht, „das ihm einen roten Kopf verursacht". Er reichte es dem AA-Verbindungsmann, Graf Wedel, der es zur Seite legte, ohne einen Blick darauf zu werfen; er kannte es schon.

Georg Graf Wedel war ein Hardliner. Die Entwicklung der Dinge beunruhigte ihn nicht. Am frühen Morgen des nächsten Tages (Samstag) lernten die Teilnehmer der Norwegenfahrt den Text der österreichischen Note kennen, und zwar aus einer drahtlos (Norddeich) übermittelten Meldung einer kommerziellen Presseagentur. Admiral von Müller und Wedel trafen sich auf Deck. Müller äußerte sich besorgt wegen des „unerhört scharfen Tons" der Note. Wedel erwiderte: „Wir haben nur die Sorge, daß die Serben die Note schlucken!" Rolf Hochhuth fragt in seinem wenig bekannten Stück „Sommer 14": Wer ist „wir"? Diese Frage ist berechtigt und sympathisch. Die Antwort: Tschirschky und die meinungsfreudigsten Männer des Auswärtigen Amts. – Der Kommandant der Jacht schaltete sich in das Gespräch ein, er begrüßte die Note, man könne sich nicht alles gefallen lassen. Müller: „Das ist ganz schön, aber bei der augenblicklichen, für uns so ungünstigen politischen Gesamtlage dürfen wir nicht herausfordernd auftreten."

Der Kaiser war, wie jeden Tag, vor dem Frühstück auf Deck spazieren gegangen. Er flüchtete erneut in Schauspielerei: „Was, das ist doch einmal eine forsche Note!" In Wahrheit war er entsetzt. Müller: „Ja, forsch ist die Note, aber sie bedeutet Krieg." Der Kaiser stellte weiter den Unerschütterlichen dar: „Den Serben wird es nicht einfallen, einen Krieg zu riskieren!" Und er wagte nicht, die Reise abzubrechen. Immer noch war er von dem Gesichtspunkt geleitet, daß man ihn für furchtsam halten könne.

Einige Tage später, am Montag den 27., begann er zu bremsen. Kriege waren ihm generell unheimlich; wenn er doch einmal mit dem Gedanken eines Krieges spielte, trat er im letzten Augenblick von dieser Absicht zurück. Zum Teil war dafür wohl auch Feigheit der Grund. Bülow hat ihn treffend „kriegsscheu" genannt. Die französische Presse hatte ihn während der Agadirkrise 1911 als „Wilhelm den Furchtsamen": „Guillaume le timide" verhöhnt.

Nachmittags um halb fünf Uhr wurde es Müller, dem „heimlichen Kanzler", zu viel. Er regte beim Kaiser an, die vorzeitige Rückkehr nach Kiel zu befehlen. General von Lyncker schrieb an seine Frau: „Die heutigen Nachrichten lauten ernst genug. Rußland stellt sich, wie zu erwarten, auf serbische Seite, und der österreichische Gesandte in Belgrad wird heute abend abreisen, wenn das Ultimatum nicht befriedigend beantwortet wird. Das bedeutet dann ziemlich sicher den Krieg."

Nachmittags erfuhr der Kaiser von Greys Idee, vier Mächte sollten kollektiv zwischen Rußland und Österreich-Ungarn vermitteln. Dazu bemerkt er: „In Ehren- und vitalen Fragen konsultiert man Andere nicht." Diese Zeile beleuchtet sein Handeln am 5. Juli. Die Waffenhilfe hatte er zugesagt, weil es sich um „vitale" Interessen der Doppelmonarchie, besser: Kaiser Franz Josephs handelte. Infolgedessen sah er sich in einer anderen Lage als im November 1912. Damals war er, beraten von Lichnowsky, einen anderen Weg gegangen: „Im Bundesvertrage steht nirgends, daß das deutsche Heer und Volk den Launen der auswärtigen Politik eines anderen Staates direkt dienstbar gemacht und quasi dafür zur Verfügung gehalten werden muß." Jetzt, 1914, glaubt der Kaiser, handele es nicht um Launen. Jetzt gehe es der habsburgischen Dynastie ans Leben. In Wilhelm sei, erinnert sich Fürst Eulenburg, ein besonders starkes Gefühl für die Unverbrüchlichkeit „seines Kaiserworts" lebendig gewesen. Lichnowsky hat den Zweibund vermutlich auch deswegen so leidenschaftlich verurteilt, weil er wußte, daß er für Wilhelm in den Tagen der Julikrise eine so wesentliche Rolle spielte.

Um sechs Uhr abends heißt es in einem neuen Brief Lynckers an seine Frau: „Es scheint schon anzufangen, sich zu entwirren.

Graf Platen sagt mir eben, daß der Kaiser an die Kaiserin ebenfalls (drahtlos) telegraphiert habe, er wolle, nachdem er sich in
Berlin genügend orientiert habe, nach Wilhelmshöhe kommen.
Das läßt nun nicht gerade auf einen bevorstehenden Ausbruch
eines europäischen Krieges schließen. Wahrscheinlich hat der
Kaiser, der noch heute Vormittag an Krieg glaubte, unterwegs
beruhigende Nachrichten bekommen; es kommen ja fortwäh-
rend drahtlose chiffrierte Telegramme während der Fahrt."

VI

Als der Kaiser noch auf hoher See war, formulierte man in der
Wilhelmstraße ein Telegramm an ihn, es sollte ihm Österreichs
Abbruch der Beziehungen zu Serbien mitteilen. Dem Entwurf
fügte Bethmann hinzu: „In Paris und London arbeitet man eifrig
auf Lokalisierung des Konflikts." Halb Desinformation des Kaisers, halb Torheit und Selbsttäuschung! Dieser Mann besaß
kaum den Respekt beim Auswärtigen Amt, den er brauchte, um
die Außenpolitik in der Julikrise nach seinen Vorstellungen zu
lenken.
    Österreich mobilisierte am 25. Juli (Sonnabend) abends acht
Armeekorps gegen Serbien und Montenegro. Das wurde wenige
Stunden später in Berlin bekannt. Dadurch wurde die Frage von
russischen militärischen Vorbereitungen akut. Eine russische
Teilmobilisierung war von dem Verhalten Österreich-Ungarns
abhängig gemacht worden.
    Am späten Abend demonstrierte das Volk auf den Straßen
Berlins begeistert für Österreichs Sache. Wilhelm hatte im Geiste
der großdeutschen Nation gehandelt, in dem selben Sinne nutzte
das Volk die ihm gegebenen Ausdrucksmittel. Ein beeindrucken-
des massenpsychologisches Ereignis: Die Menschen wurden
vom Kriegsfieber erfaßt. Furcht, Wut, Haß und vielleicht auch
Schuldgefühle brachen in dieser kollektiven Erregung hervor.
Aber es wäre falsch zu glauben, das Volk habe den Krieg gewollt
und die Regierenden hätten dem wider bessere Einsicht und wi-

derstrebend nachgegeben. Zwar war das rechte Spektrum der Öffentlichkeit, die „nationale Opposition", gegenüber der „schlappen" Außenpolitik seit Agadir (1911) sehr kritisch – die Haltung der gegnerischen Großmächte wurde als kränkend empfunden. Der Verlauf der Kolonialgeschichte in der Regierungszeit Wilhelms II. verletzte das Gefühl für Ehre und Prestige vieler Deutschen. Aber alles das beruhte auf einer falschen Sicht der Tatsachen. Die Bürger unterschätzten die Kriegsmacht der Tripleentente, überschätzten die eigene militärische Kraft und sie waren vollkommen von einer ungerechtfertigten Hochachtung vor dem bündnispolitischen Erbe Bismarcks gefangen. Diese Irrtümer der Zeitungen und des Volkes wären nicht möglich gewesen, wenn die Presse- und Informationspolitik des Regimes offener und wahrer gewesen wäre. Sie schwieg zu den in der Öffentlichkeit bestehenden Illusionen über die außenpolitischen Möglichkeiten des Reiches und nährte sie wohl noch. Und darauf glaubte das Regime im eigenen innenpolitischen Interesse nicht verzichten zu können.

Die innenpolitische Lage gehörte mit zu dem Hintergrund für die deutschen Entscheidungsträger. Bethmann Hollweg dachte sorgenvoll an den Krieg; er war unsicher, ob die SPD ihn in diesem Fall unterstützen werde. Andere Entscheidungsträger befürchteten eine Schwächung des Regimes auch bei den Mittelklasse-Wählern. Sie hatten schon bei den Reichstagswahlen im Februar 1912 in großer Zahl SPD gewählt; sie drohten das Vertrauen in das Regime noch weiter zu verlieren. Dann hätte, die SPD mitgerechnet, eine Mehrheit des Volkes dem Regime und eine Mehrheit des Reichstages der kaiserlichen Regierung ihre Unterstützung versagen können. Bei der Konservativen Partei hatte Bethmann sich unbeliebt gemacht. Man warf ihm vor, er regiere „nicht preußisch genug"; mit diesem Tadel sprach ihm das preußische Herrenhaus sogar einmal – am 10. Januar 1914 – förmlich das Mißtrauen aus. Man kreidete ihm „schlappe" Außenpolitik an. Verständlicherweise forderte Bethmann im Kriege (1916) „Ostelbien muß gebrochen werden". Aber auf die Gruppen und Parteien, die für eine geschäftsmäßige Außenpolitik und für eine détente eintraten, wollte er sich nicht stützen. Die Spitze des Reiches war also mit sich selbst uneinig. Die altpreußischen Junker, die das Rückgrat der Monarchie waren, und die von ihnen gebildete Adelspartei lehnten den vom Kaiser ernannten und auch allein von ihm ausgewählten Kanzler ab, weigerten sich, mit ihm im Reichstag und im preußischen Landtag zusammenzuarbeiten.

Bei der Abstimmung über die Rüstungsfinanzierung war am 3. Juli 1913 im Reichstag eine Mehrheit zustande gekommen, die dem politischen Arm der Junker, der Konservativen Partei, ihren Willen aufzwang. Und im Zabern-Beschluß des Reichstages am 4. Dezember 1913 hatte eine noch größere Mehrheit gegen die Regierung gestimmt: 293 gegen 54 Stimmen. Diese Vorgänge sind sicher an Jagow, an Tschirschky, am Kaiser und an den politisch wichtigen Männern des Auswärtigen Amtes nicht spurlos vorübergegangen.

Der damalige amerikanische Botschafter, James W. Gerard, urteilte ganz ähnlich: Seiner Ansicht nach „war es die Haltung des ganzen Volkes in der Zabern-Affäre und seine sichtbare und wachsende Abneigung gegen den Militarismus, die den Kaiser und die herrschende Klasse auf den Weg in den Krieg geführt haben". Das autokratische System habe gesehen: Wollte es die Herrschaft nicht verlieren, „musste es die Nation in einen kurzen und erfolgreichen Krieg führen".

Es gelang Bethmann weniger als seinen Vorgängern, den Reichstag von der Politik der Regierung zu überzeugen. Ernst Bassermann, Vorsitzender der nationalliberalen Fraktion des Reichstages, schrieb im März 1914 an Bülow: „der letzte Rest des Einflusses der Regierung auf die Parteien und die innere Politik ist geschwunden". Diese Mißerfolge verunsicherten die Entscheidungsträger und zehrten an ihren Nerven; das Regime brauchte seiner Struktur nach Prestigeerfolge. Es gibt seit einiger Zeit sogar Historiker, die den damaligen Zustand Deutschlands auf den Begriff der Unregierbarkeit hin prüfen.

In Bethmanns Denken spielte das Volk eine große Rolle. Er befürchtete Widerstände, Eklats, Streit zwischen Regierung und dem Volk. In diesem Sinne versuchte er zu verhindern, daß der „Zustand der drohenden Kriegsgefahr" über das ganze Reichsgebiet verhängt wurde. Er hatten Sorge, daß dadurch die loyale Kampfbereitschaft des Volkes beeinträchtigt werde, und konferierte daher an diesem 26. Juli (Sonntag) mit zwei Chefs der SPD: Hugo Haase und Friedrich Ebert.

Die offene Krise war ganz ungewöhnlich kurz. Von der ersten russischen Reaktion, die auf Wort-Kenntnis des Ultimatums beruhte, erfuhr das Auswärtige Amt am 24. Juli um 20:10 Uhr. Die russische Generalmobilmachung wurde in Berlin am 31. Juli um 11:50 Uhr bekannt. Dazwischen lagen nur sieben Tage!

Am Sonntag um drei Uhr nachmittags telegraphierte Bethmann Hollweg an den Kaiser: „Es ist zu gewärtigen, daß, falls Ew. Majestät von der Nordlandreise direkt nach Berlin kommen, die mit Sicherheit zu erwartende sehr stürmische Begrüßung Ew. Majestät zur Wiederholung dieser Demonstrationen führen wird. Rußland würde dies dahin ausbeuten, daß wir den Krieg mit ihm wollen. Der Zeitpunkt hierzu wäre aber verfrüht, solange Rußland gar keine aggressiven Schritte ergreift; Rußland aber muß rücksichtslos unter allen Umständen ins Unrecht gesetzt werden. Ew. Majestät wage ich daher alleruntertänigst zu bitten, zunächst nach Potsdam zurückkehren zu wollen."

Die Warnung vor Demonstrationen könnte Vorwand gewesen sein. Standen dem Obrigkeitsstaat keine anderen Mittel mehr zur Verfügung, um solche Probleme zu lösen? Oder wollte er seinen Souverän von den unkontrollierten Einflüssen der Reichshauptstadt abschotten? Er war gewohnt, Wilhelm von den Geschäften fernzuhalten. Am 2. Juli hatte er die Fahrt des Kaisers nach Wien vereitelt, am 5. Juli mit Energie für Wilhelms Reise nach Norwegen gesorgt.

Mit dem Rat an den Kaiser handelte der Kanzler, einer vorübergehenden Stimmung entsprechend, als Falke. Kriegsbejahend waren auch von Bethmann Hollweg selbst geschriebene, längere Instruktionen an die Botschaften in London, Petersburg und Paris.

Von deren Geist zeugt folgender Satz: „Nur gezwungen werden
wir zum Schwert greifen, dann aber in dem ruhigen Bewußtsein,
daß wir an dem namenlosen Unheil keine Schuld tragen, das ein
Krieg über Europas Völker bringen müßte." Das Auswärtige
Amt verhinderte dann doch, daß Bethmann diese gleichlautende
Telegramme herausschickte. Jemand vermerkte das Wort „Ces-
sat" auf dem Entwurf, an die Stelle dieser Telegrammvorlagen
trat eine Anweisung an Pourtalès, ebenfalls von Bethmann verfaßt, die am 26. Juli um 7:15 Uhr abging. Der Kanzler warnte
darin die russische Regierung vor vorbereitenden militärischen
Maßnahmen, die irgendwie eine Spitze gegen Deutschland hätten. Andernfalls würde die Reichsregierung sich ihrerseits zur
Mobilisierung der Armee gezwungen sehen, was Krieg bedeutete, und zwar auch gegen Frankreich, da Frankreichs Verpflichtungen gegenüber Rußland bekannt seien. Dies war ein Standpunkt, der keineswegs flexibler war als der des Auswärtigen
Amtes.

Gegen Mittag redete Wolff mit Wilhelm von Stumm: „Als wir
über die allgemeine Schicksalsfrage sprachen, äußerte Stumm, er
halte an der Hoffnung fest, daß man herauskommen werde, und
jedenfalls habe sich die Situation nicht weiter verschärft. Er wiederholte die Gründe, aus denen sich ruhiges Durchhalten empfehle ..."

Daß Stumm von „ruhigem Durchhalten" sprach, muß auf
Unkenntnis von Jagows heimlicher Aktion vom Vortag beruhen. Conrad von Hötzendorf wollte den Krieg gegen Serbien
erst nach Abschluß der Mobilmachung erklären lassen. Stumm
rechnete also mit einer Kriegserklärung Österreichs an Serbien
erst nach zwölf Tagen.

VII

Vor Übergabe der serbischen Antwort an den österreichischen
Gesandten führte Sasonow erneut ein Gespräch mit dem deut-

schen Botschafter. Der Minister drohte dabei offen Krieg gegen die Donaumonarchie an, falls sich herausstellen sollte, daß sie nur nach einem Vorwand suchte, „um Serbien zu verschlingen." Pourtalès' Bericht über die Begegnung ging am 26. Juli nachmittags im Auswärtigen Amt ein. Bethmann Hollweg telegraphierte an Lichnowsky: „Nach hier von vertrauenswürdiger Seite eingelangten, allerdings noch nicht verbürgten Nachrichten steht in Russland die Einberufung mehrerer Reservistenjahrgänge unmittelbar bevor, was einer Mobilisierung auch gegen uns gleich kommen würde."

Er beauftragte den Botschafter, bei Sir Edward Grey vorstellig zu werden: Die englische Regierung solle in Petersburg von diesen militärischen Vorbereitungen abraten. Lichnowsky trug dies am Sonntag Nachmittag Arthur Nicolson vor, dem ranghöchsten Beamten des Foreign Office nach Grey. Gegen eine Teilmobilmachung in südlichen Gouvernements, zum Beispiel Kiew oder Odessa, werde Deutschland nichts einzuwenden haben. Der Militärattaché der Botschaft muß im Besitz einer entsprechenden Information des Generalstabs gewesen sein.

Pourtalès hatte telegraphiert, mit Sicherheit sei die Mobilmachung der Militärbezirke Kiew und Odessa im Gange, fraglich, ob auch von Warschau und Moskau, die anderen Militärbezirke würden wohl noch nicht mobil gemacht. Abends fragte Pourtalès Sasonow, ob die Behauptung zutreffe, daß mehrere russische Armeekorps an der Grenze mobil gemacht würden. Der Minister bestritt das. Es seien nur „gewisse militärische Vorbereitungen" getroffen worden, damit man nicht überrascht werde.

Generaloberst von Moltke, inzwischen aus Karlsbad zurück, traf sich am Sonntag vormittag mit Waldersee. Danach informierte er sich bei Jagow über den Stand der Dinge: er schrieb an seine Frau, die Lage sei „noch ziemlich ungeklärt". Abends telefonierte er mit Falkenhayn.

VIII

Die Außenpolitiker täuschten sich nicht über die militärisch-bündnispolitische Lage. Vor dem Juli 1914 hat Moltke Bethmann Hollweg mehrmals auf die militärische Kalamität hingewiesen. Dafür liegen solide Belege vor. Im Dezember 1911 hatte Moltke, bei dominierender Mitarbeit Ludendorffs, dem Kanzler eine militärpolitische Denkschrift übersandt. Darin stellte er die Siegesfähigkeit deutscher Landstreitkräfte im Vergleich zu der Schlagkraft der mutmaßlichen Kriegsgegner skeptisch dar. In einem Begleitschreiben dazu führt er aus, auch dies gemäß einem Entwurf von Ludendorff:

„Für die Beurteilung der staatlichen Beziehungen lassen sich politische und militärische Verhältnisse nicht trennen. Beide für sich allein genommen werden leichter zu falschen Schlüssen führen als ihre gemeinsame Betrachtung. Muß die Politik ihre Ziele der eigenen Macht anpassen, so kann der Leiter der militärischen Vorbereitungen diese nicht treffen ohne politische Unterlagen. Die politischen Beziehungen wechseln nach den Zielen und der Kräfteentwicklung der Staaten. So sind auch Deutschlands Ziele heute weiter gesteckt als früher, während andere Staaten ihm gleiche, in ihrer Vereinigung überlegene Machtmittel entgegenzustellen vermögen."

Damit appellierte Moltke an den Kanzler, eine „gemeinsame Betrachtung" der politischen und der militärischen Verhältnisse anzustellen. Der Sinn seiner Aufforderung war, der Kanzler solle seine Aufmerksamkeit auch auf die militärischen Notwendigkeiten richten. Und er erinnerte ihn an das Verhältnis von Außenpolitik und militärischer Stärke. Die Politik muß ihre Ziele „der eigenen Macht", d.h. der eigenen militärischen Macht!, „anpassen". Und die anderen (gegnerischen) Staaten verfügten über „in ihrer Vereinigung überlegene Machtmittel". Das war deutlich! Moltkes Schlußsatz lautete: „Ich hoffe daher, daß eine Äußerung darüber, wie sich vom militärischen Standpunkt aus die gegenwärtige Lage Deutschlands darstellt, auch dem politischen Leiter willkommen sein wird."

Bethmann schickte dem Chef des Generalstabs eine Eingangsbestätigung, deren Höflichkeit den Gedanken an Verachtung aufkommen ließ. Er kannte ihn als Papiertiger und Nonvaleur, er hielt nichts von einer Diskussion mit ihm. Jagow war kooperativer. Er hatte mit Moltke über einen Verzicht auf die Verletzung Belgiens verhandelt, auch mit dem Kaiser darüber gesprochen.

Was Moltke und Ludendorff fehlte, war eine gemeinsame Bearbeitung dieser Sorgen, in der sie über den Schriftverkehr hinaus offener fragen und offener sprechen konnten. Kurzum, sie wollten Zusammenarbeit. Eine solche Aussprache zwischen dem Generalstab und dem Kanzler war, wie die Dinge lagen, im höchsten Grade wünschenswert, ja existenznotwendig. Aber es lag im Rahmen des Streites aller Spitzenstellen gegeneinander, daß Bethmann Hollweg hierauf nicht einging. Daß Deutschland unzureichend gerüstet war, wußte er. In einem Brief vom 23. März 1913 schrieb er: „Am schwersten hat mich der Einblick belastet, den mich die Militärs in unsere Stärkeverhältnisse haben tun lassen. Man muß schon einen guten Teil Gottvertrauen haben, und auf die russische Revolution als Bundesgenossen rechnen, wenn man einigermaßen ruhig schlafen will." Ebenso klar äußerte er sich sechs Wochen vor dem Attentat auf Franz Ferdinand.

General Waldersee forderte in einer zunächst für Moltke bestimmten Denkschrift energisch die volle Durchführung der Wehrpflicht: „Die deutschen Staatsmänner mögen sich klar machen, daß die Fortsetzung ihrer Politik durch die Armee mit Erfolg nur möglich ist, wenn diese in den Stand gesetzt wird, sich einigermaßen der gewaltigen Übermacht zu erwehren. Anderenfalls wird es geraten sein, die Politik zu revidieren. Was dabei für das deutsche Reich herauskäme, ist freilich zweifelhaft."

Waldersee überliefert, daß der Generalstab diese Auffassungen auch dem Auswärtigen Amt gegenüber vertreten habe: „Dem Auswärtigen Amt war die Meinung des Generalstabs nicht vorenthalten worden, daß, wenn unsere Politik nicht revidiert würde, die Armee sich nicht mehr in der Lage befinden würde, alle Feinde abzuwehren."

An Jagow hat Waldersee am 6. Mai 1919 geschrieben: „Und ich gehöre nicht zu denen, die meinen, daß *wir* es im Juni (!) noch in der Hand gehabt hätten, den Krieg zu vermeiden. Wir hätten es, wenn es unseren Gegnern anders gefallen hätte, auf Dauer nicht in der Hand gehabt, als ich, wie Du Dich erinnern wirst, in Deinem Kabinett anregte, unsere Bündnispolitik zu revidieren, da die Armee, wenn die kaiserliche Politik so weiterginge, diese im Notfalle nicht mehr werde fortsetzen können. Dies war auch Moltkes Ansicht."

Alles in allem ist nicht anzunehmen, daß Bethmann und Jagow hätten sich über die Siegesaussichten geirrt. Sie wußten, daß die Chancen schlecht waren. Ihnen war klar, daß der Krieg nur mit viel Glück gewonnen werden konnte. Ein jüngerer englischer Historiker weist mit Recht darauf hin, daß im Gegenteil die deutschen Militärs im Generalstab und im Kriegsministerium die qualitativen Vorzüge ihrer eigenen Armeen sogar unterschätzt hätten.

Eine kurze Zwischenbilanz für die drei Wochen ab dem 6. Juli 1914: Die Voraussetzung, die für den Kaiser am 5. Juli bestimmend war, nämlich daß Rußland nicht eingreifen werde, wird von niemanden behandelt, weder kritisch noch bestätigend. Das ist absurd.

Montag, 27. Juli: Die serbische Note: eine brillante Leistung

I

Am Vormittag des 27. Juli erörterten Jagow und der Botschafter Jules Cambon die Lage. Der französische Diplomat galt als der angesehenste Vertreter einer auswärtigen Macht in Berlin; er hatte vor drei Jahren mit dem damaligen deutschen Staatssekretär den Vergleich zur Beilegung der zweiten Marokko-Krise (Agadir) ausgehandelt. Er wollte den Frieden zwischen Deutschland und Frankreich erhalten. Jagow äußerte sich besorgt über eine etwa beabsichtigte Mobilmachung der russischen Armee. Hierzu spielte Cambon darauf an, daß Rußland vielleicht nur die räumlich Österreich-Ungarn zuzuordnenden südlichen Gouvernements mobilisieren werde.

Jagow reagierte unsicher, er stimmte der Auffassung des Botschafters erst nach einigem Zögern und zunächst nur halb zu. Gegen Ende des Gesprächs sagte er aber zusammenfassend: Wir werden mobil machen entweder, wenn Rußland an unserer Grenze mobilisiert, oder wenn russische Truppen österreichisches Gebiet betreten. Ebenso äußerte er sich am Nachmittag gegenüber dem englischen Botschafter. Botschafter Lichnowsky hatte schon am 26. Juli in London angekündigt, die deutsche Regierung werde auf eine russische Teilmobilmachung mit keinen Gegenmaßnahmen reagieren.

Übrigens war Jagow auf das Thema vorbereitet. Dem Generalstab lagen geheimdienstliche Erkenntnisse vor. Man wußte schon seit dem Tage vorher, daß eine Teilmobilmachung der russischen Truppen im Gange war. Sie umfaßte einen Teil des Militärbezirks Warschau, außerdem die Militärbezirke Moskau, Kasan, Kiew, Odessa und vielleicht noch zwei Armeekorps aus dem Militärbezirk Petersburg. Diese Maßnahmen sollte Deutschland nach Ansicht des Generalstabs noch nicht mit der eigenen Mobilmachung beantworten.

Das kommt einem im Nachhinein erstaunlich vor. Die geographisch beschränkte Kriegsvorbereitung war alles andere als harmlos. Die Beförderung der russischen Armeekorps aus Sibirien und den innerrussischen Gouvernements an die russisch-galizische Grenze erhöhte zweifellos die Gefahren für Schlesien und Ostpreußen. Jagow war vor dem 26./27. Juli ganz vernünftig davon ausgegangen, daß auch eine russische Teilmobilmachung Deutschland zur vollen Mobilmachung der eigenen Armeen zwingen werde. Die Haltung der Generäle hatte einen besonderen Grund: Sie waren mißtrauisch, daß Österreich-Ungarn trotz allem vielleicht noch im letzten Moment „zurückzucken könne". Es ging immerhin um fünf Tage, vom 26. bis zum 31. Juli. Wie wäre die Eroberung Lüttichs verlaufen, wenn die deutschen Truppen schon am 27. Juli vor der Festung erschienen wären, bevor die Forts kriegsmäßig mit Mannschaften, Munition und Verpflegung versehen waren? Von Jagows Äußerung sagt Albertini mit Recht, „that it was a tremendous blunder". Die gelassene Hinnahme der Teilmobilmachung ist schwer vereinbar mit der Theorie, die Militärs hätten allgemein durch Hinweise auf militärische Notwendigkeiten gegen den Widerstand oder das Zögern der zivilen Stellen den Kriegsausbruch erzwungen.

Einige Tage vorher war ein Informationswunsch Jagows vom Ballhausplatz ignoriert worden, Tschirschky und Jagow hatten das geduldet. Das wiederholte sich jetzt. Den Wortlaut der serbischen Antwort, die seit Freitag dem 25. Juli um sechs Uhr abends in den Händen der österreichischen Diplomatie war, hielt das Außenministerium in Wien regelrecht zurück, zweifellos wieder mit Duldung des deutschen Botschafters. Die Berliner Diplomaten sollten die Note nicht lesen, ohne gleichzeitig im Besitz des schriftlichen Kommentars zu sein, der in Arbeit war. Erst um halb zwölf Uhr abends am 27. Juli ging das serbische Dokument aus Wien beim Auswärtigen Amt ein, noch dazu ohne die Erläuterungen!

Gleichwohl konnte das Auswärtige Amt seit Mittag mit dem Wortlaut der serbischen Note arbeiten, zur Verfügung gestellt von der Gesandtschaft des südslawischen Königreichs. Die Belgrader Regierung kam den Österreichern sehr weit entgegen. Vorbehalte bezogen sich unter anderem auf die Beteiligung österreichischer Amtsträger an serbischen Gerichtsverfahren gegen einzelne Personen. Dennoch mußte man auf den ersten Blick annehmen, daß Serbien die österreichischen Forderungen ganz angenommen habe. Warum die Wiener Regierung die Note vom 25. Juli trotzdem so schroff zurückwies, blieb der europäischen Öffentlichkeit unverständlich. Der unverdient gute Eindruck, den das Serbenpapier hinterließ, mochte unter anderem damit zusammenhängen, daß die österreichische Note sehr lang war und dementsprechend auch die Antwort, und wohl nicht viele die Geduld aufbrachten, wie dies notwendig gewesen wäre, beide Texte synoptisch zu vergleichen. Tatsächlich waren es nur weniger als die Hälfte der österreichischen Forderungen, die von Belgrad ohne Abstriche angenommen worden waren.

Die serbische Note war eigentlich Veranlassung für einen deutschen Schritt am Ballhausplatz. Die vier Professoren, die 1919 für die Verhandlungen in Versailles ein Gutachten erarbeiteten, stellten daher mit Recht fest:

„Es wäre von entscheidender Wichtigkeit gewesen, wenn sofort nach Eintreffen der serbischen Antwortnote am 27. Juli das Wiener Kabinett von unwiderruflichen Maßnahmen abgehalten worden wäre, da die Berliner Regierung schon an diesem Tage den Eindruck gewonnen hatte, daß Serbien weit entgegengekommen war."

Hier haben Jagow und Tschirschky etwas unterlassen, was sich jedem aufgedrängt hätte. Aber sie hatten ja am 25. Juli von der unwiderruflichen Maßnahme, an die hier gedacht ist, nämlich der Kriegserklärung, erfahren, Tschirschky in Person, Jagow durch Szögyény. Das wußten die vier Gelehrten damals nicht.

Bethmann Hollweg operierte am Vormittag des 27. Juli überraschend als Hardliner. Zunächst schickte er dem Kaiser ein Telegramm, das ihm auf einem Bahnhof der Strecke in seinen Sonderzug gereicht werden sollte: „Ich habe bei allen Kabinetten sagen lassen, daß wir den österreichisch-serbischen Konflikt als

Angelegenheit betrachten, der lediglich diese beiden Staaten angeht, und Rußland auf die Folgen jeder militärischen Maßregel, die sich irgendwie gegen uns richtet, mit allem Nachdruck aufmerksam gemacht."

Dann formulierte er eine Depesche an den Botschafter in Paris: „Wir müssen daran festhalten, daß österreichischer Konflikt lediglich diese beiden Staaten angeht. Wir können daher in dem Konflikt zwischen Österreich und Serbien nicht vermitteln, wohl aber eventuell zwischen Österreich und Rußland."

Der Kanzler erhielt ein Telegramm aus London. Die Herren Nicolson und Tyrrell hatten dem Fürsten Lichnowsky Greys Gedanken ans Herz gelegt, daß die Londoner Botschafter der drei kontinentalen Großmächte zu einer Konferenz zusammentreten sollten. Dadurch sollte der Vermittlung zu viert zu größerer Wirksamkeit verholfen werden. Solange die Konferenz andauerte, sollten Österreich, Rußland und Serbien zwar von militärischen Operationen, nicht aber notwendigerweise auch von Mobilmachungen absehen. Auch Greys früherer Vorschlag einer konferenzlosen Vermittlung à quatre hatte die drei Mächte an Mobilmachungen nicht gehindert. Das war für Deutschland unannehmbar, denn die militärischen Planungen setzten voraus, daß Rußland langsam mobilisierte. Diese Voraussetzung drohte zu entfallen, wenn der Zar früher als der Kaiser mit der Aufstellung seiner Armeen begann. Folglich mußte Bethmann zur Bedingung machen, daß während der Dauer der von Grey vorgeschlagenen Konferenz keine beteiligte Macht die aktuelle Verfügbarkeit seiner Armeen verbesserte. Und mit dieser Einschränkung hätte er annehmen müssen, wenn er den Regeln und Usancen des „Europäischen Konzerts" folgen wollte. Jedoch, er lehnte eine Konferenz rundheraus ab, „da wir Österreich in seinem Serbenhandel nicht vor ein europäisches Gericht ziehen können." Diese Begründung entspricht dem Wesen der deutschen Sarajewo-Politik. Die Akten sagen nichts darüber aus, ob dies mit dem Auswärtigen Amt abgestimmt worden war.

Wilhelm hatte vor zwei Tagen zur Idee einer Vermittlung à quatre (damals ohne Botschafterkonferenz) an den Rand des Telegramms aus London geschrieben: „Ich tue nicht mit, außer wenn Österreich mich ausdrücklich darum bittet, was nicht wahrscheinlich." Die Bemerkung war ignoriert worden, als Jagow sich mit einer Vermittlung der vier Großmächte ohne Botschafterkonferenz einverstanden erklärt hatte. Es fällt auf, daß den Kanzler an diesem Montag die zeitliche Nähe von Wilhelms Ankunft nicht davon abhielt zu handeln. Bereits für drei Uhr nachmittags war die Ankunft des Kaisers angekündigt. Wollte Bethmann auf Wilhelm einen guten Eindruck machen und zeigen, daß er auch ohne ihn und ohne die Kritiker der nationalen Rechten zu einer kraftvollen Politik fähig war? Sein Telegramm an den Kaiser könnte diesen Eindruck erwecken.

Bethmann formulierte drei Telegramme selbst: an Wilhelm, Schoen und Lichnowsky, engagierte sich im Sinne der harten, intransigenten Linie, im Unterschied zu seiner bloß duldenden Untätigkeit auf Hohenfinow. Bethmann war auch während der Julikrise unentschlossen und schwankend. Er galt als „Sphinx". Man wurde aus ihm nicht klug. Sein Vertrauter, Legationsrat Riezler, nannte ihn „nicht eindeutig", als „eigenartig" beschrieb ihn Waldersee. Vielleicht war Bethmann sogar bemüht, um die geringe Bedeutung seines Amtes zu verschleiern, einzelne, von ihm als geeignet empfundene Dinge selbst in die Hand zu nehmen.

II

Das skandalöseste Dokument der Julikrise ist das sogenannte „Szögyény-Telegramm". Darin berichtet der Botschafter über eine höchst auffällige Mitteilung Jagows: Das Wiener Außenministerium soll deutsche Schritte, etwaige britische Vermittlungsvorschläge weiterleitend, nur auf besondere Nachricht des deutschen Botschafters beachten.

Tschirschky, ohne den diese Intrige nicht vorstellbar wäre, hat zwar von ihr, wie es scheint, keinen Gebrauch gemacht. Trotzdem ergeben sich daraus wichtige Einsichten. Die ersten vier Absätze sind hier wörtlich abzudrucken:

„Staatssekretär erklärte mir in streng vertraulicher Form sehr entschieden, daß in der nächsten Zeit eventuell Vermittlungsvorschläge Englands durch die deutsche Regierung zur Kenntnis Euer Exzellenz gebracht würden.

Die deutsche Regierung versichert auf das Bündigste, daß sie sich in keiner Weise mit den Vorschlägen identifiziere, sogar entschieden gegen deren Berücksichtigung sei und dieselben, nur um der englischen Bitte Rechnung zu tragen, weitergebe.

Sie gehe dabei von dem Gesichtspunkt aus, daß es von der größten Bedeutung sei, daß England im jetzigen Momente nicht gemeinsame Sache mit Rußland und Frankreich mache. Daher müsse alles vermieden werden, daß der bisher gut funktionierende Draht zwischen Deutschland und England abgebrochen werde. Würde nun Deutschland Sir E. Grey glatt erklären, daß es seine Wünsche an Österreich-Ungarn, von denen England glaubt, daß sie durch Vermittlung Deutschlands eher Berücksichtigung bei uns finden, nicht weitergeben will, so würde eben dieser vorerwähnte unbedingt zu vermeidende Zustand eintreten.

Die deutsche Regierung würde übrigens bei jedem einzelnen Verlangen Englands in Wien demselben auf das Ausdrücklichste erklären, daß es in keiner Weise derartige Interventionsverlangen Österreich-Ungarn gegenüber unterstütze und nur, um Wunsch Englands zu entsprechen, dieselben weitergebe."

Der Kern der Demarche bestand in einer Ermächtigung Tschirschkys: In seine Hand war es gegeben, ob er einen englischen Vermittlungsvorschlag, den Berlin ihm befürwortend übermittelte, positiv oder negativ kommentiert an den Ballhausplatz weitergab. Die Vollmacht lag, stellt man die hervorragende Zusammenarbeit von Tschirschky und Berchtold in Rechnung, wesentlich im Interesse der österreichischen Diplomatie. Es spricht alles dafür, daß jemand in Wien diesen Plan ersonnen hat.

Gegen wen richtete sich die Intrige? Wollte Jagow das Foreign Office irreführen? Aber dazu hätte es der Unehrlichkeit nicht bedurft. Man war auch nicht gezwungen, nach Wien adressierte Telegramme dem Botschafter Goschen oder sonst einem in Berlin akkreditierten Diplomaten vorzulegen. Solche Telegramme konnten die Ententediplomatie nicht in die Irre führen. Denn Grey und seine Kollegen in Paris und St. Petersburg konnten an der Wirkung in Wien ablesen, ob Bethmann und Jagow Druck machten oder nicht.

Es mußte also jemanden in Deutschland geben, der getäuscht werden sollte. Der kenntnisreiche und scharfsinnige Albertini hat hierauf mit Recht hingewiesen. Für den Kaiser brauchte man kein Theater zu veranstalten, ihm wurden ausgehende Erlasse ohnehin nie vorgelegt. Auch Lichnowsky erhielt keine Kopien des Telegrammwechsels zwischen Berlin und der Botschaft in Wien. Dann bleiben nur noch zivile Entscheidungsträger in Berlin, die Jagow und Tschirschky täuschen wollten: der Kanzler, Zimmermann, Stumm und die Vortragenden Räte des Auswärtigen Amtes: Jagow wollte nicht ruchbar werden lassen, daß er dem Ballhausplatz ermöglichte, Friedensinitiativen abzulehnen. Auch hier ist Albertini zu folgen: „It is certain that there was the intention to leave no trace of the double game in the records of the Wilhelmstraße." Graf Berchtold nahm das Telegramm mit Befriedigung zur Kenntnis und bedankte sich in Berlin.

III

In der Eskalation der Krise gab es Stufen, die den Widerstand des Ballhausplatzes gegen ein etwaiges Ansinnen eines Zurückweichens jeweils verstärkten: der Mord, Wilhelms Zusage, das Ultimatum, der Abbruch der Beziehungen zu Serbien, die k.u.k. Mobilmachung an der südlichen Grenze, die Kriegserklärung an das slawische Königreich, die Beschießung von Belgrad, die russische Teilmobilmachung, die russische Generalmobilmachung usw.

Eine dieser Stufen war die Kriegserklärung an Serbien. Daß sie bevorstand, erfuhr das Auswärtige Amt am Montag, den 27. Juli, um 16:37 Uhr, geringe Zeit für Entzifferung ist hinzurechnen. Der Krieg sollte am nächsten, spätestens am übernächsten Tag erklärt werden. Tschirschkys Telegramm war kurz, ruhig und kategorisch: „Man hat hier beschlossen, morgen, spätestens übermorgen offizielle Kriegserklärung zu erlassen, hauptsächlich, um jedem Interventionsversuch den Boden zu entziehen." Damit die Kriegserklärung nicht ein schwächliches Stück Papier blieb, sollen österreichische Donau-Kanonenboote am Tag danach die Belgrader Burg beschießen.

Offenkundig billigte Tschirschky den Entschluß, der weitreichende Folgen haben sollte. Seine Haltung erscheint aus seiner eigenen Sicht plausibel, er wollte den Österreichern partout den Serbien-Krieg ermöglichen, und solange der Krieg nicht da war, drohten von allen möglichen Seiten Versuche, ihn zu vereiteln.

Schon ab dem 28. Juli konnte man schlechter als gegenwärtig noch nachgeben. Wie sollte Österreich-Ungarn aus einem Krieg mit Serbien ohne Gesichtsverlust wieder herauskommen?

IV

Für den englischen Vorschlag einer Konferenz setzten sich die diplomatischen Vertreter der Entente bei Jagow ein. Aber Jagow äußerte sich ablehnend, zuerst gegenüber dem russischen Geschäftsträger, danach gegenüber Cambon und Goschen. Dabei störte ihn die für Dauer der Konferenz zugelassene russische Mobilmachung nicht. Vielmehr beanstandete er, die Konferenz würde wie ein Gerichtshof wirken. In einem seiner nicht veröffentlichten Aufsätze behauptete er 1919, Italien hätte sich im Laufe einer solchen Konferenz auf die Gegenseite gestellt. Das wäre eine Blamage für die Mittelmächte gewesen. Mit anderen Worten: lieber den großen europäischen Krieg als eine diplomatische Blamage!

Der Chef des Auswärtigen Amtes und die Vertreter der gegnerischen Gruppierung kannten Sasonows Absicht, durch „privaten Meinungsaustausch" mit Szápáry, dem Botschafter der

Doppelmonarchie in Petersburg, eine für beide Seiten annehmbare Redaktion der österreichisch-ungarischen Forderungen herzustellen. Jagows Worte zu Bronewsky haben einen merkwürdigen Klang, er wandelte wie auf einem Grat. Einerseits sollte Österreich freie Hand haben, andererseits der Zar nicht zur Gesamtmobilmachung gereizt werden: „Da Szápáry sich nun einmal auf diese Verhandlungen eingelassen habe", meinte Jagow, könne er sie auch fortsetzen. Und: er werde Tschirschky „informieren". Bronewsky bat ihn, er möge über eine bloße Mitteilung hinausgehen und die Fortsetzung des in Petersburg zwischen Sasonow und Szápáry begonnenen „privaten Meinungsaustausches" geradezu empfehlen. Dies lehnte Jagow aber ab. Er behauptete, die kommentarlose Übermittlung des Telegramms Pourtalès' nach Wien bedeute, daß er, Jagow, einen solchen Ausweg aus der Situation eher empfehle. Eine aufschlußreiche Grenzziehung! Jagow bewegte sich präzise auf der Linie der Unterstützung der Monarchie. Wenn der österreichisch-ungarische Botschafter (wohl doch ohne Desavouierung durch seine Oberen und eventuell sogar mit deren Billigung) mit Sasonow verhandelte – nun gut, dann wollte Jagow ihm nicht in den Arm fallen. Aber durch eine Empfehlung Einfluß auf die Entscheidungen des Ballhausplatzes zu nehmen, hätte die Entschlußfreiheit der Wiener Verbündeten beeinträchtigt.

Am 27. Juli übermittelte er, wie dem russischen Diplomaten angekündigt, das Telegramm des Grafen Pourtalès tatsächlich ohne Kommentar nach Wien. Damit überließ er es Tschirschky und dann Berchtold, zu tun, was sie für gut befanden.

Aus dem Bericht des russischen Geschäftsträgers: „Die Ablehnung, die der Greysche Vorschlag" – das ist der Vorschlag der Botschafterkonferenz – „durch den Staatssekretär erfuhr, machte auf den französischen Botschafter einen sehr ungünstigen Eindruck, was er Herrn von Jagow gegenüber auch nicht verbarg, indem er ohne Umschweife erklärte: ‚S'il y a du sang versé, Vous en serez personellement responsable'". Den persönlichen Charakter der Verantwortlichkeit hervorzuheben gibt eigentlich nur Sinn, wenn er damit auf Stumm anspielte: Wenn Sie tun, was Ihr Ratgeber Ihnen souffliert, so ändert das nichts daran, daß Sie persönlich verantwortlich sind.

Erstaunlicherweise tauchte in keinem der drei Telegramme der Ententediplomaten an ihre Regierungen der Name des Reichskanzlers auf. Es wäre doch naheliegend gewesen, daß Jagow auf die Depesche des Kanzlers von ein Uhr nachmittags Bezug genommen hätte. Hatte Bethmann ihn nicht unterrichtet? Oder ignorierte Jagow dessen Telegramm als verfrüht, da es abgeschickt worden war, bevor Greys Anregung offiziell eintraf?

Nach Ansicht mancher Autoritäten war die deutsche Ablehnung „ein schwerer politischer Fehler", „unverzeihlich dumm". Greys Vorschlag sei ein Geschenk an die Zentralmächte gewesen, die Deutschen hätten das verkannt. Die Berliner Staatsmänner fürchteten, Deutschland werde auf einer solchen Konferenz isoliert sein und eine diplomatische Niederlage hinnehmen müssen. Jagow wollte, wie seit dem 6. Juli, daß Österreichs Absicht, Serbien den Krieg zu erklären, nicht durch eine Konferenz behindert werden sollte. Und er wollte, daß sein Nein zu dem Konferenzvorschlag in Wien bemerkt wurde. Deshalb verzichtete er demonstrativ, vorher die Meinung des Ballhausplatzes einzuholen.

Mittags besprachen Bethmann und Admiral von Tirpitz im Reichskanzlerpalais die Lage. „Er (Tirpitz) kam", so notiert einer seiner Offiziere später, „mit keinem günstigen Eindruck zurück, und fürchtet, daß Reichskanzler unsere Beteiligung an der englisch-italienischen Demarche befürwortet, dadurch aber ein zu frühzeitiges und zu weitgehendes Nachgeben Österreichs und eine Blamage des Dreibundes eintritt." Für den Großadmiral war also das Zeitmoment wichtig. Er rechnete mit einem Zurückweichen, aber Österreich sollte nicht zu früh nachgeben. So dachte er, obwohl er kein Falke war. Tirpitz war offenbar über das Tempo der diplomatischen Entwicklung und den Grad der inzwischen erreichten Eskalation schlecht unterrichtet. Das gilt auch für Moltke. Der Generaloberst schrieb am frühen Nachmittag dieses 27. Juli an seine Frau: „Heute morgen war ich lange bei Bethmann, komme eben von dort zurück und muß in einer

Stunde nach dem Neuen Palais, wo der Kaiser um drei Uhr eintreffen wird. Die Lage ist dauernd recht unklar. Sehr schnell
wird sie sich nicht klären, es werden noch etwa vierzehn Tage
vergehen, bevor man etwas Bestimmtes wissen oder sagen kann.
Du kannst diese Zeit in Bayreuth ruhig zu Ende bleiben, mei-
netwegen brauchst Du keine Sorge zu haben." Tirpitz und
Moltke wußten natürlich nicht, was am Samstag, dem 25. Juli
zwischen Jagow und Szögyény besprochen worden war.

Am Nachmittag brachte Jagow dem französischen Botschafter die Auffassung nahe, es sei zu erwarten und zu hoffen, daß
zweiseitige Besprechungen in Petersburg zu einer Einigung zwischen Österreich und Rußland führen würden. Aber wieder un-
terließ er es, diese Bewertung Szögyény und Tschirschky mitzuteilen. Tatsächlich setzte der österreichische Botschafter in St.
Petersburg das Gespräch vom Vortag nicht fort.

In der Unterredung mit Cambon hielt Jagow daran fest,
Deutschland müsse seinen Verpflichtungen gegenüber Österreich gerecht werden. Der Franzose fragte: „Sind Sie denn verpflichtet, Österreich überall hin, mit verbundenen Augen, zu
folgen?" Mit verbundenen Augen – das war der entscheidende
Punkt. Die deutsche Unterstützung konnte er mit einer „Politik
nach diplomatischem Brauch" vielleicht noch vereinbaren, nicht
aber die Abhängigkeit seiner Politik von Österreich. Cambon
berichtete: „„Man muß also', begann ich wieder, ‚folgerichtig
handeln. Wenn Sie die serbische Antwort lesen werden, wägen
Sie, ich bitte Sie im Namen der Menschlichkeit, deren Punkte
mit Ihrem Gewissen ab und beladen Sie sich nicht selbst mit einem Teil der Verantwortung für die Katastrophe, deren Vorbereitung Sie zulassen!' Herr von Jagow protestierte von neuem
und fügte hinzu, er sei bereit, sich mit England und Frankreich
zu einer gemeinsamen Anstrengung zu vereinigen, aber man
müsse für diese Intervention eine Form finden, die er annehmen
könne, und die Kabinette müßten sich hierüber verständigen."
Daß Jagow in diesem Punkt mit dem Botschafter übereinstimmte, war noch keine Verständigung der Kabinette, denn Cambon
hatte ohne Auftrag aus Paris so gesprochen.

Cambon warnte den Staatssekretär, er solle sich über die Haltung Englands keinen Illusionen hingeben. Jagow entzog sich einem sachlichen Austausch von Argumenten und Einschätzungen jedoch mit einem Lächeln und den Worten: „Sie haben ihre Informationen. Wir haben unsere und die lauten ganz anders. Wir sind der englischen Neutralität sicher."

Oben ist bereits über eine Unterredung zwischen dem britischen Botschafter und Jagow berichtet worden. Seit diesem Montag war Sir Edward Goschen wieder im Amt. Er schätzte Jagow bis zu einem gewissen Grade. An diesem Tag sah er ihn zum ersten Mal seit dessen Hochzeit: „I found Jagow ill and tired but nevertheless optimistic – his optimism beeing based, as he told me, on the idea that Russia was not in a position to make war."

Goschen machte den offiziellen britischen Konferenzvorschlag. Jagow gab ihm die Antwort, die er Cambon gegeben hatte. Auch jetzt fügte er hinzu, Sasonow beabsichtige, mit dem österreichischen Botschafter in Petersburg in einen Meinungsaustausch zu treten; die Nachricht treffe soeben ein. Er befürworte dieses Verfahren. Und es sei am besten, wenn man das Ausfallen abwarte, bevor an weitere Schritte gedacht werde. Der Ausbruch des großen Krieges war nicht das Endziel seiner Politik. Deshalb vermied er von Fall zu Fall Extrempositionen, die Rußland reizen konnten, aber nicht nötig waren, Österreichs Entfaltung als Großmacht zu sichern. Im übrigen erklärte er auch Sir Edward, auf eine Teilmobilmachung russischer Truppen in den südlichen Gouvernements werde Deutschland nicht mit militärischen Gegenvorbereitungen antworten.

Diese Positionen bezüglich einer Friedenserhaltung hätten nur dann erfolgreich sein können, wenn Tschirschky die Österreicher energisch zu parallelen friedenserhaltenden Schritten veranlaßt hätte. Aber die Friedenserhaltung war nicht Jagows oberstes Ziel und deshalb instruierte er Tschirschky nicht in diesem Sinne. Er liefert damit ein weiteres Argument, daß er den großen Krieg hinnahm und annahm, soweit das sein mußte, um der österreichischen und der deutschen Diplomatie einen Rückzug zu ersparen. Noch nicht einmal eine Information von seinem Nachgeben ließ er Tschirschky zukommen.

Gegenüber dem italienischen Botschafter Riccardo Bollati deutete Jagow eine eventuelle Zustimmung der Wilhelmstraße zu einem Treffen der vier Botschafter in London an, sofern die Bezeichnung Konferenz vermieden werde. Es sei das Wort „Konferenz", an dem das Auswärtige Amt Anstoß nehme, berichtet Rumbold. Aber natürlich ging es um mehr. Die deutschen Diplomaten glaubten, geltend machen zu können, daß Österreich im Recht sei. Auf dieser Grundlage wollten sie an der Position des 5. Juli festhalten. Verglichen damit, wäre es ein Minus gewesen, wenn die Blöcke sich so verständigt hätten, welchen Begriff man dafür auch benutzen mochte.

Eingang einer Mitteilung von Flotow: Serbien sei bereit, die österreichischen Forderungen en bloc und ohne Abstrich anzunehmen, dabei dachte man an eine „Annahme gegenüber Europa". Diese Bereitschaft hatte die serbische Regierung dem italienischen Außenminister mitgeteilt. Der Marquis di San Giuliano schreckte vor einem kontinentalen Krieg zurück wie kein anderer Staatsmann. „Hiesige Verlegenheit und Besorgnis ist groß, daher unablässige Friedensbemühungen", kabelte Botschafter Flotow nach Berlin. Jagow reagierte überhaupt nicht. War das bloß Ratlosigkeit? Wohl doch nicht. Er muß überzeugt gewesen sein, die um mehrere Tage verspätete Annahme, noch dazu gegenüber Europa, sei eine inakzeptable Mauschelei gewesen, weit entfernt von seinem Ziel, Österreichs Recht anerkannt zu sehen.

V

Der Kaiser, nach dreiwöchiger Abwesenheit wieder in Deutschland, hatte sich um sieben Uhr früh noch optimistisch geäußert: Er plante, abends Potsdam wieder zu verlassen und sich nach Schloß Wilhelmshöhe bei Kassel zu begeben. Er hatte ja schon einige Krisen miterlebt, sie waren immer von mehrmonatiger Dauer gewesen. Im Zug nach Potsdam muß seine Stimmung

umgeschlagen sein. General A. Graf Dohna notiert: „Im Sonderzug ging es nach Wildpark. S.M. der Kaiser war sehr gefaßt,
aber ernst. Er persönlich rechnete kaum noch mit der Möglichkeit einer Beilegung des Zwistes." Aber bis zur Ankunft des
Kaisers auf Station Wildpark muß sich seine Stimmung erneut
gewandelt haben; der General schreibt: „Es war ein Moment, in
welchem einmal wieder Friedensaussichten zu sein schienen, die
Kriegspartei schien enttäuscht."

Wilhelm kam um drei Uhr nachmittags an; auf dem Bahnsteig
begrüßten ihn die Kaiserin und der Kanzler, Moltke und der
Chef des Admiralstabs, der Oberstkämmerer und alle in Potsdam
anwesenden General- und Flügeladjutanten. Den Reichskanzler
behandelte der Kaiser ungnädig. Er empfand es als Zumutung,
daß er wegen zu erwartender nationaler Demonstrationen nicht
nach Berlin kommen sollte. „Das wird immer toller! Jetzt
schreibt der Mann mir sogar vor, daß ich mich meinem Volke
nicht zeigen darf!"

Bethmann folgte dem Kaiser ins Neue Palais und trug ihm
den Inhalt der letzten Depeschen vor, es waren nicht weniger als
achtzehn. Kaum jemand wäre in der Lage, den Inhalt so vieler
Dokumente aus einem mündlichen Vortrag in sich aufzunehmen
und zu verarbeiten. Wie aus anderen Beobachtungen bekannt ist,
war Bethmann nicht interessiert, dem Kaiser durch gediegene
Informationen ein Hineinregieren in seine Geschäftsführung zu
erleichtern.

Darüber hinaus waren einige Telegramme, die dem Kaiser
vorgelegt wurden, gekürzt, also verfälscht. Lichnowskys Depesche wegen einer Vermittlung zu vieren, aufgegeben am Vortage,
Sonntag, zum Beispiel war von Jagow drastisch gekürzt und die
Begründung des Foreign Office getilgt. Sie lautete, Serbien werde
eher geneigt sein, sich dem Willen der vereinigten Großmächte zu
fügen als den Drohungen Österreichs. Außerdem strich Jagow
die Passage: „Keine russische Regierung würde es dulden können, daß österreichische Truppen die serbische Grenze überschritten, falls sie nicht ihrer Stellung bei den Balkanstaaten für
immer verlustig gehen wollte." Schließlich unterdrückte er den

Satz: „Ich (Lichnowsky) möchte dringend davor warnen, an die Möglichkeit der Lokalisierung auch fernerhin zu glauben, und die gehorsamste Bitte aussprechen, unsere Haltung einzig und allein von der Notwendigkeit leiten zu lassen, dem deutschen Volke einen Kampf zu ersparen, bei dem es nichts zu gewinnen und alles zu verlieren hat."

Übrigens waren die gekürzten Fassungen auf Originalformular des Telegraphendienstes geschrieben, waren also nicht als gekürzt erkennbar. Alle Textmanipulationen entsprachen der Tendenz, ungünstige diplomatische Entwicklungen während der Kreuzfahrt des Kaisers möglichst herunterzuspielen.

Auf Lichnowskys Telegramm notiert Bethmann: „S.M. vorgetragen. S.M. mißbilligten den Standpunkt Lichnowskys". An diesem Tag verteidigte also Bethmann die Politik des Auswärtigen Amtes! Bevor Wilhelm sich äußern konnte, hatte der Kanzler, wie geschildert, bereits gegen Mittag den englischen Vorschlag abgelehnt und dadurch vollendete Tatsachen geschaffen.

Später beriet sich Wilhelm in etwas größerem Kreise: mit Bethmann und den Generälen Moltke, Lyncker und Plessen. Den Kriegsminister hatte Lyncker nicht eingeladen, obwohl er zweifellos mehr hätte beitragen können als er selbst und Plessen. Von der serbischen Antwort wurde nicht gesprochen. Man muß annehmen, daß weder der Kaiser noch die Militärs sie schon kannten. Ob Bethmann sie gesehen hatte, ist zweifelhaft. Möglicherweise war ihm noch nicht einmal bekannt, daß sie seit elf Uhr vormittags in Jagows Händen war.

Moltke wußte wahrscheinlich, daß am Abend des Vortages in Rußland die „Kriegsvorbereitungsperiode" in Kraft getreten war. Daraufhin hatte in den ersten Stunden des 27. Juli auf der ganzen Ostgrenze schlagartig der „Spannungsmeldedienst" des im Großen Generalstab organisierten deutschen Geheimdienstes eingesetzt.

Falkenhayn erfuhr über die Beratung in Potsdam nur „unter der Hand" etwas, wahrscheinlich durch eine vertrauliche Mitteilung des Obersten von Marschall, Vertreters von Lyncker. Es sei beschlossen worden, „die Sache durchzufechten, koste es, was es wolle".

Admiral von Müller notierte: „Tendenz unserer Politik: Ruhige Haltung, Rußland sich ins Unrecht setzen lassen, dann aber Krieg nicht scheuen."

Hiermit stimmen Bemerkungen des Kaisers überein, die er auf einem Telegramm aus Rom notierte. Er bezeichnete den Gedanken einer Annahme der Ultimatumsforderungen „gegenüber Europa" als „Quatsch!". Und: er lasse sich auf ein Treffen der Botschafter einschließlich Rußlands, aber ohne Österreich (?) nicht ein. Diese Bemerkung ganz wegwerfend.

Nachdem Bethmann und die Generäle gegangen waren, unterzeichnete Wilhelm widerstrebend Gesetzesvorlagen für den Kriegsfall, die im Reichsamt des Inneren vorbereitet waren. Teils patzig, teils sarkastisch und teils resigniert notierte er am Rande: „Damit ist der Krieg fertig!"

Bethmann muß an diesem Nachmittag in Potsdam ein schwaches Bild geboten haben. Wahrscheinlich war er wieder „nicht eindeutig" gewesen. Am nächsten Vormittag suchte Admiral von Müller Staatssekretär von Tirpitz, den Chef des Reichsmarineamtes, auf, und sprach sich entsetzt über seine jüngsten Erfahrungen mit Bethmann aus. Er hielt einen Kanzlerwechsel und einen Ersatz Jagows durch Admiral Paul von Hintze für unumgänglich, notierte Tirpitz. Das war ein Angebot an Tirpitz! Und dieses Angebot kam praktisch von der Drei-Männer-Hydra, dem durch Geschlossenheit mächtigen Triumvirat der Kabinettschefs. Tirpitz war die stärkste Figur im wilhelminischen Betrieb. Aber er wollte die Verantwortung nicht übernehmen und lehnte ab. Die Männer des wilhelminischen Regimes respektierten die Zuständigkeit anderer Entscheidungsträger, so nahmen sie einem anderen Amtsträger keine Verantwortung ab. Das galt auch für Tirpitz. Er sah nicht deutlich genug, daß Not am Mann war und er die Grenzen seiner bisherigen, formalen Kompetenzen überschreiten mußte. Dadurch stellte er sich in die Reihe derer, die durch Unterlassen zum Kriegsausbruch beigetragen haben.

Die Beziehungen zwischen Bethmann und Moltke sind aus den Memoiren des Kaisers erkennbar: „In Potsdam eingetroffen, fand ich den Kanzler und das Auswärtige Amt im Konflikt mit dem Chef des Generalstabs, weil General von Moltke die Ansicht vertrat, der Krieg werde unbedingt ausbrechen, während die beiden ersteren fest auf ihrer Auffassung bestanden, es werde nicht dazu kommen, der Krieg würde sich vermeiden lassen, wenn ich nur nicht mobil machen ließe. Dieser Streit dauerte die ganze Zeit über an."

Bethmanns persönliches Verhältnis zu zwei wichtigen Männern, die im Juli 1914 nicht seine Gegner hätten sein müssen, war gestört: zu Tirpitz und zu Moltke. Zwischen Bethmann und Moltke „ging es gar nicht", bekundet Waldersee. Bethmann und Tirpitz waren geradezu verfeindet, das war allgemein bekannt.

Falkenhayn oder sein Ministerium kümmerten sich auf eigene Verantwortung um Vorsichtsmaßregeln. An diesem Montag wurden alle Garnisonen in ihren Standorten festgehalten, sie rückten also nicht zu den Truppenübungsplätzen aus. Zudem veranlaßte das Kriegsministerium die Eisenbahnen zum „Bahnschutz" und ließ im westlichen Aufmarschgebiet Weizen aufkaufen.

VI

Bethmann, für sein Schwanken berüchtigt, änderte seinen Kurs. Nach der Beratung in Potsdam versuchte er zu bremsen. Österreich sollte in Verhandlungen auf der Grundlage der serbischen Note eintreten, womit er sich einen Vorschlag Sir Edward Greys zu eigen machte.

Greys Reaktion auf die serbische Antwort war: Er habe es niemals für möglich gehalten, daß Serbien den österreichischen Forderungen so weit entgegenkommen würde. Er bat die Reichsregierung, ihren Einfluß in Wien dahingehend zur Geltung zu bringen, daß man die Antwort aus Belgrad entweder als genügend betrachte oder aber als „Grundlage für friedliche Unterhandlungen". Allerdings hatte Grey den Botschafter nicht wissen lassen, daß England im Kriegsfalle mit Rußland und Frankreich gehen würde, einfach weil Kabinett und Parlament sich dazu noch nicht geäußert hatten. Den Erlaß an Tschirschky formulierte Bethmann selbst: „Nachdem wir bereits einen englischen Konferenzvorschlag abgelehnt haben, ist es uns unmöglich, auch diese englische Anregung a limine abzuweisen."

Die Wortwahl bringt Distanz zu der Entscheidung vom Mittag zum Ausdruck. Bethmann stand nicht mehr voll hinter seinem Telegramm von ein Uhr! Seine Haltung war in den Jagows Augen unzuverlässig. Jagow hat das ausgedrückt, indem er das Szögyény-Telegramm genehmigte und vor Bethmann verheimlichte.

„Durch eine Ablehnung jeder Vermittlungsaktion würden wir von der ganzen Welt für die Konflagration verantwortlich gemacht und als die eigentlichen Treiber zum Kriege hingestellt werden. Das würde auch unsere eigene Stellung im Lande unmöglich machen, wo wir als die zum Kriege Gezwungenen dastehen müssen."

Wenn sich die deutschen Diplomaten – gegen Bethmanns Wunsch und vielleicht gegen sein Votum – an der Zusage festhalten ließen und sie daher Wiens Intransigenz hinnahmen, so ging das nur, wenn Deutschland als (von der Entente) dazu gezwungen dastand. Der Erlaß gibt also auch aufrichtig gemeint durchaus Sinn.

Die Passage: „als die zum Kriege Gezwungenen dastehen" bedeutete: „obwohl wir es nicht sind". Die Floskel war an Tschirschkys Adresse gerichtet. Sie sollte dessen Einwand entkräften, die Reichsregierung habe sich, als Hoyos in Berlin war, festgelegt. Bethmann setzte dem entgegen: An sich stimmt das. Aber wir können den Krieg gegen die Tripleentente nur führen, wenn wir als gezwungen, nicht schuldig, gelten. Erneut: Die Begründung seiner diplomatischen Initiative ist vereinbar damit, daß es ihm ernst war.

Wenn die Reichstagsparteien gewahr würden, daß man den Krieg hätte vermeiden können, wäre die Katastrophe kaum auszumalen. Das Telegramm zeigt deutlich den Gegensatz zwischen dem herrschenden Regime und dem Volk. „Unsere eigene Stellung im Lande", das ist die Stellung der regierenden Klasse. Der Krieg wurde in ihrem Interesse geführt, dem Volk mußten die Dinge anders dargestellt werden, als sie waren. Einen bewußt vom Zaun gebrochenen Angriffs- und Eroberungskrieg hätte es nicht mitgemacht. Dem Volk: das heißt durchaus nicht nur die SPD. Auch dem Zentrum und den Linksliberalen, sogar den Nationalliberalen durfte man die Vermeidbarkeit des Krieges nicht erkennbar werden lassen.

Wenn Bethmann Wiens Ablehnung der Londoner Konferenz guthieß, so war das kaum vereinbar mit dem Postulat, daß „wir" vor dem Volke als die Gezwungenen dastehen müßten. Tatsächlich hatte die unkooperative Diplomatie die befürchtete Wirkung. Die Journalisten erfuhren irgendwie davon. Am folgenden Tag berichtete der Berliner Korrespondent des „Messagero" an die Redaktion in Rom über die „Weigerung Deutschlands, in London mitzuwirken."

Unglücklicherweise wußte der Kanzler noch nichts von dem nahen Bevorstehen der Kriegserklärung. In sein Kabel hätte unbedingt ein Satz hineingehört wie: „Wir fordern nachdrücklich den Aufschub der Kriegserklärung". An den Londoner Botschafter depeschierte er kurz, daß er in dem von Sir Edward Grey gewünschten Sinne sofort Vermittlungsaktion in Wien eingeleitet habe. Weil Jagow Englands Kriegsengagement in Kauf nahm, erhielt Lichnowsky nach dem Brief vom 18. Juli nur *eine* Mitteilung aus Berlin, die auf seine Kassandra-Telegramme einging, aber ein Dutzend Instruktionen, die seine Warnungen ignorierten. Das könnte außerdem an Agentenberichten liegen, die die englische Neutralität als wahrscheinlich darstellten.

Den gegnerischen Außenministerien gegenüber bediente sich der Kanzler einer anderen Sprache: Deutschland könne nicht das Recht Rußlands anerkennen, für die serbischen Umtriebe gegen Österreich einzutreten. So die Kernaussage seines Telegramms an die Londoner Botschaft.

Zusammenfassend: Mit seinem Telegramm an Tschirschky versuchte Bethmann, sich ein nennenswertes Stück von dem

friedensgefährdenden Kurs Österreich-Ungarns zu befreien. Daß
er von Wien nicht den Aufschub der Kriegserklärung verlangte,
beruhte auf Unkenntnis.

In der Wiener Botschaft kam die Instruktion um halb sechs
Uhr früh an. Tschirschky hätte sie unverzüglich am Ballhausplatz vortragen und den Aufschub der Kriegserklärung, da mit
dem deutschen Begehr unvereinbar, verlangen müssen. Er ließ
sich damit aber bis zum Nachmittag Zeit und vereitelte dadurch
den Erfolg der Initiative. Denn inzwischen war der Kriegszustand zwischen Österreich und Serbien eingetreten. Das erlaubte
es Berchtold, dem Botschafter sofort eine vorläufige Antwort zu
geben. Er tendiere zur Ablehnung, weil Österreich und Serbien
nunmehr seit einigen Stunden im Krieg seien. Um fünf Uhr
nachmittags teilte Tschirschky das dem Kanzler mit. Bethmann
sah davon ab, auf seiner Forderung zu beharren.

Bethmann Hollweg war als Politiker schwach; das war eine
Voraussetzung der deutschen Bereitschaft zum Krieg. Jedenfalls
aber ist sein Verhalten an diesem Montag mit der These von seiner zentralen Bedeutung für das deutsche Krisenmanagement
unvereinbar.

Berchtolds Bescheid war nur vorläufig. Die endgültige Antwort über Bethmanns Initiative ging erst am 30. Juli in Berlin
ein: Tschirschky meldete die Ablehnung Jagow telegraphisch,
dem fehlt aber jeder Hinweis darauf, ob er sich in Besprechungen mit Berchtold – oder wem sonst – mit welchen Argumenten
für Bethmanns Anregung eingesetzt hatte. In der vom Ballhausplatz gegebenen schriftlichen Erklärung lauten die entscheidenden Sätze: Die k.u.k. Regierung sehe sich „zu ihrem lebhaften
Bedauern" nicht mehr in der Lage, zu der serbischen Antwort
im Sinne der englischen Anregung Stellung zu nehmen. Zwischen der Monarchie und Serbien sei inzwischen der Kriegszustand eingetreten, die serbische Antwortnote demnach „überholt".

Ist das logisch? War nicht die serbische Antwort allein schon
dadurch „überholt", daß der österreichische Gesandte am Freitag Belgrad den Rücken gekehrt hatte? Und davon hat sich

Bethmann nicht abhalten lassen! Tschirschky hätte solch formalistischen Einwand leicht vom Tisch wischen können. Aber auch die definitive Ablehnung nahm Bethmann dann ohne Widerstand und ohne Kommentar hin.

Der 27. Juli – ein Montag – war der erste Tag mit voller diplomatischer Aktion. Beim Rückblick auf den Tagesablauf fällt auf, daß Jagow die Mitteilung über die bevorstehende Kriegserklärung reaktionslos zu den Akten nahm. Er tat also nichts gegen das Risiko einer russischen Intervention. Er hat zwar verdeutlicht, daß er nichts einzuwenden hätte gegen eine zweiseitige „Konversation" zwischen Österreich und Rußland. Aber egal, er gab es ganz in die Hand der Österreicher, ob diese Verhandlungen scheiterten. Denn er übte weder Einfluß darauf aus, daß Konversation stattfand, noch, daß der Bundesgenosse im gebotenen Maße nachgab. Er hielt sich nicht einmal auf dem Laufenden über den Beginn der Verhandlungen und ihren jeweilige Stand. Bethmann war schwankend. Am Vormittag lehnte er den Konferenzvorschlag schlechthin ab. In der Nacht dagegen riet er den Österreichern, die serbische Note als Grundlage von Verhandlungen anzunehmen, – ein Verlangen an die Adresse Wiens, das am Ende des Tages noch in der Schwebe war. Die Dokumente geben keine Hinweise darauf, mit welchem Ziel Bethmann seinen riskanten Kurs steuerte.

28. und 29. Juli: „Aber damit fällt jeder Kriegsgrund fort"

Am 28. Juli nahm der Kaiser sein Zugeständnis vom 5. Juli stillschweigend wieder zurück, bekannte sich nun unzweideutig zu dem Ziel, die Österreicher von ihrem Rachefeldzug gegen Serbien zurückzuhalten.

I

Früh am Dienstag las Wilhelm einen direkt ihm erstatteten Bericht seines persönlichen Beauftragten am Zarenhofe, Philipp Oskar von Chelius. Der General stand in den Diensten von Kaiser Nikolaus, wie auch sein russisches Pendant in das Gefolge Wilhelms II. aufgenommen war. Die Einrichtung stammte aus der Zeit Friedrich Wilhelms III.; sie sollte den König von Preußen und den Zaren in persönlicher Fühlung halten. Der Bericht brachte, obwohl zwei Tage alt, aktuell verwertbare Informationen aus Krasnoje Selow. Der Höfling des Zaren schilderte sehr anschaulich das Denken und die patriotischen Gefühle der Herren des russischen Hofes. Lebendiger als die gleichzeitigen Depeschen des Grafen Pourtalès machte sein Schreiben die Enttäuschung des Zarenhofes über das herausfordernde Vorgehen Österreichs und die Gefahr eines russischen Kriegsentschlusses nachfühlbar.

Chelius gab auch die Äußerung eines Generals der Umgebung des Zaren wieder, der es begrüßte, daß Österreich auf die serbische Note nicht sofort mit einem Bombardement der Stadt Belgrad geantwortet hatte: „Damit ist wohl die Krisis vorüber, und der Vermittlung sind die Tore geöffnet. Sasonow freut sich, denn die Arbeit der Diplomaten, die beinah aufgehört hätte, kann nun von neuem beginnen."

Dieser Stand der Dinge in Krasnoje Selow bot dem kriegsscheuen deutschen Kaiser eine ideale Chance, die Krise durch einen Kompromiß beizulegen.

Gleichzeitig erhielt er dafür den am vergangenen Tage von ihm vermißten „Ausgangspunkt": die serbische Antwortnote. Sein Urteil: „Eine brillante Leistung für eine Frist von bloß 48 Stunden. Das ist mehr, als man erwarten konnte! Ein großer moralischer Erfolg für Wien; aber damit fällt jeder Kriegsgrund fort, und Giesl hätte ruhig in Belgrad bleiben sollen! Daraufhin hätte ich niemals Mobilmachung befohlen!"

Mit diesem Kommentar erleben wir Wilhelm als klüger denn seine Ratgeber. Als Außenpolitiker übertraf er Bethmann Hollweg deutlich. Ursprünglich wollte er, seiner Randnotiz entsprechend, Österreich von einem Krieg gegen Serbien ganz abhalten, so hatte er sich bei einem Ausritt am frühen Morgen zu General Plessen geäußert. Aber der Adjutant sah das Prestige der Donaumonarchie gefährdet: Österreich müsse wenigstens die Hand auf ein Faustpfand legen, als Garantie für die Einhaltung der Zugeständnisse. Das leuchtete Wilhelm ein. Den Österreichern wäre eine Demobilisierung ihrer sieben Armeekorps mit nichts in den Händen kaum zuzumuten.

Wilhelms Diplomaten sollten daher von Österreich-Ungarn verlangen, seine militärischen Operationen auf eine Besetzung Belgrads zu beschränken. Der Kaiser brachte seinen Vorschlag, allgemein „Halt in Belgrad" bezeichnet, zu Papier. Dabei erwähnte er nicht die von Wien angekündigte, unmittelbar bevorstehende Kriegserklärung an Serbien, die mit seinen Anregungen nicht vereinbar war. Er kann folglich die österreichische Ankündigung vom vorigen Tage nicht gekannt haben, obwohl die Nachricht am 27. Juli durch Kurier an ihn abgeschickt worden war. Die Vorgänge lassen sich wohl nur auf einen Nenner bringen, wenn man annimmt, daß seine Adjutanten ihm die Mitteilung eine Zeitlang vorenthalten haben. Der Vorstoß des Kaisers bedeutete zwar nur eine partielle, aber doch recht weit gehende Rücknahme der Deckungszusage vom 5. Juli.

Sein handschriftlicher Brief richtete sich unter Umgehung des Kanzlers protokollwidrig an Jagow; die wichtigen Absätze lauten: „Nach Durchlesung der Serbischen Antwort, die ich heute Morgen erhielt, bin ich der Überzeugung, daß im Großen und

Ganzen die Wünsche der Donaumonarchie erfüllt sind. Die paar
Reserven, welche Serbien zu einzelnen Punkten macht, können
Meines Erachtens nach durch Verhandlungen wohl geklärt werden. Aber die Kapitulation demütigster Art liegt darin orbi et
urbi (sic!) verkündet, und durch sie entfällt jeder Grund zum
Kriege. Dennoch ist dem Stück Papier, wie seinem Inhalt nur
beschränkter Wert beizumessen, solange er nicht in die Tat um-
gesetzt wird. Die Serben sind Orientalen, daher verlogen, falsch
und Meister im Verschleppen. Damit diese Schönen Versprechungen Wahrheit und Tatsache werden, muß eine douce vio-
lence geübt werden. Das würde dergestalt zu machen sein, daß
Österreich ein Faustpfand (Belgrad) für die Erzwingung und
Durchführung der Versprechungen besetzte und solange behiel-
te, bis tatsächlich die petita durchgeführt sind. Das ist auch notwendig um der zum 3ten Male umsonst mobilisierten Armee eine äußere satisfaction d'honneur zu geben den Schein eines
Erfolges dem Ausland gegenüber, und das Bewußtsein wenigstens auf fremdem Boden gestanden zu haben, ihr zu ermöglichen."

„Daher wollen Ew. Exz. in dem skizzierten Sinne einen Vorschlag Mir unterbreiten; der nach Wien mitgeteilt werden soll.
Ich habe im obigen Sinne an Chef Generalstabes durch Plessen
schreiben lassen, der ganz meine Ansicht teilt."

Der Vorschlag „Halt in Belgrad" war in der verfahrenen Lage
noch die beste Lösung. Er verschaffte Österreich sowohl politische als auch militärische Genugtuung, verlangte aber zugleich,
auf einen Krieg zu verzichten und sich mit der Besetzung von
Belgrad zu begnügen. Von Serbien forderte der Kaiser nicht die
volle Unterwerfung; vielmehr sollten die streitigen Punkte in
Verhandlungen geregelt werden.

Das Frühstück nahm der Kaiser mit dem Kanzler. Im Anschluß daran erstattete Bethmann einen kurzen Vortrag über die
diplomatische Lage. Anwesend auch Kriegsminister von Falkenhayn, der in seinem Tagebuch verzeichnet: „Er (Wilhelm)
hält wirre Reden, aus denen nur klar hervorgeht, daß er den
Krieg jetzt nicht mehr will und entschlossen ist, um diesen Preis

selbst Österreich sitzen zu lassen. Ich mache ihn darauf aufmerksam, daß er die Angelegenheit nicht mehr in der Hand hat."

Der Minister hielt also den point of no return für überschritten. Der Kanzler, der doch nach Ansicht der Geschichtswissenschaft das Krisenmanagement im Griff hatte, sagte zu dem wichtigen Gesichtspunkt nichts, was im Tagebuch hätte notiert werden müssen. Der Kaiser überhörte den Einwand Falkenhayns oder er glaubte ihm nicht.

Wilhelm und Bethmann beschlossen, einen Diplomaten nach Wien zu schicken, der Tschirschky den „Halt in Belgrad"-Vorschlag erläutern sollte. Man wollte also dem Muster der Hoyos-Mission folgen. In Frage käme Zimmermann. Der deutsche Sondergesandte sollte insbesondere herausbekommen, was die Österreicher „eigentlich wollten". Wilhelm wußte das nicht, er ärgerte sich schon seit geraumer Zeit über diese Unklarheit. Das Sich-nicht-festlegen der Österreicher erschwerte ihm die Erhaltung des Friedens. Es machte Europa mißtrauisch und schadete der Sache der Friedensbefürworter. Es war dies die alte deutsche Forderung; noch am 2. Juli hatte Tschirschky von seinen österreichischen Gesprächspartnern die Bekanntgabe ihrer Ziele verlangt.

Aber das Auswärtige Amt drückte sich vor der Reise eines Abgesandten nach Wien. Ein Sondergesandter würde Tschirschkys Monopolstellung durchbrechen. Bethmann mußte später dem Kaiser sagen, es habe in der Nacht keine Zugverbindung mehr mit Wien gegeben. Aber die Fahrt war schon am frühen Nachmittag vereinbart worden. Zimmermann – oder wer auch immer gereist wäre – hätte ohne den Text der deutschen Demarche mit dem letzten Zug fahren und den inzwischen telegraphisch übermittelten Wortlaut am nächsten Morgen auf der deutschen Botschaft in Empfang nehmen können. Dieser Ausweg drängte sich auf. Daß man keinen Sondergesandten schickte, hat einen anderen Grund: Jagow „did not share the Kaiser's opinion of the Serbian reply", bemerkt Albertini. Und Bethmann? Noch am Mittag für den Vorschlag – ließ er die Absicht am Nachmittag oder Abend wieder fallen! Eine mögliche Erklärung: Das Auswärtige Amt hat sich geweigert, Zimmermann oder einen der Vortragenden Räte dafür zur Verfügung zu stellen. Oder die Räte ließen die Abfahrtszeit des letzten Zuges einfach stillschweigend verstreichen und stellten den Kanzler vor vollendete Tatsachen. Die Reise eines AA-Mannes nach Wien wäre sicher nicht wirkungslos gewesen, hätte der Friedensidee des Kaisers Nachdruck verliehen.

Wilhelms Plan vertrug sich, wie schon erwähnt, nicht mit der Kriegserklärung an Serbien. Auffallenderweise schwiegen der Kaiser und seine beiden Berater dazu. Erkannte Bethmann den Widerspruch nicht? In der Nacht mag er bezüglich des frühen Zeitpunktes der Kriegserklärung wohl noch im Irrtum gewesen sein. Aber inzwischen mußte er Bescheid wissen. Unmöglich kann er trotz seiner Gespräche mit Zimmermann und anderen am Vormittag hierüber unwissend geblieben sein. An Österreichs Kriegserklärung hatte Falkenhayn wohl gedacht, als er meinte, der Kaiser habe die Angelegenheit nicht mehr in der Hand. Es war unaufrichtig, daß Bethmann diesen Gesichtspunkt nicht offenbart hat. Bülow hat seinen Nachfolger dann auch einmal als „nicht ganz ehrlich" bezeichnet.

Wilhelms Papier muß gegen halbelf Uhr vormittags im Auswärtigen Amt eingegangen sein. Es veränderte die Lage für Jagow und Stumm ganz wesentlich. Sie hatten sich mehr als drei Wochen an dem Blankoscheck des Kaisers ausgerichtet. Nun wollte der Kaiser seine Zusage an Franz Joseph ganz erheblich abschwächen. Wenn sie von der Äußerung des Kaisers Abstriche machten, so war das nur ihre Verantwortung. Die Ereignisse des 29. Juli führen zu dem Schluß, daß sie an diesem 28. Juli realitätsfern und leichtfertig noch annahmen, Rußland *bluffe*, werde Serbien im Stich lassen.

Infolgedessen schwächte man im Auswärtigen Amt des Kaisers Initiative in wichtigen Punkten ab. Stumm strich: In der serbischen Antwort liege die Kapitulation demütigster Art orbi et urbi verkündet, und durch sie entfalle jeder Grund zum Kriege. Sodann trachtete er, anders als Wilhelm, danach, die serbische Regierung zur Erfüllung aller österreichischen Forderungen und sogar noch zur Gewährung von Garantien für künftiges Wohlverhalten zu zwingen. Wilhelm wollte ein eigenes Schreiben an Franz Joseph richten; Stumm dagegen schickte bloß einen Erlaß des Reichskanzlers an Tschirschky. Am Schluß des Telegramms stand eine spezielle Anweisung an Tschirschky, die es ihm erlaubte, seine pro-österreichische Diplomatie fortzusetzen:

„Sie werden es dabei sorgfältig zu vermeiden haben, daß der Eindruck entsteht, als wünschten wir Österreich zurückzuhalten. Es handelt sich lediglich darum, einen Modus zu finden, der die Verwirklichung des von Österreich-Ungarn erstrebten Ziels, der großserbischen Propaganda den Lebensnerv zu unterbinden, ermöglicht, ohne gleichzeitig einen Weltkrieg zu entfesseln, und, wenn dieser schließlich nicht zu vermeiden ist, die Bedingungen, unter denen er zu führen ist, für uns nach Tunlichkeit zu verbessern."

Schrecklich sind die letzten vier Zeilen: Das Telegramm ist nicht seinem grammatikalischen Sinn nach zu verstehen. Es wäre überflüssig, wenn alle im AA den Vorschlag „Halt in Belgrad" gebilligt hätten. Jagow sperrte sich seit dem 6. Juli durchaus gegen das Zurückweichen; ein Beleg dafür ist unter anderem gerade, wie das Auswärtige Amt mit Wilhelms Vorschlag vom 28. Juli umging. – Der Kaiser wurde in dem Glauben gelassen, daß man sein Konzept ohne Abstriche ausgeführt habe.

Es wird oft gesagt: Weil Deutschland nach dem 5. Juli die Österreicher mehrmals zur raschen Aktion gedrängt habe, konnte man es seit dem 27. Juli nicht gut bremsen und Österreich von einer Aktion zurückhalten. Dem ist nur teilweise zuzustimmen. Das Drängen auf Raschheit war ambivalent. Es diente einerseits dazu, den Krieg auf dem Balkan herbeizuführen, hinderte nämlich insofern friedensgeneigte Diplomaten an ihrer Arbeit. Andererseits aber war sein Ziel, unter den Großmächten den Frieden zu wahren, denn Rußland sollte überrascht und vor ein fait accompli gestellt werden. An diesen zweiten Aspekt hätte die deutsche Diplomatie immerhin anknüpfen können, wenn sie Österreich zurückholen wollte.

Reichskanzler von Bethmann Hollweg schwankte in den Wochen der Julikrise in seiner Haltung. Im allgemeinen duldete er die kriegsauslösende Politik des Auswärtigen Amtes nur, aber zwischendurch handelte er anfallweise doch wie Tschirschky und Jagow. Mit dieser Einschränkung gilt: Weder kreierte Bethmann die kriegsverursachende Politik, noch leitete er sie, noch führte er sie konsequent aus. Im übrigen waren es Jagow und Tschirschky, die reaktive Politik machten. Es wäre daher nicht zutreffend, wenn man bei der Darstellung des 28. Juli schriebe, Bethmann Hollweg habe den Vorschlag „Halt in Belgrad" abgeändert. Tatsächlich sind das Jagow und Stumm gewesen. Die Unterschrift stammt zwar vom Kanzler. Für eine historisch-chronische Zuweisung der Urheberschaft an Bethmann kann das allein aber nicht ausreichen. Dies gilt besonders, weil die Änderungen den in anderen Zusammenhängen erkennbaren Vorstellungen des Kanzlers widersprachen. Bethmann versuchte am 27. Juli abends, die Latte der Kriegsvermeidung niedriger aufzulegen, als dies dem Denken des Auswärtigen Amtes entsprach. Mit Jagows und Tschirschkys Politik stimmten die Änderungen dagegen überein. Es mag vor Formulierung des Entwurfs eine Besprechung zwischen dem Kanzler, Jagow und Stumm gegeben haben, Dokumente dafür liegen nicht vor. Aber keinesfalls gibt es Gründe zu der Annahme, daß die Änderungen auf Anregungen Bethmanns zurückgingen. Das Einvernehmen zwischen Bethmann und Jagow ist nicht einfach aus der Rangordnung abzuleiten. Jagow hat sich, wie geschildert, an krassen politischen Intrigen gegen Bethmann beteiligt. Allgemein war es damals bei Deutschlands politischen und militärischen Führern gang und gäbe, innerhalb ihrer jeweiligen Zuständigkeit ohne Kontakt mit anderen eigenmächtig zu handeln und die Übergangenen vor vollendete Tatsachen zu stellen.

Um ein übriges zu tun, verzögerte Jagows Amt die Absendung des „Halt in Belgrad"-Telegramms. Um zehn Uhr vormittags war der Kurier mit Wilhelms Schreiben an Jagow in Potsdam losgefahren, erst um 22:15 Uhr ging das Telegramm nach Wien ab.

Botschafter von Tschirschky behandelt die Rettungsinitiative im Sinne des Auswärtigen Amtes, nicht in dem des Kaisers. Wie man ihn kennt, nimmt das nicht Wunder. Er erhielt das Telegramm aus Berlin in der Nacht zum 29. Juli. Der ganze Tag verstrich, und um zehn Uhr abends lag in Berlin immer noch keine Reaktion vor, so daß man (Zimmermann auf Veranlassung des Kanzlers?) mit der Unterschrift „Auswärtiges Amt" offen telegraphierte: „Sofort Drahtantwort, ob Telegramm Nr. 174 von gestern dort angekommen." Nunmehr raffte sich Tschirschky zu einem Bericht auf, am 29. Juli um zehn Minuten vor Mitternacht. Er schrieb knapp: er habe den Auftrag ausgeführt, und Berchtold habe sich außerstande gesehen, sofort Antwort zu erteilen. Warum konnte er das nicht? Immerhin war Berchtold der verantwortliche Lenker der österreichischen Außenpolitik! Wie konnte Tschirschky sich damit begnügen, einem Staatsmann von solcher Zuständigkeit eine derartige Nicht-Antwort durchgehen zu lassen?

Solange Tschirschky sich so verhielt, beschränkte man sich in Berlin nolens volens auf eine genaue Beobachtung der Lage und auf provisorische Maßnahmen.

Am 28. Juli, vormittags um elf Uhr, erklärte die österreichische Regierung Serbien telegraphisch den Krieg. Immerhin, erst am kommenden Tag, Mittwoch, sollte die österreichische Donauflottille mit „Kampfhandlungen" beginnen; gedacht war an symbolische Schüsse von Kanonenbooten auf eine alte, von den Türken erbaute Stadtburg. Einstweilen war noch Raum für Vernunft.

Falkenhayn wollte alle Einheiten in ihre Garnisonen zurücktransportieren lassen, soweit sie sich auf Truppenübungsplätzen befanden. Aber Bethmann verweigerte seine Zustimmung. Er ließ sich von einem Denken leiten, das er in seinen „Betrachtungen" überliefert hat: Er habe es für „oberstes Gesetz" gehalten, unter allen Umständen Aktionen zu vermeiden, die als Ausfluß aggressiver Absichten hätten ausgelegt werden konnten. Ein solcher Anschein habe nicht nur der Wahrheit widersprochen, sondern hätte auch „unsere innere Geschlossenheit" verhängnisvoll gefährdet.

II

Hatte Falkenhayn Veranlassung, den Kaiser und Bethmann Hollweg warnend an das ungünstige Kräfteverhältnis zu erinnern? Dafür könnte sprechen, daß das Kriegsministerium seit Jahrzehnten die Politik der kleinen Armee betrieb, also eine besondere Verantwortung hatte, den Schaden aus dieser Politik zu begrenzen. Auf der anderen Seite waren jedoch die Pläne der Diplomaten in den Mantel des Geheimnisses gehüllt. Wilhelm hatte dem General am 5. Juli die damals neuen Dokumente vorgelesen, die aber den Krieg nicht konkret vorzeichneten. Danach hatte der Kanzler ihn in die Ferien geschickt. Am 26. Juli, nach Berlin zurückgekommen, informiert ihn niemand. Am 27. wurde er vom Kaiser nicht nach Potsdam befohlen. Am 27. in der zweiten Tageshälfte erhielt er den Text der serbischen Note, nicht früher. Erst jetzt kam eine Warnung in Betrachtung. Am 28. wurde sein Gesprächsbeitrag („die Dinge nicht mehr in der Hand") ignoriert. Und er hatte am 5. Juli unvorbereitet, aus dem Stegreif und einigermaßen unpräzise gesagt: „Ja, die Armee ist bereit." Diese Worte erschwerten ihm jetzt zu warnen.

Mehrheitlich nehmen die Historiker an, daß Falkenhayn nicht auf den Krieg hingearbeitet habe. Stig Förster nennt ihn dagegen einen „vollständig hemmungslosen Kriegstreiber", aber ohne Bezeichnung der Fakten, die dem zugrunde liegen.

III

Am Abend des 28. Juli übermittelte Moltke dem Kaiser ein längeres Memorandum „zur Beurteilung der politischen Lage". – Am folgenden Tage – 29. Juli – erhielt auch der Kanzler ein Exemplar. In der Ausarbeitung spricht Moltke von „diesem schrecklichen Krieg", den Deutschland nicht herbeiführen wolle. Er sieht voraus, daß er „die Kultur fast des gesamten Europas auf Jahrzehnte hinaus vernichten wird." Und mit Bedauern stellt er fest, Deutschland könne den Bundesgenossen in diesem Augenblick nicht im Stich lassen. „Die deutsche Regierung weiß aber, das es die tiefgewurzelten Gefühle der Bundestreue, eines der schönsten Züge deutschen Gemütslebens, in verhängnisvoller Weise verletzten und sich in Widerspruch mit allen Empfindungen ihres Volkes setzen wollte, wenn sie ihren Bundesgenossen in einem Augenblick nicht zur Hilfe kommen wollte, der über seine Existenz entscheiden muß." Das Dokument ist in einem pessimistischen Ton abgefaßt und beklagt die unglückliche Zwangslage, in der Deutschland, Moltke und der Generalstab sich befanden. Die drohenden russischen Rüstungen waren ebenso vergessen wie die Notwendigkeit des präventiven Krieges.

Moltke drückte die Sorge aus, daß Rußland und Frankreich militärische Vorbereitungen unterhalb der Mobilmachungsebene träfen und dadurch die Dauer ihrer Mobilmachungen fühlbar verkürzten. Er wünschte daher Klarheit darüber, ob Rußland und Frankreich es auf einen Krieg mit Deutschland ankommen lassen wollten. Vorschläge, wie man zu diesen Informationen gelangen könne, fehlten jedoch. Man unternahm in dieser Richtung nichts. Die Gegner schritten nicht zu Maßnahmen unterhalb des Pegels von Mobilmachungen, und die deutschen Politiker taten nichts, um sich über solche „Vorbereitungen" Gewißheit zu verschaffen. Auch faßte Moltke nicht nach.

Was das Memorandum nicht enthielt, auch vielleicht den Rahmen gesprengt hätte, sind Ausführungen über die militärische Stärke der Gegner. Nach den Dokumenten hat der Chef des Generalstabs sich während der ganzen Julikrise nicht ein einziges Mal zu den Siegesaussichten geäußert. Eine erstaunliche Tatsache.

Jetzt wurde den Generälen Moltke und Falkenhayn doch klar, daß die Österreicher Ernst machten. Damit drohte ein Krieg, für den Deutschland nicht gerüstet, und den zu führen, ein Vabanquespiel war. Sie hatten zwar die zivilen Entscheidungsträger in der Vergangenheit bei sich ergebenden Gelegenheiten über die Unterlegenheit der deutschen Armee aufgeklärt. Aber ihnen war die Schwäche der Streitkräfte natürlich viel deutlicher und konkreter bewußt, jetzt war die unzureichende Stärke des Heeres aktuell, stand die Gefahr drohend und greifbar vor ihnen.

Konnte Moltke sein Schweigen damit rechtfertigen, daß es inzwischen für eine Kursänderung zu spät sei? Es ist fraglich, ob es zu spät war. Das Verhalten Bethmanns und Jagows an den kommenden fünf Tagen – 29. bis 31. Juli – zeigt, daß sie schwankten.

IV

Ein gutes Beispiel für Moltkes Durchsetzungsschwäche ist sein Votum in der militärpolitischen Besprechung am 8. Dezember 1912. Dazu hatte der Kaiser von jetzt auf in drei Stunden eingeladen. Anwesend waren außer dem Hausherrn: Als einziger General Helmuth von Moltke, weiter drei Admiräle: Tirpitz, Heeringen (Chef des Admiralstabs) und Müller, Chef des Marinekabinetts. Der Kanzler und der Staatssekretär des Auswärtigen Amts, der Kriegsminister und der Chef des Militärkabinetts waren nicht gebeten worden. Der Kaiser war erregt, das ließ ihn vier Berater gleichzeitig ertragen. Seine Sorge galt einer Äußerung des britischen Kriegsministers Haldane. Der Lord hatte – offenbar ganz sachlich und unaggressiv – den Fürsten Lichnowsky wissen lassen, daß England in einem zwischen Frankreich und Deutschland ausbrechenden Krieg nicht neutral bleiben werde.

Wilhelm entwickelte zu der Haltung Englands Ideen über mögliche Reaktionen: Bündnisse mit dem Balkanstaaten und vermehrter Bau von U-Booten. Müller notiert in seinem Tagebuch: „General von Moltke sagte, ich halte den Krieg für unvermeidbar und je eher desto besser. Wir sollten aber durch die Presse besser die Volkstümlichkeit eines Krieges gegen Rußland vorbereiten." Tirpitz widersprach in der Diskussion der Ansicht des Generalstabschefs. Er verwies darauf, die Marine würde es gern sehen, wenn der „Große Kampf" um 1 ½ Jahre hinausgeschoben würde.

Moltke insistierte zunächst: Die Marine werde auch dann nicht fertig sein und die Armee käme in eine immer ungünstigere Lage, denn die Gegner „rüsteten stärker als wir, die wir mit dem Gelde sehr gebunden seien."

Dem Admiral von Müller fiel auf, daß Moltke keine schlüssige Position vertreten hatte. Denn wenn die militärische Lage sich kontinuierlich verschlechterte, hätte er einen Präventivkrieg fordern müssen. Es wäre dann notwendig gewesen „Rußland oder Frankreich oder beide vor ein Ultimatum zu stellen, das den Krieg mit dem Recht auf unserer Seite entfesselte."

Dieser Ablauf wird von einigen Historikern hochgespielt. Sie sagen, die Besprechungsteilnehmer hätten beschlossen, den europäischen Krieg in achtzehn Monaten zu entfesseln. Aber die Deutung ist absurd. Jedenfalls, diesen Krieg konnten die deutschen Verantwortlichen nicht befristet beschließen. Denn wie in 1 ½ Jahren die internationale Lage aussehen würde, konnte im Dezember 1912 niemand wissen. Wenn aber die Männer des 8. Dezember oder sogar andere Entscheidungsträger das Für und Wider der Kriegsentfesselung im Juni und Juli 1914 noch prüfen mußten, dann war eben am 8. Dezember 1912 noch nichts entschieden. Daß die Julikrise ziemlich genau 1 ½ Jahre nach der Konferenz in Potsdam begann und endete, ist ein reiner Zufall; in der Besprechung vom Dezember 1912 war natürlich das Attentat auf den Thronfolger nicht vorauszusetzen.

Moltkes Willen zum Präventivkrieg kann man aus seiner Warnung am 8. Dezember 1912 nicht herleiten. Er schwankte auffallend in seinen Ansichten solcher Fragen, der zeitliche Abstand von 1 ½ Jahren ist zu groß.

V

Einige Wochen vor dem Attentat hatte Moltke mit Jagow gesprochen und angeregt, „unsere Politik auf die baldige Herbeiführung eines Krieges einzustellen". Der Generaloberst dürfte von seinen Oberstleutnants hierzu gedrängt worden sein. Er war nie ein Fachmann der Generalstabsarbeit. Erfahrungen hatte er im Adjutanten- und Hofdienst, sein Halt war die Freundschaft mit Wilhelm II. Infolgedessen war er sachlich von den Chefs der verschiedenen Abteilungen des Generalstabs abhängig.

Ungefähr zur gleichen Zeit äußerte er sich in einem privaten Gespräch über die Wünschbarkeit eines europäischen Krieges. In Messmers Hotel in Baden-Baden traf er zufällig den Ex-Diplomaten Hermann von Eckardstein, der mit der Tochter des Möbel-Millionärs Sir John Blundell Maple verheiratet war. Er war mehrere Jahre Botschaftsrat in London gewesen, 1902 im Alter von 38 Jahren beurlaubt, einige Jahre später aus dem Dienst ausgeschieden. Von ihm erfuhr Moltke in Baden-Baden etwas über die mit Hochdruck betriebenen „kriegerischen Machenschaften" des russischen Botschafters in Paris, Alexander Iswolski. Moltke erwiderte: „Was Sie mir mitgeteilt haben, interessiert mich ungemein. Wenn's doch endlich überbrodeln würde! Wir sind bereit, je eher, desto besser für uns!" Das heißt: er wünschte und wartete darauf, daß die Gegner angriffen. So hatte er schon 1913 für selbstverständlich gehalten: „Aber der Angriff muß von den Slaven ausgehen." Der Fall war 1914 nicht gegeben, es gab keinen Angriff der Gegner. Und das spielt eine Rolle: wegen des Defensivcharakters der französisch-russischen Allianz und wegen der englischen öffentlichen Meinung. Die Äußerung in Baden-Baden belegt daher nicht ein Ja zum Weltkrieg, genau genommen auch nicht zum Krieg gegen Rußland und Frankreich.

Auch die beiden Informationen, die am 5. und am 6. Juli an Moltke abgeschickt worden waren, besagten, daß ein allgemeiner europäischer Krieg zunächst nicht ins Haus stehe. Allgemein muß man sagen: die Militärs verfügten bezüglich der österreichischen Absichten über keine zuverlässigen Informationen, sie schätzten die Entschlossenheit der Staatsmänner Österreich-Ungarns nicht richtig ein.

Moltke wünschte den Kontinentalkrieg nicht. Das wird belegt durch eine Notiz vom 13. Juli: „Österreich soll die Serben schlagen, dann bald Frieden schließen und als einzige Bedingung ein östereichisch-serbisches Bündnis fordern. Ähnlich wie Preußen 1866 mit Österreich gemacht hat". Also, wie Bismarck einer etwaigen Einmischung dritter Großmächte durch einen schnellen Friedensschluß vorgebeugt hatte, sollte Österreich-Ungarn einer Intervention der Tripleentente durch eine Verständigung mit Serbien zuvorkommen. Die Notwendigkeit eines deutschen Präventivkrieges gegen die laufenden russischen Rüstungen sah er offenbar in Abwesenheit seiner Offiziere nicht.

Helmuth von Moltke war 1905 gegen den erbitterten Widerstand des Militärkabinetts zum Chef des Generalstabs ernannt worden. Man hielt das in der Armee allgemein für einen Mißgriff. Fünf Gründe hatten nach Ansicht des Kriegsministers von Einem gegen ihn gesprochen: Er arbeitete nicht hart; er war lange Zeit bei Hofe gewesen und deshalb zu lange von den taktischen Problemen entfremdet, er war zwar intelligent, ihm fehlten aber Selbstvertrauen und Führungsqualitäten, er war lethargisch und er tendierte dazu, sich in bedeutungslosen Details zu verlieren. Graf Hülsen-Haeseler, damals Chef des Militärkabinetts, fügte noch einen sechsten Grund hinzu: Moltke war ein religiöser Spinner, der an Schutzengel, Geistheilung und dergleichen glaubte. Ein einziger Umstand hatte für ihn gesprochen: Er war ein naher Freund des Kaisers, und Wilhelm haßte es, sich an unbekannte Leute gewöhnen zu müssen. „Mit anderen Worten", mokiert sich Isabel Hull, „Plessen suchte einen Generalstabschef aus, um Wilhelms Leben bequem zu machen, obwohl er wußte oder wissen mußte, daß dieser Mann unfähig war".

Unter diesen Umständen stand Moltke unter dem Einfluß stärkerer Charaktere (Ludendorff, Waldersee, Tappen). Zum Beispiel hat er sich dem Willen seiner Mitarbeiter unterworfen und es bei dem Einfall in das neutrale Belgien belassen; eigentlich widerstrebte ihm das. General Wandel notierte in seinem Tagebuch:

„Ich habe den Eindruck, daß der Chef des Generalstabs der Armee in den Händen einiger unruhiger und ehrgeiziger Köpfe ist – ein auch von anderen Stellen seit längerer Zeit empfundener Eindruck, keinen eigenen Willen hat (vielleicht durch körperli-

che Leiden in seiner Energie gelähmt ist) und so die klaren Ziele
verliert, die gerade jetzt dringend notwendig sind." Damals war
sicher Ludendorff gemeint; nach dessen Versetzung nahmen andere die Chance der Beeinflussung wahr.

Moltkes Grundstimmung war zwar pessimistisch und von
Fluchtneigung gekennzeichnet. Aber der Generalstab erlaubte
dem „Feldherrn wider Willen" nicht, diesen Pessimismus und
diese Fluchtneigung auszuleben, erlaubte ihm nicht, den Kaiser
zu warnen. Die Haltung von Moltkes Offizieren geht z.B. aus
dem Buch General von Freytag-Loringhovens hervor. Er erinnert sich an Moltkes „pazifistische Grundstimmung". Ihm habe
der „freudige Optimismus, den kein Feldherr entbehren könne",
gefehlt, ebenso auch das „kriegerische Feuer". In einem Gespräch mit Moltke habe er, Freytag, über die für uns so schwierigen Verhältnisse in einem Zukunftskriege geäußert, „daß trotz
allem uns Aussichten des Erfolges blieben." Er (Moltke) stritt
das ab (!) mit den Worten: „Glauben Sie mir, viele Hunde sind
des Hasen Tod." Freytag hatte als Chef der kriegsgeschichtli-
chen Abteilung lange mit Moltke zusammengearbeitet. Gasser
spricht von dem „eisernen Druck seiner militärischen Hintermänner", der mehrfach sein Verhalten bestimmt habe.

Moltke und Falkenhayn wußten, daß das deutsche Heer zu
klein war. Sie haben dies in der Begründung zur „großen Wehrvorlage" deutlich gesagt. Da der für Deutschland unglückliche
Verlauf der Balkankriege das deutsche Sicherheitsdefizit verschärft hatte, war sich die deutsche Heeresführung über die
Notwendigkeit einig geworden, die Armee „wirklich entscheidend zu verstärken". Diese unbestimmte Formel wurde später
konkretisiert: auf 300.000 Mann, zuzüglich der Unteroffiziere
und der Offiziere. Die damalige Rüstungsaktion hatte sich auf
eine umfassende Denkschrift des Obersten Ludendorff vom
21. Dezember 1912 gestützt, gezeichnet von Moltke. Der Generalstab rechnete darin dem Ministerium vor, Deutschland sei
Frankreich um 192 Bataillone unterlegen, wogegen im Kriege von
1870 die deutsche Seite um 186 Bataillone überlegen gewesen sei.
Die russische Übermacht betrage jetzt (1912) 374 Bataillone. Da-

her müsse die deutsche Wehrkraft gesteigert, die Landesverteidigung verbessert werden. In der Denkschrift hieß es zwar:

„... werden wir, wenn es gelingt, den casus belli so zu formulieren, daß die Nation einmütig und begeistert zu den Waffen greift, unter den augenblicklichen Verhältnissen auch den schwersten Aufgaben noch mit Zuversicht entgegensehen können ... Die numerische Stärke unseres Heeres, die der Wehrfähigkeit des Landes in Bezug auf seine waffentaugliche Mannschaft seit langem nicht mehr entspricht, genügt aber, wie ich später nachweisen werde, nicht, um den Aufgaben der Zukunft gewachsen zu sein."

Aber die Formel „noch mit Zuversicht" sollte die damalige unverantwortlich schwächliche Rüstungspolitik gegenüber armeefremden Kritikern verschleiern, sie wird durch den übrigen Inhalt der Denkschrift widerlegt, ist nicht für bare Münze zu nehmen.

In der Denkschrift hatte der Generalstab auch die Frage des Offiziersnachwuchses angesprochen: „Die Heeresverstärkung darf an der Offiziers- und Unteroffiziersfrage nicht scheitern. Macht die Beschaffung einer hinreichenden Zahl von Offizieren und Unteroffizieren zur Zeit Schwierigkeiten, so erblicke ich darin nur einen Hinweis, dem mit allen Mitteln entgegenzuarbeiten."

Durch die beantragte Heeresverstärkung um 300.000 Mann wollte man das aktive deutsche Heer auf eine Stärke von 922.000 Mann bringen. Später ermäßigte aber das Kriegsministerium den Antrag und forderte nur noch 117.000 Mann sowie 18.850 Offiziere und Unteroffiziere. Mit diesem Umfang wurde die Heeresvermehrung vom Reichstag beschlossen. Dem Kanzler verlieh der Kaiser die Brillanten zum Orden des Schwarzen Adlers. Aber Moltke hätte um seinen Abschied bitten müssen, meinte der Chef der Aufmarschabteilung, Oberstleutnant Tappen.

Fürst Lichnowsky hat in den Nachkriegsjahren die deutschen Rüstungen vor dem Kriege als „sinnlos" bezeichnet. Der Gedanke entwickelt sich wohl so: Da Deutschland nie in der Zahl seiner Soldaten mithalten konnte, mußte es einen allgemeinen Krieg meiden. Für Kriege geringerer Größenordnung aber bedurfte es keiner weiteren Heeresrüstung. Tatsächlich waren die geschilderten Rüstungen gefährlich: Denn einerseits reichten sie zum Schutz des Reiches im schlimmsten Fall nicht aus. Andererseits waren sie groß genug, um den Argwohn und die Furcht seiner Nachbarn zu wecken, und bewirkten, daß sie an ihrem Einvernehmen festhielten, vielleicht zu Schlimmerem. Deshalb hätten sie so lange unterbleiben müssen, bis es der deutschen Außenpolitik gelungen war, eine Macht aus der Entente herauszulösen.

Festzuhalten ist: Die konservativen Generäle hatten sich vor dem Attentat aus innenpolitischen Gründen geweigert, das Heer zur vollen Erfüllung seiner Aufgaben zu vergrößern. Im Juli 1914 haben sie dies fortgesetzt.

Wollten Moltke und Falkenhayn den Krieg gegen Rußland? Ja und nein. Beide haben nicht gewarnt, obwohl es ihre Pflicht gewesen wäre, aber beide haben nicht getrieben, sich nicht verschworen, nicht agitiert, nicht aktiv auf den Krieg hingearbeitet. Moltke hatte nicht den Mut, den Krieg gegen die fürchtenswerten Gegner zu beginnen, besonders da er an das Unglück, das Leid und die Zerstörung dachte, die er mit sich bringen würde. Aber er hat auch nichts getan, um ihn zu verhindern, denn in drei Jahren, glaubte er, werde es noch viel schlimmer sein. Was Moltke positiv getan hat, ist nach dem 30. Juli mittags geschehen, und dazu hatte er einen besonderen Grund: die Frucht war schon reif, die andere, und zwar Nicht-Militärs, hatten wachsen lassen.

General Waldersee wollte den Krieg. Waldersee in seiner „Denkschrift über Deutschlands militärische Lage" vom 18. Mai 1914: „daß Deutschland sich bei normalen Lauf der Dinge eines Angriffs in allernächster Zeit nicht zu gewärtigen hat, daß es aber andererseits nicht nur keinen Grund hat in irgendeiner Lage einem Konflikt *aus dem Wege zu gehen*, vielmehr, daß die Aussichten, einen großen europäischen Krieg schnell und siegreich zu bestehen, heute noch sehr günstig für Deutschland liegen und ebenso für den Dreibund. In Kurzem wird dies nicht mehr der Fall sein." Am Schluß der Denkschrift warnt der General die in heutiger Generation verantwortlichen Deutschen, ihnen könnte

später vorgeworfen werden, „aus Schwächlichkeit des Reiches
Zerfall herbeiführt zu haben."

„Ich bin hier sprungbereit", schrieb Waldersee an Jagow. Jagow
war sein Freund, es wäre ein Wunder, wenn er sich von ihm
nicht hätte beeinflussen lassen. Vielleicht stand der Oberquartiermeister auch mit Zimmermann in Verbindung. Über den
Einfluß, den die Generäle Lyncker und von Plessen in den Wochen der Krise genommen haben, liegt kaum Material vor. Sie
dachten wie Falkenhayn und Moltke: passiv mitgehen mit Wilhelm und Jagow, aber nicht aktiv treiben. Daß es vor (!) Szögyénys Auftreten eine „Absprache" der Militärs und der Zivilisten
gegeben habe, ist eine Legende ohne jede Grundlage.

Übereinstimmend mit dieser Würdigung hat Waldersee 1919
bekundet, Moltke sei (wie er selbst) der Meinung gewesen, der
Krieg sei nicht mehr zu vermeiden gewesen; sonst hätten die
Gegner ihn eröffnet, wann es ihnen beliebt hätte.

VI

Gemeinsame Betrachtungen von Bethmann Hollweg und Moltke
wären ohne Anwesenheit des Kaisers aussichtslos gewesen, mit
dem Kaiser waren sie unmöglich. Ein Beispiel hierzu aus der
Vorkriegszeit verdient hier mitgeteilt zu werden. Kapitän Wilhelm Widenmann hatte ein „Reichskriegsspiel" gefordert, eine
Art Planspiel, bei dem unter dem Vorsitz des Kaisers alle in Frage
kommenden Stellen des Reiches, namentlich das Heer, die Marine, der Reichskanzler, das Auswärtige Amt, das Kolonialamt, das
Reichsschatzamt und andere mitwirken sollten. Widemann argumentierte überzeugend, daß der kommende Krieg mit Rücksicht
auf die Fernblockade der englischen Flotte eine gegenüber den
bisher bekannten völlig andere Form annehmen werde. Er berief
sich auf ein englisches Vorbild, das „Comittee of Imperial De-
fense", das zur Prüfung der Landesverteidigung aus Persönlichkeiten aller Kreise des englischen Lebens zusammengesetzt sei.
Die Kabinettchefs und Moltke hörten dem Offizier aufmerksam

und nicht ohne Sympathie zu. Aber alle gaben dieselbe Antwort:
„Bei der Persönlichkeit des Kaisers undurchführbar." Dieser Stil
der Nichtzusammenarbeit wurde auch in der Julikrise befolgt.

Am Abend des 29. Juli tauschten Jagow und Bronewsky sich
aus. Es wurde auch über die Möglichkeit eines Kompromisses
gesprochen. Der Geschäftsträger gewann den Eindruck, daß Jagow sich darunter ein einseitiges Nachgeben Rußlands vorstellte.
Als er dieses Verständnis in vorsichtiger Form ausdrückte, sagte
Jagow, man müßte von Rußland größere Nachgiebigkeit erwarten, da dessen Lebensinteressen nicht angetastet würden. Bronewsky erwiderte: daß es nicht zulässig sei, wenn Österreich mit
einem Federstrich Rußlands in Jahrhunderten gewachsenen Einfluß auf den Balkan beseitigen wolle. Jagow: „Jeder von uns
wird in dieser Frage bei seiner Meinung bleiben; ich kenne Ihre
Beweisführung schon im voraus und kann mich mit ihr nicht
einverstanden erklären. Sie kennen meine und können sie auch
nicht anerkennen." Hier zeigte sich eine kaum glaubliche Hilflosigkeit Jagows. Er sprach, wie wenn er in Stumms Abwesenheit
nicht argumentieren könnte.

Der Kanzler konferierte am 28. Juli um Mitternacht noch
einmal mit Goschen. Aber er redete ohne jede Konzeption. Was
er sagte, ist so substanzlos, daß der Engländer A.J.P. Taylor treffend schreiben kann: „He made impotent and meaningless gestures of appeasement." Bethmann war es jedenfalls nicht, der das
Ausmaß des deutschen Nachgebens in dieser Kreuzwegsituation
definierte.

Eberhard von Vietsch stellt sich in seiner Biographie des
Kanzlers die Frage, „warum bei solch pessimistischen Erwartun-
gen hinsichtlich eines großen Krieges die Österreicher nicht von
Berlin aus zur Zurückhaltung gedrängt wurden. Die Antwort
muß ganz gewiß zunächst auf die individuelle Wesensart Bethmann Hollwegs verweisen. Nie hat es ihm gelegen, einen Menschen unter Druck zu setzen. Man kann ruhig sagen, daß ihn
auch Takt und Rücksichtnahme auf den Partner zurückhielten.
Hier aber handelte es sich außerdem um eine souveräne Großmacht, deren nationales Interesse ebenso zu respektieren war,

wie es auch im Falle der deutschen Großmacht würde verlangt
werden mußte."Blickt man auf den 28. Juli zurück, so fällt der
Vorschlag des Kaisers als der bisher kräftigste Versuch auf, das
Reich vor der Katastrophe zu bewahren. Das Auswärtige Amt
hat „Halt in Belgrad" ernstlich abgeschwächt und erst spät am
Abend nach Wien telegraphiert, er ist dort an diesem Tage nicht
mehr eingegangen.

VII

Am 29. Juli beschossen ab fünf Uhr morgens österreichische
Kriegsschiffe Kalimegdan, die Zitadelle von Belgrad. In Petersburg setzte Pourtalès am Vormittag Minister Sasonow über ein
kurzes Telegramm in Kenntnis, das Bethmann am vergangenen
Abend in Berlin aufgegeben hatte. Darin war dem Botschafter
mitgeteilt worden, das Auswärtige Amt und er seien „fortgesetzt" bemüht, Wien zu einer offenen Aussprache mit Petersburg zu veranlassen. Das Dokument zeigt, daß der Kanzler über
die Politik Jagows und besonders Tschirschkys nicht gut informiert war. Sasonows Reaktion war von tiefer und berechtigter
Skepsis, das ist nachvollziehbar, denn das Verhalten des Wiener
Kabinetts ließ von solchen Bemühungen der Deutschen nichts
erkennen.
    In Berlin suchte der Herausgeber des Berliner Tageblatts,
Theodor Wolff, erneut Wilhelm von Stumm auf. Er bezog sich
auf eine Erklärung Greys vom Vortag im Unterhaus. Sir Edward
war von der üblichen Geheimdiplomatie abgewichen und hatte
die englischen Bemühungen um Vermittlung im österreichisch-
serbischen Konflikt geschildert. „Warum", fragte Wolff, „tritt
Deutschland nicht ebenso mit eigenen Gedanken für die Erhaltung des Friedens an die Öffentlichkeit?" Stumm antwortete, „es
sei alles Mögliche geschehen." Wolff: „Das möge zutreffen, aber
auf die öffentliche Meinung, auf die Völker komme es an, und
die wüßten nichts davon. Die Gefahr sei nachgerade riesen-
groß." Stumm: „Eine Gefahr besteht natürlich, aber ohne Risiko

gibt es keinen Erfolg." Der Erfolg hätte darin bestanden, daß das Regime eine Wiederholung von Agadir vermied, nach Möglichkeit die Scharte von 1911 auswetzte.

Der bayerische Militärbevollmächtige Ritter von Wenninger, General und entschiedener Kriegsbefürworter, telegrafierte einen Bericht an sein Ministerium. Quelle seines Wissens war Oberstleutnant von Wrisberg vom preußischen Kriegsministerium:

„Nach meinen heutigen Eindrücken ringen hier Kriegsministerium und Generalstab einerseits, Reichskanzler und Auswärtiges Amt andererseits miteinander. Der Kriegsminister, unterstützt vom Generalstabschef, wünscht dringend militärische Maßnahmen, die der ‚gespannten politischen Lage‘ und der immerhin ‚drohenden Kriegsgefahr‘ entsprechen würden. Der Chef des Generalstabs will noch weiter gehen; er setzt seinen ganzen Einfluß darein, daß die selten günstige Lage zum Losschlagen ausgenützt werden solle; er weist darauf hin, daß Frankreich geradezu in militärischer Verlegenheit sich befinde, daß Rußland militärisch sich nichts weniger als sicher fühle; dazu die günstige Jahreszeit, die Ernte größtenteils geborgen, die Jahresausbildung vollendet ... Diesen treibenden Elementen gegenüber bremst der Reichskanzler mit allen Kräften und wünscht alles zu vermeiden, was ähnliche Maßnahmen in Frankreich oder England auslösen und den Stein ins Rollen bringen könnte."

Wahrscheinlich war Oberstleutnant Wrisberg bei dem „Ringen" nicht zugegen. Er berichtet also nur vom Hörensagen. Was er über Moltke gesagt hat, ist mit Vorsicht aufzunehmen. Von „Halt in Belgrad" oder von Österreich überhaupt ist nicht die Rede. Dabei deuten weder die Diplomaten noch die Militärs an, Österreich vielleicht „im Stich zu lassen", die Unterstützung an Bedingungen zu knüpfen.

VIII

Am frühen Nachmittag sprach Bethmann erneut mit Goschen. Einerseits wollte er den europäischen Krieg vermeiden – bleibt England neutral, lenkt Rußland ein –, andererseits sollte Österreich seinen Weg allein finden und er, Bethmann, wollte in Übereinstimmung mit den Zielen des Auswärtigen Amtes handeln. Er kam auf die englische Anregung zurück, Österreich möge Verhandlungen auf Grundlage der serbischen Note beginnen. Dieser Vorschlag werde von ihm, Bethmann, unterstützt, das sei am 27. Juli nach Wien telegraphiert worden, läßt er den Botschafter wissen. Jedoch habe das österreichische Kabinett abgelehnt. Er bewertete also den Zwischenbescheid bereits als Ablehnung. Als Ausgleich teilte er Sir Edward dunkel und undeutlich etwas über den „Halt in Belgrad"-Schritt in Wien vom vergangenen Tage mit. Dabei sagte er ihm gar nichts über das Wesentliche dieser Demarche, nämlich die Beschränkung der militärischen Operationen auf Belgrad! Das ist rätselhaft. Es mußte doch im deutschen Interesse liegen, daß der deutsche Schritt in London bekannt wurde! So informierte Stumm am 30. Juli ein englisches Blatt über eine parallele telegraphische Instruktion an Tschirschky. Vermutlich fürchtete Bethmann, durch eine offene Mitteilung an die britische Regierung einen zu starken Druck auf Wien auszuüben.

Ein zweites Rätsel: Bethmann informierte Goschen, er habe Lichnowsky von der Demarche in Wien, da höchst geheim, nicht unterrichtet. Eine merkwürdige Erklärung! Wahrscheinlich bestand auch hier die Sorge, daß Lichnowsky den von ihm so geschätzten Sir Edward Grey informierte, daß dadurch ein Druck auf den Ballhausplatz ausgeübt und Grey gegenüber Schwäche gezeigt würde. Daß er Lichnowskys Stellung in London beschädigte, nahm er in Kauf.

Bethmann hatte einerseits eine fast panische Angst vor Englands kriegsbereitem Engagement zur Unterstützung seiner Ententefreunde. Andererseits war er bar einer vernünftigen Idee, wie er England neutral halten könnte. Unter diesen Umständen nahm er die befürchtete Entscheidung von Whitehall in Kauf. Das heißt: Der Kanzler duldete Jagows unkritische Haltung Wien gegenüber bis zum bitteren Ende.

Bethmann Hollweg verhandelte an diesem Mittwoch erneut mit einem Mitglied des Parteivorstandes der SPD über die Zustimmung der ihrem Anspruch nach antimilitaristischen Partei zu den Kriegsanleihen. Seinen Gesprächspartner, Albert Südekum, wird es beruhigt haben, daß er energischen Widerstand gegen die Verhaftungspläne versprach. Nach den zu der Zeit noch gültigen Richtlinien sollten bei Kriegsausbruch alle führenden Mitglieder der SPD verhaftet werden.

Einheiten der Armee wurden von den Truppenübungsplätzen in die Standorte zurückgerufen. Falkenhayns Tagebuch: „Morgens sichere Nachrichten, daß Frankreich und England (letzteres mit Flotte) mobil machen und wir sitzen ruhig!!! Sitzung beim Reichskanzler über Kriegszustand in Berlin. Er bleibt natürlich dabei. Mit Moltke zum Reichskanzler, um ihn für Ausübung des militärischen Schutzes von wichtigeren Verkehrskunstbauten zu gewinnen. Dies Vorschlag Moltkes, während ich mehr für Ausspruch der ‚drohenden Kriegsgefahr‘ bin. Reichskanzler natürlich für ersteren Vorschlag." Moltke und Bethmann waren also übereinstimmend für die weniger weitgehende Maßnahme.

In der Nacht war ein Telegramm des Zaren an den Kaiser eingetroffen: „Ein unvornehmer Krieg (ignoble war) ist an ein schwaches Land erklärt worden. Die Entrüstung in Rußland, die ich völlig teile, ist ungeheuer. Ich sehe voraus, daß ich sehr bald dem auf mich ausgeübten Druck erliegen und gezwungen sein werde, äußerste Maßnahmen zu ergreifen, die zum Kriege führen werden. Um ein solches Unheil wie einen europäischen Krieg zu verhüten, bitte ich Dich im Namen unserer alten Freundschaft, alles Dir Mögliche zu tun, um Deinen Bundesgenossen davon zurückzuhalten, zu weit zu gehen."

Der Kaiser las dies um halb acht Uhr früh. Er unterstrich die letzten vier Wörter und notierte dazu abwehrend: „Worin besteht das?" Und er schrieb an seine Leute in Berlin, und zwar wieder an Jagow, nicht an den Kanzler: „Das Telegramm enthält eine versteckte Drohung! Und einem Befehl ähnliche Aufforderung dem Alliierten in den Arm zu fallen. Falls Ew. Exz. mein Telegramm gestern Abend abgesendet haben, muß es sich mit diesem gekreuzt haben – Wir werden nun sehen, wie das meine wirkt."

Aber Jagow wartete nicht ab, nutzte vielmehr die Gelegenheit, daß Wilhelm in pro-österreichischer Stimmung war. Er entwarf für ihn eine ablehnende Antwort. Darin lautete der betonte Satz: „Russische Mobilisierungsmaßnahmen gegen Österreich würden aber das Haus in Flammen setzen und müßten auch mich in die schwierigste Lage bringen." Der Kaiser ergänzte Jagows Entwurf mit den Worten: „würden ... meine Stellung als Vermittler gefährden." Seltsam, daß der Kaiser seine „Stellung als Vermittler" als gegebene, auch dem Zaren bekannte Tatsache ansah. Das Verständnis erschließt sich aus seinem Papier über „Halt in Belgrad". Mit dem Vorschlag hatte er sich bereit erklärt, „den Frieden in Österreich zu vermitteln". Das wolle er tun „auf Meine Manier". Die österreichische Armee müsse eine statisfaction d'honneur erhalten, „das ist Vorbedingung für meine Vermittlung". Und er muß davon ausgegangen sein, daß das Auswärtige Amt seine Initiative sowohl Österreich als auch dem Zaren mitgeteilt hatte. Wilhelm hat, wie auch andere in der Julikrise, schriftlich zu vermitteln versucht. Das ist nicht selbstverständlich. Möglich und näher liegend wäre die mündliche Mediation gewesen, etwa wie von Grey mit seinem Vorschlag einer Konferenz angeregt. Dabei hätten allerdings Vertreter Österreichs und Rußlands keinesfalls fehlen dürfen, wie sie 1912 nicht gefehlt haben. Es ist bisher ungeklärt, weshalb Grey 1914 von diesem erfolgreichen Modell abgewichen ist. Jagows und Tschirschkys Sache wäre es gewesen, die Teilnahme von Vertretern der beiden Mächte vorzuschlagen.

IX

In Potsdam trafen Wilhelm, Bethmann, Moltke, Falkenhayn und Lyncker um 16:40 Uhr zu einer Beratung zusammen. Es war eine

Konferenz, an der außer dem Kaiser gleichzeitig zivile und militärische Ratgeber teilnahmen, daher „Kronrat" genannt. Dem Kanzler gegenüber äußerte sich Wilhelm ungehalten: Wien hatte noch nicht auf „Halt in Belgrad" reagiert! Bethmann durfte Goschen kein Flottenabkommen anbieten, wie er das gewollt hatte; ohne ein solches Entgegenkommen sah das Neutralitäts„angebot", das er beabsichtigte, noch seltsamer aus. Falkenhayns Tagebuch schweigt über Moltkes Memorandum, das der Kaiser am Vortage, Bethmann am Vormittag dieses 29. Juli erhalten hatte. Die fünf Herren haben darüber nicht gesprochen.

Von der Ausrufung des Zustandes drohender Kriegsgefahr nahm man ausdrücklich noch Abstand. Der Kaiser stand unverändert zu seinem Vorschlag „Halt in Belgrad", der den österreichisch-russischen Konflikt schlichten sollte. Mit allen anderen Maßnahmen wartete er, bis eine Antwort aus Wien eintraf. Mindestens Bethmann lag auf derselben Linie, wohl auch Moltke.

Die Debatte scheint ziemlich chaotisch verlaufen zu sein, denn die Berichte hierüber sind widerspruchsvoll. Tagebuch Falkenhayn: „Mit Moltke zu S.M. Er hört auf Reichskanzler. Bei S.M. Stimmung umgeschlagen. Glaubt, wie er sagt, daß Kugel, die ins Rollen gekommen, nicht mehr aufzuhalten ist. Stimmt dementsprechend meiner Ansicht zu (das heißt, der Meinung, daß die ‚drohende Kriegsgefahr' proklamiert werden sollte), fiel aber, als ihn Reichskanzler und verwunderlicherweise auch *Moltke* in entgegengesetztem Sinne beeinflussen, um. Es bleibt also beim Beschluß. (Gemeint ist der von Bethmann am Mittag in Berlin gefaßte Beschluß, noch nicht ‚drohende Kriegsgefahr' auszurufen.) Übrigens habe ich Verständnis für diese Entscheidung, denn wer noch an die Erhaltung des Friedens glaubt, oder ihn wenigstens wünscht, kann natürlich dem Ausspruch der drohenden Kriegsgefahr bei uns nicht beitreten. Freilich kommen wir durch diese Entscheidung militärisch in Nachteil, aber wenn das Moltke zu vertreten in der Lage ist, kann ich mich nicht widersetzen."

Falkenhayns Aufzeichnungen stimmen inhaltlich mit dem überein, was Bethmann am nächsten Tag dem preußischen

Staatministerium vortrug. Ganz anders verstand dagegen der sächsische Militärbevollmächtigte eine Information aus dem Kriegsministerium. Danach plädierte Moltke für den Krieg: „Zweifellos steht fest, daß der Chef des Generalstabs für den Krieg ist, während der Herr Reichskanzler zurückhält. General-oberst von Moltke soll gesagt haben, daß wir es nie wieder so günstig treffen würden, wie jetzt, wo weder Frankreich noch Rußland mit dem Ausbau ihrer Heeresorganisation fertig sind."

Der württembergische Bevollmächtigte Varnbüler berichtete ähnlich, dies aufgrund einer im Generalstab erhaltenen Information. Er hatte erfahren, daß „ziemlich scharf-gegensätzliche Meinungen hervorgetreten seien, indem der Reichskanzler noch Zeit zur Fortsetzung friedlicher Verhandlungen gewinnen woll-te, während der Kriegsminister und der Chef des Generalstabs gegenüber der Mobilmachung in Rußland und den Kriegsvor-bereitungen Frankreichs für sofortige deutsche Gegenmaßnahmen eintreten."

Moltke wünschte aber, wie Falkenhayn festhält, zu diesem Zeitpunkt noch den Frieden, nahm militärische Nachteile noch in Kauf. Es kam öfter vor, daß er anders redete, als er dachte. Bei solchen Widersprüchen verdient die einzige Information aus er-ster Hand den Vorzug, das ist Falkenhayns Tagebuch. Moltke hat in dieser Stunde noch gegen die Ausrufung der „drohenden Kriegsgefahr" gestimmt.

Die von einigen Kennern der Akten vertretene Auffassung, an diesem Nachmittag sei in Potsdam die Mobilmachung be-schlossen worden, ist nicht belegt. Sie ist unvereinbar mit der Tatsache, daß noch der 30. Juli ganz, der 31. Juli immerhin bis ein Uhr nachmittags verstrichen, bevor Wilhelm der „drohenden Kriegsgefahr" zustimmte. Außerdem steht sie im Widerspruch zu Falkenhayns Tagebuch und Bethmanns Bericht an die preu-ßischen Minister, über ihn wird hier gleich Näheres mitgeteilt.

Als Bethmann und die Generäle den Saal ihrer Beratung ver-ließen, begegneten sie im Zimmer der Adjutanten Admiral von Müller. Bethmann hatte einen roten Kopf. Müller beobachtete: Der Kanzler und die anderen seien in ganz guter Stimmung gewe-

sen, „in dem Glauben an Englands vorläufige Neutralität, die König Georg dem Prinzen Heinrich gegenüber angekündigt habe".

Im Anschluß an den Kronrat besprach sich der Kaiser mit
drei Admirälen: Tirpitz, Pohl und Müller. Der Kanzler sei „vollständig in die Knie gesunken", berichtete Wilhelm ihnen. Bethmann war offenbar in Panik. Es muß schrecklich für ihn gewesen sein, die unnachgiebige Politik der Karrierediplomaten zu
beobachten, gegen die er sich nicht durchsetzen konnte oder
mochte. „Er war nicht Herr im eigenen Haus." (Georg P.
Gooch)

Als Wilhelm sich von Englands Neutralität überzeugt erklärte, wagte Tirpitz es, hieran zu zweifeln. Hochfahrend brachte
der neurotische Monarach ihn zum Schweigen: „Ich habe das
Wort eines Königs, das genügt mir." Für solche Taktlosigkeiten
war der Kaiser bekannt. Wichtiger für uns heute ist festzuhalten,
daß er zu diesem Zeitpunkt immer noch auf Englands Neutralität vertraute. Der Militärattaché der deutschen Botschaft hatte
am Sonntag berichtet: „König von Großbritannien äußerte zum
Prinzen Heinrich von Preußen, England würde sich neutral verhalten, falls Krieg ausbrechen sollte zwischen (den) Kontinen-
talmächten". Trotzdem waren die Zweifel des Großadmirals berechtigt. Prinz Heinrich, der noch nie als Staatsmann aufgefallen
war, hatte vielleicht Georgs Worte nicht richtig wiedergegeben,
dem Attaché war vielleicht bei der Übermittlung von Heinrichs
Formulierung ein Fehler unterlaufen. Es konnten wichtige Nu-
ancen auf der Strecke geblieben sein. Und wichtiger: Nicht der
König, sondern die parlamentarische Regierung machte Englands Außenpolitik.

Die Äußerung des Kaisers wirft Licht auf den Hintergrund
seiner vortägigen „Halt in Belgrad"-Initiative. Auch bei Neutralität Englands fürchtete er den Krieg gegen Rußland und Frankreich.

Wilhelm fühlte nicht das Bedürfnis, über die Lage noch mit
anderen Männern zu diskutieren. Das zivile Element des Regimes war bei ihm bis dahin kaum zu Wort gekommen, mit
Jagow hatte er bisher nicht gesprochen. Zwei oder drei unbefan-

gene Persönlichkeiten aus folgender Aufzählung hätten diese Lücke schließen können: Karl Helfferich, Vorstand der Deutschen Bank, die früheren Botschafter Radolin, Wolff-Metternich und Graf Monts, August Eulenburg, Albert Ballin, Walther Rathenau, Arthur von Gwinner, Paul von Schwabach.

X

In Wien lagen geheimdienstliche Meldungen über eine gegen die Doppelmonarchie gerichtete russische Teilmobilmachung vor. General Conrad und Berchtold baten daraufhin, Berlin solle die Regierung des Zaren mit deutschen Gegenmaßnahmen bedrohen, falls sich die Meldungen bestätigen. Szögyény übermittelt die Bitte schriftlich. Der 28. und der 29. Juli waren nach Jagows Meinung zu früh für eine kategorische Drohung gegenüber der Regierung des Zaren gewesen: Tschirschky war am 28. Juli instruiert worden, Nachrichten über militärische Maßnahmen der Russen seien auch in Berlin nur als Gerüchte bekannt. Damit setzte er sich in Widerspruch zu einer „Zeitberechnung" vom Montag, die nach einer Meldung Pourtalès' auf geheimdienstlichen Erkenntnissen beruhte, also keineswegs bloß auf Gerüchten. Am Vormittag trafen aber neue geheimdienstliche Nachrichten über südrussische Mobilmachungsmaßnahmen von verschiedenen Seiten im Auswärtigen Amt ein. Jetzt korrigierten Stumm und Jagow den Fehler von Montag und gaben dem österreichischen Ersuchen statt. Stumm formulierte an Pourtalès: „Herrn Sasonow sehr ernst darauf hinzuweisen, daß weiteres Fortschreiten russischer Mobilmachungsmaßnahmen uns zur Mobilmachung zwingen würde, und daß dann europäischer Krieg kaum aufzuhalten sein würde."

Die Demarche richtete sich gegen jedes Fortschreiten der bisherigen, nur vorbereitenden Maßnahmen, auch gegen eine Teilmobilmachung. Jagow nahm also zurück, was er am Sonntag und erneut am Montagnachmittag den Botschaftern der Ententemächte erklärt hatte: Daß Deutschland auf eine Teilmobilmachung

nicht reagieren werde. Dabei widerrief er seine Erklärung von
vorgestern nur indirekt und, ohne seine jetzige Haltung zu be-
gründen oder der russischen Regierung annehmbar zu machen.
Das mußte Sasonow überraschen und verärgern. Pourtalès' Bericht: „Habe soeben Herrn Sasonow die befohlene Mitteilung
gemacht und dabei betont, daß es sich nicht um eine Drohung,
sondern um freundschaftliche Warnung handele. Minister, der
Mitteilung sehr erregt entgegennahm, erwiderte, er werde Sr. M.
dem Kaiser Nikolaus Meldung erstatten."

Der Ton der Demarche hob sich merklich ab von den konzi-
lianteren deutschen Verlautbarungen der Vortage. Der Minister
war, wie es scheint, geradezu beleidigt: „Jetzt habe ich keinen
Zweifel mehr über die wahre Ursache der österreichischen Intransigenz." Das wiederum traf den Grafen Pourtalès an einer
empfindlichen Stelle. Er stand aus seinem Sessel auf und sagte
mit Nachdruck: „Ich protestiere mit aller Entschiedenheit, Herr
Minister, gegen diese beleidigende Behauptung!" Sasonow
konnte sich mit der trockenen Erwiderung begnügen, Deutschland habe immer noch Zeit, zu erweisen, daß er sich irre. Ludwig
Reiners kann nicht glauben, daß Stumm und Jagow mit so un-
vermittelter Härte vorgegangen sind. Er meint, es handele sich
um ein Mißverständnis: die Demarche wende sich nur gegen eine
Mobilmachung *aller* russischen Gouvernements. Aber die Anweisung ist klar, sie läßt diese Auslegung nicht zu.

Als Pourtalès die deutsche Forderung anbrachte, war Teilmobilmachung bereits verfügt, die Drohung kam also insofern zu
spät. Von dem österreichischen Botschafter hörte Pourtalès, der
russische Minister wolle die friedensgefährdenden Wirkungen der
sich gegen Österreich richtenden militärischen Maßnahmen ab-
mildern, indem er eine „Erläuternde Erklärung" veröffentlichte:
Die Mobilmachung ziele nur auf einen Zustand bewaffneter Neutralität ab.

Das Kabel der deutschen Botschaft in Petersburg über die
Teilmobilmachung traf am Nachmittag im AA ein. Man reichte
es dem Staatssekretär, als er gerade mit Botschafter Swerbejew
sprach. Swerbejew hatte Jagow aufgesucht, um ihm die Teilmo-

bilmachung mitzuteilen. Die Herren waren noch in einleitenden Höflichkeiten begriffen, als Jagow Pourtalés' Telegramm las.

Jagow rief „in starker Erregung" aus, die unerwartete Neuigkeit verändere die Situation völlig. Er sehe nunmehr keine Möglichkeit mehr, einen europäischen Krieg zu vermeiden. Er hatte mit diesem Schritt Rußlands nicht gerechnet. Die von Pourtalés übermittelte Nachricht besagte, daß sein, Jagows, Glaube an die Vereinbarkeit eines österreichischen Krieges gegen Serbien mit einer intransigenten (Prestige-)Politik in Scherben lag.

Die russische Teilmobilmachung erfaßte die Wehrpflichtigen aus vier Militärbezirken: Kiew, Odessa, Moskau und Kasan, insgesamt 1.332.000 Mann:

14	*Armeekorps*	*700.000 Mann*
2	*Infanteriedivisionen*	*42.000 Mann*
9 ½	*Kavallerie-Divisionen*	*44.000 Mann*
26	*Reserve-Infanterie-Divisionen*	*546.000 Mann*
insgesamt		*1.332.000 Mann*

Die umfangreiche Mobilmachung war nicht von einem Sicherheitsbedürfnis veranlaßt: Österreich hatte nur acht Armeekorps mobilisiert, und zwar sämtlich an der Grenze zu Serbien. Aber die Regierung des Zaren hatte diplomatische Gründe. Die Teilmobilmachung sollte dem Ballhausplatz signalisieren: Wir verlangen Verhandlungen und nehmen es nicht hin, wenn man diesen Wunsch ohne Erläuterung ignoriert. Allerdings ist in diesem Zusammenhang die Österreich gegebene Versicherung, es solle nur ein Zustand bewaffneter Neutralität hergestellt werden und der russischen Regierung lägen Angriffsabsichten gegen Deutschland völlig fern, eher von geringer Bedeutung. Das waren nur ungreifbare Absichtserklärungen, die an dem Gewicht der 1.300.000 mobilisierten Soldaten nichts änderten.

Petersburg hätte seinem Wunsch nach Verhandlungen durchaus mit weniger friedensgefährdenden Mitteln Nachdruck verleihen können, z.B. zunächst mit der bloßen Drohung der Mobilmachung. Oder es wäre möglich gewesen, einen wesentlich

kleineren Teil seiner gegen Österreich einzusetzenden Streit-
macht zu mobilisieren. Diese Betrachtung hat aber nur für die
Kriegsschuldfrage Bedeutung, für die Verantwortung der Staatsmänner gegenüber dem Volk ist sie irrelevant. Denn die damalige
österreichische Haltung Rußland gegenüber war unbestreitbar
provokativ. Unvorstellbar war die russische Reaktion nicht, Jagow
und Tschirschky mußten mit ihr rechnen. Die Reichsregierung
hatte auf Sasonows Beschwerde vom 24. Juli keine für ihn beruhigende Antwort gegeben. Und sie tat auch in den darauf folgenden Tagen nichts, was geeignet gewesen wäre, Sasonows
Vertrauen wieder herzustellen. Dazu kam die grobe Drohung
vom 29. Juli, sie war erst recht kein freundlicher Schritt gegenüber Rußland. Das alles reichte aus, um die russische Mobilmachung vorstellbar zu machen. Jagow und Stumm, die Vortragenden Räte im Auswärtigen Amt samt ihrer Gehilfen im Status von
Diplomaten, sie hätten schon seit Sonntag sozusagen Zettel in
den Brieftaschen haben müssen, auf dem stand, wie die Wilhelmstraße auf eine russische Teilmobilmachung notfalls weich würde
reagieren können. Jedoch, es fehlte sogar in den Köpfen dieser
Männer an einer vorausschauenden Antwort. Die Politik, an der
sie so beharrlich und konsequent festgehalten haben, hatte das
Schiff auf Sand gesetzt. Jagow war ratlos. Jetzt zeigte sich, daß
seine Politik kurzsichtig war. Gewiß, Stumm und er, sie haben
eine Antwort gefunden. Sie haben von Österreich unter Andro-
hung der casus-foederis-Verneinung verlangt, Rußland einen
Schritt entgegenzukommen. Aber das war ein halbe Sache, denn
dieser gewagte Schritt war improvisiert. Bethmann hatte nicht
den Schneid, dem Kaiser dieses Verlangen vorzulegen und seine
Genehmigung zu beantragen. Und außerdem konnte dieses Stra-
tagema nur gegen die Teilmobilmachung dienen. Rußland aber
ließ diesen Maßnahmen gegenüber Österreich-Ungarn im Abstand von 24 Stunden die Gesamtmobilmachung folgen, also gegen Deutschland gerichtet. Bethmann Hollweg war nicht bereit,
die Verantwortung dafür zu übernehmen, auch unter diesen
Umständen die deutschen Armeen in Friedensverfassung in ihren Standorten zu belassen und das Ergebnis der österreichi-

schen Verhandlungen abzuwarten. – Aber noch steht nur die partielle Mobilmachung zur Debatte.

XI

Abends, nach der Rückkehr aus Potsdam, erfuhr auch Bethmann von der russischen Mobilmachung gegen Österreich. Wie er die Nachricht aufnahm, ist nicht überliefert. Nach allem, was wir wissen, hätte er es bevorzugt, wenn der Zar die Lokalisierung geduldet hätte. Für seine Ziele war es verhängnisvoll, daß Rußland so früh mobilisierte. Falkenhayn notiert:

„Abends Besprechung beim Reichskanzler mit Moltke und Jagow über die Frage, ob die von Rußland für die Militärbezirke Moskau, Kasan, Odessa, Kiew ausgesprochene Mobilmachung für uns ein Anlaß sein kann, auch zu mobilisieren. Sie wird gegen *leises, sehr leises* Widerstreben Moltkes vom Reichskanzler verneint, weil er der Ansicht ist, daß, da nach einer Mitteilung Sasonows an Pourtalès die Mobilmachung Rußlands noch nicht den Krieg bedeute, der Bündnisfall noch nicht gegeben sei. Wir müßten aber das Eintreten dieses Falles abwarten, weil wir sonst die öffentliche Meinung weder bei uns noch in England für uns haben würden. Letzteres sei erwünscht, denn nach Ansicht des Reichskanzlers würde England nicht auf Seiten Rußlands stehen können, wenn dieses durch einen Angriff auf Österreich die allgemeine Kriegsfurie entfessele und damit die Schuld für den großen Kladderadatsch auf sich nehmen würde. Dazu ist zu sagen, daß England noch stets da gestanden hat, wo sein Vorteil war, und daß ich persönlich die Mitteilungen Sasonows für direkte Lüge halte, ebenso wie die Eröffnung des russischen Kriegsministers und Generalstabschefs an den Militärattaché von Eggeling in Petersburg. Ich habe dies aber nicht etwa dem Reichskanzler erwidert, denn es ist seine Sache, die Politik zu leiten, und darf er darin nicht durch militärische Ratgeber gestört werden, solange nicht ein wesentliches militärisches Interesse in Frage kommt. Das ist aber hier nicht der Fall, denn es ist anzunehmen, daß unsere Mobilmachung, auch wenn sie zwei bis drei Tage später als die russische und österreichische erfolgt, immer noch schneller verläuft als diese. Wenn wir entschlossen gehandelt hätten, würden wir entsprechend meinem Vorschlage heute früh die drohende Kriegsgefahr verhängt haben. Jetzt kommt es auf ein paar Stunden auch nicht mehr an.“

Hier zeigen sich die Militärs erstaunlich zurückhaltend. Die russische Teilmobilmachung hätte mit durchgreifenden Maßnahmen beantwortet werden müssen. Erstens kam in Frage, Wien zum Einlenken zu zwingen. Dafür hat sich offenbar keiner der sich beratenden Männer ausgesprochen. (Allerdings, Stumm arbeitete daran, während sie ihre Meinungen austauschten!) Oder aber man hätte auf die Teilmobilmachung mit der eigenen deutschen (General-)Mobilmachung antworten können, wie L.C.F. Turner zutreffend bemerkt hat. Es ist der These zu widersprechen, daß die Militärs die Leitung der Krisendiplomatie etwa am 29. Juli „an sich gerissen“ hätten.

Hinter Moltkes Verhalten stand letzten Endes das Mißtrauen, Österreich könne vielleicht im letzten Augenblick noch zurückzucken. Dann hätte Deutschland mit seiner Mobilmachung allein gestanden.

Jetzt kam Grey der deutschen Regierung einen Schritt entgegen: Er lud sie ein, „irgendeine Methode“ zur Vermeidung des Krieges vorzuschlagen. Damit entsprach er einer gemeinsamen Anregung, die drei in Berlin akkreditierte Botschafter am Tag zuvor in einer Besprechung in der französischen Botschaft geboren und beschlossen hatten. Und zwar hatten sich Goschen, Cambon und der italienische Botschafter Riccardo Bollati getroffen, um Jagows Erklärungen vom Montag miteinander zu vergleichen. Jagow hatte ihnen übereinstimmend gesagt, er wünsche mit England für den Erhalt des allgemeinen Friedens zu arbeiten. Die drei Diplomaten meinten, „wenn sein (Jagows) Wunsch aufrichtig ist“, könnte es nützen, daß Grey seinen Vorschlag unter Vermeidung des Wortes „Konferenz“ wiederholte und darüber hinausgehend empfähle, Jagow möge selbst Richtlinien entwerfen, die ihm ein Zusammenwirken mit England ermöglichten. Diese Idee stammte von Jules Cambon, der keinen deutsch-französischen Krieg wünschte und darin mit der Pariser Regierung übereinstimmte. Hier zeigte sich eine Interessengemeinschaft der westlichen Mächte und Italiens, die den Frieden zu erhalten wünschten. Diese Übereinstimmung hätte wahrscheinlich auch das Bild einer Botschafterkonferenz in London geprägt.

Mit seiner Anregung machte Grey die Verantwortung klar: Ging Berlin auch auf dieses Angebot nicht ein, so erwiesen sich seine Beteuerungen in Bezug auf eine friedenserhaltende Zusammenarbeit mit England als unaufrichtig. Jagow wurde also „in die Enge getrieben", Deutschland gezwungen, Farbe zu bekennen. „Ob wir alsdann in der Lage seien", drahtete Lichnowsky, „irgendeinen Vorschlag zu machen? ... Wir hätten die Vermittlung zu vieren angenommen, und er (Grey) würde froh sein, wenn wir in der Lage wären, irgendeinen Vorschlag zu machen."

Grey in einer Mitteilung an die britischen Botschaft in Berlin: „Ich legte (dem Fürsten Lichnowsky) dringend nahe, die deutsche Regierung solle irgendein Verfahren (any method) vorschlagen, durch das der Einfluß der vier Mächte vereint geltend gemacht werden könnte, um den Krieg zwischen Österreich und Rußland zu verhindern. Frankreich habe zugestimmt und Italien habe zugestimmt. Die ganze Idee einer Vermittlung oder vermittelnder Einwirkung könne sofort durch irgendein Verfahren, das Deutschland etwa vorschlage, falls das meine nicht annehmbar sei, ins Werk gesetzt werden. In der Tat könne eine Vermittlung sofort durch jede Methode, die Deutschland für möglich halte, ins Werk gesetzt werden, wenn Deutschland nur im Interesse des Friedens ‚auf den Knopf drücken' wolle."

Eindrucksvoll! Am Abend fragte Goschen bei Jagow an, wie er über die Initiative denke. „Das AA habe noch nicht genug Zeit für eine Antwort hierauf gehabt", wurde er beschieden. Doch das war nicht die Wahrheit, denn sonst hätte Jagow „leider" gesagt. Er hätte hinzugefügt, daß man das Angebot sehr zu schätzen wisse und binnen kürzester Frist darauf zurückkommen werde. Nein, die Zeitknappheit war nur vorgeschützt. Jagow war ein schwacher Diplomat. Er handelte defensiv: Abwehr der Vermittlungsversuche. Aus Schwäche und staatsgläubig hielt er an dem ursprünglichen vom Kaiser eingenommenen Standpunkt fest. Gerade der Unsichere sagt Nein zu Vorschlägen, bei denen der Sichere seinen Vorteil sieht und mitgeht.

Nicht besser antwortete der Reichskanzler. Zwar sagte er dem Botschafter, er werde so stark wie möglich „auf den Knopf drücken", fügte aber hinzu, er sei nicht sicher, ob er mit seinen bisherigen Ratschlägen zur Mäßigung in Wien nicht bereits zu weit gegangen wäre. Möglicherweise seien die Dinge dadurch eher überstürzt worden. Das war eine verabscheuungswürdige Lüge, die zu einer Einschränkung des Bildes nötigt, daß Bethmann der Inbegriff von Ehrlichkeit und Aufrichtigkeit gewesen sei. Jedenfalls waren die Worte des Kanzlers „eitel Lug und Trug", wie Grelling richtig bemerkt. Bethmann zeigte sich wieder schwankend. Seine jetzige Identität mit der Politik des Auswärtigen Amts ist auffallend.

Am kommenden Tag – zweite Tageshälfte – wurde Jagow erneut auf das englische Angebot angesprochen, diesmal von Cambon. Aber inzwischen war zu viel passiert, nun brachte Jagow keine in sich schlüssige Antwort mehr zustande.

So ließen Jagow und Bethmann ohne erkennbare Differenzen untereinander aus Rücksichten, die das Licht der Öffentlichkeit scheuten, Greys elegantes Angebot verwehen. Schmachvoll! Welche Erklärung hält der deutsche Historiker dafür bereit? Ist es die, daß es sich hier um ein österreichisches Problem handelt? Darauf deutet die Formulierung hin „mit seinen bisherigen Ratschlägen zur Mäßigung in Wie bereits zu weit gegangen ..."

Das Telegramm, das die deutsche Diplomatie in die Enge trieb, enthielt noch zwei andere Absätze. Grey machte – nach den Worten Lichnowskys – folgenden Vorschlag: „Er (Grey) ließ hierbei den Gedanken fallen, ob es denn nicht möglich sei, über die Ausdehnung der militärischen Operationen Österreichs und über die Forderungen der Monarchie eine Verständigung herbeizuführen?"

Über die Ausdehnung: das heißt, den Vormarsch der Truppen räumlich zu beschränken. Ein naheliegender Gedanke! Wenn Zwei sich über einen teilbaren Gegenstand streiten, so schlägt der Mediator naturgemäß eine Teilung vor. Land ist teilbar. Also regte Grey an, daß österreichische Truppen nur einen Teil Serbiens besetzten. Vor ihm hatte Wilhelm, in der Absicht zu vermitteln, exakt dasselbe vorgeschlagen. Schließlich legte Grey der deutschen Diplomatie nahe, auf Serbiens Erklärung einzugehen, daß es die österreichischen Forderungen vollständig annehmen wolle. Das Gespräch wurde der britischen Botschaft in Berlin mitgeteilt.

Am 28. Juli hatte Tschirschky sich die Verstimmung Bethmanns und des Auswärtigen Amtes zugezogen. Es waren Zweifel aufgekommen, ob der Botschafter korrekt berichtete. Lichnowsky hatte berichtet: Mitglieder der österreichischen Botschaft in London lüfteten ihm und seinen Sekretären gegenüber das Geheimnis von Österreichs Absichten. Nämlich, man wolle Teile von Serbien an Bulgarien und vermutlich auch an Albanien verschenken. Bethmann ärgerte sich darüber, er machte seinem Unmut in einer Randbemerkung Luft:

„Diese Zweideutigkeit Österreichs ist unerträglich. Uns verweigern sie Auskunft über ihr Programm, sagen ausdrücklich, daß die Ausführungen des Grafen Hoyos, welche auf eine Zerstückelung Serbiens hinausliefen, seien private gewesen, in Petersburg sind sie die Lämmer, die nichts Böses im Schilde führen, und in London spricht ihre Botschaft von Verschenkung serbischer Gebietsteile an Bulgarien und Albanien."

Am 29. Juli fertigt Bethmann eine Aufzeichnung für das Auswärtige Amt: Habsburgs Erklärungen in Rom betreffend Verfügung über serbische Gebietsteile ständen im Gegensatz zu seinen in Petersburg hierzu abgegebenen Versicherungen. „Eine Politik mit doppeltem Boden können wir als Bundesgenossen nicht unterstützen." Er, Kanzler halte ein Telegramm nach Wien für notwendig: „Sonst können wir in Petersburg nicht weiter vermitteln und geraten gänzlich (!) ins Schlepptau Wiens." Am Schluß: „bitte ich um schleunige Vorlegung eines entsprechenden Telegramms".

In Anlehnung an den Wortlaut dieses Auftrages formulieren mehrere Räte des AA ein Monitum an Tschirschky: „Ich betrachte die Haltung der dortigen Regierung ... mit wachsendem Befremden. In Petersburg erklärt sie territoriales Desinteressement, uns läßt sie ganz im unklaren über ihr Programm, Rom speist sie mit nichtssagenden Redensarten über die Kompensationsfrage ab, in London verschenkt Graf Mensdorff Teile Serbiens an Bulgarien und Albanien ... Aus diesen Widersprüchen muß ich den Schluß ziehen, daß die in Telegramm Nr. 83 mitgeteilte Desavouierung des Grafen Hoyos für die Galerie bestimmt war, und daß die dortige Regierung sich mit Plänen trägt, deren Geheimhaltung vor uns sie für angezeigt hält, um sich für alle Fälle der deutschen Unterstützung zu versichern und nicht durch offizielle Bekanntgabe einem eventuellen Refus auszusetzen."

Diese Worte konnten gleichzeitig ein Tadel an Tschirschkys Adresse verstanden werden. Denn seine Sache war es, wachsam zu sein und den Österreichern solche Tricks unmöglich zu machen. Bevor Tschirschky Zeit hatte zu antworten, wiederholte Stumm seine Attacke: Im Telegramm vom 29. Juli 1914, abgefertigt am 30., 4:40 Uhr, wird im ersten Satz angedeutet, daß der Botschafter unzutreffend über die Kommunikation der österreichischen Regierung mit Petersburg berichtet habe:

„Diese Meldung (Tschirschkys) steht nicht im Einklang mit der Darstellung, die Ew. pp. über den Verlauf der Unterredung des Grafen Berchtold mit Herrn Schebeko gegeben haben. Anscheinend liegt ein Mißverständnis vor, das ich aufzuklären bitte." Mit anderen Worten: Stumm behauptete, dem Auswärtigen Amt sei über den Stand der russisch-österreichischen diplomatischen Kontakte aus Petersburg einerseits und aus Wien andererseits unterschiedlich informiert worden: nach dem Bericht des Grafen Pourtalès lehne Österreich Konversation ab, nach der Meldung Tschirschkys sei es dazu bereit. In Wahrheit ließen sich die Telegramme leicht harmonisieren, und zwar im Sinne der Nichtbereitschaft zur Verhandlung mit Rußland.

Die Antwort Tschirschkys war Chuzpe: Er ging auf die unsinnige Auffassung von einem Mißverständnis ein und behauptete – unzutreffend –, daß es in der Zwischenzeit erledigt sei, nämlich durch die in Telegramm 135 berichtete Mitteilung Berchtolds an ihn, Tschirschky.

XII

Bethmann setzte seine im Alleingang betriebenen Scheinaktivitäten fort: Er ging so weit, dem britischen Botschafter am Abend des 29. Juli eine Neutralitätsvereinbarung anzubieten. Auch hierin lag Fatalismus: Er griff in die Frage des Kontinentalkrieges nicht ein, versuchte lediglich für den Fall der Fälle vorzusorgen. Die Episode zeigt erneut, daß sein Einfluß auf den Gang der Ereignisse nahezu gleich Null war:

Er ließ auf halbelf Uhr abends Goschen zu sich bitten, las ihm eine formulierte Erklärung vor. Er könne im Namen des Deutschen Reiches, wenn England neutral bleibe, versichern, daß Deutschland selbst im Falle eines siegreichen Krieges keine territoriale Bereicherung auf Kosten Frankreichs anstrebe. Auf Nachfrage des Botschafters erläuterte er, daß diese Zusage nicht für die französischen Kolonien gelte.

Es war beleidigend – sicher ohne daß Bethmann das merkte –, für möglich zu halten, daß Grey England in Abhängigkeit eines den europäischen Kontinent beherrschenden Deutschland kommen lassen und seine Freunde verraten werde, und das unverschleiert und ohne einen Hosenknopf als Gegenleistung. Der Mißgriff des Kanzlers ist kaum milder zu beurteilen, wenn man berücksichtigt, daß Albert Ballin durch einen unzutreffenden Bericht über inoffizielle Gespräche mit englischen Politikern den Kanzler zu dem „Angebot" ermutigt hatte.

Für Lichnowsky und Grey spielte das Problem Belgiens zunächst nur eine untergeordnete Rolle; die Gefahr des Kriegsausbruchs (Krieg zwischen England und Deutschland) war ohnehin groß genug. In welchem Grade Lichnowsky von dem deutschen Aufmarschplan unterrichtet war, ist zweifelhaft. Sehr viel spricht dafür, daß er kein oder unzureichendes Wissen hatte. Der Angriff auf Belgien war ein unverzichtbarer Teil des deutschen Aufmarschplans.

Das dilettantische und hilflose Verhalten der deutschen Diplomatie wird durch die Kritik der militärischen Planungen nicht klarer oder plausibler. Wer die Handlungen und Entscheidungen des Juli 1914, auch etwa Bethmann Hollwegs oder Wilhelms, zu verstehen sucht, muß daher den sogenannten „Schlieffenplan" als die militärisch noch beste Antwort auf eine verzweifelte Lage oder als unnachprüfbare Vorgabe Moltkes und der strategisch kompetenten Militärs unterstellen. In dieser Hinsicht ist Fritz Fischer zuzustimmen. Trachtenberg meint, „that the rigid Schlieffen strategy was a source of weakness and thus in theory should have served as a brake on German policy". Durchaus möglich, daß sie tatsächlich gebremst hat! Aber die Gründe für den Krieg wurden für so stark gehalten, daß sie die bremsende Wirkung überwunden haben.

Am folgenden Tage nutzte Jagow seine Anwesenheit im Hause von Sir Edward Goschen, um auf Bethmanns „Angebot" zu sprechen zu kommen. Ihm war der Vorstoß des Reichskanzlers „furchtbar peinlich", wie Goschen berichtet. Ein wichtiger Satz in dem Ozean der Dokumente! Er erhellt das Verhältnis zwischen Bethmann und Jagow, das manche Experten ganz zu unrecht als eines der reibungslosen sachlichen Zusammenarbeit und der gegenseitigen Achtung bezeichnen. Bethmann war der ungeschickte Nichtdiplomat, und so schätzte Jagow ihn ein.

Die Antwort aus dem Foreign Office erhielt Goschen schon am 30. Juli. Er versuchte, sie am 31. Juli, zehn Uhr vormittags, dem Kanzler mündlich zu übermitteln. Aber Bethmann konnte sich nicht konzentrieren. Auf seine Bitte übergab Goschen daher ein Papier mit der Antwort, die harsch formuliert war: „The proposal that his Majesty's Government should bind themselves to neutrality on the terms proposed cannot for a moment be entertained ...

From the material point of view, such a proposal is unacceptable for France could be so crushed as to lose her position as a Great Power and become subordinate to German policy without

further territory in Europe might be taken from her. But apart
from that, for us to make this bargain with Germany at the ex-
pense of France would be a disgrace from which the good name
of this country would never recover."

XIII

Zurück zum 29. Juli! Abends erhielt der Kaiser eine Depesche
des Generals von Chelius: „In der Umgebung des Zaren will
man keinen Krieg und möchte ihn noch vermeiden und bedauert, daß es keiner Macht gelungen ist, Österreich von dem gefahrvollen Schritt abzuhalten."

Neben „keiner Macht" schrieb Wilhelm: „doch wir", doppelt
unterstrichen. Damit meinte er sich selbst und diejenigen, die, wie
er irrig glaubte, den Vorschlag „Halt in Belgrad" ohne Abstriche
ausführten. Er schrieb nicht „doch uns", denn es war ja „uns"
noch nicht gelungen, Österreich von dem gefahrvollen Schritt abzuhalten. Aber „wir" waren dabei, das zu unternehmen, nämlich
durch „Halt in Belgrad". Es gab Entscheidungen, bei denen Wilhelm ausnahmsweise nicht schwankte. Eine davon war die gegen
den Krieg, getroffen wohl schon am 27. Juli abends, spätestens am
28. Juli nach der Lektüre der serbischen Note.

Vom Zaren selbst ging folgendes Telegramm ein: „Thanks for
your telegram conciliatory and friendly. Whereas official message
presented today by your ambassador to my minister was conveyed in a very different tone. Beg you to explain this divergency.
It would be right to give over the Austro-servian problem to the
Hague conference. Trust in your wisdom and friendship."

Der Kaiser unterstrich „you to explain this divergency" und
notierte am Rand „nanu!" Sein Erstaunen war berechtigt. Er
kannte das Telegramm an den Botschafter („grobe Drohung")
nicht, und vorher hatte man ihn natürlich nicht nach seiner Meinung gefragt. Auch der Zar befand sich im Recht: Wilhelms Telegramm war im Ton mindestens eine Klasse konzilianter als das
an Pourtalès.

Wilhelm unterstrich auch „Hague conference" und markierte die Zeile mit einem Ausrufungszeichen: eine positive Aufnahme. Aber Bethmann telegraphierte an Pourtalès: „Der Gedanke der Haager Konferenz wird natürlich in diesem Falle ausgeschlossen sein." So entschied er trotz der am Nachmittag und Mittag stattfindenden Verdüsterung der Lage.

Die russische Teilmobilmachung machte Jagow und das Auswärtige Amt, das Ruder des Staatsschiffs herumzuwerfen und den „Blankoscheck" vom 5. Juli zurückzufordern.

29. und 30. Juli: Weshalb waren die Weltbrandtelegramme erfolglos?

Am Nachmittag des 29. Juli bemerkte der österreichische Botschafter beim Auswärtigen Amt einen „Umschwung in der Stimmung" und „Nervosität". Also einen Gegensatz zu der „größten Ruhe bezüglich der Eventualität eines europäischen Konflikts", die er bis dahin dort angetroffen hatte. Dies war die Sprache eines Diplomaten: Im allgemeinen Deutsch würde man von „Panik" sprechen. Der Glaube wichtiger Entscheidungsträger an Rußlands Nichtintervention war angesichts der Teilmobilmachung zusammengebrochen. Fast gleichzeitig hatte es irritierende Neuigkeiten aus London gegeben: eine Meldung eines nicht näher bekannten Agenten und ein Telegramm des dortigen Botschafters. Außer Jagow und Stumm dürfte sich auch die Anti-Kriegs-Partei der Vortragenden Räte, von der schon die Rede war, eine harte Politik gefordert haben.

I

Die Neuigkeiten aus London trafen ein paar Stunden früher ein als die Nachricht über die russischen militärischen Maßnahmen: Sir Edward Grey beschwerte sich bei der deutschen Regierung über Wiens kategorisches Nein zu Gesprächen. Kontakte zwischen Wien und Petersburg zustande zu bringen, war neuerdings das Ziel des englischen Außenministers. Den Plan einer Konferenz der vier Botschafter hatte er einstweilen auf Eis gelegt.

Aus diesem Telegramm griff Jagow einen Gedanken auf: eine serbische Vollannahme des Ultimatums für genügend zu erklären, ungeachtet der Verspätung. Kurz nach Mitternacht übermittelte er den Wortlaut des Telegramms an den Botschafter in Wien und wies ihn an: „Bitte Grafen Berchtold Vorstehendes sofort mitteilen und hinzufügen, daß wir ein derartiges Nachgeben Serbiens als geeignete Basis für Verhandlungen ansehen auf Grund einer Besetzung serbischen Gebietsteils als Faustpfand." Dem lag ein wesentlich kürzerer Entwurf des Vortragenden Rats von Bergen zugrunde. Der Passus „und hinzufügen, daß ein derartiges Nachgeben Serbiens als geeignete Grundlage für Verhandlungen ansehen und auf Grund einer Besetzung serbischen Gebietsteils als Faustpfand" stammte von Jagow. Jedoch handelt es sich nur um eine Empfehlung an den Ballhausplatz, keine Forderung.

Jagow verstärkt die Anweisung an Tschirschky durch ein weiteres, nahezu inhaltsgleiches, aber in der Tonlage kräftigeres Telegramm. Er bezeichnet den drohenden Krieg jetzt als „Katastrophe". Über Berchtolds Nein zu Besprechungen hatte sich auch Sasonow beklagt. So geschehen in einer Begegnung mit Pourtalès, die schon vor der Verlesung der deutschen „Drohung" stattgefunden hatte. Die „kategorische Ablehnung" der Österreicher stand im Widerspruch zu den seit Montag geäußerten deutschen Wünschen. „Rußland beschwert sich, daß Unterhaltungen weder durch Herrn Schebeko (russischer Botschafter in Wien) noch durch Graf Szápáry Fortlauf genommen hätten. Wir müssen daher, um allgemeine Katastrophe aufzuhalten oder jedenfalls doch Rußland ins Unrecht zu setzen, dringend wünschen, daß Wien Konversationen gemäß Telegramm Nr. 174 (mit Wilhelms Konzeption „Halt in Belgrad") beginnt und fortsetzt." Diesen Satz findet man bei Fischer, der so viel wörtlich zitiert, allerdings nicht.

Die Passage „um allgemeine Katastrophe aufzuhalten" war in dem Entwurf des Vortragenden Rats Rosenberg nicht enthalten. Man kann sich jetzt vorstellen, daß der von Szögyény beobachtete „Umschwung in der Haltung des Auswärtigen Amtes" zwischen der Stunde des Entwurfs und Jagows Umformulierung passiert ist.

Die Worte „dringend wünschen" gingen weiter als alle bisherigen Anweisungen dieser Art an Tschirschky. Zwar hielt Jagow an dem Ziel, Rußland ins Unrecht zu setzen, alternativ fest. Dennoch war das Gewicht des Begriffs „Katastrophe" so groß, daß Tschirschky versuchen mußte, in erster Linie Vermeidung der Katastrophe anzustreben, und nur wenn das nicht gelang, die Regierung des Zaren ins Unrecht setzen. Mit Absendung dieses Telegramms erhielt die Lage ein durchaus anderes diplomatisches Gesicht. Das Gesetz des Handelns war im Begriff, wieder an Deutschland zurück zu fallen. Die Anweisung an den Botschafter lief darauf hinaus, daß sowohl der große Europäische Krieg als auch der Balkankrieg entfielen.

II

Daß Jagow damit die bisherige deutsche Politik radikal änderte, ergibt sich aus zwei weiteren Depeschen an Tschirschky, die im Abstand von zweieinhalb Stunden dem Telegramm „Katastrophe" folgten. Auch sie zogen die Konsequenz aus den beiden Hiobsnachrichten: die Mitteilung über die russische (Teil-) Mobilmachung und das Telegramm aus London, das sich unheilvoll anhörte, Stumm und Jagow alarmierte. Es ist schwer zu entscheiden, was mehr auf ihn wirkte oder ob beides in gleichem Maße zu der Politikänderung beitrug.

Jetzt sollte Tschirschky von den Österreichern das Eintreten in einen Meinungsaustausch mit Rußland kategorisch verlangen. Stumm entwarf eine kräftige Anweisung. Es war das erste von zwei Telegrammen, die auch als „Weltbrandtelegramme" bezeichnet werden.

Das Auswärtige Amt instruierte Tschirschky: Die kategorische Verweigerung eines Meinungsaustausches mit Petersburg wäre ein schwerer Fehler, da sie ein kriegerisches Eingreifen Rußlands geradezu provoziere. In erster Linie Österreich-Ungarn sei interessiert, eine Kriegsbeteiligung Rußlands zu vermeiden. In diesem Sinne solle Tschirschky sich gegenüber dem Grafen Berchtold „mit allem Nachdruck aussprechen". Gleichzeitig übermittelte Stumm Teile des seit einigen Stunden vorliegenden Telegramms aus Petersburg im Wortlaut.

Er brachte den Entwurf zusammen mit dem Telegramm aus Petersburg in die Wohnung des Staatssekretärs. Inzwischen war es etwa halb elf Uhr abends. Die beiden Diplomaten ergänzten den Entwurf, indem sie drohten, Deutschland werden den casus foederis verneinen: „Wir sind zwar bereit, unsere Bündnispflicht zu erfüllen, müssen es aber ablehnen, uns von Wien leichtfertig und ohne Beachtung unserer Ratschläge in einen Weltbrand hineinziehen zu lassen. Auch in italienischer Frage scheint Wien unsere Ratschläge zu mißachten. Bitte, sofortige Ausführung."

Obwohl eine noch schärfere Sprache möglich gewesen wäre, war die Drohung doch verständlich: Wenn Österreich nicht in Verhandlungen mit Petersburg eintrat, fühlte Deutschland sich leichtfertig und gegen seine Ratschläge in einen Weltbrand hineingezogen; das war von seiner Bündnispflicht nicht gedeckt.

Jagow nahm den Entwurf, durchquerte den Garten seines Hauses und trat durch eine Pforte der Grenzmauer auf das Grundstück des benachbarten Reichskanzler-Palais. Er gibt später als Zeit: „nach 11 Uhr abends" an. Das Gebäude lag bereits im Dunkel, mit Ausnahme der Büroräume. Er fand die Tür an der Gartenseite des Palais schon geschlossen, stieg daher durch ein offenes Fenster in das ebenerdige Arbeitszimmer des Unterstaatssekretärs. Von dort begab er sich in das eine Treppe höher gelegene Schlafzimmer des Kanzlers. Daß er sich die Unterschrift des Reichskanzlers geben ließ, behauptet er fünf Jahre später, sei geschehen, „um unserem Standpunkt noch mehr Nachdruck zu verleihen". Abgesehen davon, war es natürlich, für den Richtungswechsel den Reichskanzler mit in die Verantwortung zu nehmen.

Er fand den Kanzler schlafend. Bethmann hatte von etwa 23 Uhr bis 23:30 Uhr das frustrierende Gespräch mit Goschen geführt (Neutralitätsangebot). Er wurde geweckt, blieb aber im Bett liegen, Jagow sprach mit ihm den Entwurf des Telegramms durch.

Bethmann änderte eine Kleinigkeit, indem er den vorletzten Absatz („Bitte sich gegen Graf B. ...") an das Ende des Erlasses verschob und den bisherigen Schluß „Bitte sofortige Ausführung" strich. Eine minimale Abschwächung, wenn überhaupt. Warum gab Bethmann sich mit solchen Kleinigkeiten ab? Eine mögliche Antwort: Er wollte zeigen, daß er noch da war. Dieser Mann war ziellos. Den Wortlauf des Ultimatums wollte er nicht kennen, um keine Verantwortung zu übernehmen. Das Telegramm aber änderte er in einer reinen Stilfrage ab, um dem Verdacht zuvorzukommen, er habe etwa ungelesen unterschrieben.

Jetzt lauteten die relevanten Sätze der Instruktion:

„Wir können Österreich-Ungarn nicht zumuten, mit Serbien zu verhandeln, mit dem es im Kriegszustand begriffen ist. Die Verweigerung jeden Meinungsaustausches mit Petersburg aber würde ein schwerer Fehler sein, da er kriegerisches Eingreifen Russlands geradezu provoziert, das zu vermeiden Österreich-Ungarn in erster Linie interessiert ist. Wir sind zwar bereit, unsere Bündnispflicht zu erfüllen, müssen es aber ablehnen, uns von Wien leichtfertig und ohne Beachtung unserer Ratschläge in einen Weltbrand hineinziehen zu lassen. Auch in italienischer Frage scheint Wien unsere Ratschläge zu mißachten. Bitte sich gegen Graf Berchtold sofort und mit allem Nachdruck und großem Ernst aussprechen."

Es gehörte Mut zu diesem Schritt. Deutschland konnte, wenn es Österreich im Stich ließ und sich das herumsprach, für eine Zeit diplomatisch isoliert sein. Stumm und Jagow nahmen das in Kauf.

Dem ersten Weltbrandtelegramm ließ Jagow ein zweites folgen, das er allein formulierte. Hiermit übermittelte er Tschirschky den Wortlaut des neuen Telegramms aus London, angekommen um 21:12 Uhr, von dem oben S. 187 schon die Rede war. Grey hatte Lichnowsky gegenüber den Vorschlag wiederholt, Österreich möge nach Besetzung von Belgrad oder anderen serbischen Plätzen „seine Bedingungen kundgeben". Er erklärte sich auch bereit, Herrn von Jagow die Geschäfte eines federführenden Vermittlers zu übertragen, wenn dieser das wünschte. Schließlich machte Grey dem Botschafter eine, wie er es nannte, „freundschaftliche und private Mitteilung": „Die britische Regierung könne, solange der Konflikt sich auf Rußland und Österreich beschränke, abseits stehen. Würden wir aber und Frankreich hineingezogen, so sei die Lage sofort eine andere... ‚If war breaks out, it will be the greatest catastrophe that the world ever has seen.' Es liege ihm fern, irgendeine Drohung aussprechen zu wollen, er habe mich (Lichnowsky) nur vor Täuschungen und sich vor dem Vorwurf der Unaufrichtigkeit bewahren wollen und daher die Form einer privaten Verständigung gewählt."

Der amerikanische Historiker John Langdon fragt 1991: „Is it merely coincidental that his (Bethmann's) July 30 telegrams followed so closely upon his receipt of Lichnowsky's account of Grey's unequivocal warning?" – Nun war der geistige Urheber der „Telegramme vom 30. Juli" nicht Bethmann, auch nicht Jagow, es war Wilhelm von Stumm. Die Frage ist also in erster Linie auf ihn zu beziehen. Und für ihn war nach aller vorliegenden Evidenz die englische Neutralität tatsächlich eine echte Voraussetzung seiner Diplomatie. Erst dieses am 29. Juli nachmittags in Berlin eintreffende Telegramm, riß Stumm aus seinem Irrtum. Er muß einen veränderten Ton in der Sprache Greys wahrgenommen haben. Dieses Gespräch ist das einzige, über das nur der deutsche Botschafter nach Berlin berichtet; Grey hat kein Paralleltelegramm an Goschen geschickt. Die Unterredung nimmt daher objektiv eine Sonderstellung ein. Neben diesem offiziellen Bericht Lichnowskys kommt wohl auch einer gleichzeitigen Agentenmeldung aus London Bedeutung für Stumms Diplomatieänderung zu.

Jagows Berater hatte in den ersten Tagen nach Sarajewo gegenüber dem Journalisten Naumann geäußert, man könne „mit Sicherheit" annehmen, daß England in einen kontinentalen Krieg nicht eingreifen werde. Noch am 28. Juli 1914 vertrat er diese Ansicht. Admiral von Müller notierte: „Stumm, der als Englandkenner gilt, meint, England würde zunächst sicher neutral bleiben, aber sein ganzes Gewicht für einen baldigen Friedensschluß in die Waagschale werfen, sobald Frankreich ernsthaft in Gefahr kommt, geschlagen zu werden."

Nach dem Krieg hat Stumm sich gegenüber dem ihm befreundeten Diplomaten Werner von Rheinbaben selbst bezichtigt, er habe sich 1914 geirrt und Bethmann am Spätnachmittag des 5. Juli 1914 falsch beraten, vor dem Gespräch zu dritt (Kaiser, Bethmann, Zimmermann). In seinem Buch „Kaiser, Kanzler, Präsidenten" erläutert Rheinbaben, die falsche Beratung habe sich auf die Frage der englischen Neutralität bezogen.

Soweit es sich um Wilhelm von Stumm handelt, war es also ein Krieg der Fehlrechnung, ein unabsichtlicher Krieg, „inadvertent war im weiteren Sinne". Er ist ein Risiko eingegangen. Hier gilt auch nicht der Einwand, Berlin hätte sich unschwer Gewißheit verschaffen können. Als Stumm – am 3. oder 4. Juli – mit Bethmann gesprochen hatte, war es für Recherchen zu spät.

Den vollen Wortlaut des Telegramms übermittelt Jagow Tschirschky und kommentiert: „Wir stehen damit, falls Österreich jede Vermittlung ablehnt, vor einer Konflagration, bei der England gegen uns, Italien und Rumänien nach allen Anzeichen nicht mit uns gehen würden und wir zwei gegen vier Großmächte ständen. Deutschland fiele durch Gegnerschaft Englands das Hauptgewicht des Kampfes zu. Österreichs politisches Prestige, die Waffenehre seiner Armee, sowie seine berechtigten Ansprüche Serbien gegenüber, könnten durch Besetzung Belgrads oder anderer Plätze hinreichend gewahrt werden. Es würde durch Demütigung Serbiens seine Stellung im Balkan wie Rußland gegenüber wieder stark machen. Unter diesen Umständen müßten wir der Erwägung des Wiener Kabinetts dringend und nachdrücklich anheimstellen, die Vermittlung zu den angegebenen ehrenvollen Bedingungen anzunehmen. Die Verantwortung für die sonst eintretenden Folgen wäre für Österreich und für uns eine ungemein schwere."

Das Dokument bestätigt die Rolle der Ehre für den Ausbruch des Krieges. Jagow wertete die Grey'schen Vorstellungen ausdrücklich als für Österreich „ehrenvolle Bedingungen". Offenbar befürchtete er, daß Tschirschky und Berchtold das anders sehen könnten.

„Die Vermittlung" meinte Sir Edwards aktuellen Vorschlag „Halt in Belgrad", der inhaltlich mit der „Halt in Belgrad"-Idee des Kaisers überein stimmte. Infolgedessen mußten die Männer in Wien „Weltbrand II" als Bekräftigung von „Halt" auffassen.

Das Weltbrandtelegramm II stellte dem Wiener Kabinett die Annahme der Vermittlung nur „dringend und nachdrücklich zur Erwägung anheim". Weltbrand I war ohne solche abschwächenden Floskeln ausgekommen, hatte im Gegenteil mit der Casus-foederis-Verneinung gedroht. Österreichische Verhandlungen mit Rußland waren in Wien leichter zu erreichen als Zustimmung zu „Halt in Belgrad". Jagow verzichtete darauf, Bethmann erneut zu wecken. Trotzdem wurde Weltbrand II mit der Unterschrift „Bethmann Hollweg" durchtelegraphiert. Jagow erreichte das, indem er unter dem Telegramm vermerkte „Reichskanzler i.m". Die Abkürzung bedeutet: in mundo, „in der Reinschrift". Genau genommen paßt der Ausdruck nicht für Telegramme. Jedenfalls aber wies „i.m." den Beamten des Telegraphenamtes an, die Mitteilung so durchzugeben, als hätte der Kanzler sie unterschrieben. Die Veröffentlichung in DD erweckt den Eindruck, Bethmann habe das Telegramm wirklich unterzeichnet.

Jagow kennzeichnete es als „dringend". Das war wohl der Grund, daß das Haupttelegraphenamt dieses Telegramm früher als Weltbrand I erhielt, wenn auch nur um fünf Minuten. Wollte Jagow dieses mildere schneller als Telegramm I in die Hände des Botschafters in Wien gelangen lassen? Durch irgendwelche telegraphentechnische Zufälle traf aber doch Weltbrand I vor II in der Botschaft ein.

An Pourtalès drahtete Jagow nur: Berlin vermittelt weiter – eine auffallend knappe und inhaltsarme Information. Er pflegte seine Botschafter nicht optimal zu informieren. Sein Paralleltelegramm an Lichnowsky war zwar kräftiger, aber ebenfalls nicht ausreichend. Darin wies er den Botschafter an, Sir Edward Grey über die Vermittlung in Wien in Kenntnis zu setzen. Er habe dringend zur Annahme seiner Vorschläge geraten.

III

Man fragt sich, ob Jagow und Stumm an den Weltbrandtelegrammen konsequent festgehalten haben, insofern könnten Zweifel bestehen. Dazu folgende Beobachtungen:

Früh am Morgen suchte Jagow den Botschafter Goschen auf. Es war das einzige Mal in der Julikrise, daß er sich in die Residenz eines fremden Botschafters oder Gesandten begeben hat. Goschen berichtete: „Staatssekretär des Auswärtigen teilt mir mit, daß er sofort nach Empfang des Telegramms, in dem Fürst Lichnowsky über seine letzte Unterredung mit Ihnen berichtete, bei der österreichisch-ungarischen Regierung angefragt habe, ob sie bereit sei, Vermittlung auf Grundlage der Besetzung Belgrads oder anderen Punktes durch österreichische Truppen anzunehmen und ihre Bedingungen von dort bekanntzugeben. Er hat bislang keine Antwort erhalten, befürchtet aber, russische Mobilmachung gegen Österreich werde Schwierigkeiten vermehrt haben, da Österreich-Ungarn, das bisher nur gegen Serbien mobilisiert hat, die gleiche Maßnahme nun wahrscheinlich auch gegen Rußland nötig finden wird. Staatssekretär des Auswärtigen meint, wenn es Ihnen gelänge, Rußland zur Einwilligung in obige Grundlage einer Abmachung zu bewegen und es zu überreden, inzwischen keine Schritte zu unternehmen, die als aggressiv gegen Österreich gerichtet angesehen werden könnten, er noch eine Möglichkeit sieht, europäischen Frieden zu erhalten."

Angesichts der bisherigen diplomatischen Haltung Englands konnte Jagow wohl nicht ausdrücklicher sprechen. Die Kennzeichnung „als aggressiv gegen Österreich" war auffallend unkonkret. Beiden Herren war bekannt, daß Rußland gegen Österreich mobilisierte. War der Fortgang dieser Maßnahme „aggressiv"? Jagow sprach diesen Punkt nicht an.

Im Auswärtigen Amt entwarf er einen Bericht an den Kaiser. Er wollte ihn über Lichnowskys letztes Telegramm und das Weltbrandtelegramm II unterrichten, und zwar je im Wortlaut. Das war eine recht gute Information. Einem neutralen Diplomaten sagte er ungefähr gleichzeitig, er „verzweifle keineswegs an der Erhaltung des Friedens".

Auch Stumm war weiter im Sinne der Weltbrandtelegramme tätig. Er stellte eine gekürzte, entschärfte Version des Weltbrandtelegramms I dem Berliner Korrespondenten der „Westminster Gazette" zur Verfügung: Offenbar wollte er sowohl den Druck auf die Wiener Regierung verstärken, als auch die englische öffentliche Meinung in einem für Deutschland günstigen

Sinne beeinflussen. Das Londoner Blatt veröffentlichte den Text erst am übernächsten Tag.

Dem Grafen Szögyény teilte Jagow nur die Weiterleitung des englischen Vorschlags – Lichnowskys letztes Telegramm – nach Wien mit, jedoch nicht den sich daran anschließenden Appell an Tschirschky und Berchtold zur Umkehr. (Wohl eine Maßnahme zur Entlastung der Telegraphenämter?)

IV

Bethmann übernahm die Unterrichtung des Kaisers. Er ließ den von Jagow formulierten Entwurf unbenutzt, gab dem Kaiser weniger an Information, als Jagow das vorgesehen hatte: Er habe von dem Grafen Berchtold eine sofortige Entscheidung über Wilhelms „Halt in Belgrad"-Vorschlag verlangt, „damit diese Episode in der einen oder anderen Form abgeschlossen werden könne."

In Bethmanns Mitteilung an den Kaiser heißt es weiter: „Dabei habe ich darauf aufmerksam gemacht, daß jede Erklärung Wiens an Petersburg über den Zweck und Umfang der österreichischen Aktion gegen Serbien die Schuld Rußlands nur vergrößern und vor der gesamten Welt öffentlich dokumentieren würde." Tatsächlich hat er so nicht geredet. Er belog den Kaiser. Er kann an diesem Vormittag den Erhalt des Friedens nicht mehr gesehen haben. Daher war jetzt die Schuld Rußlands zu vergrößern, für ihn das aktuelle Thema. „Die im Telegramm des Fürsten Lichnowsky wiedergegebenen englischen Vorschläge habe er", fuhr Bethmann Hollweg fort, „dem Grafen Berchtold zur ernsten Erwägung unterbreitet." Das ebenfalls entsprach nicht der Wahrheit: In Weltbrand II hatte Jagow dem Botschafter Tschirschky das Szenario eines Weltkrieges in düsteren Farben gemalt. Er hatte eindringlich an seine Einsicht appelliert, von der verderblich, ja selbstmörderisch gewordenen alten Zielsetzung abzulassen.

V

Die beiden Depeschen, die um halb eins in Berlin zum Telegraphenamt gegeben worden waren, trafen am Donnerstag um sechs Uhr früh in der deutschen Botschaft zu Wien ein; man könnte sie Vorläufer der Weltbrandtelegramme nennen. Danach sollte Tschirschky die Österreicher auffordern, „um allgemeine Katastrophe aufzuhalten", Konversation mit Rußland aufzunehmen und fortzusetzen. Im Begriff, mit diesen Instruktionen „in ungewöhnlich offizieller Kleidung" in das Außenministerium zu fahren, begegnete der Botschafter Dr. Ganz, dem Korrespondenten der Frankfurter Zeitung. Er informierte ihn über sein Vorhaben. Ganz, über den Gegensatz zwischen dem unsicher agierenden Berlin und dem „schon im Schwung begriffenen Wiener Kabinett" bestens informiert, zitierte Frundsbergs Worte zu Luther: „Mönchlein, du tust einen schweren Gang!" Der Journalist stellte sich also vor, daß Tschirschkys Gespräch mit Berchtold unangenehm werden würde: Tschirschky mußte eingestehen, von Berlin desavouiert zu sein. Er konnte seine Pflichten dem Komplottpartner gegenüber nicht erfüllen.

Wieder zurückgekommen, befriedigte er die Neugierde des Dr. Ganz mit den Worten: „Gott sei Dank, Berchtold hat nachgegeben". War das die Wahrheit?

Über sein Gespräch am Ballhausplatz berichtete Tschirschky in einem Telegramm mit der Journal-Nr. 135: „Berchtold und Graf Forgách haben gebeten, nachstehendes mitzuteilen: Infolge unserer mit Dank aufgenommenen gestrigen Anregung ist an Graf Szápáry Instruktion ergangen, Konversation mit Herrn Sasonow zu beginnen. Graf Szápáry ist ermächtigt, die Note an Serbien, die allerdings durch Kriegszustand überholt sei, dem russischen Minister gegenüber zu erläutern, und jede Anregung, die weiter noch von russischer Seite erfolgen sollte, entgegenzunehmen, sowie über alle, direkt die österreichisch-russischen Beziehungen tangierenden Fragen mit Sasonow zu besprechen."

Diese Worte haben die Grafen des Ministeriums am Ballhausplatz offensichtlich mit besonderem Bedacht gewählt. Der öster-

reichische Botschafter in Petersburg soll die Note an Serbien erläutern, aber gleichzeitig darauf aufmerksam machen, daß sie
durch den Kriegszustand überholt sei. Das kann es unmöglich
sein, was die Wilhelmstraße „dringend gewünscht" hat. – „Jede
Anregung, die weiter noch von russischer Seite erfolgen sollte,
entgegenzunehmen..." – nur das? Sollte also der Botschafter sich
lediglich wie eine Wachstafel verhalten? Das war keine „Konversation"! Und schließlich die „direkt" tangierenden Fragen: Zu ihnen gehörte das Sarajewoproblem ja gerade nicht. Es stimmt
höchst skeptisch, daß dieser dritte Begriff überhaupt mit den ersten beiden in einem Atemzug genannt wurde. Überdies hatte das
Berliner Ursprungstelegramm gefordert, Konversation zu beginnen „gemäß dem Telegramm Nr. 174" („Halt in Belgrad"). Davon war jetzt weder ausdrücklich die Rede, noch paßte es unter
einen der drei Begriffe. Berchtold hat also gar nicht nachgegeben!
Er hat ein Nachgeben nur gespielt. Ob dies für jemanden, der
1914 die Telegramme unter dem Druck der Verantwortung zeitknapp las, den doppelten Boden der österreichischen Diplomatie
erkennen mußte, ist eine andere Frage, die offen bleiben kann.

Wie Tschirschky dem Korrespondenten des Frankfurter Blat-
tes nicht die Wahrheit sagte, so verschwieg sein Bericht, den er
an das Auswärtige Amt schickte, das Wesentliche: daß die
Österreicher nur Scheingespräche führen wollten. Zutreffend
urteilt Albertini: Tschirschky habe dem Grafen Berchtold geraten, in der Sache hart zu bleiben, aber ein Entgegenkommen gegenüber Rußland vorzutäuschen. Zu dieser Schlußfolgerung müsse man kommen, wenn man seine Tätigkeit während der Julikrise
Schritt für Schritt überprüfe. Von den Telegrammen mit den
Journal-Nummern 135 und 136 sagt der italienische Autor, daß
sie den bösen Glauben des Botschafters bewiesen: „Tschirschkys
Mitwisserschaft mit Berchtold drückt sich ebenso in den beiden
Telegrammen aus, mit denen er diejenigen Bethmanns von letzter Nacht beantwortete". Albertini schließt seine Analyse mit
den Worten: „In short Berchtold and Tschirschky were in league
to throw dust in the eyes of Berlin, London and St. Petersburg...", der Name Jagow fehlt.

Das Telegramm nach Berlin informierte über die unmittelbaren Absichten des österreichischen Außenministers: „Graf Berchtold wird heute Schebeko zu sich bitten und ihn im gleichen Sinne sprechen. Außerdem wird der Minister dem russischen Botschafter sagen – und zwar hat sich Graf Berchtold in meiner Gegenwart die folgenden Punkte notiert –, daß der Monarchie Territiorialerwerbungen in Serbien durchaus fern lägen und daß sie nach Friedensschluß lediglich vorübergehende Besetzung serbischen Gebiets bezwecke, um die serbische Regierung zur völligen Erfüllung ihrer Forderungen und zur Schaffung von Garantien für künftiges Wohlverhalten zu zwingen. Au fur et à mesure (in dem Maße) Serbien die Friedensbedingungen erfülle, würde Räumung serbischen Gebiets durch Monarchie erfolgen."

Diese Sätze bestätigen die Erkenntnis, daß der Ballhausplatz zu einer „Konversation" nur unter Bedingungen und Umständen bereit war, die eine Einigung sehr schwierig machten.

Ein paar Minuten danach ergänzte Tschirschky mit einem weiteren Telegramm seinen Bericht über den Besuch im Ministerium: Berchtold sei bereit, „alle Österreich und Rußland direkt tangierenden Fragen mit letzterem zu besprechen." Man muß diesen Satz auf sich wirken lassen. Hier leistete Tschirschky sich das denkbar Dreisteste gegenüber der Zentralbehörde. War er über etwas verärgert, was Stumm gesagt oder getan hatte?

Sasonow urteilt nach dem Kriege, man habe in Berlin vergessen, in welchem Ton man in Wien reden müsse, um Gehör zu finden. Aber ihm war die Rolle Tschirschkys nicht bekannt oder er hatte sie beim Schreiben seines Buches nicht präsent. Tschirschky machte, wie auch Lichnowsky, Pourtalès und Schoen, seine eigene Politik. Er entschärfte die Pfeile aus Berlin – jeweils nach der Verlesung des offiziellen Textes – mündlich entsprechend seiner eigenen Auffassung.

Was veranlaßte das Auswärtige Amt? Eigentlich müßte Jagow bei Tschirschky protestieren und verlangen, daß Wien aufrichtig mit Petersburg verhandele. Er wird wohl den Eindruck gehabt haben, daß in Wien nicht alles so lief, wie er in den Weltbrandte-

legrammen forderte. Aber aus seiner Nichtreaktion auf Vorsatz
zu schließen, scheint zu weit zu gehen. Er schickte an die Botschaften in London und Petersburg gleichlautende Telegramme:
„Zur vertraulichen Mitteilung. Der k. Botschafter in Wien telegraphiert: ... (hier folgte das Telegramm mit der Journal-Nummer
135). Das Telegramm ... zeigt so viel Entgegenkommen Wiens,
daß wir hoffen, daß England in Petersburg auf weiteres Entgegenkommen und namentlich auf Einstellung seiner Kriegsmaßnahmen wirken wird." Das war l'art pour l'art.

Der Kaiser las Nr. 135 entweder am Donnerstag spätabends
oder am Freitag frühmorgens und machte erfreut Randnotizen.
Da Wilhelm als oberflächlich bekannt ist, könnte man sagen, die
Falschheit der Telegramme 135 und 136 waren schwer erkennbar. Wilhelm ergriff am Freitag, den 1. August auf der Grundlage seiner optimistischen Auffassung dieser Meldung eine neue
Friedensinitiative.

Ebenso bezeichnend wie die Unaufrichtigkeit der beiden Depeschen war das, was sie verschwiegen: die Kenntnis des Botschafters von dem Wiener Beschluß einer Generalmobilmachung.

Berchtold sprach tatsächlich, wie angekündigt, mit dem russischen Botschafter. Schebeko war aber der Situation nicht gewachsen, erkannte seine Rolle und seine Aufgabe nicht. „Krei-
deweiß" vor Angst ließ er es zu, daß „die ganze Unterhaltung in
freundschaftlichem Ton" geführt wurde. Schebeko „spann den
Faden des Versuchs weiterer Pourparlers mit Serbien (!) weiter",
äußerte aber weder bestimmte Wünsche noch Anträge. Berchtold bemerkte, der Botschafter habe „mit wenig innerer Überzeugung" gesprochen. Tschirschky war erfahren genug, um zu
wissen, daß das nichtssagende Gespräch in Petersburg überhaupt
keinen Eindruck machen konnte.

Das Telegramm Weltbrand I erreichte die Botschaft vormittags um zehn Uhr. Um das Anliegen des Berliner Auswärtigen
Amtes vorzutragen, verabredete Tschirschky sich mit Graf
Berchtold zu einem zweiten Treffen, und zwar zum Frühstück
im Ministerium. Kurz bevor er die Botschaft verließ, ging Weltbrand II ein. Dietrich von Bethmann Hollweg las Anfang und

Ende des Telegramms „und merkte, was los war". Er sagte seinem Chef: „Da ist ein Telegramm aus Berlin gekommen, das ist das wichtigste Telegramm in der ganzen Krise, ich werde es dechiffrieren und Ihnen dann zu Berchtold bringen". Vermutlich kannte er Weltbrand I noch nicht, das allein auf diesen Superlativ Anspruch erheben konnte.

Es waren zunächst nur drei Herren, die im Ministerium speisten: Berchtold, Forgách und Tschirschky. Nach einiger Zeit erschien Dietrich Bethmann und brachte dem Botschafter das entzifferte Telegramm. Tschirschky las die Anweisung aus Berlin, Weltbrand II, sofort und entschloß sich, von dem älteren Telegramm nicht zu sprechen. Trotzdem kennzeichnete er es um 8:50 Uhr abends in einem Telegramm nach Berlin als erledigt: Berchtold habe den Botschafter in Petersburg instruiert, „in Konversation mit Rußland einzutreten". Offensichtlich meint er die Instruktion Berchtolds, die auf die etwas ältere, inhaltsgleiche Anregung Berlins „Katastrophe aufzuhalten" zurückzuführen war. Mit anderen Worten: die Anweisung des Ballhausplatzes an Szápáry nimmt Tschirschky dem Auswärtigen Amt gegenüber zugleich als stattgebende Erledigung des Weltbrandtelegramms I in Anspruch. Dieser Anspruch ist ungerechtfertigt, wie oben ausgeführt. Außerdem entband die inhaltliche Übereinstimmung des um zweieinhalb Stunden älteren Telegramms mit dem Wort „Katastrophe" Tschirschky nicht davon, auch „Weltbrand I" den Österreichern zur Kenntnis zu bringen. Denn diese Depesche war mit der Drohung der Casus-foederis-Verneinung bewehrt, sogar als einzige von allen. Tschirschky sabotierte die Demarche Weltbrand I!

Der englische Botschafter in Wien hatte am 30. Juli nachmittags telegraphiert: „Unglücklicherweise ist deutscher Botschafter mit in Wien vorherrschender äußerst antiserbischer und antirussischer Stimmung derart identifiziert, daß er die Sache des Friedens kaum in voller Aufrichtigkeit vertreten wird." Der französische Botschafter in Wien, Alfred Dumaine, erinnert sich, daß Tschirschky bekannt habe: „Ich bin so von der Notwendigkeit, die Serben niederzuwerfen, überzeugt, daß ich mich nicht scheuen

würde, von den Instruktionen meiner Regierung abzuweichen,
damit Österreich sich zum Handeln entschließt." So folgert auch
Kantorowicz aus den Dokumenten, daß Tschirschky die Vermittlungsvorschläge seiner Regierung sabotiert habe. Tschirschky war in Bezug auf die entscheidende Frage der Krise (Druck
auf Österreich) einflußreicher als Bethmann und Jagow. Er stand
im unmittelbaren Kontakt zu Berchtold. Die Leute in Berlin
konnten nur Instruktionen *an ihn* schicken. Er entschied, ob
und wie er sie ausführte.

Jagow reagierte fast gar nicht auf die Ablehnung von Weltbrand II. (Dieses Telegramm hatte eine britische Anregung zum
Gegenstand.) Er sandte in der Stunde nach Mitternacht Lichnowsky eine telegrafische Kopie „zur Verwertung". Aber inzwischen war man schon in einer Zeit, die von den Auswirkungen
der russischen Mobilmachung geprägt wurde.

VI

Mit der Verlesung von Weltbrandtelegramm II wartete Tschirschky, bis alle gegessen hatten. Er las es zweimal vor. Berchtold wurde
bleich. Forgách „machte Notizen", berichtet Tschirschky später
nach Berlin; wahrscheinlich schrieb er die wichtigen Sätze des
Telegramms einfach ab. Berchtold hielt in seinen Aufzeichnungen fest: „Mit Tschirschky begegneten wir uns in dem Gedanken, daß diese neue Anregung nicht geringe Bedenken auszulö-
sen imstande sei."

Berchtold schildert: „Herr von Tschirschky glich nach zwei-
maliger Verlesung dieses drängenden Vermittlungsvorschlages
(Weltbrand II) einem Mann, dem das Brett, auf welchem er bis
dahin gestanden, unter den Füßen weggezogen worden wäre. Seine
bisherige Parole war stets gewesen: ‚Durchhalten!'." Bestandteil
des Kabels II war ja auch der volle Wortlaut des Lichnowsky-
schen Berichts, der die Warnung Greys kräftiger ausdrückte als
alle anderen. Der Außenminister wurde daher unmittelbar mit
Kassandras kraftvoller Sprache konfrontiert. Dieser Vorgang weist

auf die Bedeutung hin, die Tschirschky der Neutralität Englands beilegte. Berchtold verließ die Runde, ohne etwas über seine Absichten zu sagen. Jetzt versteifte sich die Haltung des Grafen Forgách.

Tschirschky: „Graf Forgách äußerte, daß er ein Eingehen auf die Vermittlung für geboten halte. Allerdings scheine ihm eine Einschränkung der in Gange befindlichen militärischen Operation kaum möglich."

Im Ministerium hielt Tschirschky persönlich (privat) an seiner unnachgiebigen Haltung fest. Graf Lützow, früherer österreichischer Botschafter in Rom, schrieb nach dem Krieg an Berchtold: „Ich habe nie daran gezweifelt (schon aus seinen Äußerungen mir gegenüber), daß Tschirschky unser homo nefastus (Unheilsmann, d. Verf.) war. Hätten wir nach kurzer Rücksprache mit Schönbrunn rasch entschlossen die so überaus günstige Greysche Proposition noch am selben Nachmittag angenommen, wäre wahrscheinlich noch das Unheil abgewendet worden"...

Aber trotz allem waren Tschirschky und Berchtold von der verpflichtenden Gültigkeit der Anweisungen aus der deutschen Zentrale geleitet. Man kann annehmen, daß Berchtold, geschockt, dem deutschen Militärattaché Kageneck, vielleicht auf den Fluren des Ministeriums knapp und ärgerlich die Sache ohne Einschränkungen und Vorbehalte in dem Sinne mitgeteilt hat, daß er aufgebe. Die feststehenden Tatsachen lassen sich so ergänzen, weil Kageneck das in einem Brief unzweideutig geschildert hat. Tschirschky hatte dem Attaché gesagt, das Unternehmen Serbien sei abgesagt. Kageneck setzte sich deprimiert an seinen Schreibtisch und formulierte einen Brief an Generalmajor Waldersee, der den Säuberungsattacken entgangen ist:

„Euer Hochgeboren wollen mir gestatten, daß ich meinem gepreßten Herzen Luft mache. Wie ich eben durch den Botschafter höre, sind wir also wieder einmal vor Rußlands und Englands Bluff in die Knie gesunken. Nachdem ich heute früh schon nicht mehr im Kriegsministerium war, traue ich mich jetzt erst recht nicht mehr hin, wo wahrscheinlich General von Con-

rad schon darüber unterrichtet ist, daß wir den englischen Konferenzvorschlag annehmen und damit die brave österreichische
Armee wieder um den serbischen Feldzug betrügen. Vor ein
paar Tagen noch hatte unsere Regierung in Paris und Petersburg
stolz den Standpunkt vertreten: 1.) Die österreichische Strafexpedition gegen Serbien ist eine gerechte Sache, hinter der wir
stehen. 2.) Wir wünschen, daß der Krieg lokalisiert bleibe. 3.) Sollte
sich aber eine dritte Macht hineinmischen, so hat sie es mit uns zu
tun. Kaum rasselt Rußland mit dem Säbel und Grey mit Worten,
so schlägt die Stimmung rasch um."

Der Deutsche Botschafter hätte nicht so zu dem Attaché gesprochen, hätte nicht Berchtold die Sache verloren gegeben. Auf
der anderen Seite schreibt General v. Conrad über den Nachmittag des 30. Juli – Audienz in Schönbrunnen gemeinsam mit
Berchtold – in IV. Band „Aus meiner Dienstzeit":

„Während Seine Majestät Kaiser Franz Joseph in dieser wohl
schwersten Stunde seines Lebens mit tiefem Ernst und ruhiger
Entschlossenheit den Schritt unternahm, dessen Folgenschwere
ihm ebenso klar war wie dessen Unvermeidlichkeit, schien es
damals, als ob Kaiser Wilhelm an den Rückzug dachte und die
Stimmung in Berlin wegen des Ausspringens Italiens umgeschlagen war."

Offenbar machte Berchtold weder dem General Conrad noch
Kaiser Franz Joseph von der dramatischen Konferenz im Anschluß an das Frühstück am selben Tage Mitteilung. Ganz sicher
wußten Conrad und Franz Joseph nichts von den Beschlüssen,
die Prinz Heinrich im Auftrag des Kaisers zwischen Mitternacht und 1 Uhr im Reichskanzler-Palais faßte. Auch die russische Generalmobilmachung scheint keinen Einfluß auf die Entscheidung des Habsburger Herrschers gehabt zu haben, sonst
hätte General Conrad dies in seinen Lebenserinnerungen doch
wohl erwähnt.

Um sechs Uhr nachmittags begab Tschirschky sich ein drittes Mal zum Ballhausplatz, um den Grafen Forgách „eiligst" über eine Wendung der Dinge zu informieren: Ihm sei soeben die telefonische Mitteilung aus Berlin zugegangen, daß Rußland die allgemeine Mobilmachung angeordnet habe. Das sei der Krieg. Infolgedessen stelle die Beantwortung von Weltbrand II jetzt eine bloße „Formalität" dar. Nun brauchte Kageneck seinen Brief nicht abzuschicken.

Jagow wies Lichnowsky, wie schon dargestellt, an: Er möge Sir Edward Grey „über die Vermittlung in Wien" informieren. Und er sollte hinzufügen, daß „Jagow dringend zur Annahme der Greyschen Vorschläge geraten habe". Lichnowsky verständigte Grey, wie ihm geheißen, und zwar brieflich.

Auch durch Goschen war Grey über die Schwenkung (Weltbrandtelegramme) unterrichtet, wie erwähnt. Grey teilte die deutsche Position, die man aus Jagows Besuch bei Goschen erfahren hatte, dem englischen Botschafter in Petersburg mit. Sir George Buchanan soll der russischen Regierung die Zustimmung empfehlen, „falls Österreich einwillige". Den authentischen Text dieses Telegramms an Buchanan händigte Grey am Nachmittag dem Fürsten Lichnowsky aus, der ihm um 21:50 Uhr nach Berlin übermittelte, dort angekommen am 31. Juli, Null Uhr 52.

Aber die Wilhelmstraße reagierte nicht mehr. Inzwischen war das Drama des „Telegramms 200" abgelaufen, wobei Bethmann gleich mehrmals seine Meinung änderte.

VII

Wie stand es inzwischen mit dem deutschen „Halt in Belgrad"-Vorschlag? Bethmann hatte am Vortage, 29. Juli, gegen zehn Uhr abends verärgert an Eingangsbestätigung und Erledigung erinnert. Gleichwohl waren seine Mahnungen zu schwach; er verschwendete kostbare Zeit. Er müßte in Sorge sein und war es auch darüber, daß die Russen zur Gesamtmobilmachung übergehen würden! Am Donnerstag hatte Berlin zu „Halt in Belgrad" nur die Mitteilung seines Botschafters erhalten, Graf Berchtold habe sich „außerstande" erklärt, ihm sofort eine Antwort zu erteilen.

Deutschland konnte dem Krieg nur entgehen, indem es die österreichisch-ungarische Regierung zum Einlenken brachte. Sollte das Auswärtige Amt mit diesen Bemühungen bei Bekanntwerden der russischen Generalmobilmachung aufhören? Das war nicht selbstverständlich, sondern eine ganz offene Entscheidung ohne das, was in Büros als „Vorgang" bezeichnet wird. Der deutsche Botschafter in Wien glaubte, wie er seinem Militärattaché offenbarte, die Österreicher hätten von ihrem Kriegskurs abgelassen, und zwar auf Grund des Weltbrandtelegramms II.

Daß Tschirschky die Weltbrandtelegramme am 30. abends für überholt erklärte, stand nicht im Einklang mit dem, was der Reichskanzler gleichzeitig tat. Er hatte mit den Generälen vereinbart, das er sich am nächsten Tag, dem 31., um 12 Uhr entschließen werde, ob der „Zustand drohender Kriegsgefahr" ausgerufen werden sollte oder nicht. Dieser Zeitpunkt wurde also im Vornherein als Ende der Krisenphase offiziell festgelegt. Bis dahin mußten immerhin noch etwa 18 Stunden verstreichen. Die Zeit hätte ausgereicht, um den Österreichern bekannt zu geben, daß Deutschland aus seinem, Österreichs, Unternehmen aussteige. War Stumm ermächtigt, dem Botschafter die Verschüttung dieser Chance zu gestatten? Und das durch ein Ferngespräch, dessen Wortlaut nirgends schriftlich festgehalten wurde? Die Mitteilung der russischen Maßnahme an Berchtold und damit das Fallenlassen von Weltbrand II waren voreilig. Im Kanzlerpalais arbeitete Prinz Heinrich im Auftrage des Kaisers noch an einem Telegramm an die Botschaft in Wien, das am 31. Juli um 9 Uhr vormittags dort einging, also mindestens einen halben Tag nach dem Telefongespräch Stumms mit Tschirschky, auf Grund dessen der Botschafter die deutschen Forderungen für erledigt erklärt hatte. Noch später, nämlich erst am Mittag des 31. Juli, ließ Wilhelm ein selbst formuliertes und selbst geschriebenes Papier zwei Admirälen und zwei Generälen bringen, in dem er dem er die englische Konferenzidee zur Vermeidung des Krieges unterstützte.

Ungefähr gleichzeitig, am Freitag Vormittag, behandelte der Ministerrat der Doppelmonarchie Deutschlands Begehren. Das war einen halben Tag nach dem Entschluß Franz Josephs. Der Ministerpräsident, der am Vortage anwesend war, als der Kaiser sich entschloß, siehe oben Seite 202, hat zweifellos seinen Kollegen im Ministerrat darüber berichtet. Über die Diskussion des Gremiums erfährt man eine interessante Einzelheit aus einem Bericht des späteren republikanischen österreichischen Gesandten in Berlin, des Historikers Dr. Ludo Hartmann, vom Dezember 1918: Das Weltbrandtelegramm II sei aus einer Chamade zu einer Fanfare geworden, und zwar „auf dem Wege von Tschirschky über Berchtold zu dem sogenannten Tagesbericht des Ministeriums. An welcher Stelle die Steigerung und dadurch (?) Umkehrung der Tendenz eingetreten sei (schon bei Tschirschky oder bei Berchtold), sei noch nicht geklärt." Das heißt, Tschirschky und Berchtold haben dem Gremium der Minister die Hintergründe des Telegramms so dargestellt, daß die deutsche Außenpolitik sie in Wahrheit zum entschlossenen Festhalten an der bisherigen Politik ermutigte. Wenn sich das so verhielt, dann ist es nicht verwunderlich, daß der Ministerrat Weltbrand II ablehnte.

Hierüber müßte es einen Bericht Tschirschkys nach Berlin gegeben haben. Er ist jedoch unterdrückt. Wahrscheinlich erwähnt das vernichtete Telegramm Telefongespräche, in denen die Weltbrand-Erlasse ausdrücklich relativiert oder zurückgenommen wurden. Das Auswärtige Amt erfuhr von dem Beschluß des Ministerrats durch ein Telefonat Dietrich Bethmanns mit Stumm etwa um halb ein Uhr nachmittags an diesem Tage, also früher, als man von der Zurückweisung der deutschen Sorgen durch den österreichischen Kaiser erfuhr.

VIII

Die offizielle Antwort auf Weltbrand II erhielt Deutschland durch ein Telegramm Franz Josephs. Es erreichte den Kaiser am Freitag zu einer Zeit, als die Versendung von unannehmbaren Ultimaten an Rußland und Frankreich schon beschlossen, der Zustand drohender Kriegsgefahr bereits ausgerufen war. Die Ablehnung ist ein respektables Beispiel von Diplomatie:

„Die im Zuge befindliche Aktion meiner Armee gegen Serbien kann durch die bedrohliche und herausfordernde Haltung Rußlands keine Störung erfahren. Ich bin mir der Tragweite meiner Entschlüsse bewußt und habe dieselben im Vertrauen auf Gottes Gerechtigkeit gefaßt mit der Sicherheit, daß Deine Wehrmacht in unwandelbarer Bundestreue für mein Reich und für den Dreibund einstehen wird."

Über dieses Telegramm sprach Kaiser Wilhelm um fünf Uhr nachmittags mit dem österreichischen Militärattaché. Oberstleutnant Bienerth berichtete nach Wien: „Auf sein Telegramm hinsichtlich des Vermittlungsvorschlages Sir E. Greys an unseren allerhöchsten Herrn habe er (Kaiser Wilhelm) heute von allerhöchstdemselben Antwortdepesche erhalten, die ihn besonders durch den warmen Ton erfreut habe, worin aber der Vermittlungsvorschlag *begreiflicherweise* abgelehnt worden sei."

Eine absurde Kommunikation! Das Wesen der beiden Telegramme war: Wilhelm: „Laß' uns die Aktion beschränken, so können wir uns retten!" Franz Joseph: „Ich kann das ablehnen, da ich weiß, daß Deine Wehrmacht in unwandelbarer Treue für mich einstehen wird." Wilhelm: „Der warme Ton Deiner Worte erfreut mich ungemein. Daß Du meinen Vorschlag ablehnst, finde ich begreiflich." War von diesem Herrscher zu erwarten, daß er die deutschen Interessen im Verhältnis zu Habsburg energisch vertrat?

„Während der ganzen Krise bis zum 4. August 1914", schreibt der deutsch-amerikanische Historiker Hajo Holborn, 1969, „hat Deutschland nicht einen einzigen konstruktiven Schritt getan, um das drohende Desaster abzuwenden." Aber Holborn kannte

1969 Kagenecks Brief noch nicht. Das Telegramm an Tschirschky, das den Krieg als „Katastrophe" bezeichnete, mag kein konstruktiver Schritt gewesen sein, gab sich Tschirschky doch mit einem vorgetäuschten Einlenken der Österreicher zufrieden. Aber, die Drohung des Weltbrandtelegramms II hat die österreichischen Diplomatie erreicht und Wirkung gezeigt. Die Wirkung entfiel erst durch Bekanntwerden der russischen Generalmobilmachung.

Jagows Verhalten läßt ein unverantwortliches Mißverhältnis erkennen: nämlich zwischen dem ungeheuren Wert dessen, was er aufs Spiel setzte, und dem vergleichsweise sehr kleinen Prestigevorteil Österreichs (und vielleicht mittelbar auch Deutschlands), der darin bestand, daß es dem Kaiserreich Rußland Verhandlungen über Sarajewo verweigerte.

30. Juli 1914: „Isoliert im Netz zappelnd"

I

Es sind noch Vorkommnisse des Donnerstags zu schildern. Früh am 30. Juli betrat Theodor Wolff, in der Hoffnung, Neuigkeiten zu hören, den Salon des Auswärtigen Amts, in dem Diplomaten verschiedener Länder warteten. Er setzte sich zu dem österreichischen Botschafter. „Szögyény", hielt Wolff in seinen Aufzeichnungen fest, „ist fahl, geisterhaft, wie erloschen ... Vor einigen Tagen noch elegant, gleicht er jetzt einem hoffnungslosen Klienten im Vorzimmer einer Arbeitsnachweis-Kommission". Der Ungar schien seit dem Vortage, wie Stumm, auf der Seite der Anti-Kriegs-Partei zu stehen. Wolff fragte: „Glauben Sie nicht, daß noch ein Mittel, eine rettende Formel gefunden werden kann?" Der Botschafter, mit müder Handbewegung: „Die Gegensätze sind zu groß". Vielleicht ein Zeichen, daß er die Weltbrandtelegramme nicht kannte.

Stumm, den Wolff dann aufsucht, stand vor dem Scherbenhaufen seiner Politik. Er war deprimiert: „Allerdings, die russische (Teil-)Mobilmachung habe alles verdorben, werfe alles um", klagte er.

Hat die russische Teilmobilmachung wirklich alles „umgeworfen"? Die Chance für den Frieden scheint sie nicht ausgelöscht zu haben. Trotz ihrer immerhin hatte Stumm selbst vor wenigen Stunden das Telegramm Weltbrand I formuliert. Wolff: „Es besteht also keine Möglichkeit mehr, daß dieser entsetzliche Krieg vermieden wird?" Stumm: „Neunundneunzig von hundert Chancen sind für den Krieg." Neunundneunzig? Wie die weitere Entwicklung zeigen wird, schätzte der Chef der Politischen Abteilung die Chancen der Risiken falsch ein, die Chancen der Friedenserhaltung waren wesentlich größer.

Zur selben Stunde sprach Stumm auch mit Korrespondenten des „Manchester Guardian" und der Agentur Reuter. Er ließ sie wissen, sie würden Berlin bald verlassen müssen. Auch diese

Äußerung war viel zu pessimistisch. Ein geistig instabiler Mann.

Moltke meinte an diesem Vormittag immer noch, Deutschland sollte – trotz der russischen Teilmobilmachung – einstweilen nicht mobilmachen. In diesem Sinne sprach er um zehn Uhr mit dem k.u.k. Hauptmann von Fleischmann, dem Verbindungsoffizier des österreichischen Generalstabs. Er teilte ihm mit, erst bei Eintritt des Kriegszustandes zwischen der Monarchie und Rußland werde es dazu kommen. Im Unterschied zu den schon gewohnheitsmäßigen russischen Mobilisierungen und Demobilisierungen werde Deutschlands Mobilisierung unbedingt zum Krieg führen. Österreich solle nicht Rußland den Krieg erklären, sondern dessen Angriff abwarten. Fleischmann hat nach dem Krieg gesagt: Zu diesem Zeitpunkt „hoffte eben Moltke noch, den Krieg vermeiden zu können". Wenn er „hoffte", so war das seine private, jedoch nicht seine amtliche Haltung. Denn von dem „Antrag" auf Herbeiführung des kontinentalen Krieges hat er sich nie distanziert. Im Gegenteil, im ganzen Verlauf der Julikrise ist von militärischer Seite niemals mit Rücksicht auf die Kräfteverhältnisse gewarnt worden. Von General Conrad kam alsbald die zustimmende Antwort: „Wir werden Russen nicht Krieg erklären und Krieg nicht beginnen."

Gewisse Agenturberichte über den Umfang der russischen militärischen Vorbereitungsmaßnahmen wurden jetzt von Pourtalès bestätigt. Die Teilmobilmachung betraf nicht weniger als zehn Militärbezirke: Kiew, Odessa, Moskau, Kasan, Kosakenheere Don, Kuban, Terek, Astrachan, Orenburg, Ural. Auch für die Flotte sind Einberufungen befohlen. Das ging deutlich über die Annahmen des deutschen Generalstabs hinaus.

II

Der Kaiser stand an diesem Tag unter besonders starkem emotionalem Druck. Er sah in dem Krieg, in den Deutschland hineintrieb, eine Katastrophe, die ihn mit schwersten Pflichten belasten

1 Wilhelm II., König von Preußen und Deutscher Kaiser (© ullstein bild)

2 Theobald von Bethmann Hollweg, deutscher Reichskanzler
(© ullstein bild)

3
Bethmann Hollweg,
deutscher Reichs-
kanzler, Gottlieb
von Jagow, Staats-
sekretär des Aus-
wärtigen Amtes,
Berlin, ab dem
4. Juli 1914 auch
preußischer Staats-
minister des
Äußeren
(© ullstein bild)

4
Franz Ferdinand,
Erzherzog von
Österreich
(© ullstein bild)

5 Artur Zimmermann, Unterstaatssekretär im Auswärtigen Amt (© ullstein bild)

6 Rudolf von Valentini, Chef des kaiserlichen Zivilkabinetts (© ullstein bild)

7
Heinrich Leonhard von
Tschirschky und
Bögendorff, deutscher
Botschafter in Wien
(© ullstein bild)

8 Karl Max Fürst Lichnowsky, deutscher Botschafter in London
(© ullstein bild)

9 Friedrich Graf von Pourtalès, deutscher Botschafter in St. Petersburg
(© ullstein bild)

10 Helmuth von Moltke, Generaloberst und Generaladjutant, Chef des preussischen Großen Generalstabes (© ullstein bild)

11 Erich v. Falkenhayn, Generalleutnant, preußischer Kriegsminister
(© ullstein-GRANGER)

12
Georg Graf von Waldersee,
Generalmajor, Vertreter des
Chefs des Großen General-
stabs (© Privatbesitz)

13
Erich Ludendorff, Generalmajor, bis Febr. 1913 als
Oberst Chef der Aufmarschabteilung im Großen Generalstab (© ullstein – AKG Pres-
sebild)

14 Alfred von Tirpitz, Großadmiral, Staatssekretär, Chef des Reichsmarineamtes (© ullstein bild)

15 Georg Alexander von Müller, Admiral, Chef des kaiserlichen Marinekabinetts (© ullstein bild)

16 Alfred von Schlieffen, Generalfeldmarschall, Chef des preußischen Großen Generalstabs von 1891 bis 1905 (© ullstein bild)

17 Otto Hammann, Vortragender Rat im Auswärtigen Amt, Berlin (Presse-
chef) (© ullstein bild)

18 Kiderlen-Wächter, 1910-1912 Staatssekretär des Auswärtigen Amts
(© ullstein bild)

19 Bernhard Fürst von Bülow, von 1900 bis 1909 deutscher
Reichskanzler (© ullstein bild)

20 Alfred von Kiderlen-Wächter, Staatssekretär des Auswärtigen Amts;
Jules Cambon, französischer Botschafter in Berlin (© ullstein bild)

21 Walther Rathenau, Vorstandsmitglied der AEG, Geschäftsinhaber der
Berliner Handelsgesellschaft (© ullstein bild)

22 Franz Joseph, Kaiser von Österreich, König von Ungarn
(© ullstein bild)

23 Leopold Graf Berchtold, Außenminister der österreich-ungarischen Monarchie, Vorsitzender des Ministerrats (© ullstein bild)

24 Raymond Poincare, Präsident der Französischen Republik, Sergeji D. Sasanow, russischer Außenminister (© ullstein bild)

25
Theobald Bethmann
Hollweg, Wilhelm Freiherr
von Schoen,
deutscher Botschafter in
Paris
(© ullstein bild)

26 Nikolaus II., Zar (© ullstein bild)

27 Sir Edward Grey, britischer Staatssekretär des Äußeren (© ullstein bild)

28 Sir Horace Rumbold, Botschaftsrat an der britischen Botschaft in Berlin
(© ullstein − Abraham Pisarek)

würde, denen er nicht gewachsen war. Darüber war er nicht im Zweifel. Er vertraut seinem eigenen Urteil nicht, ist daher für die Führung der Nation im Kriege unfähig. Wilhelm hätte besser in das Berliner Schloß übersiedeln sollen, in die Nähe des Reichskanzlerpalais und des Auswärtigen Amts. Aber niemand legte ihm das nahe, auch Bethmann nicht. Hier machte sich die schlechte Gewohnheit geltend, daß in den oberen Rängen der Hierarchie jeder isoliert von anderen Entscheidungsträgern handelte.

Gegen sieben Uhr morgens legte man dem Kaiser ein Telegramm des Zaren vor. Darin hieß es: „The military measures which have now come into force were decided five days ago for reasons of defence on account of Austrias preparations." Und weiter: „We need your strong pressure on Austria to come to an understanding with us." Aufgebracht schrieb Wilhelm in die Akten:

„Sie (die Mobilmachung gegen Österreich) ist nach dem Telegramm des Zaren vom 29. bereits vor 5 Tagen befohlen, also am 24ten gleich nach der Überreichung des Ultimatums an Serbien. Also lange ehe der Zar mich telegraphisch um Vermittlung gebeten hat. Er hat in seinem ersten Telegramm ausdrücklich gesagt, er werde voraussichtlich gezwungen werden, Maßregeln ergreifen zu müssen, die zu einem Europ. Kriege führen würden... In Wirklichkeit waren die Maßregeln aber schon in vollem Gang – und er hat mich einfach belogen... Der Wunsch, ich möge mich durch seine Mobilmachungsmaßregeln nicht ... stören lassen, sind kindisch und lediglich darauf berechnet, uns auf den Gänsedreck zu führen..."

Neben dem letzten Satz des Zaren protestiert er: „no!" und: „nein, davon ist gar keine Rede!!!" Die loyale Erfüllung seiner Ehrenpflicht Franz Joseph gegenüber stand immer noch an der Spitze seiner Prioritäten. Er empfand es als unmöglich, den „verehrungswürdigen alten Kaiser Franz Joseph" unter Pression zu setzen.

Jagow las das Telegramm des Zaren, auch Wilhelms Randbemerkungen dazu. Objektiv betrachtet, müßte die deutsche Diplomatie jetzt Nikolaus durch Wilhelm darüber informieren lassen, was Berlin in Wien zwei Tage zuvor als Mittel einer friedlichen Beilegung der Krise empfohlen hat, nämlich „Halt in Belgrad". Aber man wollte dem Zaren das wohl nicht verraten, weil das einen Druck auf Österreich-Ungarn bedeuten hätte. Dem entsprach Jagows Antwort. Sie hielt dem Zaren nur vor Augen, er sei, wenn er nicht nachgebe, für den Krieg verantwortlich. Das war die bekannte Politik der Maximalforderungen.

Jagow schwindelte dem Kaiser vor, das von ihm entworfene Telegramm werde „ein besonders wichtiges Dokument für die Geschichte werden". Er scheint Wilhelm nicht ernst genommen zu haben. Das Dokument war als Alibi völlig ungeeignet. Aber man kann daraus entnehmen, wie Jagow selbst dachte: Manche seiner diplomatischen Schritte sollten ihn in einem günstigeren Licht erscheinen lassen. Vielleicht hat er Weltbrand I deshalb gebilligt, weil er sonst von kommenden Generationen verdammt werden würde. Der Kaiser übersetzte den ihm aufgegebenen Text ins Englische und unterschrieb.

An den Rand eines Berichts des Botschafters in Paris schrieb der Kaiser an diesem Vormittag einen erstaunlichen Halbsatz: „wenn er doch Wien zum Antworten bringen wollte." Erneut Opfer seiner Verzagtheit, war Wilhelm durch den Casus foederis gefesselt. „Halt in Belgrad" bleibt sein Vorschlag, er fand nicht die Erfolgszuversicht, ihn in eine bestimmte, harte Forderung umzuwandeln.

Er beriet die Lage mit seinem Bruder, der am Vortage aus London nach Berlin zurückgekommen war. Daraus ging ein Telegramm an König Georg hervor, das der Kaiser verfaßte und Heinrich als Urheber bezeichnete. Offenbar stimmte Wilhelm die Depesche nicht mit dem Auswärtigen Amt ab; sie entsprach aber inhaltlich exakt der fatalen Politik Jagows und Tschirschkys.

Gegen Mittag erreichte den Kaiser eine zweite Hiobsbotschaft. Der Marineattaché in London, Korvettenkapitän von Müller, kabelte: Grey habe dem deutschen Botschafter gesagt, England werde Deutschland sofort zur See mit seiner Flotte angreifen, falls es in Kriegszustand mit Frankreich gerate. Wil-

helms Glaube an Englands Neutralität war zerstört. Die Nachricht war der „härteste Schlag dieses Tages für ihn". Für den
Kaiser war Englands Neutralität Geschäftsgrundlage. Und es ist
nicht auszuschließen, daß seine Bemühungen um die Verhinderung des Krieges nachdrücklicher gewesen wären, wenn er die
Entscheidung Englands korrekt vorausgesehen hätte. Seine Handlungen vor dem 30. Juli können absolut durch diesem Irrtum beeinflußt sein. Das gilt insbesondere für die Spontanentscheidung
vom 5. Juli, für den Reiseentschluß vom selben Tage und für sein
Verhalten am 27. Juli. In allen Beziehungen hätte seine Politik
vorsichtiger sein können. Wilhelm wunderte sich, daß Lichnowsky nichts meldete. Tatsächlich hatte Jagow es unterlassen,
ihm dessen Kassandra-Rufe vorzulegen. Er arbeitete diplomatisch auf zwei Ebenen: Dem Kaiser gegenüber unerschütterlich,
dem Ballhausplatz gegenüber das Rückzugssignal.

Auf einem Ausschnitt aus einer englischen Zeitung notierte
Wilhelm seine Gedanken zu der Meldung des Attachés Müller.
Er bezeichnete den kommenden Krieg als Katastrophe und fügte
hinzu: „The whole war is plainly arranged between England,
France and Russia for the annihilation of Germany, lastly
through the conversations with Poincaré in Paris and Petersburg, & the Austro-Servian strife is only an excuse to fall upon
us! God help us in this fight for our existence, brought about by
falseness, lies and poisonous envy!"

Am frühen Nachmittag gab man Wilhelm doch noch ein
Lichnowsky-Telegramm. Es handelte sich um die Meldung,
welche den Anstoß zu Weltbrand II gegeben hatte. Allerdings ist
die Version, die der Kaiser erhielt, an zwei Stellen gekürzt. Wilhelms Erregung war übermächtig. Kaskaden von Randbemerkungen! Nur eine von ihnen sei hier angeführt.

In Lichnowskys Bericht steht: „britische Regierung könne,
solange der Konflikt sich auf Österreich und Rußland beschränkte, abseits stehen." Daneben schreibt der Kaiser „d.h. wir
sollen Österreich sitzen lassen, urgemein und mephistophelisch!
Aber recht Englisch". Das zeigt: er fühlt sich durch die Ehre
verpflichtet, dem Bundesgenossen Österreich zu helfen. Diese

Verpflichtung ist strenger als jede andere. Unter das Telegramm schrieb Wilhelm quer über die Seite:

„England dekouvriert sich im Moment, wo es der Ansicht ist, daß wir im Lappjagen eingestellt sind und so zu sagen erledigt! Das gemeine Krämergesindel hat uns mit Diners und Reden zu täuschen versucht. Die gröbste Täuschung, die Worte des Königs für mich an Heinrich: ‚We shall remain neutral and try to keep out of this as long as possible.‘ Grey straft den König lügen, und diese Worte an Lichnowsky sind der Ausfluß des bösen Gewissens, daß er eben das Gefühl gehabt hat uns getäuscht zu haben. Zudem ist es tatsächlich eine Drohung mit Bluff verbunden, um uns von Österreich loszulösen und an der Mobilmachung zu hindern und die Schuld am Kriege zuzuschieben. Er weiß ganz genau, daß wenn er nur ein einziges, ernstes, scharfes abmahnendes Wort in Paris und Petersburg spricht und sie zur Neutralität ermahnt, beide sofort stille bleiben werden. Aber er hütet sich das Wort auszusprechen, sondern droht uns statt dessen! Gemeiner Hundsfott! England allein trägt die Verantwortung für Krieg und Frieden nicht wir mehr! Das muß auch öffentlich klargestellt werden.“

Wilhelms tiefsitzender Haß und seine Hysterie sind unübersehbar; er war ein Hysteriker. Im Gegensatz zu allen seinen Beratern scheute er sich nicht, seine Gedanken ungeschützt in die Akten zu schreiben. Mit Recht dachte er an seine Kompromißkonzeption „Halt in Belgrad“. Sie war tatsächlich, um zu entkommen, das Mittel der Wahl. Sein Manko lag in der Schwäche seines Willens. Er zeigte sich als „the most brilliant failure in history,“ wie Edward VII. gesagt hat! Und so gelang ihm nicht die Umsetzung seiner Einsichten in Taten.

Mit empörten Marginalien versah Wilhelm auch einen telegraphischen Bericht aus Petersburg. Sie stehen hier fast ungekürzt:

„Leichtsinn und Schwäche sollen die Welt in den furchtbarsten Krieg stürzen, der auf den Untergang Deutschlands schließlich abzielt. Denn das läßt jetzt für mich keinen Zweifel mehr zu: England, Rußland u. Frankreich haben sich verabredet – un-

ter zu Grunde Legung des casus foederis für uns Österreich gegenüber – den Österreichisch-Serb. Konflikt zum Vorwand neh-
mend gegen uns den Vernichtungskrieg zu führen."

Ein Satz, der erneut erkennen läßt, wie wichtig die Casus-
foederis-Bindung an die Doppelmonarchie für Wilhelm war.

„Daher Greys zynische Bemerkung an Lichnowsky, solange
der Krieg auf Rußland und Österreich beschränkt bleibe, würde
England still sitzen, erst wenn wir uns und Frankreich hinein-
mischten, würde er gezwungen sein aktiv gegen uns zu werden.
D.h. entweder wir sollen unseren Bundesgenossen schnöde verraten und Rußland preisgeben damit den 3Bund sprengen oder
für unsere Bundestreue von der Tripleentente gemeinsam über-
fallen und bestraft werden, wobei ihrem Neid endlich Befriedigung wird uns gemeinsam total zu ruinieren. Das ist in nuce die
wahre nackte Situation, die langsam und sicher durch Edward
VII. eingefädelt, fortgeführt, durch abgeleugnete Besprechungen
Englands mit Paris und Petersburg, systematisch ausgebaut;
schließlich durch Georg V. zum Abschluß gebracht und ins
Werk gesetzt wird. Dabei wird uns die Dummheit und Ungeschicklichkeit unseres Verbündeten zum Fallstrick gemacht, also
die berühmte ‚Einkreisung' Deutschlands ist nun doch endlich
zur vollsten Thatsache geworden, trotz aller Versuche unserer
Politiker und Diplomaten sie zu hindern. Das Netz ist uns
plötzlich über den Kopf zugezogen und hohnlächelnd hat England den glänzendsten Erfolg seiner beharrlich durchgeführten
pure antideutschen Weltpolitik, gegen die wir uns machtlos erwiesen haben, indem es uns isoliert im Netze zappelnd aus unserer Bundestreue zu Österreich den Strick zu unserer Politischen
und ökonomischen Vernichtung dreht. Eine großartige Leistung, die Bewunderung erweckt, selbst bei dem, der durch sie
zu Grunde geht! Edward VII. ist nach seinem Tode noch stärker
als ich, der ich lebe! Und da hat es Leute gegeben, die geglaubt
haben, man könnte England gewinnen oder beruhigen durch
diese oder jene kleinen Maßregeln!!! Unablässig, unnachgiebig
hat es sein Ziel verfolgt mit Noten, Feiertagsvorschlägen, scares
(Einschüchterungen, Drohungen Verf.), Haldane (englischer

Kriegsminister), etc. bis es soweit war. Und wir sind ins Garn gelaufen und haben sogar das Einertempo im Schiffbau eingeführt in rührender Hoffnung England damit zu beruhigen!!! Alle Warnungen, alle Bitten meinerseits sind nutzlos verhallt. Jetzt kommt der Engl. sog. Dank dafür! Aus dem Dilemma der Bündnistreue, gegen den ehrwürdigen, alten Kaiser wird uns die Situation geschaffen, die England den erwünschten Vorwand gibt uns zu vernichten, mit dem heuchlerischen Schein des Rechtes, nämlich Frankreich zu helfen wegen Aufrechterhaltung der berüchtigten balance of Power in Europa, d.h. Ausspielung aller Europ. Staaten zu Englands Gunsten gegen uns! Jetzt muß dieses ganze Getriebe schonungslos aufgedeckt und ihm öffentlich die Maske christlicher Friedfertigkeit in der Öffentlichkeit schroff abgerissen werden und die Pharisäische Friedensheuchelei an den Pranger gestellt werden!! Und unsere Consuln in Türkei und Indien, Agenten etc. müßten die ganze Mohamedan. Welt gegen dieses verhaßte, verlogene, gewissenlose Krämervolk zum wilden Aufstande entflammen; denn wenn wir uns verbluten sollen, dann soll England wenigstens Indien verlieren."

Notschrei, Schmerz, Verzweiflung, Haß und ohnmächtige Wut! Niemand hörte ihn. Der Kanzler verbündete sich nicht mit ihm, liebte es, in „wasserdichten Compartments" zu leben. Immer wieder kommt Wilhelm auf die Bündnistreue gegen „den ehrwürdigen alten Kaiser" zurück. Schon vor vier Wochen hatte er den Bescheid an Szögyény so formuliert, Franz Joseph könne im Falle eines europäischen Krieges damit rechnen, daß Deutschland „in gewohnter Bündnistreue" an der Seite der Donaumonarchie stehen werde.

Wilhelms Bemerkungen widerlegen die Behauptung, die Entscheidungsträger hätten einen Angriffskrieg von langer Hand geplant. Darüber hinaus sind sie unvereinbar mit der These, Deutschland habe den Krieg im Gefühl seiner militärischen Überlegenheit angezettelt.

Es darf daran erinnert werden, daß einige gegen den Krieg arbeiteten. Zu ihnen gehörten seit Montag der Kaiser sowie die Botschafter in den Hauptstädten der Entente, in London nach Rück-

kehr aus dem Urlaub auch der Botschaftsrat Richard von Kühlmann. Und es gab „those peace people at the palace", von ihnen
hat Falkenhayn zu dem amerikanischen Diplomaten Henry White gesprochen. Auch Bülow wußte von einer „Friedenspartei im
Schloß". Der Zusatz „at the castle" weist auf die Hofchargen hin,
an ihrer Spitze Hausminister August Graf Eulenburg. Auch die
Kaiserin gehörte zur Friedenspartei. Aber die Bemühungen der
„peace people at the castle" fanden hinter verschlossenen Türen
statt, waren privat, über sie wird in keinen Memoiren berichtet.

III

Wie der Kaiser, war auch Moltke sehr aufgebracht. Erregung
war überhaupt Moltkes Befindlichkeit in diesen Wochen und
darüber hinaus. Am Mittag oder frühen Nachmittag änderte er
seine Beurteilung der Lage. War er bislang abwartend, trieb er
die Dinge jetzt voran, indem er mittags in einer Besprechung
beim Kanzler den „Zustand drohender Kriegsgefahr" verlangte.
Obwohl nicht eingeladen, war er dennoch erschienen, von Falkenhayn verständigt. Der Minister notierte: „Der Reichskanzler
und seine Leute hoffen augenscheinlich immer noch auf ein
Wunder." Das heißt, er glaubte – im Gegensatz zu den zivilen
Entscheidungsträgern –, daß der Zeitpunkt der Maßgeblichkeit
militärischer Erfordernisse schon gekommen sei.

Der Grund für Moltkes Meinungsumschwung ist in neueren
Meldungen des geheimen Nachrichtendienstes zu suchen. Die
Russen hatten viel mehr Armeekorps mobilisiert, als ursprünglich
angenommen. Die Offiziere des Generalstabs, auf die Moltke
hörte, glaubten inzwischen nicht mehr an den Erfolg der Bemühungen des Kanzlers, den Krieg zu vermeiden. Die Indizien, Rußland werde zur Generalmobilmachung übergehen, hatten sich
verstärkt. Bis zum Vortage 22:14 abends war die Zahl der Agen-
tenmeldungen von russischen „Mobilmachungsmaßnahmen" auf
24 gestiegen; davon entfielen 14 auf Vorkehrungen an der deutschen Grenze.

Die Generalmobilmachung lag sozusagen in der Luft. Teilmobilmachungen sind schwierig, mißlich und ineffektiv. Die russische Teilmobilmachung trug daher die Tendenz zur Erweiterung auf eine Gesamtmobilmachung in sich. Die deutschen Generäle wußten das.

Etwa zwei Uhr nachmittags begegneten sich Moltke und der österreichische Militärattaché, der sich gerade in den Räumen des Generalstabs aufhielt. Moltke sagte ihm, daß er die Lage kritisch beurteile, wenn die österreichisch-ungarische Monarchie nicht sofort gegen Rußland mobilisiere. Im Hinblick auf das, was Rußland über die Ausdehnung der Mobilisierung erklärt habe, seien österreichisch-ungarische Gegenmaßregeln notwendig geworden. Danach sei der Bündnisfall für Deutschland gegeben. Mit Italien solle die Donaumonarchie einen ehrlichen Ausgleich bewirken, dabei Kompensationen zusichern, damit Italien aktiv beim Dreibund bleibe. „Etwaige erneute Schritte Englands zur Erhaltung des Friedens wären abzulehnen." Das Durchhalten eines europäischen Krieges sei das letzte Mittel, um Österreich-Ungarns Existenz zu sichern. Deutschland gehe unbedingt mit.

Moltke war im Zweifel, ob Conrad mobil machte. Am Vormittag hatte er von ihm gehört, er mobilisiere nicht gegen die Russen. Ließe Conrad seine Truppen zur Invasion Serbiens aufmarschieren, so würde sich Österreich gegenüber Rußland schwächen und in der weiteren Auswirkung Ostpreußen gefährden, was Moltkes Aufregung weiter anheizte. Diese Erklärung zu Bienerth wird mit Recht allgemein als eine kriegsauslösende Handlung betrachtet.

Bienerth verarbeitete Moltkes Forderung zu einem Telegramm an den Chef des österreichischen Generalstabs. Einen Einfluß auf den Gang der Dinge hatte seine Meldung allerdings nicht. Conrad las sie erst am folgenden Tage, Freitag, dem Grafen Berchtold und dem Kriegsminister Krobatin vor. Doch schon am Donnerstag lehnte Franz Joseph in einer Beratung mit Berchtold alle deutschen Forderungen ab, wie oben dargestellt.

Jagow widerrief an diesem 30. Juli seine Worte gegenüber Cambon von vor drei Tagen, Deutschland werde die russische Teilmobilmachung ohne Reaktion hinnehmen. Natürlich war der Botschafter erstaunt. Jagow erläuterte, die Chefs der Armee verlangten wegen des sich verringernden Schnelligkeitsvorteils beharrlich die Mobilmachung. Außerdem sei er am Montag keine bindende Verpflichtung eingegangen. (Inzwischen hatte man eingesehen, daß die Mitteilung vom 28. Juli in krassem Widerspruch zu Deutschlands militärischen Interessen stand, weil russische Armeen im südlichen Polen gefährlich auch für Deutschland gewesen wären.)

In Petersburg gelang es Pourtalès, der gegen den Krieg arbeitete und ohne Auftrag handelte, am Vormittag, dem Minister Sasonow eine Kompromißformel zu entwinden. Sie lautete: „Wenn Österreich erklärt, daß es in Anerkennung des Umstandes, daß sein Streitfall mit Serbien den Charakter einer Frage von europäischem Interesse angenommen hat, sich bereit erklärt, aus seinem Ultimatum die Punkte zu entfernen, die den Souveränitätsrechten Serbiens zu nahe treten, so verpflichtet sich Rußland, alle militärischen Vorbereitungen einzustellen."

Dieser Vorschlag stand einem Einmarsch österreichischer Truppen in Serbien nicht im Wege. Darauf macht Pourtalès in seinem Bericht besonders aufmerksam. Ginge es nach dem Willen des Botschafters, würde er Sasonows Kompromiß zustimmen. Das war zwischen den Zeilen seines Berichts zu lesen, ohne daß es insofern vernünftige Zweifel geben könnte.

Die Petersburger Formel hätte Bethmanns enthusiastische Aufnahme finden müssen. Daß der österreichisch-serbische Konflikt europäisches „Interesse" erlangt hatte, war einfach eine Tatsache. Man halte sich die fieberhaften diplomatischen Bemühungen vor Augen! Die Auswärtigen Ämter und die Botschafter aller Großmächte kamen seit sieben Tagen buchstäblich nicht mehr zum Schlafen. Und die Souveränität Serbiens? Sie zu respektieren, konnte Österreich sich ohne Risiko bereit finden. Um Null Uhr dreißig an diesem 30. Juli hatte nämlich die deutsche Regierung dem Ballhausplatz die Bereitschaft der serbischen Regierung mitgeteilt, alle (!) Punkte des Ultimatums „zu schlucken". Belgrads Geschäftsträger in Rom, Ljuba Mihailovic, wiederholte dieses Angebot am 29. Juli. Die Großmächte konnten Serbien dieses Nachgeben anraten. Eine solche Mitwirkung der Großmächte beruhte auf der Annahme der serbischen Regierung, Österreich werde sich nicht in direkte Unterhandlungen mit ihr einlassen. Von Seiten Serbiens wurde jetzt nur eine Erläuterung verlangt, wie die österreichischen Beauftragten am Verfahren in Serbien beteiligt würden. – Das war für die Wiener Diplomaten ein leicht erfüllbarer Vorbehalt. Bereits in den offiziellen Erläuterungen zu der serbischen Note legten sie dar, daß österreichische Beamte an den Gerichtsverhandlungen nicht teilzunehmen brauchten. (Marquis di San Giuliano meinte völlig zutreffend, auf dieser Grundlage könnten sich alle beteiligten Mächte einigen.)

Unter diesen Umständen sah also die Belgrader Regierung selbst ihre Souveränitätsrechte nicht tangiert. Damit war die entsprechende Bedingung in der russischen Formel erfüllt.

Bethmann schwankte, als er Pourtalès' Telegramm las. Er notierte in den Akten: „Welche Punkte des österreichischen Ultimatums hat Serbien überhaupt abgelehnt? Meines Wissens doch nur die Teilnahme österreichischer Beamter an den Gerichtsverhandlungen." Ein starkes Stück! Die Mitwirkung österreichischer „Organe" im Zusammenhang mit den Ermittlungen gegen anti-österreichische Agitatoren war der am heftigsten umstrittene Punkt der österreichischen Note. Gleichwohl kannte der deutsche Reichskanzler die österreichischen Erläuterungen nicht, die eine „Teilnahme österreichischer Beamter an den Gerichtsverhandlungen" gerade nicht verlangten!

Im Aktenvermerk des Kanzlers hieß es weiter: „Österreich könnte auf diese Teilnahme verzichten unter der Bedingung, daß es bis zur Beendigung der Verhandlungen Teile Serbiens mit seinen Truppen besetzt hält."

Aber, wie gesagte, nach dem Angebot der serbischen Regierung braucht Österreich auf nichts zu verzichten. Es genügte, die schon einmal abgegebene Erläuterungen zu wiederholen.

Bethmanns Aktenvermerk beinhaltete eine Bitte um Rücksprache, gerichtet an das Auswärtige Amt. Zimmermann erschien bei ihm. Ihr Gespräch ergab Bethmanns Verzicht: Er griff
Sasonows Idee nicht auf.

Weshalb war Bethmann nicht hartnäckiger? Folgte er einer
logischen Konsequenz aus seiner Hard-line-Diplomatie? Wohl
nicht. Denn inzwischen berichtete Tschirschky, der Ballhausplatz hätte nichts mehr gegen Gespräche mit Petersburg. Hierauf hätte Bethmann sich berufen können, also in Wiens Ent-
scheidungsfreiheit nicht eindringen müssen, was für ihn ja so
wichtig war. Folglich hätte er Tschirschky von Sasonows Formel unterrichten und zugleich dem Ballhausplatz raten können,
den Meinungsaustausch mit Sasonow bald zu beginnen und dabei der Lösung entweder glatt zuzustimmen oder sie zumindest
als Verhandlungsgrundlage anzuerkennen.

Und das Auswärtige Amt? Stumm und Jagow, die in „Weltbrand I" mit Nachdruck direkte österreichisch-russische Gespräche gefordert hatten – warum machten sie, nachdem Berchtold
einverstanden war, so wenig daraus? – Stumm ahnte vermutlich,
daß der österreichische Minister die Gesprächsbereitschaft nur
vorspiegelte. Es war nach Jagows Ansicht, die er Zimmermann für
den Kanzler auf den Weg gab, zu spät für die Firma Öster-
reich/Deutschland, jetzt noch auszusteigen, selbst wenn Sasonow
ihr goldene Brücken baut. Die Regierung geriet dadurch innenpo-
litisch in unvertretbare Gefahr. Jagow hielt es nicht für notwendig, selbst den kurzen Weg zum Reichskanzler-Palais zu gehen,
überließ den Gang seinem Vertreter. Man muß das so bezeichnen:
Bethmann ließ sich zur Seite schubsen.

Jagow und andere suchten das Nichtaufgreifen des sasonowschen Vorschlags nach dem Kriege zu rechtfertigen: Auch Grey
und Poincaré hätten diese Lösung für „ungeeignet" gehalten.
Aber das ist nur die „Logik" der Kriegsschuldfrage. Für die innere Verantwortung der deutschen Regierung gelten andere
Maßstäbe. Im Juli 1914 waren die Interessen Deutschlands einerseits, Frankreichs andererseits durchaus konträr. Es liegt klar zu-
tage: was in die Politik der Gegner nicht paßte, konnte gerade

deshalb für Deutschland eine dringend gebotene Notwendigkeit sein.

Dem Botschafter in Wien wurde die Meldung des Grafen Pourtalès nicht mitgeteilt. Das ist zunächst ganz unverständlich. Jagow hatte doch Gründe, den Bundesgenossen in die Verantwortung des Nein einzubeziehen. Die Erklärung kann nur lauten: Er fürchtete die Gegner des Krieges in seinem eigenen Amt und wollte nicht, daß sie aus Wien Unterstützung erhielten. Der russische Botschafter suchte ihn auf und fragte ihn, welchen Eindruck er von der Sasonowschen Formel habe. Sie sei „unannehmbar" für Österreich, lautete die Antwort. Die Habsburger Monarchie könne sich nicht selbst demütigen und ihrem Prestige einen Schlag versetzen. Der Botschaft in Petersburg gab das Auswärtige Amt keine Antwort.

Am 30. Juli ließ Jagow im ganzen drei attraktive friedenserhaltende Angebote der Gegner unbeantwortet: der Nichtbeantwortung fiel nicht nur Sasonows Formel, sondern fielen auch Belgrads Annahme der ultimativen Note und König Georgs Telegramm zum Opfer. – In allen drei Fällen entsprach das deutsche Nichtstun der Prioritätenliste des Staatssekretärs: entweder Abwendung einer diplomatische Niederlage durch Österreichs Balkankrieg – oder kontinentaler Krieg. Anders ist sein Verhalten nicht zu erklären. Und zu diesem Zeitpunkt war ein nach seinen Maßstäben akzeptables diplomatisches Ergebnis nicht mehr zu haben. Jede Einigung wäre auf englische, russische oder serbische Initiative zurück gegangen. Damit war Jagow nicht zufrieden. Ihm blieb nur noch der Krieg, womit er Deutschland aus dem seit Jahrzehnten andauernden Kräftedefizit („Impass") zu befreien hoffte.

Am Mittag, in einer Unterrichtung der Gesandten der drei deutschen Königreiche und Badens, zeigte Bethmann sich unbeschreiblich untätig. Er scheint beherrscht zu sein von einer höchst seltsamen Scheu, in die laufende diplomatische Entwicklung einzugreifen. Er schloß mit dem Eingeständnis seiner Hilflosigkeit: „Es sei traurig, sagen zu müssen, daß gewissermaßen durch elementare Kräfte und die langdauernde Verhetzung zwischen den Kabinetten möglicherweise ein Krieg entfesselt wäre, den kein Staat wünsche." Als Kabinett bezeichnete man damals den Außenminister und seine nächsten Mitarbeiter. Hier geht also Bethmann Hollweg von einem höchst interessanten Gegensatz aus. Er selbst nannte sich friedfertig, Jagow, Stumm und Wedel beteiligten sich, sagte er, an der zum Kriege führenden „Verhetzung". In anderen Hauptstädten schien die Lage ähnlich zu sein: Asquith hier, Grey, Nicolson, Crowe dort, in St. Petersburg: Ivan L. Goremykin, Ministerpräsident, auf der anderen Seite Sasonow und Iswolski.

Der Kanzler beraumte eine Sitzung des preußischen Staatsministeriums an, also des Kollegiums der Minister. Wollte er im Gegenteil einen Teil der Verantwortung für den von seinen eigenen Leuten zugelassenen Weltkrieg auf die Ministerkollegen abwälzen? Sein Referat hat eine auffallende Ähnlichkeit mit den „soothing generalities" in seinen Gesprächen mit Goschen.

Bethmann Hollweg trug den Ministern vor, die Reichsregierung habe seit Beginn der Krise auf den Frieden hingewirkt, durch eigene und durch Unterstützung englischer Vermittlungsvorschläge. Übrigens, fügte er hinzu, sei Österreich „in der Führung seiner Politik sehr schwierig". Offener formuliert: die Österreicher machen was sie wollen und Deutschland geht kraft Bündnispflicht mit. Wörtlich sagte der Ministerpräsident, „daß alle Regierungen – einschließlich Rußlands – und die große Mehrheit der Völker an sich friedfertig seien, aber es sei die Direktion verloren und der Stein ins Rollen geraten." „Direktion verloren" bezog sich zwar auf alle Regierungen. Der Satz ist aber auch das Eingeständnis des Kanzlers, daß er selbst die Direktion verloren hatte.

Es blieb offen, wer den Stein ins Rollen gebracht hatte. Unsere Antwort heute: Es waren die für Außenpolitik Zuständigen: Jagow, Tschirschky und andere.

Auch daß die Entwicklung in einen europäischen Krieg einzumünden drohte, spiegelt sich im Protokoll wieder: „Als Politiker gebe er jedoch, solange seine Demarche in Wien noch nicht abgeschlagen sei, die Hoffnungen und Bemühungen auf Erhaltung des Friedens noch (!) nicht auf. Die Entscheidung könne aber in kurzer Zeit erfolgen, dann werde eine andere Marschroute eingeschlagen. Die allgemeine Stimmung sei in Deutschland gut." Die Wortwahl „er als Politiker" wies auf die Verantwortung für den Krieg. Militärs konnten diese „anderen" sein, aber doch auch Zivilbeamte: Jagow und das Auswärtige Amt. „Die Entscheidung" meinte den Entschluß zum Krieg, und die „andere Marschroute" war ebenfalls der Krieg! Mit der „guten" Stimmung war die Bereitschaft des Volkes zum Krieg gemeint. Das alles war kaum codiert. Die Formulierungen des Protokollführers Geheimrat Heinrichs machen ziemlich deutlich, was damals los war.

Bethmanns Ausführungen im ganzen lassen erkennen, daß er es nicht ungern gesehen hätte, wenn die Minister im Sinne des Friedens interveniert hätten. Den Gefallen taten sie ihm allerdings nicht. Sie waren so konservativ wie irgendwer. Mit einem Zurückweichen waren sie nicht einverstanden, das brachte ihr mißbilligendes beredtes Schweigen zum Ausdruck.

Lerchenfeld, der bayerische Gesandte, telegraphierte abends nach München: Der Kanzler „habe heute Nacht in energischster Weise dem Wiener Kabinett mitgeteilt, daß Deutschland sich nicht in das Schlepptau der Balkanpolitik Österreichs stellen könne". Damit kennzeichnete er Verhältnis der österreichisch-ungarischen zur deutschen Politik treffend. Deutschland befand sich seit dem 5. Juli durchaus im Schlepptau der k.u.k. Außenpolitik.

Jemand, angeblich der Kronprinz, spielte dem „Lokal-Anzeiger" eine Falschmeldung über die deutsche Mobilmachung zu. Damit sollten Friedenstendenzen vereitelt werden. Um ein Uhr mittags gab die halboffizielle Zeitung, die in Hofkreisen gern gelesen wurde, ein Extrablatt aus. Jagow dementierte sofort. Die Wirkung des Extrablattes beschrieb der Korrespondent der Pariser Zeitung „Matin": „Trauer und Sorge waren auf allen Gesichtern zu lesen. Kein einziger patriotischer Ruf erklang, und als eine halbe Stunde später die Nachricht verbreitet wurde, daß der Zeitungsbericht über die Mobilmachung falsch sei, war die Erleichterung enorm groß, die Reak-

tion und die Freude unmittelbar." Den Gang der Dinge hat das
falsche Extrablatt nicht verändert.

IV

Oben ist die Rede von einem Telegramm Lichnowskys gewesen,
angekommen am Vortage, Mittwoch, um zehn Minuten nach
fünf Uhr nachmittags. Es betraf unter anderem die serbische Initiative, die geeignet war, die diplomatischen Absichten Berchtolds und seiner Ratgeber zu vereiteln. Über die britische Anregung unterrichtete die Wilhelmstraße auch den Botschafter
Szögyény, der die Information noch in der Nacht an Berchtold
weitergab.

Das österreichische Außenministerium hatte die serbische
Antwort auf das Ultimatum, wie eben erwähnt, unter anderem
so kommentiert: „Es ist uns nicht beigefallen, k.u.k. Organe an
dem serbischen Gerichtsverfahren teilnehmen zu lassen; sie sollten nur an den polizeilichen Vorerhebungen mitwirken, welche
das Material für die Untersuchung herbeizuschaffen und sicherzustellen hatten."

Als Nachtrag zu seinem Telegramm teilte Lichnowsky den
authentischen Wortlaut des Berichts des britischen Botschafters
in Rom mit. Von ihm stammte Greys Wissen. Grey wollte den
Vorschlag Belgrads den Deutschen möglichst konkret und
glaubwürdig nahebringen. Jagow hätte also hierauf eingehen und
den schrecklichen Krieg abwenden können, ohne das Gesicht zu
verlieren.

Jetzt, am Nachmittag des 30. Juli, empfing das Auswärtige
Amt um zwanzig nach fünf Uhr Tschirschkys Antwort auf die
deutsche Anregung zur Akzeptierung der serbischen Totalan-
nahme, obwohl verspätet: „Daß mit der Annahme von Artikel 5
und 6 der österreichischen Note diese dann in ihrer Gänze angenommen sei, sei, sagt Berchtold, ein Irrtum, da Serbien auch in
verschiedenen anderen Punkten Vorbehalte gemacht habe. Die
integrale Annahme der Forderungen der Note sei für hier, so-

lange friedliche Austragung des Konflikts zwischen Serbien und Monarchie noch in Frage stand, genügend gewesen. Jetzt, nach Eintritt des Kriegszustandes, müßten die Bedingungen Österreichs naturgemäß anders lauten."

Das ist objektiv vermessen. Die Grafen am Ballhausplatz exekutieren die vor Wochen in Potsdam und Berlin besprochene österreichische Politik, unterstützt durch den Botschafter Tschirschky, mit frivoler Schärfe. Jagow nahm Tschirschkys Telegramm billigend zur Kenntnis. Das ist folgerichtig: Er hatte schon die Sasonowsche Formel abgelehnt. Auf der anderen Seite weigerte er sich, in Petersburg eine erneute Drohung aussprechen zu lassen.

Spät abends kamen die drei oder vier obersten Entscheidungsträger erneut im Kanzlerpalais zusammen. Anwesend waren Falkenhayn und Moltke, vielleicht auch Jagow.

Moltke beantragte, den „Zustand drohender Kriegsgefahr" auszurufen. Aber der Kanzler lehnte das für den Moment ab. Zu diesem Zeitpunkt lagen dem Generalstab zwei aus verschiedenen geheimdienstlichen Quellen stammende Nachrichten vor, daß Rußland inzwischen die allgemeine Mobilmachung ausgesprochen habe. Obwohl die russische Teilmobilmachung die östlichen Provinzen Deutschlands bedrohte, versuchte Bethmann die deutschen Gegenmaßnahmen hinauszuzögern.

Die beiden Generäle ließen sich von Bethmann versprechen, daß er spätestens am nächsten Tag mittags über die Proklamation der drohenden Kriegsgefahr entscheiden würde. Falkenhayn notierte: „Moltke spricht sich in sehr entschiedener Weise für den Krieg sans phrase aus. Seine Stimmungswechsel sind kaum oder gar nicht zu erklären." Ab dem 30. Juli mittags war Moltke Befürworter einer raschen Mobilmachung.

V

Bevor er mit den Generälen konferierte, versuchte Bethmann Hollweg erneut, Tschirschky und Berchtold einen Schritt zurück tun zu lassen. Er erneuerte das Petitum von „Weltbrand II"! Dies war wohl mit Zimmermann abgestimmt, vielleicht auch mit Stumm. Jagow war aber nicht beteiligt. Nach der Teilmobilmachung Rußlands war er zu keinem diplomatischen Zurückweichen mehr bereit, im Gegensatz zu Bethmann. Ausgelöst wurde Bethmanns Schritt durch ein ermutigendes Telegramm Lichnowskys, dem Grey seine Bemühungen in Petersburg und Paris dargestellt und den Reichskanzler aufgefordert hatte, analog in Wien zu bremsen.

Unter der Journal-Nummer 200 schickte Bethmann Tschirschky eine Anweisung. Wien müsse Greys Vorschlag – siehe Weltbrand II – annehmen, drängte der Kanzler, sonst könne Rußland nicht mehr die Schuld an der europäischen Konflagration zugeschoben werden, und das sei für Deutschland unabdingbar. Er schilderte, wie er mit Grey in Kontakt stehe. Grey würde in Paris und Petersburg nachdrücklich im Sinne eines Aufhaltens der russischen und französischen Kriegsmaßnahmen wirken. Das habe er Lichnowsky glaubwürdig versichert. Dann schloß Bethmann einen Appell an: „Glücken England diese Bestrebungen, während Wien alles ablehnt, so dokumentiert Wien, daß es unbedingt einen Krieg will, in den wir hineingezogen sind, während Rußland schuldfrei bleibt. Das ergibt für uns der eigenen Nation gegenüber eine ganz unhaltbare Situation. Wir können deshalb nur dringend empfehlen, daß Österreich den Greyschen Vorschlag annimmt, der seine Position in jeder Beziehung wahrt. Eure Exzellenz wollen sich sofort nachdrücklichst in diesem Sinne Graf Berchtold, eventuell auch Graf Tisza gegenüber äußern."

Die Sätze mögen geschrieben sein in der Furcht davor, daß Abgeordnete der SPD im Reichstag die Katastrophenpolitik der kaiserlichen Regierung öffentlich brandmarken würden. Aber trotz des innenpolitischen Motivs forderte Bethmann eben doch ohne Wenn und Aber von Berchtold, den englischen Vorschlag anzunehmen! Durch diesen Beweggrund, einer ganz unhaltbaren Situation der eigenen Nation gegenüber entgegenzuarbeiten, wurde die Ernsthaftigkeit seines an Tschirschky gerichteten Verlangens geradezu dokumentiert! Nach der Absendung des Tele-

gramms beriet sich der Kanzler mit den Generälen, wie weiter
oben geschildert.

Ziemlich bald erhielten das Auswärtige Amt und Bethmann
telefonisch von geheimdienstlichen Meldungen über die Anordnung der russischen Generalmobilmachung Kenntnis. Jetzt glaubte Bethmann, es entspreche nicht mehr der Lage, Druck auf
Österreich auszuüben. Deshalb wies er Stumm an, Tschirschky
zu informieren, die in dem Weltbrandtelegramm gegebene Anweisung zurückzunehmen, wie oben dargestellt. Daher ließ er
die Ausführung untersagen. Außerdem sistierte Stumm bei
Tschirschky auch Nr. 200, „weil soeben die Nachricht von der
russischen Mobilmachung eingetroffen sei". Als „Nachricht" ist
hier eine geheimdienstliche Erkenntnis zu verstehen. Überhaupt
sollte Tschirschky „jede Vermittlungstätigkeit sofort einstellen."
Ein unchiffriertes Telegramm von größter Knappheit bestätigte
um 20 Minuten vor Mitternacht zunächst nur die fernmündliche
Anweisung. Die Gründe sollten dem Botschafter in Wien in einem besonderen, wie üblich zu verschlüsselnden Telegramm
mitgeteilt werden. Zimmermann entwarf es und schrieb: „Ich
habe Ausführung der Instruktion Nr. 200 sistiert, weil mir der
Generalstab soeben mitteilt, daß militärische Vorbereitungen
unserer Nachbarn, namentlich im Osten, zu schleuniger Entscheidung drängen, wenn wir uns nicht Überraschungen aussetz-
en wollen."

Im Klartext bedeutete das: Nr. 200 galt jetzt als gefährlich, da
die Russen offenbar schon mit der Mobilmachung ihrer gesamten Streitkräfte begonnen hatten. Deutschland mußte dann ohne
Verzug gleichfalls mobilisieren. Bethmann wollte nicht zweiglei-
sig operieren: militärisch offensiv, diplomatisch defensiv. Hier
zeigte der Kanzler, daß er nicht alle Chancen überblickte. Wenn
nicht besondere Hindernisse im Wege lägen, hätten die Diplomaten weiter verhandeln können: Die Mobilmachung wurde
schon betrieben, gleichzeitig versuchten die Diplomaten weiter,
sich zu einigen. Vielleicht war diese an sich natürliche, keineswegs widersprüchliche Behandlung auch jetzt und hier das Mittel der Wahl. Der Zar jedenfalls hat in der Generalmobilma-

chung seiner Streitkräfte keinen Hindernisgrund gegen eine Fortsetzung von Verhandlungen gesehen.

Bevor die Sistierung zum Telegraphenamt gebracht werden konnte, erschien überraschend der Bruder des Kaisers, Prinz Heinrich, im Kanzleramt. Diener in kaiserlicher Livree fielen dem Straßenpublikum auf. Einige Neugierige glaubten sogar einen Moment lang, der Kaiser selbst suche Bethmann auf – trotz der mitternächtlichen Stunde. Theodor Wolff beobachtete die Szene. Heinrich überbrachte eine an ihn gerichtete Depesche seines Vetters Georg, vom Kaiser mit „30. VII. 11:30 N.M." datiert. Der König erklärte noch einmal seine Bereitschaft, Rußland nahezulegen, „weitere militärische Vorbereitungen aufzuschieben, falls Österreich einwilligt, sich mit der Besetzung von Belgrad und angrenzendem serbischen Gebiet als Pfand für eine zufriedenstellende Regelung seiner Forderungen zu begnügen, während inzwischen die anderen Länder ihre Kriegsvorbereitungen einstellen."

Wilhelm hatte das Telegramm gelesen, einige Zeilen im Sinne des Einverständnisses unterstrichen und zwei zustimmende Randbemerkungen gemacht. Das war noch einmal der Greysche Vorschlag, bereits seit dem 29. Juli abends bekannt. Heinrich kam auf Geheiß seines Bruders. Mit anderen Worten, Wilhelm unterstützte Greys Lösungsversuch, und zwar mit einigem Nachdruck. Er sandte Prinz Heinrich, um Mitternacht! Es fand eine „Unterredung" statt, an der außer dem Prinzen und dem Reichskanzler Jagow und vermutlich auch Zimmermann teilnahmen. Man einigte sich dahin, daß noch eine Demarche an den Ballhausplatz gerichtet werden sollte, was einem von Zimmermann ausgearbeiteten Entwurf zu entnehmen ist. Nach allen anderen Umständen muß man annehmen, daß Heinrich, Bethmann und Zimmermann hinter dem Beschluß standen, Jagow lediglich auf Widerstand dagegen verzichtete.

Dem Ergebnis der Besprechung gemäß wurde ein Kabel nach Wien geschickt: Es sei mit Rücksicht auf ein Telegramm des Königs von England an Prinz Heinrich geschehen, daß er, Bethmann, die Ausführung von Nr. 200 angehalten habe. Zugleich übermittelte er der Botschaft in Wien den Text des Telegramms des Königs. Und: „Ew. Exc. wollen das Telegramm unverzüglich Graf Berchtold mitteilen und ihm auf Wunsch Kopie zur eventuellen Verwertung gegenüber Kaiser Franz Joseph überlassen." Bethmann ergänzte den von Zimmermann formulierten Text: „Eine definitive Entscheidung Wiens im Laufe des heutigen Tages ist dringend erwünscht." Damit sollte wohl doch nicht gesagt werden, daß dem Kanzler eine rasche Entscheidung wichtiger sei als die antragsgemäße.

Der Club, der dort versammelt war, setzte sich außergewöhnlich zusammen: im Auftrage des Kaisers sein Bruder. Heinrich war als Bruder des Kaisers da und als Vetter des englischen Königs, nicht als Großadmiral. Das Militär fehlte also völlig. Und der von ihnen gefaßte Beschluß besagte: trotz der russischen Generalmobilmachung soll Tschirschky weiter auf Durchsetzung von „Halt in Belgrad" Druck machen. Während dies im Reichskanzlerpalais beratschlagt wurde, dachte aber das Auswärtige Amt seit Nachmittag etwa sechs Uhr gänzlich anders: dort wurde aus der Generalmobilmachung sofort der Schluß gezogen, den militärischen Gesichtspunkten freien Raum zu lassen.

Die Anweisung, die Nr. 200 ersetzte, kam am nächsten Tag – 31. Juli – um neun Uhr vormittags in Wien an. Es ist unwahrscheinlich, daß Botschafter Tschirschky entsprechend handelte. Die Akten enthalten keinen Bericht, wie Tschirschky sie sonst über Gespräche mit Berchtold zu senden pflegte. Möglicherweise hat der Botschafter dem Auswärtigen Amt fernmündlich etwas darüber berichtet, als er einige Stunden später beim AA anrief. Jagow tat nichts, um dem Ziel des Telegramms zur Verwirklichung zu verhelfen.

Das Hin und Her um die Nr. 200 bestätigt das Urteil des Chefs der Konservativen Partei, von Heydebrand, der Bethmann so charakterisiert hat: eine markant unzuverlässige, schwankende, furchtsame Persönlichkeit. Noch schärfer ein französischer Autor mit Neigung zur Psychologie: „Zuletzt hat Bethmann nicht mehr gewußt, in welchem Sinn er arbeitete." Dieses Urteil könnte sich

auf die Äußerung stützen, die der Kanzler am 9. August gegenüber seinem Amtsvorgänger gemacht hat: Auf Bülows Frage,
wie „das alles" habe kommen können, antwortete er: „Ja, wer
das wüßte!!" An diesen Wortlaut kann man sich getrost halten.
Er wußte es nicht. Ist es plausibel, daß Bethmann Hollweg seinen Apparat – Staatssekretär und Unterstaatssekretär des Auswärtigen Amts, Botschafter in Wien – straff in der Hand hatte
und so die deutsche Politik in der Julikrise allein oder hauptsächlich – von ihm bestimmt worden ist?

VI

Kurz vor Mitternacht, also während Prinz Heinrich beim
Reichskanzler mit der Reaktion auf die Äußerung des englischen
Königs zu tun hatte, bat Moltke seinen engsten Mitarbeiter, Major von Haeften, zur Entgegennahme eines Auftrages zu sich.
Hierüber liegt eine zeitnah verfaßte Aufzeichnung des Adjutanten vor. Sie wird hier fast ohne Kürzungen abgedruckt, weil sie
für die Frage gleichzeitiger Verhandlungen und Mobilmachungen von Bedeutung ist. Moltke befand sich „in größter Erregung". Er schilderte Haeften die Lage, entwickelte ihm den Inhalt seiner Denkschrift vom 28. Juli, die er bei seinem Vortrag
bei S.M. zur Hand haben wollte, händigte ihm ein Exemplar aus
und erläuterte: „Es liegen zwei zuverlässige, von einander unab-
hängige Meldungen vor, wonach in Rußland die Mobilmachung
der gesamten bewaffneten Macht bereits angeordnet ist. Ge-
schieht nicht ein Wunder, d.h. wird die russische Mobilmachung
nicht rückgängig gemacht, so erscheint der Krieg unvermeidlich.
Deutschland kann die Erhaltung des Friedens jetzt nur noch mit
einer schweren nationalen Demütigung erkaufen, denn jedes
Verhandeln unter dem Druck der russischen Mobilmachung ist
gleichbedeutend mit nationaler Demütigung. Machen wir aber
mobil, so bedeutet das den Krieg. Wenn Deutschland jetzt noch
mit dieser Maßnahme zögert, um etwas Zeit zu Verhandlungen
zu gewinnen, so bedeutet dies, falls, wie vorauszusehen, diese

Verhandlungen mißlingen, den Eintritt Deutschlands in den Krieg unter den denkbar ungünstigsten Umständen. Wir würden damit unseren Gegnern gestatten, den Krieg in deutsches Land zu tragen. Von Tag zu Tag wird unsere militärische Lage, wenn wir mit der Mobilmachung zögern, ungünstiger und kann, wenn unsere voraussichtlichen Gegner sich weiter in aller Ruhe vorbereiten, zu den verhängnisvollsten Folgen für uns führen".

„Exzellenz", rief von Haeften impulsiv aus: „wenn das so ist, so ist unsere nationale Existenz auf das Höchste bedroht! Jedes Schwanken und jedes Zögern wären Verrat am Vaterlande!"

Moltke fuhr fort: „Dieser Krieg wird sich zu einem Weltkriege auswachsen, in den auch England eingreifen wird. Nur wenige können sich eine Vorstellung über den Umfang, die Dauer und das Ende dieses Krieges machen. Wie das alles enden soll, ahnt heute niemand." Major von Haeften hat in seinen Notizen festgehalten, ihm sei diese Auffassung zu schwarz erschienen. Moltke schloß die Unterredung mit den Worten: „Morgen mittag fällt die Entscheidung über Krieg und Frieden. Der Reichskanzler, der Kriegsminister und ich haben gemeinsamen Vortrag bei Seiner Majestät. Ehe ich jedoch Seiner Majestät die Mobilmachung anraten werde, will ich noch eine dritte Bestätigung abwarten. Ich erwarte sie morgen früh gleichzeitig mit der Mitteilung aus Wien, ob die österreichisch-ungarische Wehrmacht mobil gemacht wird oder nicht. Freilich besteht kaum mehr ein Schimmer von Hoffnung auf Erhaltung des Friedens."

Moltke erschien dem Major von Haeften bis ins Tiefste seiner Seele erschüttert durch inneren Zwiespalt. Seine Pflicht zwang ihn, die Mobilmachung durchzusetzen, um nicht zu spät zu kommen. Seine Bindungen an das Übersinnliche ließen ihn wünschen, daß der Krieg nicht stattfinden würde, von dem er die Zerstörung der europäischen Kultur für Jahrzehnte voraussah. Daß er diesen Konflikt fühlte, ehrt ihn. Aber sollte man einem Mann, der so empfand, die Führung eines Heeres anvertrauen, das nun den Kampf aufnahm gegen die bis dahin furchterregensten Streitkräfte verbündeter Mächte?

Am 31. Juli morgens traf die dritte Meldung über die russische Mobilmachung ein. Um sieben Uhr früh sprach Moltke telefonisch mit Oberst Hell, dem Chef des Generalstabes des XX. Armeekorps in Allenstein, Provinz Ostpreußen. Ob es neue Nachrichten über den Stand der russischen Kriegsvorbereitungen gebe? Hell meldete: die deutsch-russische Grenze sei vollständig abgesperrt, seit gestern brennen die Grenzwachthäuser, und in Mlawa sollen rote Mobilmachungsbefehle angeklebt sein. Ungefähr gleichzeitig gingen bei der Nachrichtenabteilung des Großen Generalstabs mehrere Telegramme von Nachrichtenoffizieren ein, die ebenfalls von solchen Maueranschlägen berichteten. In Berlin war Oberstleutnant Hoth im Begriff, die Telegramme dem Offizier vom Dienst der Operationsabteilung zu übergeben, als Moltke ihn ansprach. Hoth berichtet: „Generaloberst v. Moltke befahl mir, in sein Arbeitszimmer zu folgen. Hier las ich ihm den Inhalt des Telegramms aus Allenstein vor. Generaloberst von Moltke fragte, ob hier nicht ein Irrtum vorliegen könne, ob nicht vielleicht nur eine Einberufung von Reservisten zu Übungen oder eine Probemobilmachung gemeint sein könne. Ich verneinte diese Frage sofort aufgrund der bestimmten Angaben des Telegramms und meldete, daß in zwei anderen Telegrammen eine Bestätigung von der westpreußischen und schlesischen Grenze vorliege. Generaloberst von Moltke drehte sich darauf zu dem offenstehenden Fenster, sah einige Sekunden, die mir wie Minuten erschienen, hinaus, schöpfte dann tief Atem und sagte: Dann hilft es nichts, dann müssen wir auch mobilmachen, und entließ mich. Im Laufe des Vormittags erhielt ich den Auftrag, den genauen Wortlaut der gemeldeten russischen Anschlagsbefehle festzustellen, da die vorliegenden Meldungen für den Kaiser nicht ausreichend seien, Gegenmaßnahmen zu treffen."

31. Juli: Zustand drohender Kriegsgefahr
und Ultimaten

Am 31. Juli und an den folgenden drei Tagen handelten die zivilen Entscheider in Berlin vollends kopflos. Die Männer in Berlin fanden sich nur schwer in der neuen Situation des bevorstehenden unvorbereiteten Krieges zurecht. Das galt für Jagow, besonders aber für den Reichskanzler.

I

Am Vormittag des 31. Juli äußerte Jagow sich im Gespräch mit dem Botschafter Swerbejew alarmiert über russische militärische Maßnahmen an der Grenze zu Deutschland. Hierzu lagen, wie schon erwähnt, geheimdienstliche Meldungen vor. „Es fallen einige scharfe Worte." Swerbejew kritisierte: Weder der erste englische noch Rußlands jetzigen Vorschläge hätten in Wien und Berlin Widerhall gefunden. Das beweise wohl, daß Deutschlands mäßigender Einfluß in Wien unzureichend sei. Er berichtete nach Petersburg: „Im allgemeinen fand ich, daß Jagow äußerst düster gestimmt ist. Zweimal fragte er mich, ob Tatischtschew zurückgekehrt sei." Düster gestimmt im Gegensatz zu ihrer letzten Begegnung? Generalmajor Tatischtschew war der persönliche Vertrauensbeauftragte des Zaren bei Kaiser Wilhelm, das Gegenstück zu General Chelius. Er hielt sich während der ganzen Krise in Petersburg auf. Weder Wilhelm noch Bethmann haben bei Chelius um seine schleunige Reise nach Berlin gebeten. Daß Jagow düster gestimmt war, erklärt sich aus seiner seelisch-körperlichen Konstitution. Der Historiker Johannes Haller über ihn: „Eine Nummer klüger und feiner" als Bethmann Hollweg, „aber derselbe schwache Faden – Zwirn statt Draht".

Ungeachtet dieser Stimmung tat er auch an diesem Tag keinen Schritt zurück. Um zwei Uhr nachmittags wurde ein Telegramm an den Zaren aufgegeben, im Auswärtigen Amt entworfen. Es erneuerte die deutsche Maximalforderung: der Zar sollte die Teilmobilmachung rückgängig machen. Das war freilich, nachdem sie einmal begonnen hatte, sehr viel, ja zuviel verlangt.

Zimmermann klagte im Gespräch mit Cambon: „Dies ist der tragischste Tag seit 40 Jahren." Er muß seine Auffassung in den zurückliegenden vier Wochen von Grund auf geändert haben. Das ist leicht verständlich: seine Empfehlung am 5. Juli beruhte auf dem Glauben an die Überlegenheit, und inzwischen war ja so viel Zeit verstrichen, daß er die Irrtümlichkeit dieser Auffassung einsehen konnte.

Um neun Uhr fand beim Kanzler eine Besprechung statt, an der außer ihm Moltke und Falkenhayn teilnahmen. Sie besprachen die von Oberstleutnant Hoth gemeldete russische Mobilmachung. Bethmann Hollweg hatte den beiden Generälen gegenüber (anders als im Verhältnis zu Österreich) das Spiel in der Hand. Wir haben aber oben gesehen, daß Tschirschky schon am Tage vorher mit Rücksicht auf geheimdienstliche Meldungen über russische Mobilmachung die Petita der Weltbrandtelegramme zurückgenommen hat. In der Besprechung zu dritt wurde beschlossen, daß Moltke diese Erkenntnisse überprüfen sollte. Der Offizier wurde dementsprechend instruiert. Die bisherigen Meldungen, wurde ihm gesagt, reichten „für den Kaiser" nicht aus. (Entweder war das leeres Gerede oder – wahrscheinlicher – es hat einen telefonischen Kontakt zwischen Kanzler und den Adjutanten in Potsdam gegeben.) Stumm telefonierte vor 12 Uhr mittags wegen „Halt in Belgrad" mit Tschirschky. Das Ergebnis: Die Wiener Reaktion werde voraussichtlich „nicht unbedingt ablehnend" ausfallen. Auffallend, da doch Tschirschky am Tag vorher nachmittags oder abends bei Berchtold den deutschen Vorschlag „Halt in Belgrad" zurückgenommen hatte.

Der Kaiser verfolgte auch an diesem Vormittag weiter seinen Friedenskurs. Frühmorgens las er in einer Depesche des Generals Chelius: „Ich habe den Eindruck, daß man hier aus Furcht vor kommenden Ereignissen mobilisiert hat ohne aggressive Absichten und nun erschreckt ist darüber, was man angerichtet hat." Hierzu notierte der Kaiser in guter Stimmung „richtig"

und „so ist es". Er fand also in Petersburg Kompromißbereit-
schaft. Daraufhin forderte er das Auswärtige Amt in einer form-
losen Notiz auf, ihm ein Antworttelegramm an König Georg
über englische und Wiener Vorschläge vorzulegen, eventuell
auch eine Mitteilung an den Zaren. Für ein Telegramm an Nikolaus leitete Geheimrat Botho Wedel ihm einen Text zu, welcher
der kompromißlosen Linie der Berliner Diplomatie entsprach.
Wilhelm unterzeichnete, obwohl er den wahren Charakter dieser Botschaft nicht gebilligt hätte. Und er wandte sich, einsam,
mit einem Memorandum an zwei Marinechefs, von denen er Unterstützung erhoffte: an Großadmiral Tirpitz und an den Chef des
Admiralstabs.

Hierin mäßigte er seine Ziele: England sollte in Petersburg
nur noch durchsetzen, daß die russische Regierung mit der Generalmobilmachung bis zur österreichischen Antwort auf seinen
Vermittlungsvorschlag „Halt in Belgrad" wartete. Die Idee, König Georg und Sir Edward Grey könnten etwa über diesen seinen Vermittlungsvorschlag in Unkenntnis sein, kam ihm offenbar nicht. Er ahnte auch nicht, daß schon am Vortage abends
sein Botschafter in Wien alle deutschen „Vermittlungsschritte"
zurückgezogen hatte. Der Denkschrift legte Wilhelm den Brief
König Georgs an seinen Bruder bei. Er kommentierte ihn: „Seine
(Georgs) Vorschläge decken sich mit meinen, die ich dem Wiener Kabinett, das uns seit 6 Tagen ohne Antwort läßt, suggeriert
habe, und die gleichfalls gestern abend als solche von Wien uns
telegraphiert wurden." Was Wien dem Auswärtigen Amt gestern
abend telegraphiert hatte, war Tschirschkys Mitteilung wegen
Konversation, eingegangen in Berlin um 17:25 Uhr, in Potsdam
spät abends. – In seinem Text an die Admiräle fuhr Wilhelm
fort: „Ich habe sie (die Vorschläge aus Wien) nach London weitergegeben." Weitergegeben waren sie durch sein Telegramm an
König Georg, das er Minuten vorher unterzeichnet hatte.

In der Sache kritisierte er, daß das Auswärtige Amt nur un-
vollkommen mit ihm kommuniziere; er vermißte einen Kommentar zu Lichnowskys Telegramm, am Vortage um neun Uhr
abends eingetroffen („Form einer privaten Verständigung ge-

wählt"). Die Erläuterungen, die seine Leute in Berlin ihm hierzu gegeben hatten, war tatsächlich dürftig und unaufrichtig: Es handelte sich um jenes Schreiben, mit dem der Kanzler die Weltbrandtelegramme vernebelt und etwas ältere deutsche Bemühungen als „Episode" eingestuft hatte. Lichnowskys Telegramm hatte auch auf den Kaiser einen starken Eindruck gemacht. Schließlich sprach Wilhelm von einer sachlichen Übereinstimmung von Wien und London. Dabei war zwischen den Zeilen zu lesen: „Warum bringt das AA es nicht fertig, die Krise auf Basis dieser Übereinstimmung zu schließen?"

Dies Orientierungspapier sollte die beiden Marinechefs gegen das Auswärtige Amt mobilisieren. Wilhelm sah offenbar nicht ein, daß die Anordnung der russischen Teilmobilmachung an seinem Ziel der Friedenswahrung etwas ändere. Die enorme strategische Bedeutung der Teilmobilmachung war ihm nicht klar. Und doch: Wenn er als oberster Herr der deutschen Entscheidungen es wirklich wollte, dann hätte Berlin trotz der Teilmobilmachung dem Desaster noch diplomatisch begegnen können.

Moltke und Falkenhayn, vermutlich im Besitz neuer Nachrichten über die russische Generalmobilmachung, erschienen um elf Uhr vormittags ein anderes Mal bei Bethmann Hollweg; auch Stumm nahm teil. In die Beratung wurde die offizielle Nachricht aus Petersburg gebracht: „Allgemeine Mobilmachung Armee und Flotte befohlen. Erster Mobilmachungstag 31. Juli." Seitdem Bethmann dies gehört hatte, sagte Tirpitz, habe er auf ihn „den Eindruck eines Ertrinkenden" gemacht. Der Kanzler fürchtete den Krieg. Er hatte allen Anlaß dazu. Wenig später wurde die österreichische Generalmobilmachung bekannt, Tschirschky meldete das telefonisch.

Stumm eilte in das Auswärtige Amt, dort wurde er – etwa um halb ein Uhr – aus Wien angerufen. Dietrich von Bethmann Hollweg informierte ihn über die Ablehnung von „Weltbrand II" durch den Ministerrat. Stumm erwiderte, die Frage sei durch die russische Generalmobilmachung überholt.

Jagow bat Botschafter Swerbejew ein zweites Mal zu sich, sagte ihm „in höchster Erregung", Deutschland werde auf die

Generalmobilmachung sicher mit der eigenen Mobilmachung antworten, sogar heute schon mit der Ausrufung des Zustandes der drohenden Kriegsgefahr.

II

Wie stellte sich die diplomatische Lage jetzt an diesem Freitag um zwölf Uhr dreißig den Männern in der Wilhelmstraße dar? In den frühen Morgenstunden war Bethmanns Telegramm an Tschirschky herausgegangen, das sich den Vorschlag des englischen Königs zu eigen gemacht hatte, es war zu diesem Zeitpunkt noch unerledigt. Die Depesche an Tschirschky vom 29. Juli abends („Katastrophe aufhalten") hatte zwar nicht eigentlich Erfolg gehabt, aber immerhin führten die Österreicher jetzt Scheingespräche mit Petersburg. Man weiß: Szápáry war angewiesen, Konversation mit Sasonow zu beginnen. Auch das Ergebnis dieser, das Desaster vielleicht aufhaltenden Begegnung in Rußlands Hauptstadt war noch offen.

Unmöglich ist nichts. Die Männer des Auswärtigen Amtes hätten in diesem Moment die russische Generalmobilmachung noch ignorieren und weiter Druck auf Österreich ausüben können. Lichnowsky zum Beispiel schrieb im Weltkrieg die Meinung auf, daß es dazu am Nachmittag des 31. Juli noch nicht zu spät gewesen sei. In Wien dachte man genau so und war dementsprechend überrascht, mit welcher Härte Berlin auf die russische Maßnahme antwortete. General Conrad drückte das am 2. August in einem Brief an Moltke aus: „Erst am 31. Juli kam plötzlich die dezidierte Erklärung Deutschlands, daß es nun selbst gewillt sei, den großen Krieg gegen Rußland und Frankreich durchzuführen. Dies ergab eine ganz neue Lage."

Nun, ungeachtet aller dieser Momente sann man dem Kaiser an, jetzt den „Zustand der drohenden Kriegsgefahr" auszurufen. Bethmann, Moltke und Falkenhayn waren, wie schon geschildert, darin einig. Sie beantragten dies telefonisch bei dem Flügeladjutanten vom Dienst im Neuen Palais. Der Kaiser sträubte sich aber. Zunächst schickte er seinem Vetter, König Georg, ein selbst konzipiertes Telegramm, ohne vorher dem Auswärtigen Amt Gelegenheit zur Stellungnahme zu geben: „Many thanks for kind telegram. Your proposals coincide with my ideas and with the statements I got this night from Vienna which I have had forwarded to London."

Danach fuhr er nach Berlin. Im Großen Generalstab erwarteten ihn Bethmann, Moltke, Falkenhayn, Lyncker „und andere". Und was Bethmann nicht getan hatte, tat jetzt der Kaiser: Er lehnte den Vorschlag „Zustand drohender Kriegsgefahr" ab. Seit vier Tagen stemmte er sich mit der Lösung „Halt in Belgrad" der von Österreich vorangetriebenen Entwicklung entgegen. Und er hatte noch keine Antwort! Er sprach daher im Sinne seines Memorandums an Tirpitz. Der Kanzler konnte ihn nicht unterstützen, weil Falkenhayn ihn gerade unter vier Augen für seinen Antrag in die Pflicht genommen hatte. Dem Kaiser versprach man, es sollten trotz der zu beschließenden Kriegsvorbereitungsmaßnahmen „auch die äußersten Versuche gemacht werden, den Frieden zu erhalten". Und Stehvermögen war des Kaisers Sache nicht. So „ringt" Falkenhayn ihm die Zustimmung zur Proklamation der drohenden Kriegsgefahr „ab". Der Kaiser unterschrieb im Stehen, „auf der Hand" Falkenhayns, wie der General in seinem Tagebuch erwähnt.

Die Anwesenden kannten in diesen Zeitpunkt noch nicht das Telegramm des Zaren, 14:52 Uhr verschlüsselt auf dem Telegraphenamt des Königlichen Schlosses angekommen:

„I thank you heartily for your mediation which begins to give one hope that all may yet end peacefully. It is technically impossible to stop our military preparations which were obligatory owing to Austria's mobilisation. We are far from wishing war. As long as the negotiations with Austria on Servia's account are taking place my troops shall not make any provocative action. I give you my solemn word for this. I put all my trust in Gods mercy and hope in your successful mediation in Vienna for the welfare of our countries and for the peace of Europe." Es ist nicht bekannt, wann genau man Bethmann diese Zeilen vorgelegt hat. Sie lesend, hätte ihn seine Zustimmung zu der „drohenden Kriegsgefahr" gereuen müssen.

Der Zustand drohender Kriegsgefahr bedeutete unter anderem den Übergang der vollziehenden Gewalt von den zivilen Instanzen (Landesregierungen, Regierungspräsidenten etc.) auf die 26 stellvertretenden Korpskommandeure und 36 Festungskommandanten. Und die Militärbehörden übten ab diesem Zeitpunkt eine Pressezensur aus. Die Mobilmachung sollte jedoch nach den schon im Frieden ausgearbeiteten Plänen 48 Stunden später folgen.

Gleichzeitig mit dem „Zustand der drohenden Kriegsgefahr" wurden Ultimaten an Rußland und Frankreich beschlossen. Sie würden unannehmbar sein, den Charakter von Kriegserklärungen haben. Die beiden Ultimaten waren doch wichtiger als die „drohende Kriegsgefahr", scheinen aber bei den Bremsenden nicht die gebührende Aufmerksamkeit gefunden zu haben. Der „Zustand der Kriegsgefahr" und die Ultimaten wurden dem Kaiser als Paket vorgetragen und als solches von ihm genehmigt. Sofort vom Schloß aus teilte der Kanzler Jagow dies telefonisch mit. Es war jetzt drei Uhr nachmittags.

Bethmann Hollweg betrachtete die Sache „Krieg oder Frieden?" für entschieden. Er wollte unter denen, deren Meinung etwas galt, nicht völlig in die Isolierung geraten. Also sprang er auf den fahrenden Zug und formulierte selbst das an Rußland zu richtende Ultimatum. Er fordert die Rückgängigmachung der Mobilmachung. Und zwar war Bethmann inzwischen klug gemacht. Er hatte verstanden, daß man den Russen die Mobilmachung gegen Österreich nicht hätte gestatten dürften. Auch deren Rückgängigmachung verlangt er also. Frist zwölf Stunden. Für den Fall der Nichterfüllung wurde nur die Mobilmachung der deutschen Streitkräfte angedroht, nicht der Krieg. Um halb vier Uhr nachmittags ging die Depesche zum Haupttelegraphenamt. Zweifellos war Bethmann jetzt ohne Hoffnung, die Entwicklung zum Krieg unter Kontrolle zu halten.

Außerdem wollte man Frankreichs Haltung klären, der Botschafter in Paris wurde damit beauftragt. Frankreich mußte sich binnen achtzehn Stunden entscheiden, wie es sich in einem deutsch-russischen Krieg verhalten werde.

Trotz der im Königlichen Schloß gefaßten Beschlüsse hatte der Kaiser sein an Tirpitz gerichtetes Memorandum aufrecht erhalten. Chef des Kabinetts von Müller war beauftragt, es dem Großadmiral zuzustellen. Alle vom Kaiser benannten Personen – Tirpitz, Pohl, Moltke und Falkenhayn – haben das Memo am selben Tag gelesen und das mit Angabe der Uhrzeit notiert, als letzter Falkenhayn um 20:10 Uhr. Um Viertel nach zwei Uhr nachmittags erschien Müller bei dem Großadmiral. Tirpitz las das Papier und fragte: „Wozu dann noch Krieg?" Müller unterstützte ihn in dieser Meinung. Um halb fünf Uhr trat Tirpitz beim Reichskanzler ein. Am Vormittag, sprach er, sei der Krieg im AA in Jagows Gegenwart als unvermeidlich bezeichnet worden. Mit dieser Beurteilung könne er, Tirpitz, die „Niederschrift" Seiner Majestät von zwölf Uhr nicht in Übereinstimmung bringen. Danach stimmten Wien, London und Berlin in sachlicher Beziehung überein. Tirpitz las dem Kanzler die entscheidenden Sätze aus dem Papier des Kaisers vor. Bethmann entgegnete ihm: Der Kaiser mischt da mehreres durcheinander. Jedenfalls läge jetzt die russische Generalmobilmachung vor, und die müßten wir mit unserer Mobilmachung beantworten. Tirpitz insistierte: Wenn jetzt ein Ultimatum an Petersburg gerichtet wird, vielleicht könnte man darin hervorheben, daß Deutschland und Rußland in der Sache einig seien?

Bethmann war genervt. Der Vorstoß des Großadmirals stürzte ihn in einen Gefühls- und Entscheidungskonflikt. Denn eigentlich war er entsetzt angesichts der Katastrophe des großen Krieges. Aber in den vergangenen vier Tagen hatte er seine Meinung mehrfach gewechselt. Seine Gründe und Gegengründe mochte er Herrn von Tirpitz nicht erklären. Noch weniger mochte er sich mit den Argumenten des Kaisers auseinandersetzen. Alle Beteiligten hatten inzwischen dem Zustand der drohenden Kriegsgefahr zugestimmt. Das Telegramm an Pourtalès, das der Admiral noch vervollständigen wollte, war schon vor einer Stunde abgegangen. In diesem Durcheinander seiner Nerven und Absichten

antwortete er kurz und scharf: „Das ist ja dauernd geschehen!"
Er konnte unangenehm werden, wenn jemand andeutete, er verstehe in seinem, Bethmanns, Bereich etwas besser als er. Und er
selbst war es ja, der das Telegramm an Pourtalès formuliert hatte.
Sachlich war sein Einwand völlig unzutreffend. Natürlich hatte
Berlin den Minister Sasonow kein einziges Mal – wieviel weniger „dauernd" – darauf aufmerksam gemacht, daß zwischen ihnen in der Sache Einigkeit bestehe. Entscheidend war vielmehr,
daß er innerlich und äußerlich mit der Frage abgeschlossen hatte.

Tirpitz gab sich geschlagen, tat gar nichts weiter. Er berichtete
nicht einmal dem Kaiser über das Gespräch. Das ist jedenfalls
kritikwürdig, er war es ihm schuldig. Der Schöpfer der deutschen Hochseeflotte spielte in der Julikrise eine zweifelhafte
Rolle. Er war die starke Figur der Berliner Szene und er wollte
den Krieg nicht – und doch hat er nichts getan, um ihn zu verhindern. Warum hat er die Macht, die Wilhelm ihm mit dem
Memorandum anbot, nicht genommen? Wenn er sie angenommen hätte, hätte er den Kaiser ermutigen können, sich erneut
dem Tun der Kriegsleute zu widersetzen. Wilhelm und der Admiral konnten anknüpfen an die Zusage, es sollten auch die äußersten Versuche gemacht werden, den Frieden zu erhalten.
Wilhelm konnte Bethmann Hollweg in das Schloß zitieren und
als erstes mitteilen, daß die beiden Aufträge zu Ultimaten durch
offene Telegramme und Telefonanrufe zurückgehalten werden
müßten. Und dann würden Österreich gegenüber andere Saiten
aufgezogen. Über den Kopf der Wiener Grafen und des starr-
sinnigen Franz Joseph hinweg hätte Wilhelm dem letzten Vorschlag König Georgs und der Formel des Ministers Sasonow zustimmen können, zunächst in einer den Zeitungen übergebenen
Pressemitteilung. Alles dies natürlich unter Mitverantwortung
des Großadmirals. Ein solcher Verlauf war nicht eigentlich utopisch. Dennoch: Alfred von Tirpitz verhielt sich nicht so. Sein
Selbstbild war das eines Spezialisten. Hier ging es um eine Frage,
die außerhalb seines Faches lag. Er hat „niemals nach politischer
Macht gestrebt". Die einzige Rettung sah er in einem klaren
Bruch mit dem „herrschenden System". Mit diesem Ausdruck

hat er die Einmischung des Kaisers in die Regierungsgeschäfte und die darauf beruhende Macht der Kabinettschefs gemeint. Damit zu brechen, das allerdings war utopisch.

III

Nachdem die Aufträge zu den Ultimaten herausgeschickt waren, wurde das Auswärtige Amt durch ein Telegramm Lichnowskys verblüfft: „Ich habe heute zum erstenmal den Eindruck, daß das in letzter Zeit so gebesserte Verhältnis zu Deutschland und vielleicht auch deutschfreundliche Stimmungen im Kabinett die Möglichkeit in die Erscheinung treten läßt, daß England bei einem etwaigen Kriege eine abwartende Haltung einnehme." Grey mußte wie verwandelt sein! Dafür gab es natürlich Gründe. Lichnowsky berichtete darüber nichts. In Berlin wußte man demzufolge nicht, daß Grey für den außenpolitischen Konflikt dringend eine Lösung brauchte, die einen Bruch zwischen ihm und der Kabinettsmehrheit vermied. Auf der anderen Seite ist nicht abzusehen, wie das Auswärtige Amt ein solches Wissen hätte auswerten können.

Jetzt näherte sich England Deutschland im günstigen Sinne mehr als zu irgend einem früheren Zeitpunkt der Krise. Lichnowsky informierte über ein neues Angebot von Grey, sozusagen eine Greysche Formel. Der Minister sagte, er wünsche auf „irgendein greifbares Entgegenkommen" Wiens hinweisen zu können; oder mit anderen Worten, er brauchte „irgendein greifbares Unrecht auf russischer Seite". Dann könnte er sich für Englands Neutralität einsetzen. Also nach Wahl der Zentralmächte! Jagow war eingeladen, sich etwas auszusuchen, was als „irgendein greifbares Entgegenkommen" gelten konnte. „Ich vermute", erläuterte Lichnowsky, „daß Grey seine ursprüngliche Anregung, die militärischen Operationen in Serbien einzustellen, im Auge hat". Das war ein einleuchtender Hinweis darauf, welche Art Entgegenkommen Jagow mit Erfolg wählen konnte. Dieses Telegramm kam zwischen halb fünf und fünf

Uhr nachmittags auf den Schreibtisch des Staatssekretärs. Jagow konnte den Ultimatumsauftrag noch durch ein unverschlüsseltes Telegramm anhalten und auf den englischen Vorschlag eingehen. Das an Rußland gerichtete Ultimatum war erst um 15:30 Uhr an Pourtalès herausgegangen, der Botschafter würde es erst um Mitternacht deutscher Zeit dem Minister Sasonow übergeben.

Über sein Angebot hatte Grey den Botschafter Goschen informiert: „Ich (das ist Grey) sagte dem deutschen Botschafter heute morgen, wenn Deutschland mit irgendeinem vernünftigen Vorschlag hervortreten könnte, der es klar machte, daß Deutschland und Österreich sich um die Erhaltung des europäischen Friedens bemühten, während Rußland und Frankreich unbillig handelten, wenn sie den Vorschlag zurückwiesen, so würde ich ihn in St. Petersburg und Paris unterstützen und so weit gehen zu erklären, daß, wenn Frankreich und Rußland ihn nicht annähmen, Seiner Majestät Regierung mit den Folgen nichts mehr zu tun haben werde. Sonst jedoch, bemerkte ich zum deutschen Botschafter, würden wir, falls Frankreich in die Sache verwickelt werde, ebenfalls hineingezogen."

Der amerikanische Autor William Jannen kommentiert: „Grey, faced with a cabinet determined to stay out of a continental war, was offering Germany a tremendous diplomatic victory in return for an Austrian agreement to submit to four-power mediation." Rußland hätte in diesem Falle akzeptable Bedingungen anbieten müssen.

Im Gegensatz dazu meint George M. Thomson: „At the time Grey spoke to Lichnowsky, reasonable proposals from Germany had become psychologically impossible. Russia was mobilizing. The Slav in arms stood at the gate. The Cossacks were about to flood over the ancient land of the Teutonic Knights. Germany was in the grip of a panic." Aber hiermit wird die Lage entschieden überdramatisiert. Für mehrere Deutsche war mindestens ein Vorschlag, nämlich „Halt in Belgrad" plus Vier-Mächte-Vermittlung, psychologisch durchaus annehmbar. Hier sind zu nennen: der Kaiser, seine Gemahlin, „the peace people at the palace", auch Tirpitz, Lichnowsky, Kühlmann (der Bot-

schaftsrat an der Londoner Botschaft, an diesem 31. Juli noch in
der oberbayerischen Sommerfrische!), Zimmermann, Stumm
und Müller. In Wahrheit waren es andere Gründe, die zur Ablehnung des britischen Vorschlages führten: Bethmann war psy-
chisch blockiert, zu einer tatkräftigen Politik gleich welcher Art
nicht fähig. Übrigens darf man davon ausgehen, daß Jagow ihm
am 31. Juli keine Gelegenheit zur Stellungnahme zu diesem britischen Vorschlag gegeben hat. Jagow selbst fürchtete die Prestige-
einbuße mehr als die russische Armee.

Mit dem Telegramm in der Hand fand sich Goschen nachmittags im Auswärtigen Amt ein. Zunächst war nur Zimmermann verfügbar. Der Unterstaatssekretär erklärte mit Bedauern,
er könne auf Greys Angebot erst eingehen, wenn Rußland die
Mobilmachung rückgängig gemacht habe, wie Berlin das in seinem Ultimatum verlangt habe. „Er war", berichtete Goschen,
„über die ganze Sache sehr aufgebracht und erregt – bedauerte,
daß Deutschland, Frankreich und vielleicht England hineingezogen worden seien, von denen keines auch nur im geringsten
den Krieg wolle – und sagte, das käme von diesem verdammten
Bündnissystem, das der Fluch der neuen Zeit wäre". War Zimmermann einverstanden damit, daß Rußland hineingezogen
wird? Wie es aussieht, wünschte er im Innern seines Herzens,
daß Deutschland Österreich der zerstörenden Angriffskraft der
russischen Armeen preisgeben würde.

Schon am 25. Juli hatte Paul Cambon zu seinem belgischen
Kollegen Baron Beyens gesagt, Frankreich werde, indem es in
den Krieg verwickelt werde, wie die anderen Mächte das Opfer
seiner Allianz.

Einige Stunden später suchte Goschen Jagow auf, um auch bei
ihm im Sinne dieses für Deutschland attraktivsten Grey'schen
Angebots zu werben. Sie sprachen eine volle Stunde. Aber Jagow
wollte nicht kneifen, wollte den Krieg nicht scheuen, war dementsprechend für keine Überredungsversuche offen. Er nahm
mit der Unflexibilität, die er allgemein in diesen Tagen zeigte,
den Standpunkt ein, nach dem Ultimatum an Rußland gebe es
einstweilen gar nichts mehr als Abwarten. Gebe Rußland der ul-

timativen Forderung statt, gut, so werde man auf Goschens Worte zurückkommen, wenn aber nicht – was wahrscheinlich war, fast sicher –, dann könne er Greys Vorschlag nicht mehr in Betracht ziehen.

Aber war der Ultimatumsauftrag das wirkliche Hindernis? Das Ultimatum war zur Stunde seines Gesprächs mit Goschen noch nicht übergeben. Und – wichtiger – es drohte nur an, falls scinc Forderung nicht erfüllt werde, werde Deutschland seinerseits mobilisieren. Von der letzten, apokalyptischen Konsequenz war dort durchaus noch nicht die Rede! Außerdem wünschte Nikolaus, wie er beteuerte, Verhandlungen. Hierauf hätte Jagow fußen können. Er hätte dem Botschafter sagen können, zunächst mobilisierte Deutschland, wie im Ultimatum angedroht (und zwar selbstredend ohne Handstreich auf Lüttich). Zugleich erneuerte die Reichsregierung öffentlich den Vorschlag „Halt in Belgrad". Den Beitritt Wiens hierzu konnte sie unter Drohung der Casus-foederis-Verneinung erzwingen. Der Erfolg dieser beiden Schritte war nahezu sicher. Daher konnte Jagow den Vorteil der schnelleren Mobilmachung ruhig ein wenig abschmelzen lassen. Man konnte an einen Zeitverlust im Umfang von – sagen wir – 48 Stunden denken, möglicherweise auch nur von 24 Stunden. Wahrscheinlich sah Jagow dies sogar. Auch der am Mittag im Königlichen Schloß gefaßte Beschluß von Kaiser, Kanzler und Generälen brauchte ihn nicht daran zu hindern, auf Greys Idee einzugehen. Auf den Zustand „drohender Kriegsgefahr" sollte die Mobilmachung nach den Planungen erst 48 Stunden später folgen. Und Bestandteil des Beschlusses war: Es sollten die „äußersten" Bemühungen angestrengt werden, um den Frieden zu erhalten. Und sogar noch am nächsten Tag widersetzte sich der Kaiser der ihm angesonnenen Mobilmachung! Der sogenannte „Schlieffenplan" stand einer Annahme des britischen Vorschlages nicht entgegen. Er begann erst nach Beginn der Mobilmachung zu wirken, und darüber war im Augenblick, 31. Juli nachmittags – noch nichts beschlossen. Aber Jagow segelte, nachdem sein vorrangiges Ziel verfehlt war, auf dem Kurs der Prestigebewahrung nach außen und innen.

IV

Ein Telegramm an den Botschafter in Rom schilderte die Lage: „Wir haben … drohende Kriegsgefahr erklärt, welcher Mobilmachung folgen muß, falls nicht Rußland binnen zwölf Stunden alle Kriegsmaßnahmen gegen uns und Österreich einstellt. Mobilmachung bedeutet Krieg. Wir haben Frankreich Frage vorgelegt, ob es in einem deutsch-russischen Krieg neutral bleiben will. Frist achtzehn Stunden. Wenn Frankreichs Antwort, wie bestimmt zu erwarten, negativ ausfällt, wird alsbald auch Krieg zwischen Frankreich und uns erklärt werden müssen."

Auch in der italienischen Frage hielt Berchtold dem Druck aus Berlin stand. Wilhelms Zusage, der „Blankoscheck", war eben nicht davon abhängig, daß Österreich-Ungarn im Verhältnis zu Italien zu Opfern bereit war.

Als die russische Generalmobilmachung bekannt wurde, waren die Offiziere im Kriegsministerium begeistert, wie Wenninger in seinem Tagebuch festhält: „Überall strahlende Gesichter, – Händeschütteln auf den Gängen; man gratuliert sich, daß man über den Graben ist. Gerüchte von dem Ultimatum auch an Frankreich – einer meint, ob dies denn nötig sei, sich auch Frankreich aufzupacken, das sich doch wie ein Karnickel drücke; General v. Wild meinte: ‚Nun, wir möchten die Brüder doch auch dabei haben'".

Kann man hieraus Rückschlüsse auf das Denken des Ministers ziehen? Dies, obwohl die Euphorie offensichtlich durch die Lösung der seit Tagen anhaltenden unerträglichen Spannung verursacht war? Wilds Antwort zu Frankreich war jedenfalls ein dem Stimmungshoch entsprechender Scherz, nicht mehr.

V

Als Bethmanns Ultimatumsauftrag in Petersburg noch nicht entziffert war, versuchte Pourtalès, Kaiser Nikolaus in einem persönlichen Gespräch umzustimmen. Er sagte dem Zaren, die

Mobilmachung sei eine Bedrohung und eine Herausforderung Deutschlands. Und der Zar mache mobil in einem Zeitpunkt, wo Kaiser Wilhelm sich bemühe, zwischen ihm und Österreich zu vermitteln: Das sei eine Beleidigung Kaiser Wilhelms. Dies zu hören, überraschte den Zaren: „Vous croyez vraiment?" frug er. Aber dann mündete das Gespräch in die schon bisher vorgetragenen Argumente ein: Der Botschafter wiederholte, daß auf die russische Mobilmachung eine deutsche Mobilmachung und danach der Krieg zwischen Deutschland und Rußland folgen werde, Nikolaus, daß er aus technischen Gründen den russischen Mobilmachungsbefehl nicht widerrufen könne. Der russische Herrscher blieb auffallend emotionslos, er sprach wie aus großer Entfernung zu dem Geschehen, Pourtalès zweifelte, ob er voll begriff, worüber geredet wurde.

In Berlin war inzwischen das Pathos des Krieges an die Stelle der Diplomatensprache getreten. Der Kaiser hielt eine Ansprache vom Balkon des Schlosses:

„Eine schwere Stunde ist heute über Deutschland hereingebrochen. Neider überall zwingen uns zu gerechter Verteidigung. Man drückt uns das Schwert in die Hand. Ich hoffe, daß, wenn es nicht in letzter Stunde gelingt, die Gegner zum Einsehen zu bringen und den Frieden zu erhalten, wir das Schwert mit Gottes Hilfe so führen werden, daß wir es mit Ehren wieder in die Scheide stecken können. Enorme Opfer an Gut und Blut würde ein Krieg von uns erfordern."

Am nächsten Tag notierte Admiral Müller hierüber: „Die Morgenblätter bringen die Ansprachen des Kaisers und des Reichskanzlers an das vor dem Schloß beziehungsweise dem Kanzler-Palais versammelte begeisterte Volk. Stimmung glänzend. Die Regierung hat eine glückliche Hand gehabt, uns als die Angegriffenen hinzustellen." Das besagt, daß nach Müllers Ansicht Deutschland der Angreifer war.

Das man jetzt dem großen Kriege hautnah war, zeigt, daß der deutsche Generalstab schon den Kameraden in Wien Vorschriften machte. Der eigensinnige General Conrad war im Begriff, die habsburgischen Armeekorps auf der Bahn an die serbische

Grenze fahren zu lassen. Von dort kamen sie so schnell nicht zurück. Moltke und seine Offiziere waren besorgt, daß das russische Heer keine Truppen an die russisch-österreichische Grenze
zu senden brauchte, daher in voller Stärke in Ostpreußen und
Schlesien einfallen konnte. Moltke telegraphierte an Conrad im
rauhen Soldatenton: „Will Österreich uns im Stiche lassen?"
Und man ließ den Kaiser an Franz Joseph depeschieren, Österreich solle seine Hauptkräfte gegen Rußland einsetzen. „Serbien
spielt in diesem Riesenkampf, in den wir Schulter an Schulter
eintreten, eine ganz nebensächliche Rolle, die nur die allernötig-
sten Defensivmaßregeln erfordert." Conrad las die Ermahnun-
gen angewidert am 31. Juli 9 Uhr 45 abends, empfand sie als
„nachhinkende Ratschläge". In seinem Erinnerungsbuch be-
mängelt er, Deutschland habe bis dahin sich noch nicht zum
Kriege mit Rußland entschlossen gehabt! Er habe also davon
ausgehen müssen, daß es dazu nicht kommen werde.

Um halb sechs Uhr nachmittags meldete sich Goschen erneut
im Auswärtigen Amt. Er wollte wissen, ob Deutschland Belgiens Neutralität achten werde. Der englische Botschafter in Paris
stellte zur selben Stunde dieselbe Frage. Jagow antwortete: Er
müsse erst mit Kaiser und Kanzler Verbindung aufnehmen.
Möglicherweise könnte die deutsche Regierung gar keine Antwort geben, „da eigentlich jeder Bescheid von ihrer Seite die für
den Kriegsfall unerwünschte Wirkung haben müsse, bis zu einem gewissen Grade einen Teil ihres Feldzugsplans zu enthül-
len." Auf jeden Fall wollte die deutsche Regierung erst antworten, wenn sie wisse, welche Antwort Frankreich gegeben habe.
Über eine Rückkoppelung mit Bethmann oder dem Kaiser sagen
die Akten aber gar nichts. Jagow bedurfte nach dem hier vorgetragenen Verständnis einer solchen Fühlungnahme nicht. Das
heißt, er war zwar von dem Urteil mancher Kollegen abhängig,
nahm aber weder den Kanzler noch den Kaiser für voll.

Bethmann schilderte in einem Telegramm an Lichnowsky die
Entwicklung der Krise und wie ungerecht das Vorgehen Rußlands und Serbiens sei. Es waren Bewertungen und Sentiments
eines Moralisten. In der Sache bot er den Engländern auch dies-

mal überhaupt nichts. Er ging auf Lichnowskys telegraphischen Berichte nicht ein, sagte die Achtung Belgiens nicht zu und übte keinen Druck auf Österreich aus.

Allerdings, neben Rhetorik enthielt das Kabel ein Faktum, das für die Engländer neu war: die russische Generalmobilmachung. Das war dem Fürsten Lichnowsky so wichtig, daß er das Telegramm mit der Zeitangabe „Mitternacht" versah und es so wie es war, das heißt in deutscher Sprache, dem Sekretär Sir Edward Greys überbringen ließ. Grey selbst war nicht auffindbar. Tyrrell benachrichtigte den Premierminister. Asquith fand die Tatsache der russischen Generalmobilmachung höchst alarmierend. Er nahm sich der Aufgaben seines Ministers an, ließ König Georg um ein oder zwei Uhr am 1. August wecken und gab ihm Lichnowskys Papier zum Lesen. Der Enkel der Königin Victoria wendete sich – darum hatte Lichnowsky gebeten – sofort telegraphisch an den Zaren: „Ich kann mich des Gedankens nicht erwehren, daß irgendein Mißverständnis zu diesem Punkt geführt hat." Er appellierte an ihn, für Unterhandlungen und Friedensmöglichkeiten noch freien Raum zu lassen. Was allerdings weder Lichnowsky noch Asquith noch Georg wußten: daß Pourtalès um Mitternacht russischer Zeit, also bevor Wilhelms Vetter geweckt wurde, das auf zwölf Stunden befristete Ultimatum abgegeben hatte, das in seiner politischen Bedeutung einer Kriegserklärung gleichkam. So blieb Lichnowskys diplomatischer Erfolg ohne Wirkung.

1. bis 4. August: Mobilmachung, Kriegserklärungen und Kriegskredite

Die ersten vier Augusttage verliefen chaotisch. Man konnte auf keine diplomatische Vorbereitung oder Planung des Krieges zurückgreifen. Die deutschen Staatsmänner hatten nicht entfernt „nach einem wohldurchdachten raffinierten Drehbuch" gehandelt, wie J.C.B. Röhl einmal geschrieben hat, vielmehr mußten sie auf breiter Front improvisieren.

I

In der Nacht zum 1. August ging ein Telegramm aus Rom ein: Die italienische Regierung betrachte das Vorgehen Österreichs gegen Serbien als einen Angriff, berichtete der Botschafter. Der casus foederis nach Maßgabe des Dreibundvertrages sei nicht gegeben.

Beim Morgengrauen des 1. August lag dem Auswärtigen Amt der Bericht über das an Rußland gestellte Ultimatum vor: „habe Auftrag soeben Mitternacht ausgeführt. Herr Sasonow verwies wieder auf die technische Unmöglichkeit, Kriegsmaßnahmen einzustellen, und versuchte mich von neuem davon zu überzeugen, daß wir die Bedeutung der russischen Mobilmachung, die mit der unsrigen nicht zu vergleichen sei, überschätzten." Der russische Minister hielt der deutschen Regierung also die Tür zu Verhandlungen offen. Aber der Begriff „Verhandeln" stand nirgends im Kalender des Staatssekretärs.

Wegen der Mobilmachung gab es Streit und Schwierigkeiten. Falkenhayn hielt fest: „Da von Rußland, trotzdem das Ultimatum um zwölf Uhr ablief, bis 4 Uhr nachmittags keine Antwort da ist, fahre ich zum Reichskanzler, um ihn zu veranlassen, mit mir zum Kaiser zu gehen und den Erlaß des Mobilmachungsbefehls zu erbitten." Aber Bethmann wollte nicht mitmachen. In Falkenhayns Tagebuch steht sogar „längeres Sträuben". Pourta-

lès' Bericht über die ablehnende Erklärung der russischen Regierung zum Ultimatum ist niemals in Berlin angekommen. (Die
Gründe sind nicht aufgeklärt worden.) Bethmann handelte als
Verwaltungsjurist: Man kann nie wissen! Vielleicht hat Rußland
sich der ultimativen Forderung gefügt, vielleicht hat Pourtalès
eigenmächtig die Kriegserklärung nicht übergeben. Schließlich
ist eine deutsche Mobilmachung eine ernste Sache. Ohne Sicherheit über die Voraussetzungen wollte er seine Unterschrift nicht
geben. Und dennoch, schließlich erlahmte seine Streitfähigkeit,
auch hatte Falkenhayn vielleicht die besseren Argumente. Von
seiner scharfen verfassungsrechtlichen Waffe, die Gegenzeich-
nung zu verweigern, machte der Kanzler keinen Gebrauch.

Bethmann und Falkenhayn begaben sich in das Schloß. Anwesend waren auch Moltke, Lyncker und der Generaladjutant
Plessen. Tirpitz fehlte, er war in einem Verkehrsstau stecken geblieben. Um fünf Uhr nachmittags erließ Wilhelm den Mobilmachungsbefehl und genehmigte die Kriegserklärung an Rußland. Er leistete seine Unterschrift an dem Schreibtisch, der aus
Holz von Nelsons Flaggschiff „Victory" getischlert ist. Als er
aufgestanden war, sah er Bethmann und den Offizieren in die
Augen und sagte scharf: „Meine Herren, Sie werden es erleben,
daß Sie den Tag verwünschen, an dem Sie mich dies haben tun
lassen!" Sein Gefühl war verständlich. Die Repräsentanten der
Herrschaftselite hatten ihn isoliert und zwangen ihn, eine ihm
tief verhaßte Politik zu vollziehen. Falkenhayn überspielte den
Eklat: „Gott segne Eure Majestät und ihre Waffen, Gott schütze
unser geliebtes Vaterland." Der Kaiser war verwandelt, tauschte
mit ihm einen langen Händedruck. Beide hatten Tränen in den
Augen.

Vor dem Königlichen Schloß standen Tausende von Menschen in der Erwartung von Neuigkeiten. Um fünf Uhr nachmittags gab ihnen ein Beauftragter des Kaisers die Mobilmachung bekannt. Sie stimmten an: „Nun danket alle Gott". Den
Choral hatten die Regimenter des großen Königs nach der siegreichen Schlacht bei Leuthen gesungen. Extrablätter wurden ver-
teilt. Auch in München war eine Menschenmenge versammelt.

Unter den Männern und Frauen, die dicht gedrängt den Ode-onsplatz füllten, stand der 25jährige österreichische Gelegenheitsarbeiter Adolf Hitler. Er war, wie er später in seinem Buch schrieb, von stürmischer Begeisterung erfüllt, fühlte sich „erlöst von den ärgerlichen Empfindungen der Jugend".

II

Gegen vier Uhr nachmittags ging ein Telegramm Lichnowskys ein, das ein für die Beurteilung der handelnden Personen aufschlußreiches Zwischenspiel eröffnet. Dem kreativen Fürsten war eine auf den ersten Blick bestechende Idee gekommen: Der drohende – inzwischen unvermeidbar scheinende – Krieg sollte nur zur Hälfte stattfinden, nämlich im Osten. Es würden miteinander kämpfen: Rußland, Österreich-Ungarn, Serbien und das halbe Deutschland, nämlich mit den für den Osten vorgesehenen Truppenteilen. Die für den Westen vorgesehenen Armeekorps blieben mobilisiert, dürften aber nicht fechten. Entsprechendes galt für Frankreich: Die Republik erfüllte ihre Bündnispflicht gegen Rußland, indem sie die westlichen deutschen Armeekorps binden würde. Deutschland und Frankreich sollten, ähnlich wie im Zweiten Weltkrieg acht Monate lang geschehen, einander ohne Kampfhandlungen gegenüberstehen.

Für seinen Gedanken war es Lichnowsky gelungen, die Zustimmung Sir William Tyrrells zu gewinnen, dieser hatte Grey überzeugt. Lichnowsky ging noch einen Schritt weiter: Wegen der Animosität des deutschen Auswärtigen Amtes gegen ihn, bat er Tyrrell, das Ganze als Anfrage Sir Edward Greys ausgeben zu dürfen. So geschah es.

Die Geschichtsschreibung, soweit sie nicht ein Mißverständnis zwischen Grey und Lichnowsky annimmt, wozu kein Anlaß besteht, folgt den Telegrammen und hält Grey für ihren Erfinder. Aber für die Urheberschaft des Fürsten Lichnowsky sprechen sehr starke Indizien. Die Problemlösung war geradezu typisch für sein geistvolles, originelles, streng logisches und gelegentlich emotionale Imponderabilien unterschätzendes Denken. Zu der Nüchternheit und dem professionellen Realismus des Politikers Grey dagegen paßt sie eigentlich gar nicht. Und Grey hat am 28. August 1914 vor dem Unterhaus mit voller Deutlichkeit gesagt, die Idee stamme von Lichnowsky. Daran hat er auch in seinen Memoiren festgehalten.

Jagow erhielt vom Bürodienst des Auswärtigen Amts die Entzifferung der ersten Hälfte von Lichnowskys Telegramm vorab. Er entschloß sich, ohne eine Minute zu warten, bereits dieses Fragment dem Kaiser zur Kenntnis zu bringen. – Das stimmte mit seiner bisherigen Politik überein. In erster Linie war die Wahrnehmung des Prestiges der Mittelmächte sein Ziel; und die aus London mitgeteilte Lösung wäre ein donnernder Erfolg der deutschen Diplomatie gewesen. Er fuhr mit dem Fragment des Telegramms zum Schloß. Dort, im „Sternensaal", diskutierte Wilhelm gerade mit dem Kanzler und einigen Generälen. Er hatte Jagow seit dessen Hochzeit nicht gesehen, das war ihm gegenwärtig. Er ließ es sich trotz der nervösen Spannung nicht nehmen, ihm zu seiner Eheschließung auch mündlich Glück zu wünschen. Nach dem Lesen des halben Telegramms der Londoner Botschaft forderte Tirpitz sofort, daß man die Mobilmachungsorder einstweilen nicht an die Truppe weitergeben dürfte. Moltke und Falkenhayn widersprachen. Sie warteten eine Entscheidung des Kaisers nicht ab, verließen schlanken Schrittes den Saal, um die Mobilmachung bekannt zu machen.

Es verstrichen zehn Minuten des Wartens, dann wurde die vollständig entzifferte Depesche in den Saal gebracht und verlesen. Aufgeregt sandte Wilhelm jemanden dem Generalobersten und Falkenhayn nach, sie möchten schnellstens zurückkommen.

Moltke erschien wieder, er bemerkte die freudige Stimmung der Anwesenden. Bald danach trat auch Falkenhayn ein. Moltke hörte vom Kaiser mit Staunen: „Nun brauchen wir nur noch den Krieg gegen Rußland führen. Also, wir marschieren einfach mit der ganzen Armee im Osten auf." Moltke war fassungslos, erwiderte dem obersten Kriegsherrn, „daß das unmöglich sei. Der Aufmarsch eines Millionenheeres lasse sich nicht improvisieren;

er sei das Ergebnis einer vollen, mühsamen Jahresarbeit und könne, einmal festgelegt, nicht geändert werden. Wenn Seine Majestät darauf bestehen, das gesamte Heer nach dem Osten zu führen, so würden dieselben kein schlagfertiges Heer, sondern einen wüsten Haufen ungeordneter bewaffneter Menschen ohne Verpflegung haben."

In Wirklichkeit hätte der Mobilmachungsbeschluß geändert werden können, zumal er noch nicht einmal eine Stunde alt war. Bis 1913 war der Plan eines Ostaufmarsches alljährlich bearbeitet worden; zuletzt mit Fälligkeit bis Ende März 1914. Man hätte ihn mit geringen Abänderungen verwenden können. Wilhelm hatte ein richtiges Gespür für die Lage und sagte: „Ihr Onkel würde mir eine andere Antwort gegeben haben!" Dieser Tadel habe ihm „sehr weh getan", schrieb Moltke d.J. später; „ich habe nie den Anspruch erhoben, dem Feldmarschall gleichwertig zu sein". Gleichwohl oder gerade deswegen: er hielt an seiner Weigerung fest.

Falkenhayn bat um Erlaubnis, daß Moltke und er sich außer Hörweite begeben und das Problem unter vier Augen besprechen dürften. Sie traten in eine Ecke des „Sternensaales". Falkenhayn „tröstet Moltke", wie er in seinem Tagebuch festhielt. Er teilte Moltkes Beurteilung der Gedanken des Kaisers, konnte aber nichts Verletzendes darin finden, daß einige seiner Anordnungen zeitweilig zurückgestellt würden.

Schließlich einigten sich Moltke und der Kaiser. Der Mobilisierungsplan wurde nicht geändert, die deutschen Truppen blieben aber bis auf weiteres in ihren grenznahen Versammlungsorten stehen. Bethmann, Jagow, Falkenhayn und Moltke formulierten ein Telegramm an Lichnowsky, sie waren dazu in einen Nebenraum gegangen. Ergebnis ist die Mitteilung, daß „Deutschland bereit war, auf den englischen Vorschlag einzugehen", unterzeichnet von Bethmann Hollweg. Dem Kaiser legte man den Entwurf eines Paralleltelegramms an König Georg vor: „Ich habe von Deiner Regierung soeben die Mitteilung erhalten, wonach sie die französische Neutralität unter der Garantie Großbritanniens anbietet. Diesem Anerbieten war die Frage angefügt, ob unter diesen Bedingungen Deutschland auf einen Angriff auf Frankreich absehen würde. Aus technischen Gründen muß meine heute nachmittag schon angeordnete Mobilmachung nach zwei Fronten, nach Osten und Westen, vorbereitungsgemäß vor sich gehen. Gegenbefehl kann nicht gegeben werden, weil Dein Telegramm leider so spät eintraf. Aber wenn Frankreich mir seine Neutralität anbietet, die durch die britische Flotte und Armee garantiert werden muß, werde ich natürlich von einem Angriff auf Frankreich absehen und meine Truppen anderweitig verwenden."

Der Kaiser fügte einen letzten Satz hinzu: „Die Truppen an meiner Grenze werden soeben telegrafisch und telefonisch abgehalten, die französische Grenze zu überschreiten." Hierin steckte eine Unwahrheit. Denn nicht von der französischen, sondern von der belgischen Grenze wurden die Truppen zurückgehalten. Es ging um den bevorstehenden Feldzug, und er brauchte England gegenüber in der Tat nicht zu offenbaren, daß die Bewegung, die abgeblasen wurde, die Gebietshoheit Belgiens und Luxemburgs verletzt hätte.

Die von Wilhelm hinzugesetzten Zeilen bezogen sich auf die 16. Division, die am nächsten Tag bei Morgengrauen in Luxemburg einmarschieren sollte. Es war nicht mehr lange bis sieben Uhr nachmittags, dem Zeitpunkt, an dem eine Handvoll deutscher Pioniere beginnen sollten, sich auf dem Territorium des Großherzogtums, also jenseits der Staatsgrenzen, eines Spezialauftrages zu entledigen. Bethmann wollte die Aktion unter gar keinen Umständen zulassen, er betonte das aufgeregt. Als Moltke gerade zu einer Entgegnung ansetzte, wandte sich der Kaiser an einen seiner Adjutanten und befahl ihm, das Hauptquartier der 16. Division in Trier telefonisch und telegrafisch zu verständigen, kein deutscher Soldat dürfe sich auf luxemburgisches Gebiet begeben. Moltke sah den Zusammenbruch vor Augen. Luxemburgs Eisenbahnen waren ausschlaggebend für die deutsche Offensive. „In diesem Augenblick", hielt er ein paar Monate später fest, „dachte ich, das Herz müsse mir brechen."

Der Befehl erreichte die 16. Division aber nicht mehr rechtzeitig. Gegen sieben Uhr abends waren fünf Offiziere und einige

Soldaten in Automobilen über die Grenze gefahren, hatten oberhalb der Station Ulflingen die Bahnschienen aufgerissen und den Telegrafen des Bahnhofs zerstört. Eine halbe Stunde später erreichte sie der Befehl des Kaisers, sie erklärten den luxemburgischen Bahnleuten, sie hätten die ihnen gegebenen Anweisungen mißverstanden.

Etwa eine ¾ Stunde nach Eintreffen des ersten wurde ein zweites Telegramm Lichnowskys überbracht, das ebenfalls sehr optimistisch gedeutet wurde. Der Kaiser ließ Champagner kommen. Aber die Freude war verfrüht. Tyrrell hatte immer noch keinen Vorschlag gemacht, hatte einen Vorschlag auch jetzt nur angekündigt. Außerdem fehlte jede Andeutung, daß Frankreich mit der englischen Idee einverstanden sei.

Moltke achtete nicht so subtil auf die Worte. Er sagte grimmig: „Jetzt fehlt nur noch, daß auch Rußland abschnappt." Er war unfähig, strategisch zu improvisieren, und wütend, daß ein unvorhergesehenes Ereignis ihm den Schutz der jahrelangen Detailplanungen wegriss. Seine schriftliche Schilderung der Vorgänge:„Es ist unmöglich, die Stimmung zu schildern, in der ich zu Hause ankam. Ich war wie gebrochen und vergoß Tränen der Verzweiflung. Wie mir die Depesche an die 16. Division vorgelegt wurde, die den telephonisch gegebenen Befehl wiederholte, stieß ich die Feder auf den Tisch und erklärte, ich unterschreibe sie nicht. Ich kann nicht meine Unterschrift, die erste nach Ausspruch der Mobilmachung, unter einen Befehl setzen, der etwas widerruft, was planmäßig vorbereitet ist, und der von der Truppe sofort als Zeichen der Unsicherheit empfunden werden wird. ‚Machen Sie mit der Depesche, was Sie wollen‘, sagte ich dem Oberstleutnant Tappen."

Man muß zwingend annehmen, daß Fritz Fischer diese Vorgänge bekannt gewesen sind. Seine Thesen sind daher so aufzufassen, daß er den „Griff nach der Weltmacht" erst in der Zeit nach dem 4. August 1914 sieht, die darin manifestierte räuberische Absicht nicht schon als Motiv für die kriegsverursachende Haltung deutscher Entscheidungsträger im Juli behauptet. Die sofortige Bereitschaft der Paladine, auf die aus London gekabelte

Idee einzugehen, trug alle Kennzeichen des Entrinnens aus einer
großen Gefahr. Moltke war als einziger dagegen. Aber seine
Opposition beruhte nicht auf einem politischen Willen zum
großen europäischen Krieg, sondern auf der Angst, die Änderung der Aufmarschpläne würde sein Ansehen bei der Truppe
beschädigen.

Der englische König, im Besitz von Wilhelms Mitteilung, bat
Sir Edward Grey zu sich. Dem Minister selbst waren in der Zwischenzeit Zweifel an der Machbarkeit dieser Idee gekommen.
Auf der Fahrt in den Buckingham-Palast löste er sich ganz von
ihr. Seinem Souverän sagte er, Lichnowsky müsse ihn mißverstanden haben. In diesem Sinne formulierte er ein Telegramm
König Georgs an den Kaiser. Wilhelm las es um etwa elf Uhr
abends. Er ließ den Chef des Generalstabs kommen. Moltke
schilderte das: „Der Kaiser empfing mich in seinem Schlafzimmer, er war schon zu Bett gewesen, aber wieder aufgestanden
und hatte einen Rock übergeworfen. Er gab mir eine Depesche
des Königs von England, in der dieser erklärte, ihm sei von einer
Garantie Englands, Frankreich am Kriege zu hindern, nichts bekannt. Die Depesche des Fürsten Lichnowsky müsse auf einem
Irrtum beruhen oder er müsse etwas falsch verstanden haben. –
Der Kaiser war sehr erregt und sagte mir: ‚Nun können Sie machen, was Sie wollen.‘“

III

Um ein Uhr mittags versammelte sich der Bundesrat. Es ging
um die Zustimmung zu den Kriegserklärungen. An sich konnte
der Kaiser, um das Reich zu verteidigen, aus eigener Machtvoll-
kommenheit Krieg führen. Nur für Angriffskriege bedurfte er
einer Zustimmung, wie sie jetzt beantragt wurde. Es wurde ein
Widerspruch offenbar: die kaiserliche Regierung führte doch –
so die amtliche Version – Krieg in Verteidigung auf den unmittelbar bevorstehenden russischen Angriff. Wenn das zutraf,
warum suchte sie dann um die Genehmigung des Bundesrats

nach? Die Gesandten der Bundesstaaten beschlossen aber einstimmig die erbetene Genehmigung. Zu diesem Zeitpunkt war das Telegramm an Pourtalès mit der Anweisung zur Kriegserklärung schon unterwegs.

Die Kriegserklärung ist nicht in Ruhe vorbereitet worden. Niemand war in den drei Wochen nach der Zusage vom 5. Juli auf die Idee gekommen, die Zeit für eine Art Planspiel zu nutzen. Jetzt improvisierten die Männer der Wilhelmstraße, mit schlechtem Erfolg.

Ohne viel Überlegung sah man davon ab, den Monarchien Luxemburg und Belgien den Krieg zu erklären. Ihre Hoheitsgebiete wollten die deutschen Armeen nur als Gäste durchqueren, und die Reichsregierung verpflichtete sich ihnen gegenüber ausdrücklich zum Schadenersatz. Was Frankreich betrifft, so war ein Überschreiten der Grenze von deutscher Seite her zunächst nicht vorgesehen, die deutschen Westarmeen sollten vorher Belgien und Luxemburg besetzen. Hierin lag eine wertvolle diplomatische Chance: Zweifellos war es für Deutschland von großem Interesse, die Kriegserklärung Frankreich zu überlassen. Ebenfalls konnte man auf eine Kriegserklärung an Rußland verzichten.

Aber Bethmann Hollweg war in Sorge, ob die Sozialdemokraten die Politik von Kaiser, Kanzler und Auswärtigem Amt mittragen würden. Das erfuhr der Hapag-Chef Ballin, als er ihn am Vormittag des 1. August im Reichskanzlerpalais besuchte. Bethmann war erregt und ungeduldig: „Ist die Kriegserklärung an Rußland noch nicht fertig? Ich muß meine Kriegserklärung an Rußland sofort haben!" Damit versuchte er, den Rechtsexperten des Auswärtigen Amts, Geheimrat Johannes Kriege, unter Druck zu setzen, der in seinem, des Kanzlers, Arbeitsraum mit der Formulierung beschäftigt war. Ballin begriff nicht, weshalb Bethmann solche Eile hatte. Der Kanzler klärte ihn auf: „Sonst kriege ich die Sozialdemokraten nicht mit." Moltke hat diesen Zusammenhang bestätigt.

Zusätzlich gab es einen juristischen Gesichtspunkt. Der Durchmarsch der deutschen Armeen durch Belgien verstieß gegen völkerrechtliche Verträge. Die Verletzung der belgischen Neutralität stellte ein Bruch des Völkerrechts dar. Wie sollte man sich dazu stellen? Hierzu kam jemand auf die Idee, Deutschland sollte sich auf Notstand oder Notwehr berufen: Rußland bedrohe das Reich, Frankreich habe ausweichend geantwortet, schließlich sei Deutschland seinen Gegnern militärisch unterlegen und habe nur durch Schnelligkeit eine gewisse Siegeschance. Über die Vogesen könne Deutschland wegen der starken französischen Befestigungen nicht angreifen. Daher sei es gezwungen, durch Belgien zu marschieren.

Nun setzen die Rechtsbegriffe Notstand und Notwehr eine „gegenwärtige" Gefahr voraus, ein Merkmal, das die damit befaßten Juristen ernst nahmen. Unter ihnen sicher Johannes Kriege, wahrscheinlich auch Bethmann. Sie wollten deshalb sofort den Krieg erklären und dadurch die *gegenwärtige* Notlage schaffen.

Eine kaum glaubliche Fehlbeurteilung! Der Gedanke der Notwehr war schon an sich wertlos. Ihm hätte man unter keinen Umständen den Vorteil opfern dürfen, den Krieg gegen Frankreich und Rußland als Angegriffener führen zu können. Umso weniger ist es verständlich, daß die deutsche Diplomatie für das Kriterium „gegenwärtig" etwas geopfert hat. Das Auswärtige Amt und Bethmann hätten leicht, wenn jemand auf Seiten der Entente diesen rechtlichen Punkt ansprach, sagen können, eine französische Armee habe zum sofortigen Einmarsch in Belgien bereitgestanden. Tatsächlich behauptete Bethmann das am 4. August im Reichstag.

Aber die kopflosen Juristen der Wilhelmstraße, unter Zeitdruck und ohne Vorbereitung, sahen die Dinge anders. Damit eine „gegenwärtige" Gefahr bestehe, meinten sie, den Kriegszustand zwischen Deutschland und Frankreich nötig zu haben. Frankreich ließe sich der Krieg sinnvollerweise nur wegen der französisch-russischen Allianz erklären. Also müsse man zuallererst im Verhältnis zu Russland den Kriegszustand herstellen, um in Belgien einmarschieren zu können.

Das ist ein juristischer Salto mortale! Niemand kann sich auf Tatsachen berufen, die er selbst zuvor wider Treu und Glauben

geschaffen hat. Und Deutschland war dabei, den Franzosen mit
Berufung auf das französisch-russische Bündnis oder auf erdich-
tete Verletzungen der deutschen Territorialhoheit ohne jeden
völkerrechtlich nachvollziehbaren Grund den Krieg zu erklären.
Auf die von ihm dadurch selbst geschaffene Notlage konnte es
sich weder im Verhältnis zu Frankreich noch im Verhältnis zu
Belgien berufen. Allerdings war das bisher noch nie eingewendet
worden. Aber das hatte einen für das AA eher noch blamableren
Grund, nämlich auf Seiten der Gegner verstand niemand, daß
Bethmann und Kriege aus der von ihnen selbst herbeigeführten
Notlage Deutschlands Rechte gegenüber Belgien ableiten woll-
ten. Auch Moltke und Falkenhayn verstanden das nicht. Das
Kriegsministerium war an all diesen Verirrungen nicht beteiligt.
Falkenhayn erfuhr von der Absicht der Kriegserklärung erst, als
der Auftrag an Pourtalès schon abgeschickt worden war.

Bethmann selbst hatte wenige Tage später nicht mehr den
Mut, vor dem Plenum des Reichstages in öffentlicher Sitzung
solch abenteuerliche Rechtsansichten vorzutragen. Statt dessen
log er und behauptete, Moltke hätte ihm die Kriegserklärung zu
diesem Zeitpunkt wegen militärischer Notwendigkeiten nahege-
legt.

Der Auftrag zur Kriegserklärung erreichte am späten Nachmittag des 1. August die deutsche Botschaft in Petersburg. Um
sechs Uhr nachmittags mitteleuropäischer Zeit trat Pourtalès bei
Sasonow ein. Der Wortlaut seiner Note, in Französisch, war in
Berlin formuliert worden. Der Text sah eine Alternative vor, daß
Sasonow die Forderung des Ultimatums ablehnte oder aber gar
keine Erklärung abgab. Pourtalès mußte sich also vor dem Überreichen für eine der beiden Möglichkeiten entscheiden und die
andere ausstreichen. Beide Herren standen. Pourtalès fragte den
Minister, ob er zu der Einstellung der militärischen Maßnahmen
gegen Deutschland und Österreich die in dem Ultimatum gefor-
derte Erklärung geben könne. Sasonow sah die Konsequenz seiner Antwort voraus. Er nahm den exakten Wortlaut des Ultimatums (im Nichterfüllungsfalle nur deutsche Mobilmachung) nicht
ernst, rechnete vielmehr realistisch mit Deutschlands Kriegserklä-

rung. In diesem Sinne verneinte er die Frage und bemerkte, es sei Rußland unmöglich, seine Mobilmachung rückgängig zu machen. Er sei jedoch bereit, die Unterhandlungen zur friedlichen Beilegung des Streitfalls weiter zu führen. Pourtalès stellte seine Frage ein zweites Mal und diesmal machte er „auf die schweren Folgen" aufmerksam, die Rußlands Weigerung nach sich ziehen würde. Sasonow wiederholte das gerade eben Gesagte. Pourtalès, in wachsender innerer Bewegung, stellte die Frage ein drittes Mal. Sasonow: „Ich habe keine andere Antwort, die ich Ihnen geben könnte." Pourtalès: „In diesem Fall, Herr Minister, bin ich von meiner Regierung beauftragt, Ihnen diese Note zu übergeben", und er überreichte sie dem Minister mit zitternden Händen. Im Stress der folgenschweren Amtshandlung versäumte er es, die nicht zutreffende Passage vorher zu streichen. Der Blick auf das in seinen Wirkungen schreckliche Schriftstück erregte den russischen Minister nun doch. Er empörte sich: „Der Fluch der Völker wird Sie treffen!" Der Botschafter entgegnete ihm, Deutschlands Ehre lasse ihm keine Wahl. Sasonow: „Nein, um Ihre Ehre geht es nicht. Aber es gibt eine göttliche Gerechtigkeit." Pourtalès: „Das ist allerdings wahr ... eine göttliche Gerechtigkeit ..." Bei diesen Worten wurde ihm schwarz vor Augen, er ging einige Schritte zum Fenster, lehnte sich dort an, und brach in Tränen aus. Als er wieder sprechen konnte, sagte er: „Ich hätte niemals geglaubt, daß ich Petersburg unter diesen Umständen verlassen würde." Sasonow legte ihm einen Arm um die Schultern, sie umarmten sich.

Verständlich, daß Graf Pourtalès von Ehre gesprochen hat. Mit Rücksicht auf die enge Verbindung zu Österreich verbot es, glaubte der Botschafter, Deutschlands Ehre, den Verbündeten im Stich zu lassen.

In Berlin ging um 22:02 Uhr ein Kabel aus London ein. Lichnowsky hatte Sir Edward Grey gefragt, ob er unter der Bedingung, daß Deutschland die belgische Neutralität achte, eine bestimmte Erklärung über die Neutralität Großbritanniens abgeben könnte. Der Minister hatte geantwortet, das sei ihm nicht möglich, doch werde diese Frage – d.h. ob deutsche Truppen in Belgien einmarschierten – eine große Rolle für die englische öffentliche Meinung spielen. Es lasse sich schwerlich eine Linie ziehen, bis wohin Deutschland gehen könnte, ohne daß England einschreiten würde. Für diesen Dialog ist Lichnowsky gelobt worden, weil er den Minister in die Enge getrieben habe. Aber zur Verhinderung des Weltkrieges war diese Verhandlung ebensowenig geeignet, wie der Botschafter auf seinem Posten auch sonst hierfür nichts hätte erreichen können.

Falkenhayn erfuhr am 1. August wenig vor Mitternacht, welche unglaubliche Torheit das Auswärtige Amt im Begriff war zu begehen, nämlich, den Krieg an Rußland zu erklären. Er eilte zu Moltke, überzeugte ihn, beide begaben sich unverzüglich zu Bethmann, der sich aber nicht in der Lage sah, über ihr Anliegen zu entscheiden. Er schickte sie weiter zu Jagow. Von ihm hörten sie am 2. August zwischen ein und zwei Uhr früh nur: „zu spät".

Gegen halb drei Uhr früh debattierten Bethmann und die Militärs im Palais des Reichskanzlers. Anwesend waren Jagow, Stumm, Hammann, Geheimrat Kriege, die Generäle und Tirpitz. Es ging um die Kriegserklärung an Frankreich. Tirpitz protestierte dagegen. Die Soldaten waren fassungslos über die Inkompetenz der Zivilisten: Aus einer zeitgerechten Aufzeichnung des Admirals: „Allgemeiner Eindruck: gänzliche Kopflosigkeit der politischen Leitung. Dem Reichskanzler sind die Zügel gänzlich aus den Händen geglitten ... Ebenso hat Italien keine Nachricht von unserer Kriegserklärung gegen Rußland bekommen. Politische Leitung offenbar in erheblicher Deroute. Beim Herausgehen Moltke und Kriegsminister und ich entsetzt über die Deroute. Moltke meinte, er müsse jetzt die politische Leitung in die Hand nehmen ..."

Am Nachmittag des 2. August erhielt das Auswärtige Amt eine Stellungnahme des Generalstabs, darin wurde von einer Kriegserklärung an Frankreich zur Zeit abgeraten.

Hier soll wegen der Frage „Notwehr" zwei Tage vorgegriffen werden: Am 4. August sprach Bethmann vor dem Reichstag. Er behauptete, „Notwehr" rechtfertige die Kriegserklärung an Frankreich im krassen Gegensatz zu seinen bisherigen Gedankengängen. Er leitete die Notlage allein daraus ab, daß Frankreich zum Einfall in Belgien bereitstehe. Der Kriegszustand mit Frankreich spielte plötzlich für die gegenwärtige Gefahr überhaupt keine Rolle mehr. Das Opfer, das durch die Kriegserklärungen an Rußland und an Frankreich gebracht worden war, läßt sich also tatsächlich nur durch die Rücksicht auf die Sozialdemokraten rechtfertigten.

IV

Zurück zum 2. August. In den ersten Stunden des Tages, noch bei Dunkelheit, ging die Vorhut der deutschen Truppen bei Wasserbillig und bei Remich über die luxemburgische Grenze. Die Eisenbahnen des Großherzogtums wurden seit Jahrzehnten aufgrund eines Staatsvertrages von Deutschland betrieben. Luxemburg war Mitglied des Deutschen Zollvereins. Panzerzüge mit preußischen Bataillonen rollten in Richtung Luxemburg Stadt. Sie begegneten keinem Widerstand. Zu diesem Zeitpunkt waren Deutschland und Frankreich noch nicht im Kriegszustand.

Der Einmarsch in Luxemburg wirkte verheerend auf die Liberalen im britischen Kabinett und im Unterhaus. Die Noninterventionisten rauften sich die Haare. „The invasion was a diplomatic catastrophe." Die Neutralität Luxemburgs war durch einen Vertrag der Großmächte mit dem Großherzogtum von 1867 garantiert; Bismarck hatte ihn damals vorgeschlagen.

Mrs. Margot Asquith hält in ihren Memoiren Lichnowskys Worte fest, gesprochen zu ihr am Vormittag des 2. August in Anwesenheit der Fürstin Lichnowsky in deren Zimmer. Er soll gesagt haben: The Kaiser „is ill-informed – impulsive, and must be mad! He never listens, or believes one word of what I say: he answers none of my telegrams."

Allerdings hat Lichnowsky nirgendwo behauptet, daß er während der Krise Telegramme an Wilhelm geschickt habe, auch nicht in „Meine Londoner Mission" oder in seinem 1927 veröffentlichten Buch. Ebenso ist in Asquiths Erinnerungen nichts dergleichen zu finden. Die beiden Männer können immerhin Gründe der Loyalität gehabt haben, dieses Detail zu unterdrükken.

Später sprach Lichnowsky mit Asquith selbst, während dieser frühstückte. In seinen Memoiren erinnerte sich der Premierminister: „He was very émotionné and implored me not to side with France. He said that Germany, with her army cut in two between France and Russia, was far more likely to be crushed than France. He was very agitated, poor man, and wept. I told him that we had no desire to intervene and that it rested largely with Germany to make intervention impossible if she would 1) not invade Belgium, and 2) not send her fleet into the Channel to attack the unprotected north coast of France. He was bitter about the policy of his government in not restraining Austria and seemed quite broken-hearted."

Berlin, zehn Uhr, Beratung im Schloß, Teilnehmer der Debatte waren: der Kaiser, Bethmann, Moltke, Plessen und Tirpitz. Der Großadmiral gab keine Ruhe. Er warf die Frage einer Kriegserklärung an Frankreich erneut auf. Aber niemand unterstützte ihn. Nachdem Bethmann gegangen war, übten die Militärs erneut scharfe Kritik an den Zivilisten. Der Zustand im Auswärtigen Amt sei „deplorabel".

Der Generalstab erstellte ein Memorandum, in dem es zu England hieß: „Es müssen Versuche gemacht werden, einen Aufstand in Indien zu entfachen, wenn England als unser Gegner auftritt. Dasselbe ist in Ägypten zu versuchen. Ebenso in den südafrikanischen Dominien". Verzweifelte Ideen! Unvereinbar mit der These, auf deutscher Seite habe man den Krieg von langer Hand vorbereitet. Zu mehreren anderen Ländern werden Anregungen ähnlicher Qualität gegeben, darunter Frankreich, Rußland, Italien, Japan und Persien.

Elf Uhr 47, Lichnowsky berichtete: Wenn Deutschland die Neutralität Belgiens verletzte, würde England den Krieg erklären. Der Marineattaché in London meldete: „Botschafter hat aus Unterhaltung mit Premierminister und dem Minister der auswärtigen Angelegenheiten den bestimmten Eindruck, daß England, wenn irgend möglich, neutral bleiben möchte." Später telegraphierte Lichnowsky: „Ich bin überzeugt, daß vorläufig nicht die geringste Absicht besteht, uns den Krieg zu erklären, daß man vielmehr den Lauf der Ereignisse zunächst abwarten will."

Tatsächlich sprach Grey seit dem Vortage so. Die Gründe teilte man Lichnowsky nicht mit; der Botschafter berichtete darüber nichts nach Berlin. Informationen zu dieser Frage hätten an den Handlungen der deutschen Regierung nichts geändert. Der Grund für Greys neuen Ton lag in Schwierigkeiten mit Kabinettskollegen und Parteifreunden begründet. Die Liberale Partei drohte sich zu spalten; der Staatssekretär milderte deshalb seine Erklärungen gegenüber dem deutschen Botschafter ab. Es gab im Kabinett „eine starke Fraktion, die unter allen Umständen gegen eine Intervention opponierte". Das zeigte sich in der Sitzung an diesem 2. August. Im Unterhaus waren nach Schätzung des Premierministers Asquith sogar drei Viertel seiner Fraktion „at any price for absolute non-interference".

Britischen Forderungen an die Adresse der deutschen Regierung wurde unverzüglich entsprochen: Berlin verpflichtete sich, weder in der Nordsee noch im Ärmelkanal gegen französische Seestreitkräfte zu operieren. Lichnowsky gab ein entsprechendes Kommuniqué an die englische Presse. Den Kaiser hatte man natürlich nicht vorher gefragt. Er klagte hilflos: „Meines Erachtens ist dieser Zustand völkerrechtlich vollkommen unhaltbar; England, obwohl es neutral ist bzw. bleiben zu wollen vorgibt, liegt auf Wache für Frankreich, um dessen Nordküste zu beschützen... Meine Flotte muß Bewegungsfreiheit haben."

Am 3. August, Null Uhr 55, Telegramm an Lichnowsky: Bethmann versuchte, alle Schuld Rußland anzulasten. Er schien die möglichen Wirkungen seiner Rhetorik zu überschätzen. Wilhelm von Stumm – mit Bethmanns Unterschrift – schickte einen Erlaß an den Botschafter in Paris: „Unsere militärischen Maßnahmen in Luxemburg bedeuten nicht feindlichen Akt, sondern nur Schutzmaßregel für die kraft Staatsvertrages in unserem Betrieb befindliche dortige Eisenbahn."

Jagows Nerven waren aufs äußerste gespannt. Zu dem freisinnigen Reichstagabgeordneten Siegfried Heckscher sagte er: „Ich habe das Herz nicht in den Hosen, ich habe es in den Stiefelspitzen." Offenbar beherrschte er dieses Gefühl, sein Handeln wurde jedenfalls davon nicht geprägt.

V

Es wurde eine Dokumentensammlung, verbunden mit einer Darstellung der Krise, fertiggestellt, das „Weißbuch". Es sollte Tags darauf dem Reichstag vorgelegt werden. Riezler war der Verfasser. Die Dokumentation vermittelte den Abgeordneten von der Diplomatie seit Sarajewo einen völlig falschen Eindruck. Sie ist wegen systematischer Unterdrückung gerade der wichtigsten Dokumente im ganzen eine Fälschung.

Der Reichstag war für den kommenden Tag einberufen. Die sozialdemokratische Fraktion beriet über Ablehnung oder Zustimmung zu den Kriegskrediten. Von 110 Abgeordneten stimmten nur 14 für Ablehnung, unter ihnen Karl Liebknecht. Die Fraktion beschloß, ihnen die Wahrung der Fraktionsdisziplin, also das Stimmen mit der Mehrheit, aufzuerlegen.

Der bayerische Gesandte berichtete dem Ministerpräsidenten Hertling: „Deutschland hat ein schweres Examen abzulegen. Gebe Gott, daß wir es bestehen ... Ein Trost ist, daß wir diesem Examen nie entgangen wären, und es besser ist, wir kämpfen jetzt, als nach einigen Jahren, wo unsere Feinde fertig gerüstet gewesen wären."

Es war erstaunlich spät für eine Betrachtung dieser Art! Die königlich bayerische Regierung hat in der Julikrise ein sträfliches Maß an Zurückhaltung beobachtet. In den Verhandlungen mit Bismarck 1871 waren Bayern außenpolitische Vorrechte zugestanden worden: Ihm stand der verfassungsmäßige Vorsitz im Bundesratsausschuß für auswärtige Angelegenheiten zu; ebenso das Recht, in eigene diplomatische Beziehungen zu fremden Mächten zu treten. Damit wollte Bismarck die Bedenken König

Ludwigs gegen den Beitritt zum Hohenzollernreich überwinden. Während der Julikrise hat der bayerische Ministerpräsident überhaupt nichts daraus gemacht und es unterlassen, den Bundesratsausschuß einzuberufen! Graf Hertling war ein Mann des Zentrums, ursprünglich Professor der Philosophie an einer theologischen Hochschule. Der Legationsrat Hans Schoen, der bis zum 29. Juli 1914 als Lerchenfelds Vertreter die Geschäfte der bayerischen Gesandtschaft in Berlin führte, hatte den Gang der Dinge zutreffend ermittelt und darüber rechtzeitig berichtet. Ihn hatte das Auswärtige Amt in die „Prüfstein-Idee" eingeweiht: Von den drei gegnerischen Mächten käme es auf Rußland an. Seine Haltung würde entscheidend sein. „Will Rußland nicht auf alle Fälle den Krieg gegen Österreich und Deutschland, so kann es in diesem Falle sehr wohl untätig bleiben". Aber Graf Hertling hat den Bericht zu den Akten geheftet. Und der bayerische Gesandte bei der Reichsregierung blieb noch weitere neun Tage in München. Als er am 29. Juli in Berlin erschien, waren von den Diplomaten in Berlin bereits wichtige Friedenschancen vertan worden.

Sechs Uhr abends, etwa 48 Stunden nach der Kriegserklärung Pourtalès' in Petersburg: Freiherr von Schoen, der deutsche Botschafter in Paris, sprach gegenüber dem französischen Ministerpräsidenten Viviani die Kriegserklärung aus. Zur Begründung wies er auf Bombenabwürfe französischer Kriegsflugzeuge auf Bahngeleise bei Wesel, Karlsruhe und Nürnberg hin. Ein kleiner Schönheitsfehler war, daß solche Hoheitsverletzungen nie stattgefunden haben. Das Auswärtige Amt glaubte Falschmeldungen, die die kollektive Kriegshysterie hervorgebracht hatte.

Nachmittags sprach Lichnowsky mit Grey. Sie standen an der Tür des Foreign Office. Grey, höchst zeitknapp, war dabei, das Haus zu verlassen. Lichnowsky wollte wissen, was er nachmittags im Unterhaus sagen würde. Würde seine Rede die Kriegserklärung bringen? Der Minister sagte, er würde die Bedingungen der Neutralität mitteilen. In seinen Memoiren hielt er fest: „He ... implored that we should not make Belgian neutrality one of these conditions; he knew nothing, he said, of the plans of

the German General Staff ... but it might be, that it was part of
the plan for German troops to go through one small corner per-
haps of Belgium ...“

Lichnowsky schilderte in einem Telegramm dieses Gespräch:
Der Minister wollte auch an diesem Tag noch neutral bleiben
„und rechnet dabei auf unsere Unterstützung“. Albertini legt
deutlich zu viel in diesen Bericht hinein, wenn er ihn so versteht,
daß die Brücken zwischen London und Berlin noch stünden
trotz des Ultimatums an Belgien. Wenn Grey auf die deutsche
„Unterstützung“ rechnete, dann war damit das Einfrieren des
Krieges gegen Serbien und natürlich die Achtung der belgischen
und französischen Hoheitsgrenzen gemeint. Dem Kanzler wurde das Telegramm mit mehreren Stunden Verspätung zugeleitet.
Er fühlte sich von Jagow schlecht informiert: „Ich beklage, daß
mir Nr. 234 erst jetzt neun Uhr vorgelegt wird.“ Ein wichtiger
Beleg für die sachlichen und persönlichen Gegensätze der beiden
Männer.

Um 22:25 schickte Bethmann eine selbst entworfene Antwort
an Lichnowsky. Er setzte seinen bisherigen Stil fort und formulierte schöne Sätze. Der Botschafter sollte um Verständnis für
den Einmarsch in Belgien werben, Deutschland drohte „von den
Fluten von Ost und West verschlungen zu werden“. Und: „Jetzt
müßten wir, eingekeilt zwischen Ost und West, zu jedem Mittel
greifen, um uns unserer Haut zu wehren. Es liege keine absichtliche Verletzung des Völkerrechts vor, sondern die Tat eines
Menschen, der um sein Leben kämpft.“ Der Kanzler zeigte sich
wie ein Ertrinkender, Tirpitz hatte das zutreffend beobachtet!

VI

Am 4. August, früh am Morgen, überschritt die Vorhut der
deutschen Armeen die deutsch-belgische Grenze mit der
Marschrichtung auf Lüttich. Die „Goeben“ und die „Breslau“,
die im Mittelmeer kreuzten, beschossen Hafenanlagen der alge-
rischen Städte Philippeville und Bône. Ein unchiffriertes Tele-

gramm an Lichnowsky besagte, daß: Deutschland „in bestimm-
tester Form" die Versicherung abgab, „daß selbst im Falle bewaffneten Konflikts mit Belgien Deutschland unter keinerlei
Vorwand belgisches Gebiet sich aneignen wird". Stumm vermerkte: „Auf dringenden Wunsch des General v. Moltke abgesandt." Hier werden Moltkes schlechte Nerven erneut erkennbar.
Seine gelegentlichen Äußerungen, daß das englische Expedi-
onskorps unwichtig sei, erwiesen sich als nicht ernst gemeint.

Rumänien erklärte sich für neutral. Der Kaiser zeterte, als er
das erfährt: „Die Verbündeten fallen schon vor dem Krieg von
uns ab wie die faulen Äpfel! Totaler Niederbruch der auswärtigen deutschen bzw. auch österreichischen Diplomatie. Das hätte
vermieden werden müssen und können." Die Worte schließen
eine Selbstanklage ein. Wilhelm hatte noch vor dem Erscheinen
des Grafen Hoyos in Berlin auf dem Tschirschkyschen Brief
festgehalten, es sei eine Selbstverständlichkeit, daß man sich
Rumäniens vergewissere. Aber einen Tag später hatte er davon
nicht mehr geredet und noch weniger hat er irgendwann kon-
trolliert, daß es auch geschah. Er habe nie ein so tragisches und
zerstörtes Gesicht gesehen, wie das des Kaisers in den ersten
Augusttagen, sagte jemand aus seiner Umgebung.

Am nachmittag traf der Reichstag zusammen. Aus der Rede
des Kanzlers: „Meine Herren, wir sind jetzt in der Notwehr;
und Not kennt kein Gebot! Unsere Truppen haben Luxemburg
besetzt, vielleicht schon belgisches Gebiet betreten. Meine Herren, das widerspricht den Geboten des Völkerrechts. Die französische Regierung hat zwar in Brüssel erklärt, die Neutralität Belgiens respektieren zu wollen, solange der Gegner sie respektiere.
Wir wußten aber, daß Frankreich zum Einfall bereit stand.
Frankreich konnte warten, wir aber nicht! Ein französischer
Einfall in unsere Flanke am unteren Rhein hätte verhängnisvoll
werden können. So waren wir gezwungen, uns über den berechtigten (!) Protest der luxemburgischen und der belgischen Regierung hinwegzusetzen. Das Unrecht – ich spreche offen –, das
Unrecht, das wir damit tun, werden wir wieder gutzumachen
suchen, sobald unser militärisches Ziel erreicht ist. Wer so be-

droht ist wie wir und um sein Höchstes kämpft, der darf nur daran denken, wie er sich durchhaut!"

Ein außenpolitisch überaus schädliches Geständnis, abgelegt, um die Zustimmung der sozialdemokratischen Fraktion sicherer zu machen.

Die Abgeordneten der Konservativen Partei waren unzufrieden. Sie ärgerten sich über die große Koalition, die die Folge der einstimmigen Zustimmung zu den Kriegskrediten war, drückten diese Unzufriedenheit nonverbal aus. Der Reichskanzler litt unter dieser feindseligen Einstellung dieser Repräsentanten der Klasse, der er sich selbst zugehörig fühlte. Der württembergische Ministerpräsident hielt fest: „Sein Blick auf die Konservativen, die eiskalt da saßen, sei ihm ein furchtbarer Moment seines Lebens gewesen."

Der Reichstag beschloß die Kriegskredite „einmütig", das Protokoll verzeichnet weder Gegenstimmen noch Stimmenthaltungen. Nach der Sitzung sagte Falkenhayn zum Kanzler über die Verhandlungen im Reichstag: „Wenn wir auch darüber zugrunde gehen, schön war's doch!"

Um sieben Uhr abends suchte Sir Edward Goschen Jagow auf und gab eine mündliche Erklärung ab, nicht ohne ein Papier mit dem genauen Wortlaut zu überreichen: „...wenn die Reichsregierung nicht bis 12 Uhr nachts die Zusicherung geben könne, sie werde mit der Grenzverletzung Belgiens nicht fortfahren und ihren Vormarsch einstellen, ich angewiesen sei, meine Pässe zu fordern und die Reichsregierung zu benachrichtigen, daß Seiner Majestät Regierung alle ihr zu Gebote stehenden Maßnahmen ergreifen müsse, um die Neutralität Belgiens und die Einhaltung eines Vertrages zu sichern, an den Deutschland in selbem Maße wie sie selbst gebunden sei".

Jagow verstand dies zutreffend als eine bedingte Kriegserklärung. Zimmermann sträubte sich dagegen. Er begab sich zu Goschen, drückte ihm sein tiefes Bedauern über den Bruch zwischen Deutschland und England aus und fragte ihn beiläufig, „ob die Forderung der Pässe einer Kriegserklärung gleichkomme". Der sonst so sanfte Goschen gab ihm eine mit Ironie gesalzene

Antwort: „... daß eine derartige Autorität des Völkerrechts, wie er bekanntermaßen sei, ebenso gut oder besser wie ich wissen müsse, was in solchen Fällen üblich sei". Und dann gebrauchte der Botschafter dieselben Worte, mit denen er zu Jagow gesprochen hatte.

Am späten Nachmittag sprach der Journalist Victor Naumann mit Stumm in dessen Zimmer. Man erwartete die englische Entscheidung mit der größten Spannung. Jagow trat ein. Naumann bewahrte seinen Eindruck: „Ich werde niemals sein Gesicht vergessen. Seine Gesichtszüge zeugten, ich will nicht sagen von Entsetzen, aber doch von Angst. Jagow bat Stumm auf den Flur, als dieser zurückkam, war auch er blaß, er sagte zu mir: England hat uns den Krieg erklärt."

Ungefähr um viertel nach sieben Uhr abends führte Bethmann ein letztes Gespräch mit Goschen, er sprach Englisch. Auch den Ausdruck „scrap of paper" gebrauchte er in der Muttersprache des Botschafters. Nach dessen Bericht sagte Bethmann: „und die Politik, der er sich, wie ich wisse, seit seinem Amtsantritt gewidmet habe, sei wie ein Kartenhaus zusammengestürzt."

Bis zum Abend dieses 4. August hatte Bethmann, das folgt zwingend aus diesen Worten, noch ein Quäntchen Hoffnung gehegt, England würde zunächst neutral bleiben. Seine Politik und die der anderen Russophoben war, das zeigt der Spruch vom „Kartenhaus" weiter, seit Jahren verfehlt. Der Fehler lag darin, daß er das englische Interesse an der unversehrten Macht Frankreichs nicht mit dem realistischen Wert in seine Kalkulation eingesetzt hat. Da hätte es nicht ausgereicht, sich mit Großbritannien über dem Bau von Schlachtschiffen offiziell zu einigen. Übrigens konnte Bethmann nicht einmal ein solches Abkommen über Beschränkungen der Flottenrüstung in sein Kartenhaus einbauen.

Den Vertrag über Belgien bezeichnete er Goschen gegenüber als einen „Fetzen Papier" – wo er ihn wenige Stunden vorher im Reichstag noch so hoch gestellt hatte, daß er vor aller Welt von dem „Unrecht" sprach, das Deutschland begehe. Wieder findet man ihn „schwankend und unzuverlässig."

Am 5. August übergab Lichnowsky die Geschäfte dem Botschafter der USA, Walter H. Page. Page hatte den Eindruck, der Fürst könnte „buchstäblich geisteskrank" werden. Lichnowsky beklagte sich ihm gegenüber, der Kaiser hätte ihn hinters Licht geführt. Er, Lichnowsky, hätte dementsprechend, ohne es zu wollen, die Engländer irregeleitet. In welcher Form könnte Wilhelm den Fürsten hinters Licht geführt haben? Vielleicht hat Lichnowsky das Gespräch gemeint, das Wilhelm mit ihm vor seinem Amtsantritt geführt hatte. Er, Lichnowsky, hatte gesagt, daß, wenn der Kaiser Streit mit England anfangen würde, sei er der falsche Mann für den Posten.

Zwei Tage nach Englands Kriegserklärung sagte Jagow zu dem Abgeordneten von Richthofen: Ziel der deutschen auswärtigen Politik müsse sein, so schnell wie irgend möglich „aus diesem unglückseligsten aller Kriege" wieder herauszukommen.

„... dann dürfen wir nicht kneifen."

I

Die kaiserliche Politik im Juli 1914 war wesentlich auch deshalb rätselhaft, weil die deutsche Wirtschaft in einem kräftigen, stabilen Wachstum begriffen war. Daß die kommenden Jahre das ökonomische Kräfteverhältnis der beiden Machtblöcke zu Gunsten der Mittelmächte weiter verändern würde, davon ging man allgemein aus. Wenn dieser Entwicklung Zeit gelassen worden wäre, hätte das die damalige militärische Überlegenheit der Gegner mindestens ausgeglichen.

Riezler schreibt in seinem 1914 veröffentlichten Buch, Deutschland sei in einer glücklichen Lage. Es könne in großer Ruhe Konflikte aufschieben und sich sagen, daß die Position des Volkes „sich mit einer elementaren Naturnotwendigkeit immer verbessern muß." Dieser Ansicht war auch Bethmann Hollweg: Am 1. und 2. April 1914 sagte er zu dem Botschafter in Konstantinopel, von Wangenheim: „Unser Nationalvermögen nähme so zu, daß wir in zehn bis fünfzehn Jahren alle anderen Nationen überholt hätten. Dann würden wir in der Weltpolitik, die letzten Endes Wirtschaftspolitik wäre, an gesicherter Stelle stehen. Unsere Aufgabe wäre es, uns ohne große Konflikte durch diese Zeit durchzuwinden."

In Kreisen der Schwerindustrie hatte diese Strategie lebhafte und engagierte Anhänger. So schrieb z.B. Hugo Stinnes 1911 an Heinrich Claß, den Vorsitzenden des „Alldeutschen Verbandes". „Und sehen Sie, was das heißt, wenn ich langsam aber sicher mir die Aktienmehrheit von dem oder jenem erwerbe, wenn ich nach und nach die Kohlenversorgung Italiens immer mehr an mich bringe, wenn ich in Schweden und Spanien wegen der notwendigen Erze unauffällig Fuß fasse, ja mich in der Normandie festsetze – lassen Sie noch 3–4 Jahre ruhiger Entwicklung, und Deutschland ist der unbestrittene wirtschaftliche Herr in Europa. Die Franzosen sind hinter uns zurückgeblieben;

sie sind ein Volk der Kleinrentner. Und die Engländer sind zu wenig arbeitslustig und ohne den Mut zu neuen Unternehmungen. Sonst gibt es in Europa niemanden, der uns den Rang streitig machen könnte. Also 3 oder 4 Jahre Frieden, und ich sichere die deutsche Vorherrschaft in Europa im Stillen."

So dachte auch der Hamburger Bankier Max Warburg, mit dem Wilhelm sich gelegentlich beriet. Gustav von Bohlen, vor seiner Eheschließung mit Berta Krupp Angehöriger des diplomatischen Dienstes, suchte während der Julikrise Jagow auf und hielt ihm seine zum Krieg führende Diplomatie als „unbegreiflich" vor.

Dabei hätte Berlin an der Außen- und Rüstungspolitik gegenüber den nachmaligen Feindmächten im Prinzip nichts zu ändern brauchen. Ohne eigentlichen Kurswechsel hätte man auf die russischen Interessen bewußt und sorgfältig Rücksicht nehmen können, wie dies bei der Potsdamer Verständigung von 1910 geschehen war. Die deutsche Bevölkerung wäre weiter gewachsen, Deutschland hätte sich wie in der Vergangenheit wirtschaftlich schnell entwickelt. Dadurch wären die ungünstigen Wirkungen der russischen Rüstungen zum Teil ausgeglichen worden.

Mit anderen Worten: den deutschen Verantwortlichen stand die Möglichkeit frei, „durch eine Politik der demonstrativen Détente und der vertrauensbildenden Maßnahmen ihre friedlichen Absichten" vor der Weltöffentlichkeit unter Beweis zu stellen und sich dadurch aus der diplomatischen Isolation zu befreien (Stig Förster).

Irgendwann später hätte man noch einen Schritt weiter gehen und die außenpolitische Lage Deutschlands durch ein echtes Opfer auf eine dauerhaft sichere Grundlage stellen können. Für einen solchen großen Wurf boten sich reichlich Möglichkeiten an, z.B. der Abschluß eines Neutralitätsabkommens mit England auf der Basis der britischen Vorschläge. 1913 war Tirpitz für den förmlichen Abschluß eines Flottenabkommens eingetreten. Die formlose Übereinkunft mit England (1913) über den Bau von Großkampfschiffen, nämlich im Verhältnis 16 zu 10, hätte man in einen förmlichen Vertrag umwandeln können. Dem Reichsland Elsaß-Lothringen konnte man den Status eines regulären Bundesstaats mit allen Rechten eines solchen gewähren. Am schwersten war es für die damaligen Entscheidungsträger wohl, das Verhältnis zu Österreich-Ungarn Berlin umzustrukturieren: durch Abwerfen der scheinbar unauflöslichen Bindungen und durch Zurückführung des Zweibundes auf die Qualität eines bloßen politisch-rationalen Defensivbündnisses. Die Verantwortung für das Fortbestehen Habsburgs als Großmacht und das Gelingen seiner imperialistischen Ambitionen auf dem Balkan wäre dadurch an den Ballhausplatz zurückgefallen. Aber, wie gesagt, hier handelt es sich um Optionen, die zur Vermeidung des Krieges nicht zwingend erforderlich waren und über die man nicht unter der nervösen Belastung der Krise zu beschließen brauchte.

Ein Aufschub des Konflikts hätte Deutschlands Lage nicht nur wirtschaftlich, sondern darüber hinaus auch militärisch verbessert. Wenige Monate vor der Julikrise hatte man beschlossen, strategische Ost-West-Eisenbahnen zu bauen: Diese „Rochadebahnen" sollten, parallel trassiert, Truppen schnell vom östlichen zum westlichen Kriegsschauplatz und umgekehrt befördern. Neben dem Bau neuer Bahnlinien waren vorgesehen:

- Erweiterung der bestehenden Strecken auf zwei bzw. vier Gleise,
- feste Eisenbahnbrücken an Stelle bisheriger Pontonbrücken sowie
- andere Verbesserungen, die die Züge beschleunigten.

Mit den Bauarbeiten war Anfang 1914 begonnen worden, und zwar wegen der Wichtigkeit bereits vor der parlamentarischen Bewilligung der sehr hohen Haushaltmittel. Die Zeit bis zur Ausführung dieser Pläne hätte Deutschland durch eine unauffällige und jedenfalls nicht provozierende Außenpolitik überbrücken können.

Noch gründlicher hätte wohl die Verwirklichung eines artilleristischen Projekts geholfen: die Konstruktion und Anschaf fung schwerster, festungsbrechender Kanonen. Vater dieser Idee war der Major im Generalstab Max Bauer. Die neuen Geschütze hätten den Angriff auf die französischen Festungen der Vogesenfront ermöglicht. Die strategische Planung wäre geändert worden. Die deutschen Heere hätten weder Luxemburgs noch Belgiens Neutralität verletzen müssen, wären statt dessen aus Lothringen und dem Elsaß zum Angriff angetreten. Waren die höchsten Entscheidungsträger vielleicht in Unkenntnis dieser Pläne? Leider war auch das nur langfristig zu machen. Die verletzte Ehre Habsburgs mußte, so meinte man, sofort wieder hergestellt werden.

Schließlich wäre es möglich gewesen, daß Deutschland sich unter Aufgabe der bisherigen Zurückhaltung und ergänzend zu den eben geschilderten Sicherheitsmaßnahmen erneut in größerem oder kleinerem Maß am Rüstungswettlauf beteiligte hätte. Die Ressourcen an wehrdienstfähigen Männern und an Steuerkraft waren dafür vorhanden. Zwar mußte der Reichstag dann den ostelbischen Großgrundbesitzern und anderen Gruppen des Volkes höhere Steuern auferlegen, zwar war eine kleinere oder größere Anzahl Bürgerlicher in das Offizierskorps und außerdem waren einige zigtausend großstädtischer Arbeiter als Mannschaften in die Armee aufzunehmen. Aber Rüstungen hätten die Berliner Politiker und Militärs zu größerer Gelassenheit gegenüber internationalen Schwierigkeiten befähigt und die Notwendigkeit eines Verzweiflungskrieges gemindert.

Aber nicht nur Opfer der geschilderten Art, schon die bloße Fortsetzung der bisherigen außenpolitischen „Entsagung" und Vorsicht wäre zu dem hoch gespannten Ehrbegriff der Entscheidungsträger in Widerspruch geraten. Sie hätte überdies die Anhänger des herrschenden Regierungssystems enttäuscht. Es wäre sichtbar geworden, wie wenig erfolgreich Bismarcks Erben auf dem Felde der internationalen Beziehungen gewirkt hatten. Viele hätten sich, fürchtete man, von dem Regime abgewandt.

II

Bei Bethmann Hollweg ist das irrationale Element verschiedentlich erkennbar: „Wer freilich der Ansicht ist, daß Rußland überhaupt keine Durchkreuzung seiner Balkanpläne hinnehmen konnte, daß wir das vorhersehen mußten und deshalb Österreich-Ungarn in seinem Vorgehen gegen Serbien nicht hätten unterstützen dürfen, der mutet deutscher Politik Selbstentmannung zu." Und auf einer anderen Seite der „Betrachtungen zum Weltkriege" heißt es: „Stellte uns Rußland die Schicksalsfrage, dann mußten wir antworten. Durfte Preisgabe Österreichs die Antwort sein? Überließen wir Österreich-Ungarn dem Zerfall, dann hätte die slawische Welt einen Sieg von säkularer Bedeutung errungen. Für den Westen hätte Moskaus kampfloser Triumph eine Epoche schweren russischen Drucks eingeleitet. Den Fall Österreichs hätte Deutschland nur als östlichen Winken gefügiger Vasall überlebt. In anderen Formen, in einem geänderten Europa hätte sich für uns die Ära Nikolaus I., vielleicht unter dem dritten des Namens, wiederholt. Einem unfolgsamen Deutschland aber konnten dann seine Bedränger nach ihrem Belieben den Tag bestimmen, wo sie es aus der Zahl der Großmächte auslöschen würden. – Mir ist eine solche Kapitulation unmöglich erschienen."

Irrational und rätselhaft war die deutsche diplomatische Haltung gegenüber der Donaumonarchie. Es handelt sich um die Erfüllung der Verpflichtung aus dem Bündnis. Der Zweibund war eine Versicherung auf Gegenseitigkeit. Der Zweibund bestand damals seit 35 Jahren, er hatte in mehreren Krisen die Schritte der Bundesgenossen beeinflußt. Die im Reich und die in der Donaumonarchie lebenden Deutschen galten noch als Angehörige *einer* Nation. Mancher Verantwortliche in Berlin wäre sich schäbig vorgekommen, hätte er die Österreicher in einer Stunde der Not im Stich gelassen. Redakteure der alldeutschen „Rheinisch-Westfälischen Zeitung", die das übernationale Regime der habsburgischen Dynastie mit seinen Problemen allein lassen wollten, sahen sich empörten und feindseligen Angriffen ihrer Mitbürger ausgesetzt. Die Ehrenpflicht Österreich gegenüber war von der Wahrscheinlichkeit zu siegen unabhängig. Die Ehre verbot es wohl sogar, die Frage nach dem Sieg überhaupt aufzuwerfen. Dietrich von Bethmann war ein Romantiker. Sein Engagement wurzelte in einem nationalen patriotischen Gefühl: Dem k. und k. Staat durfte die Unterstützung keinesfalls versagt werden. Er und der Botschafter haben sich mit dem österreichischen Interesse geradezu identifiziert. Lichnowsky, dem die emotionalen Komponenten der deutschen Haltung nicht verborgen blieben, spricht von „Sentimentalpolitik", Bülow von „romantischer, falsch verstandener Ritterlichkeit".

Dabei brauchte die deutsche Politik damals nicht zwischen der Preisgabe Österreich-Ungarns und der Entfesselung des Weltkrieges zu wählen. Es gab eine dritte Möglichkeit: Österreich hätte mit Rußland eine angemessene Reaktion auf die serbischen Provokationen aushandeln können. Darauf hätten die deutschen Diplomaten bis zum 5. Juli mittags dringen und sich dann in die österreichisch-russischen Kontakte kontrollierend einschalten können. Der Kaiser würde auf die österreichische Anfrage am 5. Juli „nuancirt und modificirt" geantwortet haben, wie Jagow nach dem Kriege in seinen Papieren eingestanden hat. Auf diesem Weg wäre die nationalistische serbische Agitation ausreichend getroffen worden. Das verbleibende Restrisiko war sicher unvergleichlich kleiner als die Gefahren der Politik Forgáchs und Hoyos'. Das unflexible Beharren auf einem Einmarsch der Österreicher in Serbien hat Admiral Tirpitz später mit Recht eine „fixe Idee" genannt. Das Risiko der Auflösung der Habsburger Monarchie wäre bei dem hier beschriebenen Vorgehen nicht größer geworden, als es vor dem Attentat war.

Diplomatie und Militärs hätten ihre Ziele auch ohne Krieg erreichen können, wenn man neben der Pflichterfüllung auch den sa-
cro egoismo zu seinem Recht hätte kommen lassen. Aber diese
mittlere Lösung war nicht ganz so ehrenvoll wie die volle Anerkennung des casus foederis, zu der Wilhelm sich am Nachmittag
des 5. Juli entschlossen hat.

III

In seinem Beitrag für Gebhardts Handbuch der Deutschen Geschichte meint Karl Dietrich Erdmann: Deutschland sei auf seinen letzten Bundesgenossen „angewiesen" gewesen. Aber objektiv war dem nicht so. Der historischen Wahrheit kommt man
aber näher, wenn man die Allianz als eine schwere Last betrachtet, auf die das Reich keineswegs „angewiesen" war – es sei
denn, sämtliche Entscheidungsträger wären Masochisten gewesen. Lichnowsky hat das Bündnis oder mindestens seine Hand-
habung verdammt, und das mit Recht. Daß die Gründung des
Zweibundes auf Bismarck zurückging, ändert daran gar nichts.
Das besorgniserregende Ungleichgewicht der Rüstungen bestand bereits etwa seit 1912, ohne daß die Diplomaten einen
Präventivkrieg angezettelt hätten oder – um in den Begriffen der
Zunft zu formulieren – aus präventiven Gründen ein sehr großes
Risiko eingegangen wären. Das bloße Denken der Militärs reichte dazu nicht aus, solange die Zivilisten den Krieg nicht wollten.
    Es bestätigt sich nach allem die Charakterisierung: die deut-
schen Staatsmänner handelten in dem Glauben an eine Ver-

pflichtung, Österreichs Krieg gegen Serbien unterstützen zu müssen. Hieran orientierten sie sich, als sie den großen Krieg kommen ließen.

Kann man die auf deutscher Seite verfolgten Politiken auch mit den Kriegszielen der Verantwortlichen kennzeichnen? Die Antwort lautet nein, wenn man hierzu nur Erfolge rechnet, wie etwa den Erwerb einer Provinz oder die Entmachtung eines unberechenbaren Diktators. Wilhelm handelte nicht, um etwas zu erwerben, er wollte nur verteidigen, was er schon hatte: das Ansehen eines Kaisers, der seine Verpflichtungen gegenüber Bundesgenossen erfüllte.

Er drohte, daß die Leute, die Wilhelm weiter regieren ließen, nach außen und innen als bankerott dastanden, daß Deutschland sich außerstande zeigte, seine Verbindlichkeiten aus dem Vertrag mit Österreich-Ungarn zu erfüllen. Jagow glaubte mit seinen unflexiblen Ablehnungen friedenserhaltender Vorschläge im Sinne des Bundesgenossen zu handeln. Zugleich ging es dabei indirekt, aber unausweichlich um das außenpolitische Ansehen Deutschlands als Großmacht. Das bedeutete für ihn: auf dem diplomatischen Terrain keinen Schritt zurückzuweichen.

Im Unterschied dazu wollten Moltke, Graf Waldersee und die Chefs der Abteilungen im Großen Generalstab den Krieg, sie wollten der laufenden Vergrößerung der russischen Armee ein Ende setzen. Das wäre aber nur dann historisch relevant, wenn sie oder einer von ihnen auf die Diplomatie eingewirkt hätten. Das war nicht der Fall. Denn bis zum 31. Juli mittags konnten sie sich gegen den Kanzler und das Auswärtige Amt nicht durchsetzen, und danach war ihr Handeln durch das Uhrwerk der Mobilmachungen diktiert.

Gelegentlich trifft man auf die Frage, „was eigentlich die einzelnen Staaten durch den Krieg zu gewinnen und folglich durch die Erhaltung des Friedens zu verlieren hatten". Darauf ist zu antworten, daß der deutsche Staat sich international Ansehen und Ehre erhalten konnte. An dieser Stelle wird Jagows „Hic Rhodus" ein Stück verständlicher. Da Österreich Serbien gegenüber im Recht war, dachte er, war seine Aktion nicht aggressiv.

Und welchen Sinn sollte der Zweibundvertrag haben, wenn er in einem solchen Fall nicht griff?

Die Frage der Ehre ist mit der des Rechts verbunden. Jagow und viele andere glaubten das Recht auf ihrer Seite. Sie handelten nach dem Satz „Recht braucht Unrecht nicht zu weichen." Deutschland hatte das Recht, Österreich-Ungarn zu unterstützen, und die Monarchie hatte das Recht, sich gegen die Losreißungsbestrebungen der Serben, da andere Mittel erfolglos geblieben waren, durch einen Krieg zu wehren. In diesem Sinne sahen Jagow, Tschirschky, Bethmann Hollweg und der Kaiser Deutschland in der Verteidigung gegen die Aggressoren Serbien und Rußland. Wenn es die Ehre verbietet „zu kneifen" [Jagow 18. Juli 1914], dann verbietet sie das, wenn Österreich und Deutschland im Recht sind, um so mehr. Oder anders ausgedrückt: weil Habsburg im Recht war, mußte Deutschland seine Bündnispflicht erfüllen. Und die Entscheidungsträger fürchteten Macht und Privilegien im Inneren zu verlieren, die Nichterfüllung der Bündnispflichten wäre nämlich ein politischer Bankerott gewesen.

IV

1921 schrieb der angesehene Journalist Heinrich Kanner: „Die wahren Ursachen des Weltkriegs und die aus ihnen abgeleiteten nächsten Kriegsziele konnten von den Staatsmännern der Mittelmächte nicht öffentlich einbekannt werden, weil sie damit die bereits im Frieden erlittenen Niederlagen hätten zugeben und ihren politischen Bankrott hätten besiegeln müssen, wodurch sie dem eigenen Volk das Vertrauen ihrer Führung geraubt und den Erfolg des Krieges von vornherein moralisch gefährdet hätten."

Daß die Männer der führenden Schicht ihre Vabanquepolitik dem Volk nicht verraten durften, liegt auf der Hand. „Der wahre Grund der Kriegseröffnung vertrug nicht das Licht der Öffentlichkeit", sagt Egmont Zechlin. Es gelang, bestätigt Stig Förster, den „politisch-militärischen Führungsetagen", die Bevölkerung über die wirklichen Kriegsursachen im Dunkeln zu lassen. Hier lag ein Grund vor, Akten zu vernichten oder zu verschleppen, Spuren zu verwischen und Tagebücher umzuschreiben.

Bei Isabel Hull liest man, der preußische Adel habe sich geradezu monomanisch mit der Selbsterhaltung beschäftigt: Sie deutet an, die Junker seien nicht in der Lage gewesen, ihre Interessen gegen die Interessen anderer Klassen abzuwägen. Das laufe letztlich auf eine politische Unfähigkeit oder Unreife hinaus. Gerade die wiedererwachte Befassung mit den Ursachen des Ersten Weltkrieges offenbare diesen Sachverhalt. Das ist richtig gesehen. Die meisten Historiker bringen demgegenüber zwischen den Zeilen zum Ausdruck, daß ihrer Meinung nach die deutschen Akteure im Interesse des Volkes gehandelt hätten.

Ein nationales Problem nach den Regeln der diplomatischen Kunst zu bewältigen, ist das auf deutscher Seite in den Wochen nach Sarajewo versucht worden? Das nationale Problem war die Überschuldung: Der Staat hatte Verpflichtungen übernommen, die zu erfüllen über seine Kräfte ging. Man ignorierte diese Schwäche und ließ es ihr zum Trotz zum Krieg kommen; das war Katastrophenpolitik. Im Kriege hat man dieses Modell erneut angewendet: bei der Anordnung des uneingeschränkten U-Boot-Krieges. Demgegenüber verharmlosen die deutschen Historiker – mit Ausnahme von Fischer und Vertretern seiner Ansicht sowie von DDR-Autoren – den nahezu verbrecherischen Mißbrauch der kaiserlichen Personalhoheit, der dazu geführt hat, daß praktisch alle wichtigen Posten an Männer des Mittelmaßes – und das genügte nicht – vergeben waren. Sie sehen es nicht als Skandal an, daß diese Männer Deutschlands außenpolitische Hoheit an Österreich-Ungarn abgegeben und so im Schlepptau der Monarchie den Krieg in Kauf genommen haben.

Die internationale Verantwortung des Staates und die Verantwortlichkeit der Regierung gegenüber der Nation sind zwei selbständige Gegenstände des Urteilens und der Wertung.

Ohne logischen Widerspruch könnte man zum Beispiel sagen: a) Rußland habe seine Verantwortung gegenüber Europa verletzt, als es auf Österreichs Vorgehen gegen Serbien so schnell mit einer

Generalmobilmachung antwortete. Deshalb seien die deutschen Staatsmänner zu den Kriegserklärungen und zum Einmarsch in Belgien gezwungen gewesen. (b) Die Entscheidungsträger hätten im Verhältnis zur Nation versagt.

Daß die Behauptungen (a) und (b) logisch nebeneinander bestehen können, ergibt sich aus der Überlegenheit der Gegner. Mit Rücksicht hierauf bildeten eine defensive Reaktion auf Sarajewo und eine eingeschränkte Bescheidung der Frage Hoyos' die einzig interessenwahrende Politik. Ob die Sache der Mittelmächte gerecht und diejenige Serbiens ungerecht war, spielt insofern keine Rolle. Die „Einkreisung" Deutschlands hätte man bestehen lassen können und müssen.

Die vorliegende Studie beschränkt sich auf die Verantwortung der deutschen Entscheidungsträger gegenüber der Nation. Sie war vielleicht auch verantwortlich gegenüber Europa oder den Feindmächten; darüber zu sprechen geht aber über das Thema der Schrift hinaus. Jedenfalls müßte in eine solche Betrachtung einbezogen werden, daß, wie es scheint, sowohl England als auch Frankreich und Rußland nicht alles gegeben haben, was sie im Hinblick auf ein gemeinsames europäisches Interesse hätten tun können. Die Fehler von 1914 wurden von dem strukturell sehr schädlichen Bestehen unabhängiger Entscheidungszentren und der ebenso beklagenswerten, durch Jahrzehnte geübten Personalpolitik begünstigt. Holger Afflerbach, hat sich in Form einer Frage, aber doch deutlich geäußert, „ob nicht die an sich völlig berechtigte Suche nach den tieferen Ursachen den Ersten Weltkrieges einen Determinismus in die Ereignisse hineininterpretiert hat, der zu einseitig die langfristigen Strukturen und nicht die unmittelbaren Vorgänge des Sommers 1914 für die tatsächlichen Abläufe verantwortlich macht".

Die Anhänger der „strukturellen" Methode haben sich verständlicherweise über die einzelnen Persönlichkeiten nur zurückhaltend geäußert. Das hat eine apologetische Wirkung. A.J.P. Taylor war so vorsichtig, nur von „Impulsen" zu sprechen: „Die Impulse, die den Frieden wünschten, addierten sich zu nichts; die Impulse zum Angriff addierten sich unwiderstehlich zum Krieg." Fritz Fischer hat etwas mehr dazu gesagt, aber erst ziemlich spät. Sein Artikel in der „Zeit" vom 13. April 1984 nannte nur die Zahl der Verantwortlichen, keine Namen. Die Überschrift war von der Redaktion der Wochenzeitschrift selbständig formuliert, sie lautete: „Zwei oder drei Leute entschieden das Schicksal Europas." Im Jahre 1991 ist Fischer schließlich konkret geworden: In dem „Zeit"-Artikel habe er an Bethmann Hollweg, Jagow und Stumm gedacht, erläuterte er nun. Zugleich setzte er den Namen des Unterstaatssekretärs Zimmermann mit auf die Liste. Schließlich ergänzte er 1991 in einer Fußnote und in Klammern seine Aufzählung: „sowie im Abstand noch Moltke wegen seiner Memoranden an die zivile Reichsleitung im Juli/August 1914." Gegen die Behauptung, daß er Moltke „zu einem Kriegsgötzen gestempelt habe", verwahrte er sich aber. Fischer hat also alle Militärs außer Moltke von seiner Kritik ausgenommen, selbst Falkenhayn und Waldersee. Auch andere Historiker scheinen die Frage nach den verantwortlichen Personen möglichst gemieden zu haben.

Tatsächlich gab es mehr als nur fünf für die unheilvolle Krisenpolitik Verantwortliche. Außer den von Fischer 1991 genannten noch den Kaiser, Tschirschky, Dietrich Bethmann, Moltke (dieser außerhalb des von Fischer bezeichneten Teilbereichs), „den Generalstab", Waldersee, drei oder vielleicht vier leitende Herren der Politischen Abteilung des Auswärtigen Amts. Von den Vortragenden Räten scheinen Otto Hamann und Botho Graf Wedel die zum Kriege führende Politik mit getragen zu haben. Hamann äußerte gegenüber Lichnowsky im August 1914: Es sei nicht die Absicht des Auswärtigen Amtes gewesen, einen Weltkrieg zu entfesseln. „Man hat eben nicht immer Glück. Wenn es uns aber gelungen wäre" (die Politik der Annexionskrise zu wiederholen), „so hätte auch Bethmann endlich mal einen Erfolg gehabt." Bülow bemerkt in seinen Denkwürdigkeiten über Diego von Bergen, daß er eine Parteinahme vermieden habe. Daraus ist zu schließen, daß es in der Politischen Abteilung auch Männer gab, die den Kriegskurs unterstützten.

Der Kaiser ist in erster Linie für den Krieg verantwortlich. Er hat die Zusage des 5. Juli gegeben, sie führte ohne weiteres Dazutun in den Abgrund, und unglücklicherweise gab es niemanden, der sich dieser Tendenz mit ausreichender Kraft hätte entgegenstellen wollen und können.

Der Kaiser selbst brachte, nachdem er seinen Fehler eingesehen hatte, die Kraft nicht auf. Er glaubte, nach den Regeln der Ehre seinen Verbündeten, Franz Joseph, in der Lage vitaler Bedrohung nicht im Stich lassen zu dürfen. Seine Stimmung am Nachmittag des 5. Juli muß weich gewesen sein, die feminine Seite seines Charakters machte sich geltend. Außerdem konnte er sich nicht vorstellen, daß Zar Nikolaus die Königsmörder schützen werde.

Wilhelms Verantwortung wiegt schwer. Er hat den Österreichern den Bündnisfall ohne Beratung bestätigt und damit die politische Landschaft von Grund auf verändert, hat in Norwegen rund drei Wochen lang wiederum im Alleingang und ohne sich mit verantwortlichen Männern zu beraten, Randbemerkungen auf eingehende Schriftstücke geschrieben, die ganz in der Linie seiner die Kriegsgefahr in sich bergenden Erklärung vom 5. Juli lagen. Er hat nach seiner Rückkehr schwächlich agiert, und nicht zuletzt, er hat die Spitzen des Reiches praktisch gar nicht koordiniert. Zwar war er von seinen Aufgaben überfordert, und mit ihnen war er durch Geburt und Verfassung geschlagen. Aber er wollte trotz empfundener Inkompetenz alles selbst machen, dazu war er durch die ihm vorgegebenen Umstände nicht genötigt. Er hat ein Machtvakuum entstehen lassen und die dauernde Autoritätskrise zu verantworten. Er hätte das tun können und sollen, was andere Monarchen der Zeit getan haben: sich selbst vom Vordergrund der Bühne zurückziehen und eine überlegene Persönlichkeit die Geschäfte führen lassen.

An Stelle von Kaiser und Kanzler handelten andere, aber sie konnten das Schiff nicht durch die Klippen steuern: Jagow und Stumm, Tschirschky und Dietrich Bethmann. Auf die Qualität ihres Handelns war es von ungünstiger Wirkung, daß sie eigentlich zu den schwerwiegenden Entscheidungen nicht berufen waren, Verantwortung nur mangels klarer Führung übernahmen.

Es gab zwei Phasen, in denen Bethmann als Falke handelte: Am 27. Juli bis etwa 6 Uhr abends und am 30. Juli sehr spät abends, als er dem Entwurf eines Telegramms an König Georg einen letzten Satz hinzufügte. Er muß in diesen Stunden der Schwäche geglaubt haben, daß sonst Ehre und Ansehen verloren seien.

Praktisch alle Zeitgenossen waren davon überzeugt, daß „der Generalstab" den Krieg befürwortet und zum Krieg getrieben hätte. Das kann kaum ganz falsch sein. Nun war diese hohe militärische Behörde nicht kollegial verfaßt. Der ein Kollektiv bezeichnende Begriff „Generalstab" bekommt nur dann einen Sinn, wenn der Chef, Moltke, schwach war und dem Drängen seiner Offiziere folgte. Im Juli hatte „der Generalstab" keine Gelegenheit, Einfluß auf die zivilen Entscheidungsträger auszuüben. Die Wirkung des Generalstabs auf die Außenpolitik kann daher nur so vorgestellt werden, daß seine Offiziere in den Jahren vor dem Kriegsausbruch und daher außerhalb des gegenwärtigen Themas in Gesprächen mit einzelnen einflußreichen, meinungsbildenden Persönlichkeiten eine Stimmung der Kriegsbereitschaft geschaffen haben.

V

Von denen, die den Krieg zuließen, fiel keiner durch Begabung, Weitsicht oder Intelligenz auf. Ja, man muß es kräftiger ausdrücken: sie waren sämtlich Fehlbesetzungen – einschließlich von Tirpitz, der Möglichkeiten, Kaiser und Reich zu retten, ungenutzt ließ und sich in der Enge seines Ressorts verschanzte, und Lichnowsky, dem es nicht gelang, ein dauerhaftes Verhältnis zum Reichskanzler und zum Auswärtigen Amt herzustellen. Man kommt an den Kern des Desasters, wenn man es auf die völlig verfehlte, ja unverantwortliche Personalpolitik des Regimes zurückführt.

Jagow war unselbständig, ein Diplomat dritten Ranges, unfähig und intrigant. Den Grafen Waldersee nannte Wenninger „eine vollkommene Null". Bethmann Hollweg war lediglich ein gehobener Kanzleibeamter, Kanzler nur dem Namen nach. Bei der Hapag wäre er höchstens als Bibliothekar angestellt worden, urteilt Ballin; daß er für sein Amt unfähig war, war und ist unter Sachkennern unstreitig. Stumm war halb verrückt. Helmuth von Moltke war in besonderem Maße inkompetent. Ferguson trifft den Nagel auf den Kopf mit dem Aperçu: „Germany a colossus with a head of clay."

Folgende Zeilen müßten an dieser Stelle jeden Leser interessieren: Nicolaus Sombart, The Kaiser in his epoch, in: Röhl, Kaiser Wilhelm the second (1982) formuliert: „Throughout the whole of the Wilhelmine epoch we wittness a strange weakness in the men responsible for the affairs of the Reich, including the Kaiser himself ... It is due rather to a defect in the personality structure which the system had bred. An almost compulsive tendency to inadequate behaviour, an absence of a strong sense of reality is the prevailing characteristic of the Reich's most prominent representatives."

Die von Bismarck geschaffene Staatsverfassung versagte, als der Sohn Kaiser Friedrichs III. den Thron bestieg. Imanuel Geiss urteilt: „Wenn es sich damals (und während aller Kanzlerkrisen um ihn zuvor) zeigte, ,daß es im Grunde keine Alternative zu Bethmann Hollweg gab', so enthält dieser kaum zu bestreitende Befund das denkbar vernichtendste Urteil über die politischen Qualitäten der preußisch-deutschen Führungsschicht und über den Charakter des preußisch-deutschen Reichs, das mitten in seiner – im wesentlichen von ihm selbst verursachten – tödlichen Krise einen derart peinlichen politischen Offenbarungseid vor aller Welt und der Geschichte leistete: ,Von fast allen Seiten verlassen' war Bethmann Hollweg, wie Erdmann richtig bemerkt, und doch war keine praktikable Alternative zu dem fast allgemein abgelehnten Kanzler in Sicht. Besser läßt sich der politische und moralische Bankerott des Wilhelminischen Reichs noch vor seinem tatsächlichen Zusammenbruch kaum beschreiben." Im November 1913 bat der Kaiser den Kronprinzen um Benennung von Persönlichkeiten, die Bethmann ersetzten könnten: er werde ihm dankbar sein, „wenn Du mir einige Vorschläge für diesen Posten unterbreiten wolltest."

Deutschlands Problem im Juli und August 1914 war kein geopolitisches und nur in zweiter Linie ein militär- oder außenpolitisches: seine größte Schwäche lag in der Negativauslese und Unfähigkeit der mit der Außenpolitik befaßten Persönlichkeiten.

Die monarchische Spitze der Adelspyramide hat in dieser Beziehung verheerend gewirkt. Der Kaiser entschied Personalfragen nach unsachlichen Kriterien und setzte die falschen Leute ins Amt. Sehr oft traf er „eine Wahl nach Gunst", wie Lerchenfeld es ausdrückte, im gleichen Sinne Holstein: er „suchte seine Minister aus wie Geliebte". „Fügsame Werkzeuge des kaiserlichen Willens" nahmen alle wichtigen Stellen ein. 1905 gab Generaloberst von Plessen, der Chef-Adjutant des Kaisers, den Ausschlag für Moltke als Nachfolger des Grafen Schlieffen, obwohl er ihn für inkompetent hielt. Dabei leitete ihn allein die Absicht, dem Kaiser das Leben so leicht wie möglich zu machen. Bethmann wurde im Amt gehalten, weil der Kaiser keine neuen Gesichter um sich haben mochte. Ludendorff trat nicht zurückhaltend-vornehm auf, mißfiel dem Kaiser und wurde zwei Jahre zu spät gerufen. Das Mittelmaß war also kein Zufall. Außerdem sorgten die drei Kabinettchefs dafür, daß man bei Besetzung der Führungspositionen in der Armee, der inneren Verwaltung und dem diplomatischem Dienst Vertreter aus den Familien der ostelbischen Großgrundbesitzer bevorzugte.

Zu den Ursachen, die zum Kriege führten, gehört auch der Ressortseparatismus. Den Krieg zu vermeiden wäre leicht möglich gewesen, wenn die verantwortlichen Entscheidungsträger zusammen gearbeitet hätten. Deutschland konnte 1914 seine außenpolitische Lage nur durch „Zurückstecken" sanieren. Aber selbst jetzt sah jeder Chef einer Spitzenbehörde die Notwendigkeit zum Abwerfen von Ballast nur in den jeweils anderen Ressorts. Zwei Tage nach der englischen Kriegserklärung fragte Tirpitz Jagow: „Konnten Sie nicht Rußland Durchfahrt durch die Dardanellen und alles Mögliche versprechen, um den

Krieg zu verhindern?" Jagow erwiderte boshaft und unzutreffend: „Wenn Sie uns ein kleines Flottenagreement mit England
gegeben hätten, wäre der Krieg mit England nicht nötig gewesen."

Der Fraktionsvorsitzende der Nationalliberalen Partei, Ernst
Bassermann, hatte die Verhältnisse im März 1914 folgendermaßen geschildert: „Jedes Ressort arbeitet auf eigene Faust, und der
letzte Rest des Einflusses der Regierung auf die Parteien und die
innere Politik ist geschwunden ... Erzberger ist, seitdem Hertling, Schädler, Fritzen ausgeschieden, Spahn einflußlos geworden, und Gröber seinen schwäbischen Schild über den Lands-
mann hält, Beherrscher der Lage. Wenn er nicht will, stehen ihm
Zentrum nebst Affiliierten und Sozialdemokraten mit beinahe
2/3 des Reichstages zur Verfügung, und da er über alles, kraft
tausend Zuträgern, bis in die intimsten Einzelheiten orientiert
ist, schreckt er die Geheimen Räte."

Der Mangel an Kooperation der höchsten Stellen wird manch-
mal überdeckt oder eingeebnet, indem von der „Reichsleitung" gesprochen wird. Dieser Begriff suggeriert eine Organisation, innerhalb derer sich laufend und in einem geordneten Verfahren ein
einheitlicher Wille bildet. In diesem Sinne aber hat es eine
„Reichsleitung" nie gegeben.

VI

Die Spitzen des Heeres und der kaiserlichen Marine haben erst
in der letzten Woche – etwa ab dem 28. Juli – und zunächst nur
durch Unterlassen dazu beigetragen, daß der Krieg ausbrach. Zu
diesem Zeitpunkt war die Zusage des Kaisers schon vier Wochen
alt – und die Abkehr von ihr war in diesen vier Wochen langsam
immer schwieriger geworden. Als die Militärs am 31. Juli begannen, auf den Krieg unmittelbar durch Mobilmachung vorzube-
reiten, war schon lange eine Lage gegeben, die ohne weitere An-
stöße in dieser Richtung zum Weltkrieg steuerte. Die Gründe der
Generalität, jetzt auf eine rechtzeitige Mobilmachung zu dringen,

waren militär-technischer Art, sie sind daher nicht geeignet, das Rätsel der Diplomatie des Auswärtigen Amtes und des Kanzlers zu lösen. Der Kaiser hatte unüberlegt und spontan auf ein außenpolitisches Vorkommnis geantwortet, danach durch Antritt der Kreuzfahrt und durch seine Marginalien für drei Wochen die Korrektur der Beistandszusage vereitelt. Das polykratische Chaos des wilhelminischen Systems war außerstande, die notwendige Korrekturen durchzusetzen; hier wirkte sich auch aus, daß sich das diplomatische Klima ab dem 24. Juli 1914 mit unerhörter Schnelligkeit verschlechterte.

Vertreter der regierenden Klasse haben die zum Krieg führende Entwicklung geschehen lassen, um ihren klassenspezifischen Ehrbegriffen gerecht zu werden, um ihre Herrschaft und ihre Privilegien aufrechtzuerhalten.

Damit ist die „Entscheidung" für den Krieg noch nicht „zweckrational" (Stig Förster) begriffen. Den Verantwortlichen standen andere Wege zur Verfügung, den Gefahren zu begegnen. Das hätte zwar Opfer notwendig gemacht, aber bei rationalem Handeln wäre es dennoch geboten gewesen, *diese* Wege zu beschreiten. Das Verhalten Jagows, Tschirschkys und der anderen maßgebenden Männer ist nur zu verstehen, wenn man auch ihre Ehrvorstellungen berücksichtigt.

Die Verhältnisse im ganzen – wirtschaftlich, geistig, gesellschaftlich – entwickelten sich ungünstig für Deutschlands herrschende Schicht. Die Spitzen der Bürokratie und der Diplomatie, die Groß-Industrie, das preußische Offizierskorps, auch der landbesitzende Adel in Altpreußen – ihnen allen drohte eine mehr oder weniger weitreichende Beeinträchtigung ihrer Privilegien. Die Vorrechte sahen sie einer alle Bereiche umfassenden, privilegienfeindlichen Entwicklungstendenz ausgesetzt.

Der Kriegsausbruch stärkte die Stellung der Herrschaftselite nur vorübergehend und oberflächlich. Für die Vertreter der privilegierten Führungsschicht wäre ein Friedensschluß, in dem Deutschland im Westen auf die Grenzen vom Juli 1914 beschränkt blieb, katastrophal gewesen. Im Dezember 1915 wurde das akut. Das Stichwort „Revolution" fiel. Der Vorsitzende des

Alldeutschen Verbandes warnte den Kronprinzen vor einem unbefriedigenden Friedensschluß auf der Basis des Status quo: Dann wäre die Herrschaft der Hohenzollern und aller anderen deutschen Dynastien in Frage gestellt und die Revolution bloß eine Frage der Zeit, sagte der Verbandsvorsitzende. Hierzu der Kommentar des Grafen Lerchenfeld: „Wenn es nicht die Revolution ist, dann würde es jedenfalls eine tiefe Enttäuschung geben, auf Kosten der Stellung des Kaisers und sicherlich der gegenwärtig führenden Schichten." Isabel Hull sagt dazu treffend: „Dies war gerade der Albtraum, den zu umgehen die wilhelminischen Führer den Krieg begonnen hatten."

Folglich definierte sich das Regime im Krieg noch mehr als früher durch den Sieg. Insofern war es nur logisch, daß Bethmann es verbot, die Öffentlichkeit über die Bedeutung der Niederlagen an der Marne und vor Ypern aufzuklären, „er befürchtete davon einen Zusammenbruch der Moral der Nation." Vor dem Reichstag, der am 2. Dezember 1914 neue Kriegskredite bewilligen sollte, verbarg er seine Zweifel und stellte Siegeszuversicht zur Schau. Damit wurde die unseriöse Informationspolitik der Vorkriegszeit verstärkt fortgesetzt - mit den bekannten schicksalhaften Folgen im November 1918.

VII

Für Fritz Fischer, Adolf Gasser und andere gibt es das Paradoxon gar nicht, dem die vorliegende Studie gewidmet ist. Sie leugnen die militärische Kraft der Gegner oder behaupten, mindestens hätten die Entscheidungsträger in Berlin sich für stärker als die Gegner *gehalten.* Deutschland sei das Risiko eines Konflikts mit Rußland und Frankreich „im Vertrauen auf seine militärische Überlegenheit" eingegangen. Diese Auffassung wirkt sich unvermeidlich auf verschiedene Einzelfragen aus. Aber Generalstab und Kriegsministerium waren sich durchaus dessen bewußt, daß die deutschen Landstreitkräfte denen der Gegner unterlegen waren. An die militärische Überlegenheit hat wohl das Volk geglaubt, aber nicht die Fachleute des Generalstabs. Wer hierbei ein Fragezeichen notiert, kann die beiden Bände des Reichsarchivs über „Kriegsrüstung und Kriegswirtschaft" kaum gelesen haben. Gasser zitiert aus dem vom Reichsarchiv veröffentlichten Primärquellenmaterial nur *einen* Satz. Ihn belegt er nicht unter direkter Bezugnahme auf die Veröffentlichung des Reichsarchivs, sondern mit dem Hinweis auf Fischer, der das 1969 wörtlich zitiert hatte.

War es ein Krieg der Machtvermehrung, der Machtexpansion, für den die deutschen Entscheidungsträger verantwortlich sind? Die heftigen Meinungsverschiedenheiten hierüber beruhen in nicht geringem Maß auf der Ungenauigkeit der Begriffe. Bis zum *4. August 1914* war die Machtexpansion – Hegemonie – für keinen Entscheidungsträger Motiv des Handelns oder des Geschehenlassens. Aber wie manche amtlichen und offiziösen Stellen den Krieg *ab September 1914* instrumentalisiert haben, kann man ihn auch als „Krieg der Machtexpansion" bezeichnen. Diese beiden Begriffe von Kriegszielen sind zu unterscheiden.

Im Juli keine Absicht der Machtausdehnung Deutschlands: Diesen Standpunkt nimmt die Mehrheit der Juli-Experten mit Recht ein. Imperialistische Erfolge waren höchstens Wünschbarkeiten, aber für die „drei oder vier Personen", von denen Fischer spricht, keine Gründe für das Ja zu einem mit unzureichenden militärischen Mitteln zu führenden und von ihnen gefürchteten Krieges. Wie Gasser richtig gesehen hat, setzt ein Krieg der Machterweiterung Siegesgewißheit voraus, Siegesgewißheit aber hat es bei keinem der Männer gegeben, die eben als maßgebend bezeichnet sind.

Gleichfalls in Widerspruch zu den Dokumenten steht die These langjähriger Planungsvorbereitung. Auch diese Behauptung Fischers wird von der großen Mehrheit der Fachgelehrten mit Recht abgelehnt. Die Kriegsbereiten in Berlin und Potsdam haben spontan auf eine kurze Ereigniskette geantwortet: den gewaltsamen Tod des Erzherzogs und die Änderung von Wilhelms Einstellung zu Serbien.

VIII

In einem Punkt sind die Professoren der „Zunft" von Fischer überzeugt worden: Daß nämlich die deutschen Entscheidungsträger den europäischen Krieg *bewußt* riskiert haben. „Erdmann's writings thereby created a compromise position which many German historians could endorse. Having accepted Fischer's evidence demonstrating that Germany consciously ran the risk of war in July 1914 they could at the same time conclude ..." Diese Sicht scheint der bei der Analyse der Privatbriefe vom 18. Juli 1914 vorgefundenen Ziele der deutschen Diplomatie zu ähneln. Es bestehen Unterschiede.

Erstens: Während die Historiker Bethmann als den Träger einer aktiven, souveränen deutschen Politik, und zwar als den einzigen Träger, betrachten, sieht die vorliegende Studie ihn als bloßen Mitläufer; andere haben die alles veränderten Entscheidungen getroffen: die Österreicher und Kaiser Wilhelm.

Ein zweiter Unterschied betrifft den Begriff „nur Risiko". Erdmann, Hillgruber und die anderen von Moses als Apologeten bezeichneten Historiker sprechen von „nur Risiko" in dem Sinne von: „Also sind sie milde zu beurteilen, kaum zu tadeln, da sie ja den Krieg nicht wollten." Hier dagegen wird das „nur" durch Kritik ergänzt: Die, die Politik hätten machen sollen, sind ein unsinniges Risiko eingegangen, sie haben sich keine Gedanken gemacht darüber, was geschehen sollte, wenn es bei dem Risiko nicht blieb, sondern den Krieg, den sie zunächst riskiert hatten, durch die Generalmobilmachung Rußlands zur Tatsache geworden war.

Drittens: die Historiker, gegen die Moses polemisiert, sehen Sarajewo als Chance der deutschen Diplomatie an, während es doch die schwere Stunde der Wahrheit einläutete, welche zeigte, daß eine gedachte Bilanz des Deutschen Reichs schon vor Sarajewo einen riesigen Passivposten „Rückstellung für Bündnisverpflichtungen gegenüber Österreich-Ungarn" auswies, womit Deutschland überschuldet war.

Viertens: die anderen Autoren schreiben Deutschland im Verhältnis zur Donau-Monarchie die Initiative zu Anfang der Krise zu und „Drängen" in ihrem Verlauf. Im Gegensatz dazu wird hier behauptet: Österreich war am 3. und 4. Juli eindeutig initiativ, und es behielt das Gesetz des Handelns bis zum Eintreffen der Nachricht von der Gesamtmobilmachung. Ein deutsches „Drängen" hat es nicht gegeben. Szögyénys Telegramm vom 25. Juli war nur von Jagow hinter dem Rücken von allen auf deutscher Seite Beteiligten genehmigt, das war eine Hilfe für Berchtold, der intrigant monarchieinterne Zwecke verfolgte, und höchst wahrscheinlich von ihm von Berlin erbeten.

Fünftens: Die Lehre behandelt die Riezler-Abschriften, als wenn es sich um die Originaleintragungen in das Tagebuch handelte.

Sechstens: Nach übereinstimmender Ansicht von Fischer und seinen Kritikern stellte sich der außenpolitische Gewinn, für den es sich lohnte, das Risiko einzugehen, im Verhältnis zu den Gegnern ein: Auseinandermanövrieren der Entente. Nach der hier vertretenen Sicht haben die deutschen Akteure über Pro und Kontra der Risikoübernahme nicht reflektiert. Die Ehre Deutschlands stand auf dem Spiel, das machte weitere Überlegungen überflüssig.

Zechlin, Erdmann, Mommsen und andere urteilen, Bethmann habe mit der Krisenpolitik „am Rande des Abgrunds" „die Entente auseinandermanövrieren" wollen. (Wenn sie sich von der relativen Bedeutungslosigkeit Bethmann Hollwegs überzeugten, würden sie wahrscheinlich dasselbe von Jagow sagen.) Das Ziel der Diplomatie sei es gewesen, sagen die Fachleute, nicht an irgendwelchen Opfern zu Gunsten einer Entspannung auf dem Balkan sich zu beteiligen, entgegen dem gemeinsamen Interesse der fünf Großmächte (Pentarchie). Dabei sollte Deutschland notfalls eine drohende Haltung annehmen. Eine solche „Politik" mußte dazu führen, daß die Gegner sich um so fester zusammenschlossen. Die Entente Cordiale und später die Triple Entente verfolgten gerade das Ziel, Deutschland durch ihre Überlegenheit an Machtmitteln vom Kriege abzuschrecken und ihm diplomatische Erfolge vorzuenthalten. Und nichts spricht dafür, daß jemand in Berlin das anders gesehen hat. Schon längere Jahre tendierten beide europäische Blöcke zur Verfestigung. „Es war in dem Mechanismus der beiden Bündnissysteme begründet, daß jede Krise die Bedrohten enger aneinander drängte", sagt Erich Eyck.

In dem Text, der als Riezlers Tagebuch ausgegeben wird, ist zwar von einer „Lockerung der Entente" die Rede. Aber die Stelle steht in den umgeschriebenen Tagebucheintragungen. Ein ehrlicher Forscher kann diese Berichte, wahrscheinlich Jahre später und frei von jeder Kontrolle von Riezler geschriebenen Blätter, nicht als Material für seine Meinungsbildung annehmen. Dies gilt um so mehr, als der Tagebuchschreiber in seinem Testament die Vernichtung dieser Papiere verfügt und sich damit selbst von ihnen distanziert hatte.

In den anderen Primärquellen taucht der Gedanke des Auseinandermanövrierens weder als Kriegsziel noch als Ziel eines „Operierens am Rande des Abgrunds" auf, so z.B. nicht in Jagows nach dem Kriege geschriebenen Aufsätzen. Man findet die Idee weder in den umfangreichen Erinnerungen von Tirpitz und Bülow noch in Theodor Wolffs vor dem Kriegsausbruch geschriebenen Tagebüchern, noch in Jagows und Bethmann Hollwegs gedruckten Rechtfertigungsschriften. Auch Bernardotte Schmitt, Albertini und Kantorowicz wissen nichts von diesem diplomatischen Gesichtspunkt. Vor den ersten Zitaten aus den Riezlerschen „Tagebüchern" ist niemand auf dieses angebliche Motiv von Bethmanns Risiko-Politik gestoßen.

Stumm gestand 1916 gegenüber Theodor Wolff: Man muß etwas finden, um nach dem Kriege die Ententemächte auseinander zu bringen. Bis dahin war ihm also noch kein Mittel dazu eingefallen! Mehr noch: er hielt zu der damaligen Zeit eine Bemühung dieser Art nicht für möglich.

Einen frühen Beitrag zur Theorie des Auseinandermanövrierens liefert Mommsens Artikel von 1973 für das Handbuch der deutschen Geschichte von Leo Just. Dort behauptet der Historiker, Bethmann und Zimmermann hätten „durch geschicktes

Ausnutzen der serbischen Krise" ein „allgemeines Revirement der europäischen Bündnissysteme" erzwingen wollen. Dabei sollte Rußland seinen westlichen Freunden entfremdet werden, was „dem Deutschen Reiche möglicherweise sogar erlauben würde, die Donaumonarchie mehr oder minder fallenzulassen."

Diese Gedanken beruhen auf der unausgesprochenen Annahme, der Mord von Sarajewo habe die diplomatische Lage des deutschen Reiches verbessert. Dem war aber nicht so. Im Gegenteil: Die Entscheidungsträger in Berlin und Potsdam konnten nur zwischen zwei Übeln wählen: entweder man half den Österreichern, dann drohte, wenn die deutschen Diplomaten mit dem geringen ihnen eigenen Maß an loyaler Zusammenarbeit vorgingen, der Weltkrieg. Oder man half den Österreichern nicht, so verlor man Ansehen in der deutschen öffentlichen Meinung. Es wäre Sache der deutschen Diplomaten gewesen, sich auf eine außenpolitische Konzeption zu einigen, die das Beste aus dem fatalen Ereignis des 28. Juli machen konnte. Aber so liefen die Dinge im wilhelminischen Staat nicht ab. Statt dessen verzichteten Kanzler und Auswärtiges Amt auf eine eigene Planung und überließen es dem Ballhausplatz, eine abenteuerliche Politik durchzuziehen.

In Erdmanns Sicht stellt sich der Verlauf der Krise weniger trostlos dar als in der hier vorliegenden Studie. Er sagt zum Beispiel, die deutsche Diplomatie sei „im Wirkungszusammenhang bei der Entstehung des Krieges eher initiativ als reaktiv" gewesen. Aber wer die Dokumente gelesen hat, kann dem unmöglich zustimmen. Im ganzen beurteilt Erdmann Bethmann Hollweg zu milde.

IX

Andreas Hillgruber, ehemals Inhaber eines Lehrstuhls in Köln, hat 1977 den Begriff „kalkuliertes Risiko" in die Diskussion eingeführt. Sein Artikel ist überschrieben: „Riezlers Theorie des kalkulierten Risikos und Bethmann Hollwegs Konzeption in der

Julikrise 1914". Die Denkfigur „kalkuliertes Risiko" will der Historiker aus Riezlers Buch „Grundlagen der Weltpolitik", im Frühjahr 1914 erschienen, übernommen haben. Riezler bezeichnet aber mit diesem von ihm erfundenen Kunstbegriff nichts anderes als den *Bluff*. Hillgrubers Sicht besagt also, die deutschen Diplomaten hätten geblufft. Er zitiert Riezler, „daß in der diplomatischen Geschichte unseres Zeitalters der Bluff eine so große Rolle spielt wie in keiner früheren Zeit. Er ist das Hauptrequisit der diplomatischen Methode geworden." Nun führt ein Bluff entweder zum Erfolg oder Mißerfolg, aber normalerweise nicht zum Streit. Das gilt allgemein, auch wenn über privatgeschäftliche Dinge verhandelt wird. Ein Krieg ist aus der Sicht des Bluffenden ein bedauerlicher Unfall. Dies nennt Hillgruber, Riezler folgend, die betreffende Macht habe sich „festgeblufft". Und genau das sei 1914 das Los der deutschen Diplomatie gewesen.

Aber weshalb sind die deutschen Diplomaten nicht zurück gewichen, als sich zeigte, daß der Gegner sich nichts vormachen ließ? Tatsächlich haben die beiden entscheidenden deutschen Diplomaten, Tschirschky und Jagow, ebensowenig geblufft wie Bethmann Hollweg. Wenn es einen Bluff gegeben hätte, so hätte Österreich-Ungarn nicht nur daran mitwirken müssen, sondern es hätte notwendigerweise die Hauptrolle gespielt, Berchtold und Tschirschky hätten sich mindestens über zwei Modalitäten einigen müssen: Wie kraß geht man bei der Markierung der Kriegsbereitschaft vor? Bei welcher Stufe der Eskalation bricht man den Bluff ab? Eine solche Bluffvereinbarung hätte sich in den Dokumenten niedergeschlagen, zum Beispiel in Telegrammen an die Botschaft in Wien, in Berichten des Grafen Szögyény oder in den einschlägigen Memoiren. Aber nur für Wilhelm von Stumm gibt es etwas Material dieser Art. Theodor Wolff hat in seinem Buch „Der Krieg des Pontius Pilatus" notiert: Wilhelm von Stumm habe gemeint, „man werde den Bluff", diese geniale Erfindung der kühnen Mittelmäßigkeit, ohne Genickbruch durchhalten können". Im Tagebuch des Journalisten steht das nicht einmal. Möglicherweise hat Stumm selbst den nirgendwo autoritativ definierten Begriff „Bluff" gar nicht gebraucht. Jedenfalls sind die Telegramme des AA vom 29. und 30. Juli verläßlicher als das von Wolff 1934 (!) geschriebene Buch. Und diese Telegramme hätten ganz anders gelautet, wenn Berlin Österreich-Ungarn von einer Bluffpolitik hätte zurückreißen wollen.

Deutschland hat damals mit gutem Grund von Bluff abgesehen. Mit dem Bluff hätte nicht früher als am 21. Juli begonnen werden können; an diesem Tag verhandelte Jagow nämlich erstmals nach dem Attentat mit Vertretern der Ententemächte. Schon zwei Tage später lag ein Bericht aus Petersburg vor, der bedeutete, daß Rußland einer Einschüchterung nicht erliegen werde. Allerdings hätte das Auswärtige Amt trotzdem an einer etwaigen Blufftaktik festhalten können, wenn es nämlich geglaubt hätte, daß Rußland seinerseits nur bluffe. Tatsächlich hat Zimmermann der Optimist in frühen Stadien der Krise – um den 20. Juli herum – so gedacht. Daß er aber auch nach Vorliegen des österreichischen Ultimatums noch dieser Meinung war, dafür gibt es keine Belege. Und ab dem 23. Juli beschrieben, wie gesagt, die Telegramme und schriftlichen Berichte des Grafen Pourtalès die Warnungen Sasonows als erkennbar ernst gemeint. Die pessimistische Sicht des Botschafters wurde ergänzt durch die Schreiben des Generals Chelius an den Kaiser und durch Berichte des Geheimdienstes. Nach dem gesamten Inhalt der Dokumente ist es als ausgeschlossen zu betrachten, daß die Empfänger dieser Informationen nach dem 23. Juli an einen Bluff der russischen Regierung geglaubt hätten. Überdies hat Stumm 1915 die Idee von sich gewiesen, daß Deutschland gebufft habe. Die Dokumente sind nicht im entgegengesetzten Sinne zwingend. Daher ist die These der Bluffpolitik für alle auf deutscher Seite Beteiligten, mit Ausnahme vielleicht von Stumm selbst, abzulehnen. Die Lehre vom „kalkulierten Risiko" scheitert also an der Unvereinbarkeit mit der Aktenlage.

Die Zustimmung, die Hillgruber erfahren hat, erklärt sich daraus, daß er nicht von „Bluff" spricht, sondern vom „kalkulierten Risiko". Die wissenschaftliche Geschichtsschreibung hat diese Begriffe fast ausnahmslos übernommen. Man verzichtet allgemein auf eine exakte Begriffsbestimmung und hält sich an den Alltagswert des Ausdrucks, prüft die korrekte Ableitung aus dem Riezler-Buch nicht nach. Der Gedanke läßt sich unauffällig in die Auffassung der „Zunft" einfügen, deren zentrale Vorstellung ist, Deutschland sei „nur ein Risiko" eingegangen. Der Begriff „kalkuliertes Risiko" ergänzt auch angenehm die Theorie vom „Auseinandermanövrieren".

X

Der Erlanger Ordinarius Gregor Schöllgen meint, die deutschen Entscheidungsträger seien 1914 ohne Handlungsspielraum gewesen. Alle Wege der Kriegsvermeidung seien durch selbst oder von anderen gefällte frühere Entscheidungen versperrt gewesen.

Ähnlich hatte schon 1984/85 der englische Historiker James Joll geschrieben: „The individuals, who took those decisions (in the final crisis of July 1914) were, often to a grater extend than they realized, limited in their choice of action not only by their own nature but by a multitude of decisions taken by themselves and by their predecessors in the office. The Germans believed that Austria-Hungary was their only reliable ally who should be supported at all costs if she were not to collapse or to seek help elsewhere; and they too felt they were bound to stand by her in 1914 after what have seemed half-hearted support in the crisis of the previous year". – Solche Gedankengänge erinnern an ein Wort Bethmann Hollwegs, der sich für die Entstehung des Krieges auf die „Not der Situation, die er übernommen habe" berief.

Unbestreitbar hat die deutsche Politik seit 1870 den Handlungsspielraum des Kanzlers beschränkt sowie auch derer, die sonst gehandelt haben. Da sind in erster Linie der Zweibund und die darin begründeten Verpflichtungen zu nennen. Weiter: Kiderlen-Wächter und Fürst Bülow haben 1909 Rußland in

Sachen Annexion zum Rückzug gezwungen; den Groll darüber fühlten russische Diplomaten noch 1914. Englands Angebote einer Entente mit Deutschland – 1901 Chamberlain, 1912 Haldane – hat man nicht aufgegriffen. Mit der Flottenrüstung haben Kaiser, Tirpitz und Bülow die Engländer verstimmt. Der Schlieffenplan hat eine relativ frühe Kriegseröffnung erzwungen und brauchbare Tage Verhandlungszeit vernichtet. Eine Fortsetzung dieser Liste wird den Kritikern der wilhelminischen Außenpolitik kaum schwerfallen. Und doch, trotz all dieser Vorkommnisse waren die Mächte der Triple Entente 1914 keineswegs auf einen Weltkrieg begierig. Deutschland hätte den Status quo ante leicht aufrechterhalten können, man kann daher letztlich doch nicht mit Recht von einer Einkreisung sprechen. Daher ist Schöllgens Verständnis der paradoxen Handlungen im Juli 1914 nicht in der Lage, das Rätsel wirklich zu lösen. Es hat einen ansehnlichen Restspielraum gegeben: Tschirschkys Erklärung vom 2. Juli 1914 hatte diese Wahlmöglichkeit genutzt. Warum hat man die Anerkennung des Bündnisfalls, nicht, was so nahe lag, inhaltlich eingeschränkt? Mangels einer Antwort auf diese Frage hat sich bisher auch an das Topos des unvermeidlichen Krieges als Erklärung der rätselhaften uns absurden Vorgänge vom Juli 1914 nicht durchgesetzt.

XI

Zu den wenigen, denen die deutsche Politik in der Julikrise ein noch ungelöstes Rätsel ist, gehört Stig Förster, ein Gelehrter der Universität Bern. Die Entscheidungen der Akteure für den Krieg, sagt er, hätten wenigstens „in ihrer subjektiven Gedankenwelt" von „einem gewissen Kosten-Nutzen-Denken gerechtfertigt gewesen" sein müssen. Bei den Exponenten des wilhelminischen Regimes sei ein solches Denken aber nicht feststellbar. Die bislang vorliegenden Analysen der Julikrise entsprächen nicht dem „allgemeinen Bedürfnis nach rationaler Erklärung historischer Abläufe": „Wie düster wäre doch unser Geschichtsbild, wenn so fundamentale Vorgänge wie die Entscheidung zum Krieg nicht mehr von einem gewissen Kosten-Nutzen-Denken gerechtfertigt worden wäre. Es bliebe dann nur das Chaos, die Irrationalität."

Hierüber ist nachzudenken. Dabei erinnert man sich der Tatsache, daß etliche Entscheidungsträger mehr oder minder, vielleicht oder sogar in erster Linie, nach den Forderungen von Ehre und Pflicht gehandelt haben. Wenn ein Historiker solche Beweggründe darstellt, dürfte das ebenso legitim sein, wie wenn er Vorgänge „rational" erklärt. Das Chaos und die Irrationalität sind Teile der Wirklichkeit , und im Einzelfall sind doch Aussagen darüber möglich. Es ist nicht ersichtlich, weshalb der Historiker von der Aufgabe entbunden sein soll, hierüber zu berichten, auch auf die Gefahr, ein „düsteres Geschichtsbild" abzuliefern.

Wenige Jahre später hat Förster sich zu einem ähnlichen Thema geäußert. Sein Aufsatz über die Ursachen des Ersten Weltkrieges trägt die Überschrift „Im Reich des Absurden". Er spricht aus, „daß die kurzfristigen Ursachen des Ersten Weltkrieges Züge des Absurden trugen". Er führt aus, vor dem Hintergrund der ambivalenten Haltungen Bethmann Hollwegs und Moltkes bleibe es „einigermaßen rätselhaft, welche Motive ihr Verhalten bestimmt hätten".

Vom Standpunkt des Verfassers ist es zu begrüßen, daß Förster die verschiedenen Auffassungen der Zunft, zum Beispiel die These vom Auseinandermanövrieren zwischen den Zeilen seines Textes ablehnt. Auf der anderen Seite dürfte Försters Grundhaltung zu agnostisch sein. So gibt sich dann die hier vorgelegte Analyse Mühe, ihn von einer weiter gespannten Erkenntnismöglichkeit zu überzeugen. Dazu müßte Förster sich klar werden, ob er so auf das Postulat rationaler Erklärbarkeit verzichten und sich statt dessen zu der Einsicht bekennen kann, daß es sich nur um einen allerdings grauenhaften diplomatischen Unfall gehandelt hat.

Die deutschen Entscheidungsträger haben den Krieg nicht gewollt. (Daß für zwei Diplomaten der Botschaft in Wien etwas anderes gilt, ändert daran im Ergebnis nichts.) Der Ausbruch des

Krieges war aus deutscher Sicht ein schlimmer Unfall, verursacht durch zahlreiche haarsträubende Fehler des Kaisers, des Reichskanzlers, des Staatssekretärs v. Jagow und zwei oder drei anderer Diplomaten in leitenden Positionen.

Es gab keinen Wandel im polykratischen Chaos. Niemand unternahm den Versuch, die Führung an sich zu reißen. Die Männer des zweiten Gliedes stimmten sich nicht mit anderen Beratern des Kaisers ab, übernahmen keine Verantwortung für das Ganze.

Der Zweck, das Ziel des Krieges war die Rettung Österreich-Ungarns, man könnte von einem „Rettungskrieg" sprechen. Die Mission Hoyos läßt keine Unklarheit zurück: Der Bundesgenosse bat um Hilfe, die deutschen Entscheidungsträger, in erster Linie der Kaiser und Jagow glaubten, sich dem nicht entziehen zu können. Was politisch wichtig war, lag beim Partner: Die Notlage, die kreative Entwicklung von Abhilfen, die Entscheidung über die Wahl der anzuwendenden Mittel. Man denke an die mehrtägigen internen Beratungen in den ersten Tagen nach dem Mordanschlag – im Außenministerium der Doppelmonarchie –, die kontroversen Diskussionen im Ministerrat. In Berlin gab es so etwas nicht. Deutschland hatte keine außenpolitischen Probleme, die den österreichisch-ungarischen Balkanproblemen vergleichbar gewesen wären.

Zur Charakterisierung des deutschen Beitrags zum Kriegsausbruchs ist nicht auf das Denken und Wünschen der Generäle zurückzugreifen. Sie haben vor dem 31. Juli keinen Einfluß gehabt, danach auf militärtechnische Dinge gerichtet, die den von den Diplomaten zu verantwortenden Krieg als Tatsache voraussetzten.

Der entscheidende Fehler der deutschen Diplomaten war, an Rußlands Nichtintervention glauben. Dieser Irrtum war zwar sehr schwer verständlich, aber benennbar und lokalisierbar. Deutschlands Gefühlsabhängigkeit von der habsburgischen Macht war schon am 28. Juni eine schlimme Vorgabe, aber nichts zwang dazu, den Kaiser unvorbereitet und ohne Begleiter in die Zusammenkunft mit dem österreich-ungarischen Botschafter zu

schicken. Erst nach dem Attentat stellte sich die Frage des Aus-
maßes der deutschen Gestaltungsfreiheit. Erst jetzt war eine Reaktion auf die österreich-ungarische Politik möglich; die Männer
von Berlin 1914 glaubten, daß eine Unterstützung Österreich-
Ungarns den Charakter eines Verteidigungskrieges haben werde,
den Deutschland ohne Rücksicht auf die Chancen kämpfen
müsse.

Die Dinge standen für die deutsche Diplomatie bis zum 29. Juli
mittags nicht einmal so schlecht. Am 26. Juli hatte Stumm zu
Theodor Wolff gesagt, man werde zur gegebenen Zeit „herausbekommen", so hält der Journalist nach dem Kriege in seinem
Buch „Pilatus" fest. Auf ein optimales Verhältnis zu Österreich-
Ungarn legte die deutsche Diplomatie allerdings traditionell ein
zu starkes Gewicht, aber erst mehrere Wochen nach dem Verbrechen von Sarajewo war die Entscheidung zu treffen, aber entgegen dem Anschein brauchte die letzte Entscheidung im Verhältnis zum Bundesgenossen nicht schon kurz nach dem Mord von
Sarajewo getroffen werden.

Die Männer von 1914 haben das volle Ausmaß ihrer Gestaltungsfreiheit nicht begriffen. Sie glaubten sich in einem Verteidi-
gungskrieg und nahmen, hiervon ausgehend, an, daß Deutschland ohne Rücksicht auf die Chancen kämpfen müßte.

Anmerkungen

1

1 Krieg zugelassen: Eine Ausnahme gibt es, erstaunt ist Stig För-
ster, Universität Bern. Er bezeichnet die Entstehung des Krieges
als „Absurdum": Reich des Absurden, Die Ursachen des Ersten
Weltkrieges, in: Bernd Wegner (Hrsg.), Wie Kriege entstehen,
Paderborn 2000, passim. – Schwäche der deutschen Streitkräfte:
Niall Ferguson, 731: „puzzle".

1 verfügbaren Staatsmann: Eyck, Regiment, 541. – gibt es keine
Polemiken: Es wird sogar behauptet, es gebe eine „allgemeine
Auffassung": Gerd Krumeich in der Frankfurter Allgemeinen
Zeitung vom 4. November 1999. Siehe aber John A. Moses, Poli-
tics. – zu milde dar: Langdon, Debate, 115; Wolfgang J. Momm-
sen, The Debate on German War Aimes in: Walter Laqueur und
George L. Mosse (Hrsg.), 1914: The Coming of the First World
War, New York 1966, 75; derselbe: „...dies hieß nicht, daß die
deutsche Regierung bewußt auf den Krieg hinarbeitete", in:
Brandt, Handbuch der Deutschen Geschichte, Frankfurt 1973,
Bd. IV 1. Teil Abschnitt Ia, 98, Farrar, Arrogance, 163; Erd-
mann, in: Gebhardt, Handbuch, Bd. 4, 1. Teilband, 54; Egmond
Zechlin, Bethmann Hollweg, Kriegsrisiko und SPD 1914, in
„Der Monat", 208 (Januar) 1966, abgedruckt in Zechlin, Kriegs-
risiko, 72; Hölzle, Selbstentmachtung, passim; Renouvin, Ori-
gins, 76.

2 Bethmann habe ihn „entmachtet": Nicht geschlittert, 47.

2 „am Rande des Abgrunds": Mommsen, Handbuch der Deutschen
Geschichte, herausgegeben von Leo Just, 1973, Bd. IV Teil 1, 95.

3 erneut erwogen zu werden: Vgl. Afflerbach, Dreibund, 817, unter Hinweis auf Gian Enrico Rusconi, Rischio 1914, Come si
decide una guerra, Bologna 1987. – geändert hätte: Einigen Historikern der Mehrheitsmeinung der deutschen Wissenschaft
wird vorgeworfen, ihre Lehren seien sophistisch, „over-sympa-
thetic to the German governement", apologetisch und unredlich.
Fischer, Nicht geschlittert, 10; Ferguson, Finance, 144; John A.
Moses, The politics of Illusion, London 1975, 114; Holger Herwig, The Outbreak of World War I, 5. Auflage, Lexington 1975,
8; „disingenuous".

4 englischer Autor: Koch, Origins, 95. – Volk: siehe Wahnschaffe,
BMH 1934, 642, eine „Kriegsschuld" gegen das eigene Land.

5 vorausgesetzt: Vgl. Die Ursachen des Krieges sind nicht dasselbe
wie das deutsche Verhalten in der Kriegsentstehungskrise, Offer, Honor, Politics and Society 1995, 213.

2

8 Vermerk hierüber: JK 6; Fellner in: Alff, Sonderung, 291; Trachtenberg, History, 51. – Djakowa: Vgl. Young, Lichnowsky, 61.

10 Auswärtige Amt zu besuchen: Fellner in: Alff, Sonderung, 291. – Wilhelm zu konzipieren: Fellner in: Alff, Sonderung, 294. – Jüdin: Lamar Cecil, The German Diplomatic Service 1871–1914, Princeton 1976, 90.

10 Offenheit: Cecil, wie vorige Anmerkung, 91. – Zusammenspiel: Fischer, Nicht geschlittert, 43/44; Albertini II, 661, über den 30. Juli: „Tschirschky und Berchtold were in league to throw dust in the eyes of Berlin, London and St. Petersburg."

11 Italiens und Rumäniens: Lichnowsky, „Meine Londoner Mission", abgedruckt in: „Auf dem Wege zum Abgrund", hier zit. nach Röhl, Fürsten, 20: „unbedingte Zustimmung". – Zimmermanns: Mommsen, Handbuch, 1995, 547. – Bülow meinte: Wolff, Tgb., S. 235. Der U.S.-Botschafter Gerard: „One of the ablest men in Germany today," Barbara Tuchman, The Zimmermann Telegram, London, 1958, 115. – einzigen vernünftigen: Wolff, Tgb. Nr. 287 vom 15. Januar 1916. – österreichisch-ungarischen Thronfolgers: JK 13.

13 Telegramm: DD 6b.

13 widerraten: DD 6a, Telegramm, aufgegeben 13 Uhr. – Franz Josephs angekündigt: Telegramm des Gesandten, Grafen Botho Wedel,vom 28. Juni, 23.30 Uhr, Bach, Gesandtschaftsberichte, 11. –

13 Falschmeldung: Vgl. B.W. von Bülow, Grundlinien, 45, entsprechend DD Bd. 5, 23. In der Kladde des Zentralbüros des Auswärtigen Amts ist unter dem Datum des Dienstages – also vor (!) Aufgabe des Telegramms des Generalkonsuls – vermerkt: „Tel. Z nach Sarajewo betr. Anschlag gegen S. Maj." Mit Z kann nur Zimmermann gemeint sein. PA-AA, R 19864b. – verzichtete Wilhelm: BD 24, ein Telegramm des englischen Geschäftsträgers Rumbold vom 2. Juli über Pressemeldungen; JK 15; Jarausch, Enigmatic, 153: „first straw in the wind". Auch BD 26: Hexenschuß. – Berchtold: Tagesbericht vom 3. Juli, Nr. 3095, JK 14; Baumgart, 22.

14 schwierig war: Vgl. Fischer, Illusionen, 697. – Auftrag aus Berlin: Siehe aber Hans-Ulrich Wehler, Deutsche Gesellschaftsgeschichte III, München 1995, 1159. – Bericht nach Berlin ab: Schmitt, Coming II, 269. – am selben Tag: Über die zeitliche Reihenfolge siehe Geiss, JK, Anm. zu Nr. 14.

14 84jährigen Herrscher: DD 11. – seiner Lebensinteressen: DD 11; JK 11, dazu B.W. von Bülow, Krisis, 67. – vorsichtigen Abwiegelns: Eugen Fischer, 39 Tage, 63, ohne Widerspruch zit. von Albertini II, 151, Anm. 3. Vgl. JK, Anm. zu 14. Anders Jarausch,

Enigmatic, 154; Mommsen, Handbuch, 1995, 545, derselbe, Großmachtstellung und Weltpolitik, Frankfurt 1993, 303 und 305; derselbe, War der Kaiser an allem schuld? München 2002, 214. Wie Mommsen Wehler, Gesellschaftsgeschichte Bd. III, 1159, und Berghahn, Approach, 198. – ebensowenig vorlegen: Hantsch, Grandseigneur, 67.

14   in den Akten: DD 11, Anm. 2. – bei den Dokumenten: Sie soll geschrieben und versehentlich nicht abgeschickt worden sein, Graf Max Montgelas: Professor Pekar (Prag) über den Kriegsausbruch, in: KSF II, 1924, 429.

15   Balkanangelegenheit: General Bertrab JK 32. – Fürst Lichnowsky: Am 2. Juli, GP, Anm. des Hrsg. zu 14714. 29. Juni: Fischer, Illusionen, 684; „in den letzten Tagen des Juni" laut Lichnowsky, England vor dem Krieg; Friedrich Thimme, Fürst Lichnowskys „Memoirenwerk", Archiv für Politik und Geschichte, Bd. 6, Berlin 1928, 40. – um 900.000 Mann: Lichnowsky, England vor dem Krieg, wie vorige Anmerkung; Friedrich Thimme, wie vorige Anmerkung, 40. Die Zahl ist problematisch. – Empfehlung des Unterstaatssekretärs: DD 6, Anm. 3.

16   ablösen: Mündliche Information von Graf Michael Lichnowsky an den Historiker Henry F. Young, in: Young, Lichnowsky, 98.

16   Chef des Generalstabs: War Waldersee in der Woche vor Hoyos in Potsdam? Dazu Fischer, Bethmann-Biographie in: Sternburg, Kanzler, 98. – verbündeten Italien: Waldersee in: Deutscher Offizier-Bund 1926, 338.

16   Giuliano: So der Bericht Sir Rennell Rodds vom 23. Juli 1914, BD 161, Albertini II, 423, und das Tagebuch von Lord Bertie vom 30. Juli 1914, mit dem zutreffenden Kommentar, dies sei ein schlechtes Geschäft für Frankreich, KSF III, 1925, 100. – militärische Stärke: Siehe die unmittelbar folgende Anmerkung! – der sächsische Gesandte: Hermann Salza von Lichtenau in: Bach, Gesandtschaftsberichte, 2; JK 12; ähnlich ein Bericht des bayerischen Gesandten, Dirr, Nr. 4.

17   ohne Erfolg: Dies gegen Mommsen, in: Just, Handbuch, IV 1. Teil, 96. – rumänischen Hauptstadt: Waldersee an Zimmermann, Brief vom 4. Juli 1914, PA-AA, Akten Deutschland 121 n. 31 secr. Wortlaut auch bei Montgelas, Untersuchungsausschuß, Heft II, Anlage 3, 63. Irrtümlich wird Jagow als Empfänger bezeichnet: Montgelas, KSF II, 1924, 432, Anm. 11. – Militärbevollmächtigte: Traugott Freiherr Leuckart von Weißdorf, General der Kavallerie, JK 15, 3. Juli.

18   Frühstückstafel: Tagebuch des Hoffouriers. – Am Sonnabend: laut B.W. von Bülow, Grundlinien, 43, DD Fünfter Bd., 23; ebenso Kurt Jagow, Kronrat, 779, Anm. 1. Diese Meinung hat alles für sich. Die Randbemerkung ist am 4. Juli im Auswärtigen

Amt eingegangen: Zimmermann, KSF II, 1924, 27. Der Kaiser
pflegte gelesene Schreiben usw. prompt und sofort zurückzuge-
ben. Den 3. Juli (Freitag) nehmen dagegen an: Fischer, Illusionen, 689; Eugen Fischer, 39 Tage, 63; Wolfgang Mommsen, Das
Zeitalter des Imperialismus (Fischer Weltgeschichte), 21. Auflage 1998, 276; Hantsch, Grandseigneur Bd. II, 63; Hull, Entourage, 265. Siehe auch Mommsen, Bestimmungsfaktoren, 354:
„vermutlich um den 2. oder 3. Juli". Fritz Fischer: am 3. oder
4. Juli, in: Sternburg, Kanzler, 97. JK 15 entscheidet die Datums-
frage nicht. – schon bekannte Schreiben: DD 7.

18 höchst ungnädig: DD 7.

19 vorteilhafter wäre: Conrad, Dienstzeit Bd. 3, 597. – abgerechnet
werden: Trachtenberg, History, 52. – an diesem Tag nicht: Siehe
Groh, Integration, 408, Anm. 172. Fellner – in Wilson, Decisions, 19 – nimmt an, der Entschluß zum Präventivkrieg sei erst
(unmittelbar) nach der Zusage des Kaisers gefallen. Sehr problematisch Wolfgang J. Mommsen in: Just, Handbuch, 96: der
Entschluß sei noch vor dem Eintreffen Graf Hoyos' gefaßt
worden, ohne zu sagen, von wem. – Marginalien: Vgl. Telegramm Szögyény an Berchtold 8. Juli 1914, JK 46; Kapitän zur
See Albert Freiherr von Freyberg, Marineattaché an der deutschen Botschaft in Wien, laut einer Tagebucheintragung des Kapitäns zur See Hopmann vom 28. Dezember 1914, zit. nach Epkenhans, Flottenrüstung, 400.

19 stellt sich die Frage: Hull, Entourage, versieht 30 Seiten ihres
Buches mit der Überschrift „The military Entourage and the
preventive war", äußert sich aber nicht zu der hier gestellten
Frage. Das heißt, ihr erscheint die Verneinung selbstverständlich. – „Kriegsrat": Hierüber Röhl, Hof, 175ff.

20 des Kanzlers: Wilhelm von Stumm will den Kanzler in diesen
Tagen beraten haben: Rheinbaben, Kaiser, 96, 100.
unbestreitbar: BA, Bestand der Reichskanzlei, R 43/1724. – und
Bethmann: Tagebuch Plessen, BA-MA, W-10/51063; Bach, Ge-
sandtschaftsberichte, 12. – die geschehene Herausforderung:
Pogge-von Strandmann ist überzeugt, daß in der Woche vor
Hoyos „intensive Konsultationen" stattgefunden haben, R.J.W
Evans und Hartmut Pogge-von Strandmann, Coming, 115. – mit
Routine verbracht: Lamar Cecil, Wilhelm II, Bd. 2, 198. – Be-
richt des sächsischen: JK 12. – der Kaiserin: Afflerbach, Falkenhayn, 229, 231, sowie BA-MA, W-10/50642. – Bülow: Affler-
bach, Falkenhayn, 170.

21 Pläne geschmiedet: dies ist unwahrscheinlich wegen des Verlaufs
der Besprechung am nächsten Vormittag; siehe auch Fischer,
Kein Unfall, 42, ohne Quellenangaben. Vgl. aber Turner, Origins, 83. Auch Mommsen weist nicht auf Dokumente hin zu

seiner Angabe, in Berlin seien die Würfel schon gefallen, bevor Hoyos sich seines Auftrages entledigt habe, Handbuch, 548, derselbe, Nationalstaat, 354. – beschlossen worden: so aber Wolfgang Mommsen, in: Gebhardt, Handbuch, zehnte Auflage, Bd. 17, 2002, 215. – Forderungen zu stellen: JK 17. – bekannt gewesen sein: Eugen Fischer, 39 Tage, 64; Hantsch, Grandseigneur, 64.

22 Frankfurter Zeitung: Siehe DD 14a.

22 Vergeltungsaktion: Tagesbericht des k.u.k. Außenministeriums Nr. 3117, Roderich Gooss, Das Wiener Kabinett und die Entstehung des Weltkrieges, Wien 1919, 40; JK 19. Ganz hat 1919 über die Vorgeschichte des Kriegsausbruchs eine Darstellung zu den Akten gegeben, Untersuchungsausschuß, 56. – Nachtzug: Hoyos bei: Alff, Sonderung, 311.

22 halb zwölf Uhr vormittags: Zimmermann in: Thimme, Front, 232; Kurt Jagow, Kronrat, 782; Sasse, Daten, 707. – einfand: Die Teilnahme Stumms ist unwahrscheinlich. Stumm hat in einem Schreiben an den Untersuchungsausschuß der Nationalversammlung erklärt, er sei bis zum 12. Juli in Urlaub und außerhalb von Berlin gewesen. Stumms Teilnahme behauptet dagegen Ernst Jäckh in einem Brief vom 13. Dezember 1918 an Jagow, PA-AA, Nachlaß Jagow, Bd. 4, Bl. 129. – umfänglichen Denkschrift: 27 Schreibmaschinenseiten: DD 14. – las beides: Hoyos in: Alff, Sonderung, 311. – Die Denkschrift: Ihr Verfasser ist der Sektionschef Franz von Matscheko, Hoyos in: Alff, Sonderung, 310. – gegen Serbien vorgehen: Kronenbitter, Nur los lassen, 162. – Handschreiben: DD 13. Es ist von Hoyos verfaßt, Feller in: Alff, Sonderung, 294.

24 Betrugsspiel: Fritz Kern, Skizzen zum Kriegsausbruch im Jahre 1914, Darmstadt 1968, hierin Vorwort Hans Hallmann, 11. – überraschend angreifen: Dies ergibt sich aus dem Protokoll der Sitzung des österreichisch-ungarischen Ministerrats vom 7. Juli, JK 39, Fußnote 4 und der mit den Worten „wie der Konflikt begonnen werden sollte" eingeleitete Absatz. – Erste Bemerkung: Hoyos, in Alff, Sonderung, 311; dazu Trachtenberg, History, 53, Anm. 25; Epkenhans, Flottenrüstung, 403. – neunzig Prozent: Alff, Sonderung, 311; vgl. Trachtenberg, History, 53; Stevenson, Armaments, 369, über österreichische Schätzungen.

25 nicht wählte: PA-AA, Aufzeichnung „Zimmermann", Nachlaß Jagow, Bd. 4: „Zimmermann wußte nicht, was er sagte". – schätzten: Stevenson, Armaments, 372. – zu hoch gegriffen: Vgl. JK 84 und Graf Soden-Frauenhofen an Hertling, 9. Juli, Deuerlein, Briefwechsel, Nr. 103, über ein am 8. Juli geführtes Gespräch. – Prognose: Vgl. A.J.P. Taylor, War by Timetable, New York 1969, 63, über Bethmann Hollweg.

25 fertig werden: Albertini II, 144.

25 Verlangen der Österreicher: mündliche Mitteilung Zimmermanns an Dr. Jagow, Kurt Jagow, Kronrat, 783. – frühen Nachmittag: Schätzungsweise halb zwei Uhr. Ursprünglich war elf Uhr vormittags geplant: PA-AA, Zentralbüro, Kladde über den 2. Juli. – Wie abgesprochen: briefliche Ankündigung, Montgelas, Untersuchungsausschuß, Anlage 3, 63. – militärische Stärke: Daten: „Juli 1914" bzw. „4. Juli 1914". – plausibel: Lichnowsky, „England vor dem Kriege", Bericht vom 19. August 1914, zu den Akten des Auswärtigen Amtes gegeben. PA-AA, R 996, abgedruckt bei Friedrich Thimme, wie Anm. 30, Bd. 6, 36ff. – eingeführt: Kantorowicz, Gutachten, 326. – als später: So formuliert Lichnowsky wenige Wochen nach Kriegs-ausbruch in einer Aufzeichnung für die amtlichen Akten Zimmermanns Äußerung, „England vor dem Kriege", bei Thimme; Kurt Jagow, Kronrat, 783; Röhl, Fürsten, 21. – nicht mitmache: „Meine Londoner Mission", abgedruckt in: Lichnowsky, Auf dem Wege zum Abgrund, Dresden 1927, Bd. I. – seiner Beziehungen: vgl. Eduard F. Willis, Lichnowsky, Berkeley 1942, 91. – in Berlin begegnet: BD 32. – überschritt: Mommsen, Handbuch, 548; derselbe, Großmachtstellung, 306. – Bericht nach Berlin: Er holt diesen Bericht in seiner Aufzeichnung vom 19. August 1914 – oben Anmerkung 30 –, S. 27, gewissermaßen nach: Er habe zu Grey gesagt, daß er dazu keinen Auftrag hätte. – Meinungsäußerung: DD 20, BD 42. – Österreichs Pläne: „England vor dem Kriege", oben Anmerkung 95. – „Bestürzung" erregten: Ebenda, 45.

25 ein Uhr mittags: Tagebuch des Flügeladjutanten, Kurt Jagow, Kronrat, 780.

27 Urlaubsort lassen: PA-AA, Nachlaß Jagow, Bd. 8, Bl. 76, „Julikrise und Kriegsausbruch", 4. Die Entscheidung in Wien war vorrangig: Fellner, Decisions, passim. – vor dem Essen: Kurt Jagow, Kronrat, 784. Seine Quelle dürfte das Adjutantenjournal gewesen sein. – ihrer Zusammensetzung: Ebendort, mit den Namen aller Gäste.

27 nicht als endgültig: JK 27. – im „Kleinen Garten": Kurt Jagow, Kronrat 782.

27 feindselig sein: Ein Vergleich der Texte ergibt, daß der österreichische Botschafter Wilhelms Inkaufnahme der russischen Intervention kräftiger darstellt als die deutschen Beteiligten: das sind die Militärs in ihren Berichten, die der Kaiser teils am Sonntag, teils am Montag informiert hat, und Bethmann in seiner Instruktion an Tschirschky vom Montag. – nach Wien: JK 21, sinngemäß ebenso der Bericht des bayerischen Legationsrats Hans von Schoen an den Ministerpräsidenten in München vom 18. Juli 1914, DD Anh. IV Nr. 2; Deuerlein, Briefwechsel, Nr.

104; Bericht General Bertrabs an Moltke vom 6. Juli, Bach, Gesandtschaftsberichte, 14, nicht abgedruckt in JK; vgl. auch Gottlieb von Jagow, „Österreich-Ungarn 1914", PA-AA, Nachlaß Jagow, Bd. 8, Bl. 363, sowie Wilhelms Randbemerkung auf DD 288!

28   im Tagebuch: am 5. Juli, JK 24.

29   in Erinnerung gerufen: Wilhelm hat es dem Botschafter gegenüber übernommen, dafür zu sorgen, daß Rumänien „sich korrekt verhalten" würde, JK 27. – Bundesgenosse: Kritisch zu „einziger zuverlässiger Bundesgenosse" z.B.: Schmitt, Coming I, 328; Rosenberg, Entstehung, 62f. – Gegnerschaft Rußlands: Feldheere 1914: Österreich-Ungarn 1.421.000 Mann, Rußland: 3.420.000 Mann, Reichsarchiv, Kriegsrüstung, Textband, 221.

29   hineinziehen lassen müssen: Kantorowicz, Gutachten, 317, 319, 255. Ebenso Offer, Agrarian, 341ff., und Mendelssohn, KSF III, 1925, 97. Stig Försters Argumentation setzt stillschweigend voraus, daß die Rettung Österreich-Ungarns die deutsche Entscheidung nicht rational erklärbar macht. Anders aber Farrar, Arrogance, 164; wie Farrar auch Erdmann in Kurt Riezler, ein politisches Profil, Einleitung, 51; derselbe, Beurteilung, 576, sowie in: Erdmann, Handbuch, 53.

30   Todfeinde: Gasser, Präventivkrieg, 194. – Bosnien-Herzegowina: Gasser, Präventivkrieg, 194, zu Anm. 94. – zuwenden wollte: Fritz Stein, Bethmann Hollweg, The Limits of Responsablity, in: Leonard Krieger (Hrsg.), The Responsablity of Power, New York 1967, 267; Wolff, Pilatus, 438. Anders Farrar, Arrogance, 162.

30   Gründe gehabt haben: Das scheint in der Sache auch die Auffassung des Berner Gelehrten Stig Förster zu sein: die Entscheidungsträger fühlten sich sentimental mit Österreich-Ungarn verbunden. Man kann das freundlicher formulieren: Sie glaubten, aus dem Grunde ihrer Ehre verpflichtet zu sein, Kaiser Franz Joseph in existentieller Not nicht im Stich zu lassen, Reich des Absurden, 213ff. – Augenblicks: Anders Albertini II, 139: not on the spur of the moment. – casually: Offer, Honor, 222. Übereinstimmend Wolff, Pilatus, 340: „rasches Jawort."

31   drei Generäle: JK 24. Generaladjutant: Hans von Plessen, Militärkabinett: Moritz Freiherr von Lyncker. – im „Kleinen Garten": Kurt Jagow, Kronrat, 784. – in Karlsbad: JK 23, Anführungszeichen bei dem Adjektiv ‚energische' im Original.

31   gegeben hat: Vgl. Hölzle, Selbstentmachtung, 290. – ganz kurz: Falkenhayn an den Untersuchungsausschuß der Nationalversammlung, Baumgart 25; JK 23. – kurzes Nein: JK 23 (b).

32   exakte Analyse: Hull: „not clear and not straightforward", Entourage, 257; Offer, Honor, 219: „... an emotional decision, with

no thought for the prospect of success." – Vabanquespiel: Wolff, Tgb., S. 233.

33   der günstigste Zeitpunkt: Riezler, Tgb., 13. September 1914; vgl. dazu Fischer, Illusionen, 673, Anm. 30.

33   Reserveeinheiten: Reichsarchiv, Kriegsrüstung, Textband, 221. – 13 Divisionen: Fischer, Illusionen, 581; 13 oder 12 Divisionen laut Hans Herzfeld, Der Erste Weltkrieg, München 1968, 53.

33   oder russischer: Uhle-Wettler, Ludendorff, 429. – äußerte sich in diesem Sinne: In einer Denkschrift „Die militär-politische Lage Deutschlands Ende November 1911": Hölzle, Quellen, Nr. 79; BA-MA, W-10/50 891, 9, Stempel 315, Unterschrift Moltke. – gewissem Grade unterschätzten: Wie hier auch: Lyncker am 25. Juli 1914, unten in Kapitel 3, Unterkapitel… –, Bethmann wie zit. in Kapitel 3 zu Anm. 103 „seine Form"; Moltke: „Viele Hunde sind des Hasen Tod", General von Freitag–Loringhoven, Menschen und Dinge, Berlin 1923, 141: Die deutschen Streitkräfte waren zum Schutz der Grenzen „nicht entfernt ausreichend". Wilhelm: im „Lappjagen", 30. Juli, siehe Kapitel 7; anders Kantorowicz, Gutachten, 299: „… mit einer maßlosen Überschätzung der eigenen Kräfte, eine maßlose Unterschätzung der gegnerischen …" Mombauer, Moltke, 209 zu Anm. 108 und 213 zu Anm. 125: der Generalstab habe die eigenen Kräfte „vollständig" über- und die der Gegner „vollständig" unterschätzt. Aber als Kantorowicz das Manuskript abschloß, waren die beiden Bände des Reichsarchivs „Kriegsausbruch" noch nicht erschienen. – der deutschen Führung: Oberstleutnant von Dommes, Februar 1919, zitiert von Mombauer, Moltke, 209; BA-MA, Nachlaß Moltke. – den russischen Soldaten: Schäfer, Moltke, KSF IV, 1926, 517.

34   Absatz geschrieben: „Juli 1914 und Kriegsausbruch", PA-AA Nachlaß Jagow, Bd. 8, Bl. 105 (S. 30). – was er sage: Hoyos in: Alff, Sonderung, 312, Kurt Jagow, Kronrat, 784, Anm. 1. Dagegen: Gutsche, Fall, 116: gegen 17 Uhr. – nach Potsdam: Kurt Jagow, Kronrat, 784. – seinen Memoiren: Betrachtungen I, 135.

35   Sorglosigkeit: Bülow, Denkwürdigkeiten, 157. – erklärt: Zutreffend Grelling, J'accuse, 97. – Kriegsgeschrei: gegenüber Karl Bindig: Fischer, Illusionen, 380; Brief an Karl Lamprecht: Fischer, ebendort, 380–381. – den Kronprinzen: 15. November 1913, zit. nach Pogge-von Strandmann, Staatsstreichpläne, Alldeutsche und Bethmann Hollweg, in: Erforderlichkeit, 35f.; Fischer, Illusionen, 382.

35   versäumt: Baumgart, 19. – Throne stürzen: 4. Juni 1914, Baumgart, 19. „Der rechte Augenblick schon versäumt", sagte zunächst sein Gesprächspartner, Bethmann stimmte dieser Auffassung so

fort zu. – um sechs Uhr: Kurt Jagow, Kronrat, 784. – haben Bethmann und Zimmermann: Zimmermann in: Thimme, Front, 331. Vgl. Hölzle, Selbstentmachtung, 280. – folgendermaßen geschildert: Untersuchungsausschuß, 10 (Bethmann) und 32 (Zimmermann). Siehe Kantorowicz, Gutachten, 230.

36   oder nicht: Albertini II, 156. – das Wort: Rheinbaben, Kaiser, 108. – der Kaiser: Berghahn, Approach, 203. Nicht zu folgen ist Fischer, Nicht geschlittert, 47, Bethmann habe den Kaiser zu Beginn der Krise? entmachtet. – Kanzler stark gemacht: Eugen Fischer, 39 Tage, 68; Reiners, Lichter, 155. Siehe die folgende Anmerkung. – Reiches zu verteidigen: Eugen Fischer, 39 Tage, 68–69; Arnd von Holtzendorff, Bericht an die HAPAG vom 26. September 1915, Staatsarchiv Hamburg, Bestand 621-1, HAPAG-Reederei 1580 Bd. 7; siehe dazu Ullrich, Kalkül, Anm. 19! – ausschlaggebend gewesen: Rheinbaben, Kaiser, 108–109.

36   die harte Linie: Holtzendorff, siehe vorige Anmerkung.
am Vormittag geäußert: Brief Hoyos an Luigi Albertini vom 7. Januar 1935, Albertini II, 147, Anm. 2; Hoyos in: Alff, Sonderung, 312. – eigenen Anschauungen: JK 22. Vgl. Baumgart, 24; JK 21. – erwarteten: Jarausch, Enigmatic, 155, nennt die Darstellung Bethmanns „charakteristisch karg“.
hinweisende Formel: Stevenson, Armaments, 374. – eingeengt: Jarausch, Enigmatic, 155. Es ist daran festzuhalten, daß die Entscheidung vom 5. Juli zunächst und direkt allein dem Kaiser anzulasten ist; dies im Widerspruch gegen Wolfgang J. Mommsen, war der Kaiser an allem schuld?, München 2002, 216. –

37   Gegen seine eigene: Alfred Heuß, Versagen und Verhängnis, Berlin 1984, 174; Young, Lichnowsky, 90. – im Amt zu bleiben: Erdmanns Auffassung (Beurteilung, 540), Bethmann sei der Macht nicht verfallen gewesen, ist unverständlich; er war ihr im hohen Grade verfallen.

2

39   überall die Folgen: Harry Graf Kessler, Walther Rathenau, Wiesbaden o.J. (wohl 1962), 143. – Fast wortgleich: Carlo Graf Sforza, Gestalten und Gestalter, Frankfurt a.M. 1931. –

39   wollte nicht: Kurt Jagow, Kronrat, 785.
Gegenteil: Falkenhayn, JK 23.

40   Unheil: Emil Ludwig kann sich das Verhalten des Kanzlers nicht anders erklären, als daß er „von den Generälen gestoßen“ worden sei, „Juli 1914“, Hamburg 1961 (erstmals erschienen 1929), 37, was ganz unzutreffend ist.

40   Bethmann in seinem Buch: Betrachtungen I, 143. – der russischen Nichtintervention: Langdon, Debate, 49.

41   kämpfen werde: BD, 408.

41   mit Szögyény daher: Zimmermann, in: Thimme, Front, 231. – Offizier des Admiralstabs: Kapitän zur See Zenker, JK 24b. – Szögyény: Schmitt, Coming I, 301.

41   telefonische Einladungen: Schmitt, ebendort. – ranghöchsten: Generalleutnant von Bertrab. General Graf Waldersee war zufällig für wenige Tage von Berlin abwesend. Und Admiral von Capelle. – anderen Militärs: DD XVI. Über General Graf Waldersee siehe BA-MA, W 10/51032; weiter DD XVI und XVII, sowie Untersuchungsausschuß, 59ff. – Reichsmarineamtes: Brief des Kapitäns zur See Hopmann an Tirpitz. Das Treffen Wilhelms mit dem Admiral im Park des Neuen Palais, Berghahn, Dokumente, 45, und Baumgart, 29.

42   bestimmten Eindruck: MGM, Bd. 12, 1970, Nr. 3, 45. – Balkan-Angelegenheit: Bach, Gesandtschaftsberichte, 14; JK 33.

42   bei ihm im Mai 1914: Vortrag an Hand eines Entwurfs eines zunächst beabsichtigten Schreibens an den Reichskanzler, Reichsarchiv, Kriegsrüstung, Anlagenband, Nr. 65. Konzept Tappen? Diese Ausarbeitung soll auf Waldersees Denkschrift vom 18. Mai 1914 beruhen, so Zechlin, Kriegsrisiko, 68. – nach Karlsbad auf: JK, Anm. zu Nr. 32 (b), Brief Waldersee an Zimmermann vom 4. Juli, PA-AA, R 996.

42   taucht nicht auf: Was Lichnowsky am 6. Juli Sir Edward Grey angab, kann eine irrige Vermutung über die Motive der Kriegsbereitschaft z.B. des Kaisers gewesen sein. Lichnowsky war auch später in diesem Irrtum befangen.

43   Kanzlerpalais eine lange: Gooss, Kabinett, 32; Beginn drei Uhr: Sasse, Daten, 709; Kurt Jagow, Kronrat, 787.

43   vielleicht auch Jagow: Von Jagows Teilnahme gehen aus: Fischer, Illusionen, 691, Jürgen Angelow, Kalkül und Prestige, Köln 2000, 448, sowie Jannen, Lions, 34. Siehe Hoyos in: Alff, Sonderung, 293, 312 und die dort erwähnte schriftliche Aussage Hoyos' vom 28. Juni 1919, auch zit. von Hantsch, Grandseigneur, 573. Verneinend lautet dagegen Szögyénys amtlicher Bericht vom 6. Juli 1914, JK 27. Am 4. Juli war Jagow schon auf der Rückreise, Nachricht von Zimmermann an ihn war adressiert an ein Hotel in Basel (Ernennung zum Staatsminister). Wenn Jagow anwesend war, dann wohl nur als Zuhörer.

43   Hoyos setzte am Dienstag: ÖD 10076; Geiss, Dokumente, Kurzfassung, 2. Auflage Nr. 8; Baumgart, 28; Hoyos in: Alff, Sonderung, 312. – alle Fälle: Abgrenzung gegenüber Tschirschky vom 2. Juli! – ergänzt: Dies gegen Mommsen, Großmachtstellung, 306: „ergänzend". – übel genommen: Hoyos in: Alff, Sonderung, 312.

44 Überraschungsangriff: Protokoll vom 7. Juli JK 39; Schmitt, Coming I, 292.

45 Isabel Hull: Entourage, 237; zutreffend auch: Eugen Fischer, 39 Tage, 73: Bethmann habe die Verantwortung übernommen für die Folgen eines Unternehmens, dessen Grund, Zweck und Plan schriftlich gar nicht, mündlich nur in ein paar unbestimmten Redewendungen ausgedrückt waren.

45 Botschafter in Wien: Vom 6. Juli 17.15 Uhr, DD 15, „zu Ew. Exz. persönlicher Unterrichtung". – unter allen Umständen: Zimmermann bejahte zu diesem Zeitpunkt den Krieg gegen Serbien.

46 zu Admiral von Tirpitz: Konrad H. Jarausch, The Illusion of Limited War, Chancellor Bethmann Hollweg's Calculated Risk, in: CEH (1969), 52 zu Anm. 14.

46 Müller: Geadelt 1900. – den Fall merken: Röhl, Approach, 668. Er legt den Originalwortlaut des Tagebuchs – BA-MA Freiburg – zugrunde. – Gegner des Krieges: Farrar, Arrogance, 156. – wirkungslos ein: Siehe Röhl, Approach, 651ff. – in Ungnade: Turner, Origins, 27; Hull, Entourage, 264. – festliches Essen: Kurt Jagow, Kronrat,786. – Gustav Krupp von Bohlen: Fischer, Illusionen, 692. – fast komisch: Muehlon in dem „Dokument zum Kriegsausbruch", PA-AA, Nachlaß Jagow Bd. 5, Bl. 58, 59; Die Dokumente Dr. Muehlons, Lausanne 1918, 97. Hull, Entourage, 265, kommentiert: „Tatsächlich, Wilhelm fiel nicht um". Aber hier irrt sie, wie sich im weiteren Verlauf der Krise herausstellen wird. – verschwiegen: Der französische Botschafter Cambon sprach mit Respekt davon, daß die deutsche Regierung Geheimnisse zu hüten verstehe, Kurt Jagow, Kronrat, 792.

47 Deckungszusage geholt: Ullmann, Kaiserreich, 224. – der Gegner: Lutz, Gutachten, 74; Albertini II, 183. – ziemlich klar unterrichtet: DD 33, 11. Juli.

50 Brandenburg a.H.: Abitur 3. März 1883, PA-AA, Personalakte.

50 Halblähmung: Siehe das ärztliche Attest des Geheimen Sanitätsrats Dr. Erhardt vom 23. März 1896: „Parese des linken Arms, des linken Beines und in minderem Grade auch einiger Gesichtsmuskeln ... Es ist zwar kein merklicher Muskelschwund an den genannten Extremitäten zu konstatieren, dagegen ist die Leistungsfähigkeit der betroffenen Teile offenbar in ziemlichen Grade herabgesetzt, wie schon aus Haltung und Gang, sowie aus früher Ermüdung bei Anstrengungen ersichtlich", Personalakte, PA-AA. Zeugnis des Amtsarztes der Botschaft in Rom. –

50 Theodor Wolff: Pilatus, 338.

51 keine gute Wahl: Fesser, Sonne, 172; siehe weiter unten am Beginn des Unterkapitels VII das Urteil von Konteradmiral Behncke vom 20. Juli. – Pflichtauffassung: PA-AA, Nachlaß

Jagow, Bd. 8, „Ernennung zum Staatssekretär des AA und Führung der Geschäfte". – dritten Ranges: Wolff, Tgb., S. 234. – „schlicht unfähig": Eckardstein, Lebenserinnerungen III, 180. – abhängig: Fürst von Hatzfeld-Trachenberg, Ex-Oberpräsident der Provinz Schlesien, siehe Wolff, Tgb., S. 133; ebenso Lichnowsky, Wolff, Tgb., S. 109.

51 Zwirn: Der Historiker Johannes Haller, Brief vom 13. August 1919 an den Fürsten zu Eulenburg, Röhl, Fürsten, 14. – Dilettanten: Meyer, Befreiende Tat, 304. – nicht geben: Siehe Fesser, Sonne, 172: Wenn man Jagow mit seinem Amtsvorgänger vergleiche, so müsse man feststellen, daß Deutschland mit dem Tode Kiderlens einen herben Verlust erlitten habe. – Präventivkrieges: Baumgart, 17. –

51 Heinrich Claß: Kaiserliche Katastrophenpolitik, 373.

51 Alldeutschen Verbandes: 198, Bl. 145; zit. nach Angelow, Kalkül, 448.

51 Verdienst Jagows und Tschirschkys: BA, Abteilung Potsdam.

51 verspätete Information: So erklärt sich das inhaltsarme Telegramm DD 245 zum Teil aus Bethmanns unzureichender Unterrichtung, hierzu Albertini II, 433.

52 Eckardstein: Erinnerungen III, 180. Bülow spricht von Jagows „kleinen Malicen", Wolff, Tgb., S. 343.

52 hingereicht hätte: Eckardsein, Lebenserinnerungen III, 180.

52 „kalt und überheblich": Barbara Tuchman, The Zimmermann Telegram, London 1959, 115.

52 der kriegerischsten Sorte: BD 2, 548.

52 sagte der Kaiser: Tgb., Müller, 1. Februar 1913, Röhl, Approach, 666.

52 rauche sich vortrefflich: Röhl, Approach, 666.

52 berufen worden: Tirpitz, Erinnerungen, 224.

52 Grey: Albertini III, 498.

52 Foreign Office: Albertini III, 498.

52 Schlußbericht: BD II, 548.

53 freimütig aussprechen: Sie wollten sich in Holland treffen. Siehe Jagows Brief vom 6. Juli 1914 an den Fürsten Blücher, Baumgart, 31. – keinen Anteil: Aufzeichnung Juli 1914 und Kriegsausbruch, PA-AA, Jagow Nachlaß, Bd. 8, Bl. 73, 74. – unverbrüchlich: Jagows Stellungnahme vom 2. Oktober 1917 zu Lichnowskys Denkschrift „Meine Londoner Mission", Nachlaß Bd. 5, Bl. 76, R (S. 34 der Stellungnahme); Young, Lichnowsky, 157–158.

54 defensives Verhalten: Das haben nach dem Krieg für die beste Lösung erklärt: Eulenburg, in: Röhl, Fürsten, 34, und Kantorowicz, Gutachten, 316f. B.W. von Bülow, Grundlinien, 122, er-

wähnt dagegen diese Wahlmöglichkeit nicht einmal. – Berlin: Urlaub vorzeitig abgebrochen? So Anton Graf Monts, Erinnerungen und Gedanken, Berlin 1932, 251. – in dessen Automobil: Baumgart, 17.

54 Abkehr: PA-AA, Nachlaß Jagow, Bd. 8, Aufzeichnung „Der Durchmarsch durch Belgien".

55 Intentionen gefolgt: Zu Unrecht wird seine Loyalität dem Kanzler gegenüber gerühmt, so von Johannes Hürter, Die Staatssekretäre, in: Michalka, Weltkrieg, 222; Lamar, Cecil, The German Diplomatic Service, 1871–1914, Princeton, New Jersey 1976, 319. – Hollweg: Stevenson, Armaments, 374: Das Auswärtige Amt übernimmt die Führung in der Steuerung des Geschehens. Vgl. Lutz, Gutachten, 179; Corrado Barbagallo, Das Problem der Entstehung des Weltkrieges, KSF I, 1923, 89. – seines Kabinetts: Rumbold, Crisis, 11. – George P. Gooch: Before the War, Studies in Diplomacy, New York 1938, 284. – Mommsen: Handbuch, 547. – Dienstag: In der Kladde des Zentralbüros ist angegeben, daß er am 5. Juli bis sieben Uhr nachmittags unter der Adresse Göthestr. 27 in Straßburg erreichbar sei und: „6.7. früh Eintreffen in Berlin". Offenbar wollte er mit dem Nachtzug fahren. Vgl. Hoyos in: Alff, Sonderung, 311.

55 Dietrich von Bethmann Hollweg: Legationsrat, seit zwölf Jahren im Auswärtigen Dienst. Er und der Kanzler waren Enkel des Kultusministers Moritz von Bethmann Hollweg. – Vetter: Kronenbitter, Nur los lassen, 162. – Protektion: Personalakte Dietrich Bethmann, Auswärtiges Amt, PA-AA, 24.11.1904. – Votum: Personalakte, wie eben, 24. September 1905. – Personalakten: wie oben Anm. „Protektion", 18. Oktober 1904, 958, in der Tasche. –

56 einflußreichsten: Johann Graf Forgách von Ghymes und Gács.

56 spiritus rector: **GP 39, 15 803**, Privatbrief an Jagow. – Verantwortung für den Krieg: Fischer meint, Dietrich Bethmann habe selbständig agiert: Illusionen, 598. – 1915 geführtes Gespräch: Politisches Tgb. II, 153, in: Alff, Sonderung, 290. Dort Verbalform „habe". – Graf Kessler: Tagebücher 1918–1937, hrsg. v. Wolfgang Pfeiffer-Beli, Frankfurt 1961, darin Tgb. von 1919, 185 und 186, 197, zit. nach Fellner in: Alff, Sonderung, 290/291, 306. Auch: Fischer, Kein Unfall, 259, Anm. 26.

57 Gesprächspartner: Leopold Freiherr von Chlumecky, Herausgeber der „Österreichischen Rundschau". – umsehen: Reiners, Lichter, 155; Albertini II, 153, unter Verwendung seiner Interviews mit dem österreichisch-ungarischen Gesandten Giesl und Graf Berchtold. – getrieben: Tgb. Kapitän Hopmann vom 28. Dezember 1914, BA-MA, 326/13, zit. nach Epkenhans, Flottenrüstung, 400. – mit Berlin: BD, 160. – Druck auf Berchtold: Lüt-

zow, Dienst, 220. Hat Tschirschky auch auf die Formulierung der Note verschärfend eingewirkt? Dazu Wolff, Tgb. Nr. 170, und Eulenburg in: Röhl, Fürsten, 73.

57 einzige: Bericht des deutschen Gesandten von Treutler vom 4. März 1914, GP 15, 734, Anm. auf 362. – Botschafter: Graf seit 1910, Hantsch, Grandseigneur II, 884. – nicht mehr: Reiners, Lichter, 154: „nicht mehr ‚tanti‘, solche Verhandlungen zu führen, wie es im Berliner Diplomatendeutsch hieß". – erneut zum Krieg: durch einen längeren telegraphischen Bericht nach Wien, JK 75, 12. Juli. Siehe JK 46.

58 sogar öffentlich: Lichnowsky, Untersuchungsausschuß, 34. – bestätigte: Eugen Fischer, 39 Tage, 85. – anerkannt: Eugen Fischer, 39 Tage, 86. – deutlich genug: DD 15. Es bezeichnete sich als „Geheim!" und „zu Ew. Exz. persönlicher Orientierung"! – völlig klar: anders Geiss, Vorgeschichte, 218. – Worten: JK 22.

59 Gutachter: Kantorowicz, Gutachten, 110. – mobilen Truppen: JK 39 zu Anm. 4, vgl. auch den Absatz „Wie mit dem Konflikt begonnen werden sollte", Albertini II, 143. – alarmiert würde: Albertini II, 144.

60 Graf Tisza: JK 39. – Minister: anderes Verständnis: Eugen Fischer, 39 Tage, 86. Beschönigend Hantsch, Grandseigneur, 583: Berchtold habe den Druck des deutschen Botschafters sichtlich nicht unwillkommen aufgenommen. – Sie besagte (angeblich): JK 50.

60 kabelte: 10. Juli, DD 29, dazu Naumann, Untersuchungsausschuß, 51, Absatz 3. – daß Deutsche: Röhl, Fürsten, 66. –

61 Am 11. Juli: Zentralbüro, 11. Juli. – die deutsche Krisenpolitik: Lichnowsky und Hatzfeld, Wolff, Tgb. Nr. 65, und ebendort Nr. 10 vom 16. August 1914. Fürst Lichnowsky, Auf dem Weg zum Abgrund, Dresden 1927, 246. – abhängig gewesen sei: siehe die vorige Anmerkung. – die Zuständigkeiten: Lichnowsky, Meine Londoner Mission, 23, in der Abschrift, PA-AA, Nachlaß Jagow, Bd. 5, Überschrift: „Kolonie-Vertrag". – von Holstein: Ludwig, Wilhelm II., 346. – Wortlaut des Ultimatums: Privatbrief, JK 72, DD 34a, fehlt in der ursprünglichen Dokumentensammlung von 1919.

61 Intrige gegen Tisza: Haymerle, zit. bei Alff, Sonderung, 297. – wird gesagt: Rumbold, Crisis, 108; Tirpitz, Erinnerungen, 225. – Falkenhayn: Schreiben des Reichswehrministeriums an das Auswärtige Amt vom 16. Oktober 1919, DD XVIII. – Waldersee: JK 32, 8. Juli. – Mecklenburg: Trumpener, Premeditated, 61; Fritz Klein, Deutschland im Ersten Weltkrieg, Ost-Berlin 1968, 222, Anm. 34, erwähnt, das Gut, wo Waldersee sich aufgehalten habe, habe seinem Schwiegervater, dem Generaladjutanten Wilhelms II., Generalobersten Hans G. von Plessen, gehört. Aber weder war der Generaloberst Schwiegervater Waldersees, noch hat

ihm das Gut Ivenack gehört. – nicht ausweichen dürfe: Brief an Jagow vom 6. Mai 1919, PA-AA, Nachlaß Jagow, Bd. 6, Bl. 2. – brieflich oder telefonisch: Waldersee, „Meine Erlebnisse", BA-MA, W-10/51032. – sprungbereit: DD 74 = JK 124. – Meinungsvorgaben: Vgl. Kaiser, Origins, passim.

62 Kölnischen Zeitung: vom 9. Juli, BD, 44. – nahegelegen: Ganz zutreffend Jannen, Lions, 36.

63 fragte Jagow: 17. Juli, DD 61. – keine Information: Eugen Fischer, 39 Tage, 104. – beschränkte: Lutz, Gutachten, 179; ähnlich Vietsch, Staatsmann, 184; Thompson, Eye, 77–78. – Zentralfigur: so aber fast alle, so etwa Hillgruber, in: Schieder, Ursachen 241. – von Vietsch: Staatsmann, 197.

64 Das Leitseil: Ritter, Staatskunst II, 314. – der Zunft: anders Geiss, Vorgeschichte, 128, er spricht von Bethmann Hollwegs relativen Bedeutungslosigkeit für das Verständnis der Reichspolitik. – Mailänder Historiker: Corrado Barbagallo, Come si scatenó la Guerra Mondiale, Milano 1923.

65 die diplomatischen Geschäfte so gut: Turner, Origins, 63–64; Vietsch, Staatsmann, 183; vgl. Mommsen, Factors, 32. – Bülow: im Gespräch mit Theodor Wolff, Tgb., S. 15. Dezember 1914, 139, 140. – Max Weber: Mommsen, Handbuch, 562.

65 am 9. Juli: Vizekanzler Delbrück in schriftlicher Beantwortung einer Anfrage, Untersuchungsausschuß, 80. – drei Mal: vgl. Fischer in seinem Aufsatz „Die Außenpolitik des kaiserlichen Deutschlands und der Ausbruch des Ersten Weltkriegs" abgedruckt in: Kein Betriebsunfall, 46; Willibald Gutsche, Aufstieg und Fall eines kaiserlichen Reichskanzlers, Ost-Berlin 1973, Anm. 173ff. – Kladde: PA-AA, R 1986 4b. – Reisekostenabrechnungen: BA Berlin, R 43/1724 – 10. Juli: Zentralbüro, Eintragung unter dem 9. Juli; Rückfahrt am 11. Juli. – 15. und 18. Juli: Telefonische Ankündigungen der Reichskanzlei an das AA, notiert vom Zentralbüro, 14. und 17. Juli. – Ballin: ebendort, 91. – Delbrück: Fischer, Nicht geschlittert, 90.

66 Reichsbankdirektoriums: Fischer, Nicht geschlittert, 91. – Legationsrat: Dieser Begriff bezeichnet den persönlichen Dienstrang, die Rangstufe zwischen dem Legationssekretär und dem Kaiserlichen Legationsrat, Auswärtiges Amt, Biographisches Handbuch, Paderborn 2000, XXXVI.   Riezler: Ausgesprochen freundliche Darstellung Bethmanns, Riezlers und der deutschen Politik bei Thompson, Eye, passim. – „Ständiger Hilfsarbeiter": DD Bd. II, 174. Dieser Begriff bezeichnet die Dienstaufgaben. – klassische Philologie: Erdmann, Einleitung, 22. – Pressereferat: Erdmann, ebenda, 28.

66 geliefert: das neuere und wichtigere unter Pseudonym: J.J. Ruedorffer, Grundzüge der Weltpolitik in der Gegenwart, Stuttgart

1914. – gemeinsamen Spaziergängen: Wolff, Tgb., S. 385, Nr. 365. – zu klären: Vgl. Thompson, Eye, 79. –

67 Liebling: Wolff, Tgb., 24. Mai 1916, S. 384, Nr. 365. Vgl. Bülow, Denkwürdigkeiten III, 24. – Tagebuch: Bernd F. Schulte, Die Verfälschung der Riezler Tagebücher. Ein Beitrag zur Wissenschaftsgeschichte der 50er und 60er Jahre, Frankfurt/Main 1985; Sösemann: HZ 1983, 236, 327–369; hierzu Replik von Erdmann, HZ 1983, 371–402. – 60er Jahren: Röhl, Hof, 253; derselbe, Vorsätzlicher Krieg?, 199. – 1927–1931: Schulte, Verfälschung, 63. – Quelle unbrauchbar: Fellner, Rezension der „Tagebücher"-Edition, in: Mitteilungen des Österreichischen Instituts für Geschichte, 1973, 490–496; Bernd Sösemann, Die Erforderlichkeit des Unmöglichen, kritische Anmerkungen zu der Edition von Kurt Riezler, Tgb., in: Blätter für deutsche Landesgeschichte, 1974, 261–275; vgl. Fischer, Nicht geschlittert, 75–82; er will einzelne Eintragungen für Juli-August 1914 immerhin „mit größter Vorsicht" benutzen; Röhl, Hof, 267, Anm. 10, 238, mit zahlreichen Verweisungen.

67 Formulierung vom 25. November 1912: Schulte, Verfälschung, 65. – Reisen: vgl. Fischer, Nicht Geschlittert, 90. Riezler, „Grundzüge der Weltpolitik" [475]. – durchbrochen: 108. Vgl. Staatssekretär Tschirschky am 16. März 1906 zu dem Hofmarschall des Kaisers, in: Robert Graf Zedlitz-Trützschler, Zwölf Jahre am deutschen Kaiserhof, Stuttgart 1924, 146.

68 bestanden: Erdmann, Einleitung, 47. – Moltke: zu diesem Unterkapitel XIII siehe: Volker R. Berghahn, Der Tirpitz-Plan, Düsseldorf 1971, 249ff. unter der Überschrift „Armeerüstung und Bürgerkrieg"; Herwig, Uncertainties, 246ff. – Kageneck: JK I, 160. – der Entente: „Lord Bertie über die Kriegsursachen", KSF III, 1925, 97. Außerdem: Lichnowsky zu Wolff laut dessen Tgb. Nr. 213; einer sechsstelligen: 400.000 Soldaten, nach Groh, Integration, 406, Anm. 167. In Bethmanns Worten zu dem Fürsten Lichnowsky Anfang Juli 1914 kam die Zahl 900.000 vor, „England vor dem Kriege...", in: Thimme, Archiv für Politik und Geschichte 1928, 40. „Mehr als eine Million" schreibt die britische Botschaft in Petersburg an das Foreign Office, Bericht vom 18. Juli 1914, BD, 66. –

69 Heeresvorlage von 1912/13: Berghahn, Approach, 181. – drei Männer: durch einen laufenden Geheimnisverrat: Riezler, Tagebücher, 182, Anm. 2; Zechlin, Kabinettskrieg.

69 die meisten Militärs: eine Ausnahme ist Tirpitz: Erinnerungen, 227. Auch Bethmann „und seine Berater" haben die Befürchtung nicht geteilt, Mommsen, Zeitalter des Imperialismus, 276. Das Gleiche gilt für Lichnowsky. Siehe hierunter Anm. „Prüf

stein". – Angriffsabsicht: Mommsen, Topos, 213; Mendelssohn Bartholdy, Lord Bertie über die Kriegsursachen, KSF III, 1925, 89ff, insbesondere 97, vgl. im übrigen Koch, Origins, 17, 20. – „Prüfstein": Zechlin, Kriegsrisiko, 71; Hölzle, Selbstentmachtung, 37f, 312; Butterfield in: Schieder, Ursachen, 425; Tirpitz, Erinnerungen, 227; derselbe, PA-AA, Nachlaß Jagow, Bd. 5, 24, diese Stelle ist nicht in das Buch aufgenommen worden. Dagegen Bethmann in seinem Buch: Deutschland wäre dann ein Satellit Rußlands geworden, d.h. es wäre nicht angegriffen worden.

69   – des Krieges zu motivieren: Dies scheint aber Mommsens Ansicht gewesen zu sein. War der Kaiser an allem Schuld? Wilhelm III. und die preußisch-deutschen Machteliten, München 2002, 214, 220. Vgl. derselbe, Factors, 40–41, vielleicht auch in der Habilitationsschrift 1967. – Information: Deutschland hatte einige Jahre vor Sarajewo wegen Rüstungsbeschränkungen in Petersburg „angefragt", was nicht geholfen hatte, Brief des Fürsten Eulenburg an den Hochschullehrer Johannes Haller vom September 1919, Röhl, Fürsten, 75. Die Sondierung war seinerzeit durch Verlegung übermäßig starker Truppenteile an die russische Westgrenze veranlaßt gewesen.

70   Jagow hat: in DD 72; vgl. Young, Lichnowsky, 241, Anm. 123. – immerhin in Frage: DD 72. –finanzielle Schwierigkeiten: Ferguson, Der falsche Krieg, 134ff. Herwig, Uncertainties, 246ff. – „Wettrüsten": Schreiben an Lichnowsky vom 16. Juni 1914, GP 39, 15 833.

70   verhindern wollte: ebendort. – Moltke: In einem Brief an Waldersee, „Deutscher Offizier-Bund" 1926, 338.

3

71   etwas plante: JK 212. – höchster Aufmerksamkeit: Wolff, Pilatus, 316. – Tisza: DD 49; A.J.P. Taylor, The Struggle for Mastery in Europe 1848–1918, Oxford 1954, 522; Langdon, Debate, 10. – viertägigen Urlaub: 15. bis 19. Juli, PA-AA, Personalakte Tschirschky, siehe auch DD 87. – nach London: BD 46. – in Österreich: Untersuchungsausschuß, 91; BMH 1930, 136; Admiral Capelle laut Tirpitz, Ohnmachtspolitik, 66, Datum dieser Beobachtung um den 19. Juli; DD 41 a (S. 66). Siehe Bronewsky 22. Juli, JK 212: Panik; Wolff, Pilatus, 317: am 14. Juli eine Panik. – gaben die Kurse nach: Albertini II, 143, Anm. 2; Berghahn Dokumente Nr. 7; Cambon, JK 168.

71   Werft in Pula: Über weitere unauffällige Maßnahmen der Marine von ganz geringer Bedeutung siehe Schreiben Kapitän Hop-

mann in: Berghahn, Dokumente, 48. – Zimmermann: Epkenhans, Flottenrüstung, 402. – will jetzt keinen Krieg: Am 11. Juli Kapitän zur See Carl Hollweg, Chef des Nachrichtenbüros
des Reichsmarineamtes, BA-MA, RM 3/11679, zitiert nach
Epkenhans, Flottenrüstung, 402. Im ersten Satz ist der Balkankrieg, im vierten der große Krieg gemeint. – des Reichsmarineamtes: Aufzeichnung vom 22. August 1914, Capelle spricht
von sich in der dritten Person, Tirpitz, Ohnmachtspolitik, 66;
derselbe, Erinnerungen, 225. – kurz vorher: Das kann etwa am
18. oder 20. Juli gewesen sein. Die Zeitbestimmung „vorher"
meint: bevor es tatsächlich ernst wurde. Ernst geworden ist es
am 24. Juli. – zu wenig: Taylor, Struggle for Mastery (wie
Anm. 3), 523.

72 Grey und Lichnowsky: DD 30. – moderat: Albertini II, 240. –
Jagow leugnete: Bülow, Denkwürdigkeiten III, 168. – am 20. Juli:
DD 91, dazu Albertini II, 155. – Schreiben: vom 15. Juli 1914, DD
56. – Schriftwechsel: Siehe Dieckmann, BA-MA, W-10/50276, 46;
Afflerbach, Falkenhayn, 134–135 und 151, Anm. 18.

73 Gegnerschaft: General Van den Bergh, Generalstab, „Ich haßte
fast das Kriegsministerium", Situationsschilderung vom 25. Januar 1927, BA-MA, W-10/50629. – in erster Linie: Herwig, Uncertainties, 263. – Revolution: Kehr, Primat, 109. Dazu Groh,
Integration, 392-393, sowie Herzfeld, Rüstungspolitik, 77. – die
Besitzenden: Wehler, 7. Auflage, 160. – Kanaille zusammenschießt: General Alfred Graf Waldersee, Brief an Edwin von
Manteuffel 1877, zitiert nach Ritter, Staatskunst II, 360f. – satisfaktionsfähigen: Heinrich Mitteis, Deutsche Rechtsgeschichte,
16. Auflage, München 1981, 387.

73 und Offiziere beschränkte: Ferguson, Origins, 742ff. – Ein
Schreiben: an den Chef des Generalstabs Schlieffen, 19. April
1904, Reichsarchiv, Kriegsrüstung, Anlagenband, 90f.

74 Heeringen: Reichsarchiv, Kriegsrüstung, Anlagenband Nr. 56;
Kehr, Schlachtflottenbau, 327. – vierundzwanzig Divisionen:
Zuber, War in History 2001, erste Seite des Aufsatzes „Terrence
Holmes Reinvents"; vgl. Uhle-Wettler, Ludendorff, 94: acht
oder zehn Armeekorps; Hans Herzfeld, Der Erste Weltkrieg,
München 1968, 51: acht Armeekorps. (24 Divisionen entspre-
chen acht Armeekorps.) – Falkenhayn: Reichsarchiv, Kriegsrü-
stung, Anlagenband Nr. 66.

74 beginnen lassen: Oberstleutnant Tappen in einer Randbemerkung, Reichsarchiv, Kriegsrüstung, Anlagenband, 195. – vom
8. Juli: Kriegsrüstung, Anlagenband, Nr. 66, und Textband 209;
Berghahn, Dokumente, Nr. 17. – korrespondiert: Reichsarchiv,
Kriegsrüstung, Text- und Anlagenband, passim.

75   Vergrößerung des Heeres: Schreiben vom 8. Juli 1914, siehe oben Anm. 32 – an den Kanzler: DD 62 vom 16. Juli, Eingang 18. Juli vormittags. – an Bethmann Hollweg: Der Brief trägt die Ortsbezeichnung „Berlin“: 18. Juli, Reichsarchiv, Kriegsrüstung, Anlagenband Nr. 67, Textband 209. – Abteilungschefs: Reichsarchiv, Kriegsrüstung, Anlagenband.

76   Entgegnung: Dieckmann, BA-MA, W-10/50276, 46, 54.

77   kämpfte Fürst Lichnowsky: Margot Asquith: An Autobiography, Bd. 2, London 1922; Sir Edward Grey, Twenty-five Years, zwei Bde., London 1925; Winston Churchill: Die Weltkrise 1911–1918, zwei Bde., Zürich 1947; H.H. Asquith, Memories and Reflexions, zwei Bde., 1928. Young, Lichnowsky, Ambassador of Peace, Athens (Georgia) 1977.

78   fast Kanzler geworden: siehe Fischer, Illusionen, 107. – Rückkehr aus London: Wolff, Tgb., Nr. 15, S. 80. – honorable of men: Young, Lichnowsky, 127. – einverstanden gewesen: Botho Graf von Wedel, „Diplomatisches und Persönliches“, in: Thimme, Front, 269.

78   Harold Nicolson: Sir Arthur Nicolson, Bart., First Lord Carnock, London 1930, 376.

79   Der russische Botschafter: Young, Lichnowsky, 64. – Bülow: Denkwürdigkeiten III, 124.

79   diesem nervösen Charakter: Vom 14. März 1913, Tirpitz, Ohnmachtspolitik, 384. – mehr exponieren: Wir: das heißt Müller und der Militärattaché.

80   „lieben Lichnowsky“: DD 72; Erwiderung Lichnowskys: DD 161. – Absprache mit dem Kanzler: Fischer, Nicht geschlittert, 91.

82   Wilhelm Busch: Jagow irrte über den Urheber des Zitats. Möglicherweise entstammt es einer Bierzeitung des Corps Borussia. – Vorwände: Vgl. hierzu Schmitt, Coming I, 328.

82   Vetter: Russischer Botschafter in London. Zu den Vorfahren beider Diplomaten gehörte eine Prinzessin von Croy.

83   Erdmann, Handbuch, 44; Hillgruber, Risiko, 343.

83   Zimmermann: am 2. Juli im Gespräch mit Salza von Lichtenau, JK 12. – Allianz: Klaus Hildebrand, Das vergangene Reich, Berlin 1999, 1084, in Anm. 20. – Wahn oder Wille: bei Röhl, Fürsten, 48. – kneifen: Ebenso auch Jagows Stellungnahme zu „Meine Londoner Mission“ vom 2. Oktober 1917, PA-AA, Nachlaß Jagow, Bd. 5, 72.

84   preisgegeben: Im Original heißt es: „lâchiert“. – Jagow glaubte: so Bülow, aufgezeichnet 31. Januar 1916 laut Wolff, Tgb. Nr. 297, S. 342, auch Zimmermann laut dem Bericht Schoen vom 18. Juli 1914, DD, Anh. IV Nr. 2; derselbe laut Bericht Koester vom

20. Juli, JK 248; wie im Text auch Mommsen, Factors, 40, Anm. 74, und Trachtenberg, History, 51, 54. –

84 Tarnschleier: Geiss, Die Kriegsschuldfrage – das Ende eines nationalen Tabus, in: Vorgeschichte, 213. – leichtfertig: Vgl. Lutz, Gutachten, 131; Philipp Eulenburg, in: Roehl, Fürsten, 80. – Inscenierung: Wolff, Tgb., Anmerkungen des Herausgebers, 343, Anm. 9. Fischer, Griff, 84–85.

85 ungeheuren Unglück: Wolff, Tgb., S. 343, vgl. derselbe, Pilatus, 317. – vorwurfsvolle: Wolff, Tgb., Nr. 59 (3. Dezember 1914). – Im Kriege: Wolff, Tgb., Nr. 164. – Diese drei Worte: Auch Röhl orientiert sich über Wolffs Meinung an dieser Stelle, Vorsätzlicher Krieg?, 198. Andere Stellen im Tagebuch Wolff sind einiges schwächer; vgl. Bernd Sösemann, Wolff, Tgb., S. 156. – nicht mehr schlafen: Wolff, Tgb., S. 665, Nr. 819; siehe Bülow, Denkwürdigkeiten III, 311.

86 Konteradmiral Behncke: am 20. Juli, Brief Kapitän Hopmann, Berghahn, Dokumente, Nr. 11, 55. – herausgekommen sei: ebendort. – keineswegs ausgeschlossen: ebendort, vgl. Tirpitz, Erinnerungen, 224; Aufzeichnung des Konteradmirals Behncke, Berghahn, Dokumente, Nr. 10. Admiral Behncke hat alsbald Stumm aufgesucht und nun die Idee einer Besetzung Hollands als unausführbar bezeichnet, Nr. 12. – am 20. Juli: Berghahn, Dokumente, Nr. 11, 56.

86 Publizist: Paul Herre, BMH 1930, 1028. – Ressortpartikularismus: Mombauer, Moltke, 236. – „décousu“: Waldersee in seinem Brief vom 8. Oktober 1920 an Jagow, PA-AA, Nachlaß Jagow, Bd. 6. – „deutschen Entscheidung“: vgl. Fellner, Decisions, passim.

87 gegen Serbien: DD 74, vom 17. Juli. – zweiten Artikel: BD 77, Geiss, Kurzfassung, 36; von Jagow „eigentlich“ selbst entworfen. Vgl. DD 70, Anm. 1! – nicht als Abrücken: DD 70.

87 im Gegenteil: 21. Juli, Geiss, Kurzfassung, 115 und Nr. 43; Int. Bez. I i.V., 330, 332 (Bronewsky); JK 192 (Cambon); BD 73, 77, 158; Fischer, Griff, 57. – Dem russischen Geschäftsträger: 22. Juli, Geiss, Kurzfassung, Nr. 43.

88 Krupp: Muehlon, Dokument zum Kriegsausbruch, PA-AA, Nachlaß Jagow Bd. 5, Bl. 58–59. – erläuterte er das folgendermaßen: Wolff, Tgb., Nr. 88 vom 9. Februar 1915, S. 156.

88 verdeckten Krise: siehe Berghahn, Dokumente, Nr. 5, (Schreiben Bethmann an Tirpitz vom 10. Juli 1914, dort Absatz 3). Moses, Politics, 92, „... that he had to exert himself in peripheral matters so as to give the appearance that the Chancellor's office was one of some consequence.“ Die Konferenz vom 2. Juli 1914 hatte nichts mit Sarajewo zu tun, anders Wehler, Gesellschaftsgeschichte, 1444.

89 ändern: am 18. Juli, Aktenzeichen RK 3242, BA Berlin, R 1501/112215/1; siehe Fischer, Illusionen, 698, Anm. 47. In Bayern war der König zuständig. – überzeugen: Erdmann, Einleitung, 189, Anm. 6. – Kronprinzen: vom 19. Juli, Preußisches Geheimes Staatsarchiv Berlin, BPH Rep. 54 Nr. 13, auszugsweise zitiert bei Röhl, Vorsätzlicher Krieg?, 203–204. – Schlachtflotte: Telegrammaustausch ab dem 21. Juli 1914, DD 101, 116. Andere Telegramme dazu sind im Auswärtigen Amt formuliert, mit dem Namen des Kanzlers als Urhebers gezeichnet und direkt in Berlin zum Telegraphenamt gegeben worden, DD 125, 182. Vom Kanzler nach seinem Urlaub in Berlin unterzeichnet ist DD 191.

89 den Termin: DD 80. – zu verständigen: ebendort; vgl. DD 90.

4

91 Indiskretionen: Über Lecks, durch die Informationen sickerten, siehe Lutz, Gutachten, 74; Samuel R. Wiliamson, Austria-Hungary and the Origins of the First World War, London 1991, 201. – Rom: Jagow hatte den deutschen Botschafter in Rom gegen die Verabredung mit Berchtold eingeweiht, DD 33; Williamson, wie vorige Anmerkung. – Besorgnis: DD 120, Eingang am Vormittag des 23. Juli. – nicht unterrichtet: DD 42, 64. –

91 Mühlberg: GP VI, Nr. 9546, Bd. 26, 809, vgl. Lutz, Gutachten, 85: „glühender, an Chauvinismus grenzender Patriotismus". – zeterte: DD 121.

92 Superlative: Röhl, Fürsten, 78. – Wilhelm: I.R.: DD 121. – Stumm: DD 140 vom 24. Juli, Unterschrift Jagow. Bethmann wird hiervon nicht unterrichtet: PA-AA, Wk Bd. 4 Bl. 92.

93 „befohlen": Young, Lichnowsky, 185; Zmarzlik, Bethmann, 38.

93 Tadel: Siehe Young, Lichnowsky, 56. – Abschrift: den französischen Text, JK 155, 189. – „direkt vorgelegt": PA-AA, Kladde, 22. Juli, Jagow hatte am Vormittag angeordnet, „daß ihm in diesen Tagen der Spannung die wichtigen Berichte aus Wien gleich nach ihrem Eingang ihm direkt vorgelegt werden." Die Österreicher sagen auch „Begehrensnote". Jedenfalls sprechen sie nicht von einem „Ultimatum", weil ein ergebnisloser Fristablauf nicht von selbst den Kriegszustand auslösen würde. – am Nachmittag: Fischer, Illusionen, 698. – durch Feldjäger: Schreiben des Auswärtigen Amtes an den Untersuchungsausschuß 3. November 1919, PA-AA, R 20313, Bl. 100. – Zentralbüros: PA-AA, Kladde, 22. Juli.

94 übernommenen Verpflichtung: Wortlaut bei Fay, Ursprung I, 271, und Albertini I, 291, auch in British Documents on the origins of the war 1898–1914, London 1926–1938, Bd. V, 782. – für

sich: Alexander Freiherr von Musulin, Das Haus am Ballplatz, München 1924, 225, 226; Albertini II, 381. – Häufung: Das will Jagow bei erstem Lesen dem anwesenden Grafen Szögyèny gesagt haben, Untersuchungsausschuß, 30; Wolff, Pilatus, 324. –

95 Details: Wolff, Pilatus, 324: „zu detalliert": General von Chelius, DD 291. – wünschen übrig: BD 122.

95 Szögyény erhalten: So seine Aussage vor dem Untersuchungsausschuß. – Jagows Darstellungen: Untersuchungsausschuß, 30 bzw. 33; Gottlieb von Jagow, Ursachen und Ausbruch des Weltkrieges, Berlin, 1919, 110, auch Jagow, Aufsatz „Juli 1914 und Kriegsausbruch", PA-AA, Nachlaß Bd. 8, Bl. 87; vgl. Anhang VII zu DD. – übertrieben scharf: Untersuchungsausschuß, 33. – erlogen: Reiners, Lichter, 159.

95 fünf Uhr: vgl. DD 112, zum Telegraphenamt 18:05 h.

96 notwendiges Medikament: Zitiert nach Fischer, Illusionen, 698, Anm. 45. – Bethmann erhielt: PA-AA, Zentralbüro, Kladde, 22. Juli. – letzten beiden Stunden: Das folgt aus der Absendezeit von DD 116. – Belgrad: Eine Stunde später als noch bis zum Tage vorher geplant, DD 112.

96 nichts wahrgenommen: Von Falkenhausen, Hauptmann im Generalstab, Tgb. 6. Juli 1914: „Wenn mir jemand damals gesagt hätte, daß die Welt in einem Monat in Flammen stehen würde, würde ich ihn nur mitleidig angesehen haben," zitiert nach Mombauer, Reluctant, 422. Dieselbe Unkenntnis auch bei hohen Offizieren: Afflerbach, Falkenhayn, 152, Anm. 19; Schulte, Europäische Krise, 201; Clemens von Delbrück, Die wirtschaftliche Mobilmachung in Deutschland 1914, München 1924, 98. – „Krise" spricht: John Keegan, The First World War, London 1998, 70. Auch „The Twelve Days" von George Malcolm Thomson beginnen an diesem Tage. Langdon, Debate, 11, betont die Zäsur. – russische Regierung: Deutsches Weißbuch, JK 1089,5. – Pourtalès: DD 160, Eingang in Berlin am 25. Juli; DD 204.

97 am Schwarzen Meer: DD 204, viertletzter Absatz. 10/11 vom 31. März 1909: GP Bd. 26 Nr. 731. Wortlaut der „Ratschläge" auch bei Fay, Ursprung I, 271.

97 Wunschdenken: Albertini geißelt Pourtalès' optimistische Schlußfolgcrung, II, 301. – in Erregung: Int. Bez. i.V., 5; JK 245.

98 zu erhalten: Bülow, Denkwürdigkeiten III, 180; Fay, Ursprung II, 283: „ein schwerer Fehler". – und Cambon miteinander: JK 308, 314.

98 Er nahm Kiderlen: Bülow am 15. Dezember 1914; Wolff, Tgb., Nr. 66. – in England: Hiller von Gaertringen, Fürst Bülow, 65.

99 militärischen Befehlshaber gaben nach: 24. Juli, am Nachmittag, Delbrück, 101; Groh, Integration, 627; Erdmann, Einleitung, 188, Anm. 6. Die Konferenz vom 2. Juli mit gleichem Thema

war noch Ausfluß eines langfristigen Wandels der Auffassungen und nicht Folge von Sarajewo. Vgl. Fritz Klein, Deutschland im ersten Weltkrieg, herausgegeben von einem Autorenkollektiv des Zentralinstituts für Geschichte der DDR, 2. Auflage, Berlin 1960, 238. – kämpfen würden: Groh, Integration, 628f.

99 Aufzeichnungen: Alff, Sonderung, 316, Abs. 1. Über die Auffassung, daß Deutschland sich von der Monarchie das Leitseil habe überwerfen lassen: Langdon, Debate, 107 vorletzte Zeile.

100 nicht für kritisch: Wolff, Tgb., Nr. 3; derselbe, Pilatus, 324. –

101 Jammerbild: Grelling, J'accuse, 223.

102 in Berlin vor: DD 157; siehe Montgelas, KSF I, 1923, 120ff.! – drei weiteren Telegrammen: DD 163, 179, 180.

102 ein zweites Gespräch: BD 116. – Verbalnote: 25. Juli, DD 180 Anm. 4, PA-AA, Wk Bd. 4 Blatt 75. Die Herausgeber der DD haben diese amtliche Erklärung der britischen Botschaft nicht für abdruckwürdig erachtet, möglicherweise in dem sophistischen Gedanken, ein möglicher Hinweis gehöre nicht in eine Dokumentensammlung. – es darstellt: BD 132 und Lutz, Lord Grey, 205.

103 gefährden: Hoffnung auf Englands Neutralität hat er aber dem Auswärtigen Amt nicht gemacht, wie der russische Botschafter in London zu Unrecht argwöhnte. Vgl. BD Nr. 144 (S. 166 Zeile 3); Benckendorff konnte offiziell natürlich Lichnowskys telegraphischen Berichte nicht kennen. Entweder hatte er seinen Eindruck bei einer privaten Begegnung mit dem Fürsten gewonnen oder war von einem Spion in der deutschen Botschaft informiert worden. – Erinnerungen: 218, 219. – Ausspruch Greys: DD 157. – und andere: Zimmermann? Geheimrat Hammann? Botho Graf Wedel?

103 teilnimmt: Kantorowicz, Gutachten, 273. Manche Forscher billigen aber die hier kritisierte Auslegung: Ullrich, Kalkül, 83–84, Anm. 26; ebenso Stevenson, Outbreak, 29, und Wolfgang J. Mommsen in: Just, 102 und 107. – um zehn Uhr: DD 157, BD 122. – vorher nicht mit Bethmann: Barbagallo, KSF I, 90. – kabelte er: DD 171.

104 zu spät für eine: Int. Bez. i.V., 63; vgl. auch DD 172!

104 britischen Geschäftsträger: BD 122. – zwölf Uhr: Rumbold, Crisis, 140. – einwirken sollten: ebenda. – nach London telegraphierte: DD 192, 23:05 Uhr. – Einverständnis: Vgl. Schmitt, Coming II, 7; Albertini II, 341; Turner, Origins, 99. – London aufgebrochen: John Keegan, The First World War, London 1998, 64.

104 Vermittlung zu viert: BD 145.

105 Amtes vollkommen: 14:15 Uhr, JK 327; Baumgart, 81. – keinen Namen: Vgl. Imanuel Geiss, Juli 1914, München 1980, 149 und 211; Albertini II, 457 und 526; Ritter, Staatskunst II, 382, Anm.

17; Sasse, Daten, 711; Fischer, Miscalculation, 381. Andere bezeichnen irrig den Reichskanzler als den Handelnden: Turner, Origins, 98; Albertini II, 470, vgl. 449, Hillgruber, in: Schieder, Ursachen, 250, derselbe, Rolle, 52. – an Berchtold herantragen: Siehe Kapitel 1, 4–5. – bestellt war: Die Behauptung, Österreich-Ungarn habe sich mit dem Kriegen gegen Serbien „nur auf stärksten deutschen Druck eingelassen" ist unzutreffend, stellt die Tatsachen geradezu auf den Kopf, vgl. Gasser, Discordia, zu Anm. 55.

105 den Vorgang so: II 449; Langdon glaubt, man könne Albertini quasi als Primärquelle benutzen: Debate 61. – to be used: Es gibt noch andere Fälle: zum Beispiel JK 75 vom 12. Juli. – Kaiser alarmiert: Turner, Role, 313. – Lösung der Krise: Albertini II, 531. –

106 ohne ein Atom: Origins, 98. – Edward Goschen: Goschen an Grey, BD Nr. 677, 549. – Szögyénys Telegramm: JK 327, Baumgart, 81. – Botschafter „unterstützte": Keinesfalls kann man sagen, daß Jagow Druck („pressure") auf Berchtold ausgeübt habe, wie Albertini schreibt, II, 457, Anm. 1. Vgl. Ritter; Staatskunst II, 382, Anm. 17. – dem Auswärtigen Amt: DD 213, Eingang 18:20 Uhr, am Montag dem Kaiser vorgetragen, auch dem Generalstab, dem Admiralstab und dem Kriegsministerium mitgeteilt.

106 erst am 12. August: Ein anderes Datum: 15. Juli, Musulin, abgedruckt bei Albertini II, 388. – Krieg nicht erklärte: In Berlin erfuhr man natürlich die Einzelheiten dieses Gesprächs zu Dritt nicht, die inzwischen dem Memoirenleser aus dem Erinnerungsbuch des österreichischen Generalstabschefs bekannt sind, Conrad, Dienstzeit IV, 131f. – Vormobilmachungsperiode: Mit Inkrafttreten in der Nacht 25./26. Juli, Albertini II, 305, Geiss, Kurzfassung, 76-77 und 145; Fay, Ursprung II, 214; Bernhard von Eggeling, Die russische Mobilmachung, Berlin 1919, 23ff. – Geheimdienstes: Siehe unten über die „Zeitberechnung" vom 26. Juli. Auch Telegramm des bayerischen Gesandten in Petersburg, angekommen in München am 26. Juli, 2:30 Uhr frühmorgens; Zechlin, Kriegsrisiko, 74, Anm. 35, sowie Chelius, DD 194. – angenommen: Paul Stubmann, Cecil, Ballin, Hamburg 1960, 259 f. – Dokumente: Ritter, Staatskunst II, 312. – niedergeschlagen: Graf Kageneck in: Kronenbitter, MGM 1998, Nr. 15 (S. 546). – an Albert Ballin: Stubmann, Ballin, 260.

107 Eulenburg: Röhl, Fürsten, 78. – Agitation mit Mord: DD 121 vom 23. Juli. – Räuberbande: DD 122.

107 höhnisch: DD 159.

108 als Irrtum: Seit dem 19. Juli war Wilhelm in erheblicher Aufregung wegen der möglichen Folgen des an Serbien zu stellenden

Ultimatums, Müller, Regierte?, 32; Röhl, Approach, 668. Diese Aufregung wäre unverständlich, wenn er noch von Rußlands Nichtintervention ausgegangen wäre. – Königsmördern: DD 288, Marginal vom 30. Juli. – verspottete er: Renouvin, Origins, 77f. – aus Paris: DD 154, 24. Juli. – Andere Beispiele: „kann Mobilmachung Russlands nach sich ziehen ..." am 26. Juli auf DD 182. Weiter: zwei Fragezeichen auf einem Schreiben des Generalkonsuls in Warschau, eingegangen in Berlin am 27. Juli nachmittags, PA-AA, Akten Weltkrieg Bd. 6, Bl. 45, nicht in DD.

108 Gäste: Liste bei Kurt Jagow, Kronrat, 786. – von Loewenfeld: Hull, Entourage, 266, ohne Quellenangabe. Der Verfasser hat sonst keinen Hinweis über die Rolle Loewenfelds im Juli 1914 gefunden. – seine Frau: 21. Juli 1914, Röhl, Vorsätzlicher Krieg?, 204. – übergeben werden: Röhl, Approach, 669.

109 kannte es schon: Müller, „Regierte ...?", 33. – sympathisch: Rolf Hochhuth: Sommer 14, Ein Totentanz, Reinbek 1989, 345. – er entsetzt: Das hat seine Reaktion am Vorabend gezeigt. Auch während der Bahnfahrt am Montag ist er gefaßt, aber ernst, – Bericht General Dohna, 27. Juli nachmittags zu riskieren: Müller, „Regierte ...?", 33.

110 kriegsscheu: Bülow, Denkwürdigkeiten, 152. – vorzeitige: Das heißt: Abkürzung der Reise um fünf Tage? So Bronewsky, Schlußbericht, KSF V, 1927, 854.

110 an seine Frau: BA-MA, Nachlaß Lyncker, MSg 1/3251. Aufzeichnung des Kaisers vom 11. November 1912, GP Kapitel CCLXIV Nr. 12349. (übten nach der Götter Lehre...) – Eulenburg: Röhl, Fürsten, 73. – während der Fahrt: Ebendort.

111 Österreich mobilisierte am 25. Juli (Sonnabend): Albertini II, 386; Fay, Ursprung II, 258. – russischen militärischen Vorbereitungen: Pourtalès, angekommen 19:01 Uhr, DD 216.

112 unterstützen werde: Jarausch, The Illusion of Limited War, 58, Anm. 31. – Mittelklasse-Wählern: Geoffrey Barraclough, From Agadir to Armageddon, London 1982, 22: Bethmann „faced ... a growing discontent and desillusionment on the part of the middle-class electorate, on which (he) depended for support."

112 Mißtrauen: Werner Frauendienst, in: Neue Deutsche Biographie Berlin 1995, Artikel „Bethmann Hollweg". – Verständlicherweise (1916): Erdmann, Beurteilung, 530. – stützen: Wolfgang J. Mommsen, in Brandt, Handbuch der Deutschen Geschichte, Frankfurt 1973, Bd. IV, 1. Teil, Abschnitt Ia, 97.

113 spurlos vorübergegangen: Ein Mitglied der württembergischen Gesandtschaft in Berlin berichtet am 28. Juli 1910 an den Ministerpräsidenten von den inneren Schwierigkeiten, die zu einer „Diversion nach außen", zu einer kriegerischen Machtpolitik

führen könnten, zitiert nach Epkenhans, Flottenrüstung, 401; „... the war was ... carried out against the odds to salvage a declining reputation", Offer, Honor, 227, dies sei bei Moltke der Fall gewesen. – erfolgreichen Krieg führen: James W. Gerard, My Four Years in Germany, London und New York 1917, 44f, zitiert nach Matthew S. Seligmann, Germany and the Origins of the First World War in the Eyes of the American Establishment, German History, Vol. 15 No 3, 1997, 318. – Politik ist geschwunden: Brief vom 19. März 1914, BA Koblenz N 1016/107; erwähnt in Bülow, Denkwürdigkeiten III, 89. – Prestigeerfolge: Wehler, Kaiserreich, 176ff. – Unregierbarkeit: Kaiser, Origins, 473; im selben Sinne auch: Farrar, Arrogance, 146.

114 Ebert: Groh, Integration, 633. – an den Kaiser: Tel. Nr. 148, PA-AA, Preußen Nr. 1 Nr. 1 d, Bd. 23; Zechlin, Kriegsrisiko, 93. Den Kaiser erreicht dieses Telegramm am Montag um sieben Uhr früh. – dieser Demonstrationen: Vom Samstag abend.

115 zeugt folgender Satz: DD 234. – um 7:15 Uhr abging: Telegramm, DD 219. – von Stumm: Wolff, Pilatus, 331.

116 zu verschlingen: DD 204. – an Lichnowsky: DD 199, 26. Juli, 1:35 nachmittags abgesandt; BD 145–146. – Beamten des Foreign Office: DD 236.

116 nichts einzuwenden: BD 146. – des Generalstabs: vgl. Albertini II, 481 zu Anm. 3. – Pourtalès hatte: DD 216. – mobil gemacht würden: Eingang 22:05 Uhr, DD 230. – inzwischen: während der Karlsbader Wochen hatte er aus Wien einige Berichte des Militärattachés empfangen, Kronenbitter, Die Macht der Illusionen, MGM 1998, 519ff. – aus Karlsbad zurück: Mombauer, Moltke, 196–197; im ganzen stellt die Verfasserin passim Moltkes Einfluß auf die deutschen Entscheidungen als zu bedeutend dar.

118 bei Jagow: Thomas Meyer, Moltke, Basel 1993, 300. – Vor dem Juli 1914: zu diesem ganzen Unterkapitel VIII siehe Volker R. Berg-hahn, Der Tirpitz-Plan, Düsseldorf 1971, 249f. unter der Überschrift „Armeerüstung und Bürgerkrieg"; Herwig, Uncertainties, 246ff.

118 militärpolitische Denkschrift: 2. Dezember 1911, Reichsarchiv, Kriegsrüstung, Textband, 126ff. – Darin: Kommentar von Wilhelm Dieckmann, Reichsarchiv, Kriegsrüstung, Textband 126ff. – von Ludendorff: Dieckmann, „Die militärpolitische Lage in den letzten 5 Jahren vor dem Kriege", BA-MA, W-10/50 276, 50–51, paginiert mit Stempel 057.

118 dem Kaiser darüber gesprochen: PA-AA, Nachlaß Jagow, „Der Durchmarsch durch Belgien", Bd. 8, Bl. 48–51. – Brief vom 23. März: Dülffer, Kriegserwartung, 779, zu Anm. 4.

118   dem Auswärtigen Amt: „Deutscher Offizier-Bund" 1926, 338 rechte Spalte, PA-AA, Nachlaß Jagow, Bd. 6, Bl 81 b. – 6. Mai 1919: PA-AA, Nachlaß Jagow, Bd. 8, Bl. 2. – Politik zu revidieren: PA-AA, Nachlaß Jagow, Bd. 6, Bl. 81 b. – „als ich, ... in Deinem Kabinett anregte, unsere Vorzüge unterschätzt hätten: Vgl. Ferguson, Finance, 147.

5

121   der französische Diplomat: JK 52; DF XI 134.

121   österreichisches Gebiet: Int. Bez. I, 5, 135 (JK 524). Bronewsky hat das Gespräch irrtümlich auf den 26. Juli datiert, JK 529, Anm. 3.

121   dem englischen Botschafter: BD 185.

121   keinen Gegenmaßnahmen: BD 146.

121   Militärbezirke: Schriftliche sogenannte „Zeitberechnung" vom 26. Juli, die für einen Vortrag beim Kaiser bestimmt war, siehe Schreiben Oberarchivrat Theobald von Schäfer vom 2. Dezember 1928 an General Montgelas, BA-MA, W-10/50729, Bl. 127. Siehe auch DD 199.

121   Mobilmachung beantworten: Wie vor, BA-MA, W-10/50729, Bl. 131. Es muß offen bleiben, ob er seine Erklärung gegenüber Cambon konkret mit einem der Generäle abgestimmt hatte. Bejahend Montgelas in einem Brief an von Haeften, BA-MA W-10/50729, Bl. 124. Verneinend: Schäfer, BA-MA, W-10/50729, Bl. 130, aber auch Bl. 131.

122   mißtrauisch: Theobald von Schäfer, Schreiben an General Monteglas, BA-MA, WA 10/50729, Bl. 131.

122   a tremendous blunder: Bd. II, 485. Kräftig zustimmend: Turner, Origins, 92; auch Langdon, Debate, 14.

122   ignoriert worden: JK 176, 179.

122   schriftlichen Kommentars: Geiss, Kurzfassung, 127; Fay, Ursprung, 250.

122   beim Auswärtigen Amt: Wolff, Pilatus, 327; DD 226; vgl. DD 347, Anm. 2.

122   ohne die Erläuterungen: DD 347; B.W. von Bülow, Krisis, 77.

122   seit Mittag: Sasse, Daten, 712; Albertini II, 440, Abs. 1 und Anm. 1.

122   zur Verfügung gestellt: Und zwar das Originaltelegramm, das den Geschäftsträger aus Belgrad erreicht hatte, DD 270–271; Kantorowicz, Gutachten, 245, Anm. 131–132. Zu einer deutschen Übersetzung siehe DD 347.

123   ein Gutachten: Deutsches Weißbuch von 1919, JK 1089.

123   sich jedem aufgedrängt: Lutz, Gutachten, 134.

123   schickte er dem Kaiser: DD 245.

124   eine Depesche an den Botschafter: DD 247.

124   aus London: DD 236, Eingang des Telegramms am 27. Juli, 0:07 Uhr.

124   Herz gelegt: Siehe Albertini II, 394 und 432: „The proposal of a Four Power Conference was rejected on the 27th before it had officially been made."

124   von Mobilmachungen absehen: BD 140: „alle aktiven militärischen Operationen bis zu Ergebnissen der Konferenz aufgeschoben"; Grey, Twenty Five Years I, 315ff.

124   unannehmbar: Ebenso Fay, Ursprung, 280.

124   lehnte eine Konferenz: 1 Uhr nachmittags, DD 248.

125   aus London geschrieben: DD 157. Renouvin meint, des Kaisers Bemerkung habe a fortiori für den Konferenzvorschlag gegolten, Origins 111, Anm. 33.

125   einverstanden erklärt hatte: DD 192.

125   könnte diesen Eindruck: DD 245.

125   engagierte sich: Hierher ist auch der von Bethmann formulierte Entwurf DD 234 zu rechnen,.

125   Sphinx: Hildebrand, Kanzler, 64.

125   „nicht eindeutig": Tgb. 11. Februar 1915.

125   „eigenartig": Waldersee, Brief an Jagow vom 6. Mai 1919, PA-AA, Nachlaß Jagow, Bd. 6: „Bethmann, der heute so und morgen so redet."

125   bemüht: Eher zurückhaltend W. Frauendienst, der sagt: Er war im Grund kein politischer Mensch voll leidenschaftlichem Handlungs- und Gestaltungsdrang, Die Neue Deutsche Biographie, Berlin, 189. Scharf und zutreffend über Bethmann: Rosenberg, Entstehung, 55. Eyck, Regiment, 541, urteilt, er sei 1909 der beste aus der Zahl der möglichen gewesen. Aber, wer möglich war, bestimmte sich nach der Laune des Monarchen. Und dann genügte freilich kaum einer diesem Kriterium.

125   des deutschen Botschafters beachten: ÖD 10793; JK 479. Adressiert an Berchtold. Das Telegramm gliedert sich in sieben Absätze, diese Anordnung des Stoffes ist für das Verständnis unverzichtbar. Nicht alle Dokumentensammlungen entsprechen dem. Korrekt ist zum Beispiel Fay, Ursprung II, 301.

125   diese Intrige: Bülow, Denkwürdigkeiten III, 159: Zimmermann war, im Gegensatz zu Jagow und auch zu Bethmann, ein Feind jeder Intrige.

127   mit Recht hingewiesen: Albertini II, 449.

127   der Kanzler: Mommsen, Handbuch, 553, meint entgegen dem Text des Telegramms, Bethmann Hollweg habe dem Botschafter diese Demarche nahegebracht.

127   Albertini zu folgen: Albertini II, 449.

127   in Berlin: Wolff, Pilatus, 335.

127 erfuhr das Auswärtige Amt: DD 257. Tschirschky hatte noch berichtet, daß Conrad die sofortige Kriegserklärung zu Fall gebracht hatte, Telegramm DD 213, angekommen am Tage vorher um 18:20 Uhr.

128 gegenwärtig noch: Albertini II, 446.

128 zuerst gegenüber dem: Die Reihenfolge ergibt sich aus dem Schlußbericht des Botschafters Bronewsky, KSF VIII, 1927, 857.

128 dem russischen Geschäftsträger: JK 523; Int. Bez. I, 5, 134.

128 danach gegenüber Cambon und Goschen: JK 530, Anm. 1, sowie DF XI 184.

128 Goschen: JK 536.

128 seiner nicht veröffentlichten Aufsätze: PA-AA, Nachlaß Jagow, Aufsatz „Juli 1914 und Kriegsausbruch", 15 (d.i. Bl. 90 des Nachlaß-Bandes 8).

129 geradezu empfehle: Sein Aufsatz „Österreich-Ungarn 1914", PA-AA, Nachlaß Jagow, Bd. 8, Bl. 363.

129 Vorschlag der Botschafterkonferenz: Renouvin, Origins, 107, Anm. 18; DD 236, 248.

129 personellement responsable: Bronewsky, KSF VIII, 1927, 857, Schlußbericht. In Cambons Schreiben an seinen Minister, JK 530, lautet dieser Gedanke einiges schwächer. Telegramm über dieses Gespräch: DF XI 184, ist erwähnt in JK 530, Anm. 1. Am selben Tag weitere Dokumente von Cambon: JK 536, 541, 543!

130 politischer Fehler: Fay, Ursprung II, 283; ebenso: Tirpitz, Erinnerungen, 216.

130 „unverzeihlich dumm": Willis, Lichnowsky, 253.

130 englisch-italienischen Demarche: Damit meint Kapitän Hopmann wahrscheinlich Greys Initiative.

130 des Dreibundes: Kapitän Hopmann, zit. von Epkenhans, Flottenrüstung, 407.

130 kein Falke war: V. Berghahn und W. Deist, Kaiserliche Marine und Kriegsausbruch, MGM 1970, 38; Uhle-Wettler, Tirpitz, 343ff.; Rosenberg, Entstehung, 64; Fritz Fischer, Kaiser Wilhelm II. und die Gestaltung der deutschen Politik vor 1914, in: Röhl, Der Ort, 279.

130 diplomatischen Entwicklung: Bach, Gesandtschaftsberichte, 22.

130 an seine Frau: Thomas Meyer, Helmuth von Moltke, Basel 1993, 300; JK 493.

131 besprochen worden war: JK 327.

131 zwischen Österreich und Rußland: JK 530, DF 167; Albertini II, 430.

132 der englischen Neutralität: Geiss, Kurzfassung, 215.

132 Sir Edward Goschen: BD 185; JK 552.

132 dessen Hochzeit: BD, Bd. 2, 548.

132 Jagow ill: Bülow schildert, sein Regimentskamerad Hermann von Jagow habe um die Aufnahme seines Bruders Gottlieb in

den diplomatischen Dienst gebeten mit dem Hinweis auf dessen „schwache Gesundheit", Denkwürdigkeiten III, 34. Hiller von Gaertringen, Fürst Bülow, 312, berichtet, Jagow sei wegen seiner krummen Haltung „die buckelige Katze" genannt worden.

132 treffe soeben ein: DD 238.

133 das Auswärtige Amt Anstoß nehme: BD 215, Telegramm Goschen an Grey; Albertini II, 509.

133 des 5. Juli: Vgl. auch Albertini II, 393. Es ist einmal an eine englisch-italienische Vermittlung gedacht worden: BD 408.

133 „Annahme gegenüber Europa": DD 249.

133 Botschafter Flotow: DD 24a.

133 Wilhelmshöhe: Bach, Gesandtschaftsberichte, 22.

134 erneut gewandelt: Jagow nennt Wilhelm „eine Proteusnatur", in dem Aufsatz „Ernennung zum Staatssekretär", PA-AA, Nachlaß Jagow, Bd. 8, Bl. 30–31.

134 die Kriegspartei: General der Kavallerie Graf zu Dohna-Schlobitten, BA-MA, W-10/51032, Bl. 136.

134 Flügeladjutanten: Plessen, Tgb.; Bach, Gesandtschaftsberichte, 22.

134 nicht zeigen darf: Müller, Regierte?, 35.

134 weniger als achtzehn: nämlich – je DD – 204, 205, 213, 216, 217, 220, 230, 235, 236, 238, 240, 242, 243, 244, Wegerer, Ausbruch I, 364, außerdem vier Berichte, die nicht in DD aufgenommen sind: Telegramm Nr. 6 aus Budapest, Nr. 21 aus Kopenhagen, Nr. 216 aus Athen und das Schreiben des Grafen Pourtalès vom 25. Juli 1914, Akten Wk, Bd. 6.

134 gekürzt: DD 236, Anm. 2.

135 englischen Vorschlag: DD 236.

135 und Plessen: Plessen, Tgb., Bach, Gesandtschaftsberichte, 22; Zwehl, Falkenhayn, 56. Nach einer anderen Quelle: Wilhelm, Moltke, Bethmann, Pohl, Valentini, siehe Schäfer, KSF IV, 1926, 516; Mombauer, Moltke, 198.

135 daß weder der Kaiser: Turner, Origins, 102.

135 in Kraft getreten: General Gempp in einer Darstellung „Geheimer Nachrichtendienst und Spionageabwehr des Heeres", II. Teil, 18/19, BA-MA, RW 5/v. 657.

135 organisierten deutschen Geheimdienstes: Ebendort.

136 was es wolle: Falkenhayn, Tgb., 27. Juli 1914, BA-MA, W-10/50635; Zwehl, Falkenhayn, 56. Vermutlich hat Oberst Marschall diese Information gegeben, Falkenhayn war bei ihnen persona grata. Der türkische Geschäftsträger berichtet „über eine sehr kriegerische Stimmung in Deutschland", fügt hinzu, „die Kriegspartei gewinne die Oberhand", Telegramm des russischen Botschafters in Konstantinopel nach Petersburg vom 27. Juli, abgedruckt in KSF IV, 7.

136 von Müller: Röhl, Approach, 669, Anm. 96. Röhl meint, Müller habe zu den „Eingeweihten" gehört, Vorsätzlicher Krieg?, 204. Das wird richtig sein; „eingeweiht" heißt: informiert über die geheimgehaltene Zusage vom 5. Juli.

136 ist der Krieg fertig: DZA Potsdam, Reichsamt des Inneren, Nr. 12 144; Geiss, Kurzfassung, 267.

136 Ersatz Jagows: Konteradmiral Paul von Hintze, „von" seit 1908, im Kriege, ab Juli 1918, Staatssekretär des Auswärtigen Amtes.

136 Tirpitz: Erinnerungen, 237.

137 Memoiren des Kaisers: Ereignisse und Gestalten, Leipzig und Berlin (1922), 210–211.

137 bekundet Waldersee: Brief vom 6. Mai 1919 an Jagow, PA-AA, Nachlaß Jagow, Bd. 6; Bülow, Denkwürdigkeiten III, 171.

137 allgemein bekannt: Röhl, Hof, 193.

137 Weizen aufkaufen: Falkenhayn, Tgb., BA-MA, W-10/50 635, 4.

137 Vorschlag Sir Edward Greys: 16:37 Uhr, DD 258.

138 mit Rußland und Frankreich: Vgl. Thomson, Twelve Days, 160.

138 Erlaß an Tschirschky: 23:50 Uhr, DD 277.

138 unzuverlässig: Ernst von Heydebrand und der Lasa, Vorsitzender der Konservativen Partei, Brief an seinen Parteifreund Graf Westarp vom 20. Dezember 1913, DZA Potsdam, Zitat nach Groh, Integration, 519.

138 „...obwohl wir es nicht sind": Röhl, Vorsätzlicher Krieg?, 255.

138 es ihm ernst war: Das Gegenteil nehmen aber an: Albertini II, 44f., insbesondere 452; Thomson, Twelve Days, 102, in irriger Verwendung des Szögyény-Telegramms; Langdon, Debate, 139, unter Bezugnahme auf Turner, Origins, allerdings ohne Seitenangabe (S. 101?). Siehe DD 278.

139 London mitzuwirken: Telegramm des Botschafters von Flotow aus Rom an das Auswärtige Amt, Nr. 147 vom 29. Juli 1914, Akten des AA betr. den Krieg 1914, Preß-Angelegenheiten, PA-AA, R 20736.

139 dem nahen Bevorstehen: DD 257, Eingang 16:37 Uhr. Dem Generalstab, dem Kriegsministerium, dem Admiralstab und dem Reichsmarineamt erst am 28. Juli mitgeteilt! Daß Bethmann die Nachricht nicht kannte, ergibt sich aus dem Inhalt seines Telegramms, anders Fischer, Miscalculation, 381.

139 An den Londoner Botschafter: DD 248.

139 eingeleitet habe: DD 278. Ein Bericht an den Kaiser, DD 283, ist an einer wichtigen Stelle falsch formuliert. Dort stehen vor „habe ich" folgende fünf Wörter: „Entsprechend den Befehlen Ew. M." Diese Wörtergruppe hängt mit einem von Bethmann geschriebenen, aber wieder gestrichenen Satz zusammen. Sie gibt nach dieser Streichung keinen Sinn mehr, ist von Bethmann nur versehentlich stehen gelassen worden. Dies ändert einiges!

6

148   ohne Abstriche: DD 308.

148   oft gesagt: Thompson, Eye, 86.

149   des 28. Juli schriebe: so aber z.B. Trachtenberg, History, 84 zu Anm. 134 und 87ff., auch 56/57 zu Anm. 32. Wie Trachtenberg Mombauer, Moltke, 199 und 208, sowie Albertini II, 504–505, und III, 5, zu DD 408.

149   Entwurfs: DD 323.

149   Kurier: DD II, Inhaltsverzeichnis der Nummern 279ff., S. VI. Siehe die bemerkenswerten Ausführungen Albertinis: II, 470.

149   22:15 Uhr: DD 323.

149   Rettungsinitiative: Albertini II, 654.

150   Drahtantwort: DD 377, Anm. 3.

150   außerstande: DD 338.

150   telegraphisch: DD 311.

150   verweigerte: Zwehl, Falkenhayn, 56, Falkenhayn, Tgb., BA-MA, W-10/50635. Angeblich lagen keine seriösen Nachrichten über russische Mobilmachung vor, DD 299.

151   Bethmann Hollweg: Betrachtungen I, 158.

151   nicht auf den Krieg hingearbeitet habe: z.B. Rosenberg, Entstehung, 64; Ritter, Staatskunst II, 282; Afflerbach, Falkenhayn, 243. Auch Farrar, Arrogance, 156: „Among the soldiers and sailors who were unenthusiastic of war or wanted to postpone it were Falkenhayn, Heeringen, Müller and Tirpitz".

151   hemmungslosen: Förster, Metakritik, 157.

151   Abend: Schäfer, KSF IV, 1926, 516.

151   Memorandum: DD 349.

151   Kanzler: BA-MA, W-10/50 891, Bl. 185.

152   Sorge: dazu Kaiser, Origins, 469: „...the memorandum was most temperate in tone". Die Ausarbeitung sei ein Beleg für Kriegstreiberei des Generalstabs, sagt aber Förster, Metakritik, 150. Vgl. Mombauer, Moltke, 202.

152   Vorschläge: Schmitt meint, Berlin sollte nach der Vorstellung des Generalstabs eine Note an Petersburg senden mit der Aufforderung, seine Absichten zu erklären, Coming II, 139.

153   zu spät war: Daß es nicht zu spät war, zeigt das „Weltbrandtelegramm I", mit dem von Stumm mit Zustimmung seiner Oberen praktisch Wilhelms Zusage vom 5. Juli zurückgenommen hat.

153   sie schwankten: Ob Generaloberst von Moltke den Krieg wollte oder nicht, ist heftig umstritten. Verneinend: Rosenberg, Entstehung, 64; Ritter, Staatskunst II, 308ff.; derselbe, Die Generalstäbe und der Kriegsausbruch, in: Schieder, Ursachen, 291–308; Schäfer, Wollte Generaloberst von Moltke den Präventivkrieg? in KSF V, 1927, 543ff; Taylor, Course, 164. Bejahend: Hull, Entourage, 239ff. und 259; Waldersee, 6. Mai 1919 an Jagow: „Das war auch Moltkes Ansicht," PAAA, Nachlaß Jagow, Bd. 6; För-

ster, Metakritik, 119, 155; Röhl, Approach, 672, zit. von Hull, Entourage, 239; Mombauer, Moltke, passim. Vgl. unten Kapitel 10 Unterkapitel VI. Differenziert: Hermann Lutz, Moltke und der Präventivkrieg, KSF V, 1927, 1007ff. Nur sehr bedingt bejahend: Fischer, Kein Unfall, 265, Anm. 54. Dort sagt er lediglich, Moltke habe durch seine Memoranden im Juli 1914 „die Entscheidung über das Schicksal Deutschlands in der Hand gehabt." Das älteste Memorandum stammt aber, wie ausgeführt, von einem Tage, als die Krise schon sehr weit eskaliert war. Unklar Fischer, Weltpolitik, 335.

154   einzustellen: Baumgart, 17; auch in „Der Monat" XVIII, Nr. 209, (Februar 1966), 92f.

155   abhängig: Vgl. Gasser, Discordia, 189.

155   europäischen Krieges: Am 1. Juni 1914, Hermann von Eckardstein, Lebenserinnerungen III, 2. Auflage, 184.

155   Eckardstein: Biographisches Handbuch des deutschen Auswärtigen Dienstes, Paderborn 2000.

155   von den Slaven: Conrad, Dienstzeit III, 147; vgl. das verkürzte Zitat bei Hull, Entourage, 241; korrekt zitierend Fischer, Illusionen, 292.

155   vom 13. Juli: Auf einem Bericht des Oberstleutnant Kageneck vom 13. Juli, JK 84.

156   Serbien zuvorkommen: Mit dieser Äußerung ist Mombauers Ansicht schwer zu vereinbaren, Moltke habe die Lage im Juli 1914 als eine von der Krise „gebotene Gelegenheit" betrachtet, also als die Gelegenheit eines Präventivkrieges: Mombauer, Moltke, 185.

156   Mann unfähig war: Entourage 232–233.

156   widerstrebte: Gasser, Discordia, bei Anm. 63.

156   General Wandel: in Granier, 142, 26. November 1912.

157   pessimistisch: Vgl. Conrad, Dienstzeit III, 669.

157   Freytag-Loringhovens: „Menschen und Dinge" 1923, 136f.

157   Hintermänner: Gasser, Präventivkrieg, 200.

157   wirklich entscheidend: Reichsarchiv, Kriegsrüstung, Textband, 157.

157   konkretisiert: Granier, General Wandel, 128.

157   21. Dezember 1912: Reichsarchiv, Kriegsrüstung, Anlagenband, zu Nr. 54, Textband 172; Berghahn, Rüstung im Zeitalter IX/10, vgl. Dieckmann, Entstehungsgeschichte der großen Wehrvorlage von 1913, BA-MA, W-10/50281, 121; Uhle-Wettler, Ludendorff, 69ff.

157   374 Bataillone: Reichsarchiv, Kriegsrüstung, Anlagenband, 166, Hervorhebungen im Original.

158   verbessert werden: ebenda, 167.

158   In der Denkschrift: Kriegsrüstung, Anlagenband, Nrn. 55, 57, 61, 62, 63, 65, 67.

158   verschleiern: Vgl. Hans Herzfeld: Die deutsche Kriegszielpolitik im Ersten Weltkrieg, in: Vierteljahrshefte für Zeitgeschichte, Bd. 1963 230, gegen Fischers Thesen in seinem Werk „Griff nach der Weltmacht". Gasser, Hegemonialkrieg, zu Anm. 150, verkehrt den Sinn des Dokuments in sein Gegenteil.

158   angesprochen: Anschreiben vom 21. Dezember 1912, Berghahn, Rüstung im Zeitalter, IX 10 = Nr. 54 in Reichsarchiv, Kriegsrüstung, Anlagenband.

158   Heeresverstärkung um 300.000: Granier, General Wandel, 128.

158   922.000 Mann: Fischer, Griff, 36.

158   nur noch 117.000 Mann: Kriegsrüstung, Textband, 195; Berghahn, Rüstung im Zeitalter, IX/4-6; Ritter, Staatskunst II, 279; Dr. Wilhelm Dieckmann, „Die militärpolitische Lage Deutschlands in den letzten 5 Jahren vor dem Kriege", BA-MA, W-10/50276, Bl. 38 d.

158   vom Reichstag: Gesetz vom 3. Juli 1913.

158   Brillanten: Jagow, Aufsatz Rücktrittsgedanken des Reichskanzlers, Bethmann Hollweg 1913", PAAA, Nachlaß Jagow, Bd. 8, Bl. 64.

158   um seinen Abschied: Tappen, Kriegserinnerungen, BA-MA, W-10/50 661, 2; Mombauer, Moltke, 175.

158   „sinnlos": Abgrund, 15.

159   innenpolitischen Gründen: Groh, Je eher, passim.

159   vom 18. Mai 1914: BA-MA, W-10/50 279, Bl. 191ff.

160   sprungbereit: DD 74, 17. Juli.

160   Zivilisten gegeben habe: Röhl, seine Schuld war sehr groß, „Der Spiegel" 08/04, 90ff..

160   ihnen beliebt: Brief an Jagow 6. Mai 1919, PAAA, Nachlaß Jagow, Bd. 6, Bl. 1. Siehe auch Wolff, Tgb., Nr. 213.

160   Kaisers aussichtslos: BA-MA, Nachlaß Widenmann. Vgl. Rheinbaben, Kaiser, 102.

161   Bronewsky: KSF, 1926, 860.

161   Mitternacht: BD 249.

161   Taylor: Course, 162. Albertini nennt Bethmanns Worte „soothing generalities", II, 473.

161   gestures: ein weiteres Beispiel hierfür: DD 314 vom selben Tag, 20:40 Uhr, Entwurf Zimmermann, der mit dem Kanzler zusammenarbeitete.

161   Biographie: Vietsch, Staatsmann, 185; siehe auch 198.

162   Zitadelle: Wolff, Pilatus, 337; Keegan, World War, 69.

162   Telegramm: DD 315.

162   Skepsis: DD 343.

162   Herausgeber: Wolff, Pilatus, 336; derselbe, Tgb., S. 66, Anm. 9.

163   Wenninger: Geadelt 1913: Schulte, Europäische Krise, 172. Wenninger war erst in der Nacht aus Bayern angereist: Schulte,

ebendort. Das steht im Zusammenhang damit, daß die Lage vor dem 24. Juli nur von den Eingeweihten als Krise aufgefaßt wurde. Daß er ein offener Kriegsbefürworter war, ergibt sich aus seinem Tgb. für den 29. und 30. Juli.

163   Bericht: JK 704; Schulte, Europäische Krise, 201. Auch in der erweiterten Auflage der DD von 1927, dort Anh. IV a; Zeit: vor der Vormittags-Besprechung zwischen Bethmann, Moltke und Falkenhayn. Albertini II, 490. Vgl. Lutz, Moltke und der Präventivkrieg, KSF, 1927, 1109; Schulte, Dokumente, 182, Anm. 122.

163   aufzunehmen: Vgl. Unterkapitel VI, Tgb. Falkenhayn.

164   Goschen: BD 264.

164   27. Juli: DD 277, 313.

165   erneut: Eine erste Verhandlung des Kanzlers am 26. Juli, Dieter Groh, The „Unpatriotic Socialists", in: Journal of Contemporary History Bd. (1966), 151, 175. Vorbesprechung am 25. Juli zwischen Clemens Delbrück, Staatssekretär des Inneren, und Südekum, SPD.

165   Kriegsanleihen: Fischer, Illusionen, 699.

165   versprach: Riezler, Tgb., 23. Juli.

165   zurückgerufen: Schriftlicher Bericht von General Graf Max Montgelas, Untersuchungsausschuß II; Mombauer, Moltke, 198, Anm. 65.

165   Falkenhayns: Tgb., BA-MA, W-10/50635.

165   des Zaren: DD 332; Eingang auf dem Telegraphen des Neuen Palais in Potsdam.

166   Telegramm: DD 335.

166   ablehnende Antwort: offen abgesandt, einhalb sieben Uhr nachmittags, DD 359.

166   Konferenz: Albertini II, 500, Abs. 1.

166   Um 16:40 Uhr: Nach Wenninger begann das Gespräch um 18 Uhr, Schulte, Dokumente, 138.

167   Memorandum: DD 349.

167   Abstand: Afflerbach, Falkenhayn, 155.

167   beim Beschluß: Fischer schreibt: „Der Kaiser wurde am 29. Juli durch den Kanzler und die Militärs auf den Regierungskurs zurückgebracht." Gemeint ist: zurück von seinem Vorschlag „Halt in Belgrad". Diese Darstellung ist unerklärlich. Siehe Fritz Fischer, Kaiser Wilhelm II. und die Gestaltung der deutschen Politik, in: Röhl, Der Ort, 280.

168   Kriegsministerium vortragen: DD 456; sie stimmt auch überein mit Tirpitz, Ohnmachtspolitik, 2.

168   für den Krieg ist: Freiherr von Leuckart, JK 705; Bach, Gesandtschaftsberichte, 39.

168   Varnbüler: Baumgart, 138.

168   festhält: BA-MA, Falkenhayn, Tgb. über die Konferenz vom Abend des 29.

168   Mobilmachung beschlossen: Grelling, Lokalisierungsschwindel, 54; derselbe: J'accuse, 135 und 227. Vgl. Wolff, Tgb., Nr. 442 S. 443.

168   nicht belegt: Fay, Ursprung II, 365, Anm. 36.

168   Näheres mitgeteilt: DD 456.

168   der Adjutanten: Müller, Regierte?, 36.

169   Knie: Tirpitz, Erinnerungen, 237.

169   im eigenen Haus: George P. Gooch. Before the War, New York 1938, Bd. I, 284.

169   Hochfahrend: Ebendort, 238.

169   bekannt: Zar Alexander III. hatte über ihn gesagt: „C'est un garcon mal élevé et de mauvaise foi", A.J.P. Taylor, Bismarck, London 1955, 241, bei der Darstellung des 15. März 1890. In der Urfassung der Denkwürdigkeiten spricht Fürst Bülow von den „Ungezogenheiten" des Kaisers, Denkwürdigkeiten III, 63, in Verbindung mit Hiller von Gaertringen, Fürst Bülow, 313, Nr. 18; auch ebendort 95. Vgl. Volker R. Berghahn, Der Tirpitz-Plan, Düsseldorf 1971, 355.

169   Militärattaché: DD 207.

169   Heinrich: Wortlaut in KSF VIII, 1930, 491.

169   fürchtete: anders Kantorowicz, Gutachten, 410.

169   Eulenburg: Hull, Entourage, 24.

170   Schwabach: Mitinhaber des Bankhauses S. Bleichröder in Berlin, Wolff, Tgb., S. 203.

170   Berchtold: Geiss, Kurzfassung, 111.

170   schriftlich: DD 352.

170   instruiert worden: unterzeichnet von Bethmann, 28. Juli, 3:20 Uhr nachmittags, DD 299.

170   Gerüchten: Vgl. DD 216.

170   Ersuchen statt: DD 342, Abgang 12:50 Uhr, Unterschrift Bethmann. Albertini erwähnt DD 342 ohne Kritik, II, 491f. Nüchtern und ohne Bewertung auch Fischer, Illusionen, 707.

170   Teilmobilmachung: Zu milde ist Trachtenberg, History, 79.

171   der Vortage: DD 300, 315.

171   daß er sich irre: JK 710; Moritz Fabianowitsch Schilling, Der Beginn des Krieges 1914, Berlin 1924, 48–49; Int. Bez. i.V, 224.

171   Mißverständnis: vgl. Reiners, Lichter, 182.

171   bereits verfügt: DD 343. Dem Mobilmachungsbeschluß waren dramatische Szenen in Petersburg vorausgegangen, die aber Berlin erst 1917 bekannt wurden. Sie haben Deutschlands Maßnahmen und Entscheidungen nicht beeinflußt.

171   Zustand bewaffneter Neutralität: DD 378.

171 Das Kabel: DD 343, Eingang 2:42 Uhr nachmittags. Das Gespräch mit Swerbejew hatte um fünf Uhr begonnen, Sasse, Daten, 714.

171 dem Staatssekretär: Bericht Swerbejew, Int. Bez. I., V, 241, JK 715. Zur Teilmobilmachung siehe Trachtenberg, History, 80ff.

1172 zu vermeiden: Geiss, Kurzfassung, 118 (Int. Bez. i.V, 168). Die mobil gemachten Militärbezirke waren Odessa, Kiew, Moskau und Kasan.

172 1.332.000 Mann: Aufstellung vom Reichsarchiv, in: BA-MA Freiburg, W-10/52 106, Stempel 00268. Siehe auch Schäfer, Moltke, KSF IV, 516/517.

172 diplomatische Gründe: Trachtenberg, History, 80.

172 hergestellt werden: DD 378.

172 völlig fern: JK 602.

172 Drohung der Mobilmachung: Albertini III, 31, auch II, 549, L.C.F. Turner, The Russian Mobilisation in 1914 in Petersburg. Kennedy (Hrsg.) The War Plans of the Great Powers 1880–1914, London 1979, zit. von Langdon, Debate, 98.

174 Falkenhayn notiert: JK 676; Afflerbach, Falkenhayn, 157.

174 Kriegsministers: General W.A. Suchomlinow. Seine Eröffnung an Major von Eggeling: DD 242.

175 zutreffend bemerkt hat: Russian Mobilisation, wie Anm. 140, 74. Dazu Langdon, Debate 98 und 139.

175 allein gestanden: Oberstleutnant Schäfer, Brief an Montgelas vom 2. November 1928, BA-MA, W-10/50 729, Bl. 131; vgl. Afflerbach, Falkenhayn, 154ff., Förster, Metakritik, 156, und Mombauer, Moltke, 200.

175 Schritt entgegen: DD 357.

175 der französischen Botschaft: JK 614 (D.F. XI 203), BD 218, siehe Schmitt, Coming, 119, auch Anm. 3.

176 stammte von Jules Cambon: BD 218; JK 614 (D.F. XI 203) „er selbst (Jagow) solle die Form vorschlagen, die...".

176 in London geprägt: siehe BD 215.

176 in die Enge: Cambon, JK 614.

176 Farbe zu bekennen: Ullrich, Kalkül, 88; BD 215, 223; Albertini II, 509; Bollati, Wort „Konferenz".

176 Vorschlag zu machen: DD 357.

176 Grey in einer Mitteilung: BD 263.

176 Am Abend fragte: BD 329.

176 bei Jagow: Die anonym gehaltene Mitteilung, um die es sich hier handelt, stammt nach dem Inhalt der Äußerung vermutlich von Jagow.

177 eher überstürzt worden: BD 329.

177 Grelling: J'accuse, 129.

177 keine in sich schlüssige: JK 841.

177 Enge trieb: DD 357.

177 die Forderungen: Das sind offenbar die Forderungen der Note vom 23. Juli.

178 in Berlin mitgeteilt: BD 263.

178 Lichnowsky hatte berichtet: DD 301, eingegangen 15:45 Uhr; siehe DD 340, 361.

178 nicht unterstützen: DD 340.

179 Monitum an Tschirschky: DD 361, abgesandt acht Uhr abends, 29. Juli.

179 über den: im Original heißt es sinnentstellend: „in dem".

179 Die Antwort: DD 448.

180 Neutralitätsvereinbarung: DD 373; BD II, 550.

180 ermutigt hatte: Cecil, Ballin, 178ff.; DD 254; Albertini II, 413, Absatz 2. Hierzu Ullrich, Kalkül, 95, Anm. 46. Oder hat man Ballin sogar getäuscht, in eine Falle gelockt?

181 sogenannten: siehe hierzu Terence Zuber über „The Schlieffen-plan reconcidered" in: War in History VI, 1999, 261ff.

181 unnachprüfbare Vorgabe: Im Ergebnis ebenso Trachtenberg, History, 72.

181 In dieser Hinsicht: Siehe Fischer, Illusionen, 566.

181 a brake on German policy: History, 63.

181 wie Goschen berichtet: BD II, 551.

181 der gegenseitigen Achtung: Zutreffend: Corrado Barbagallo, Das Problem der Entstehung des Weltkrieges, KSF I und II, 1923/24, 89ff.

181 aus dem Foreign Office: BD 303.

181 ein Papier: BD II, 551.

181 harsch formuliert: DD 497.

182 des Generals von Chelius: DD 344.

182 Vom Zaren selbst: 20:42 Uhr, auf dem Telegraphen des Neuen Palais, DD 366.

182 your ambassador: DD 342.

182 „grobe Drohung": DD 342.

7

185 am Nachmittag des 29. Juli: siehe Albertini II, 161.

185 „Nervosität": JK, 750.

185 Bekannten Agenten: Nicolson, Vorwort zu Rumbold, Crisis XXXIII.

185 des dortigen Botschafters: DD 368. Vgl. Ullrich, Kalkül, 89. Er weist auf Jagows Worte am Donnerstag früh zu dem englischen Botschafter hin: „nicht mit Überraschung zur Kenntnis genommen..."

185 Nein zu Gesprächen: DD, 357, 17:07 Uhr, Paralleldokumente: BD 263, und 284. Siehe hierzu DD 352 und Kapitel 10.

185   auf Eis gelegt: Cambon an Bienvenu-Martin, JK 619.

185   an den Botschafter in Wien: DD, 384, am 30. Juli 0:30 Uhr zum Haupttelegraphenamt.

186   kräftigeres Telegramm: DD 385, ohne Änderungen unterschrieben von Bethmann, am 30. Juli um 0:30 Uhr zum Telegraphenamt. Zu DD 384, gleichzeitig zum Telegraphenamt gegeben, siehe oben „Ablehnung von Gesprächen" (3 Anmerkungen früher).

186   auch Sasonow: DD 365, Eingang 20:29 Uhr.

186   deutschen „Drohung": DD 342.

186   seit Montag geäußerten deutschen Wünschen: Oben Kapitel 4 Unterkapitel I.

186   Telegramm Nr. 174: DD 323, „Halt in Belgrad".

186   und fortsetzt: Nach DD 385 soll Tschirschky erreichen, daß Wien den Meinungsaustausch „beginnt und fortsetzt". Der Begriff „beginnt" geht davon aus, daß es einen solchen Meinungsaustausch noch nicht gegeben habe. Was es gegeben hatte, war ein nicht autorisiertes, persönliches und fast unstatthaftes Gespräch zwischen Szápáry und Sasonow. Korrekt auch DD 433. Illusionen, 712.

186   Haltung des Auswärtigen Amtes: Siehe oben Anm. „Nervosität".

187   Politik radikal änderte: Nicht Lichnowskys Telegramm DD 368 zwang Stumm zur Kursänderung, so zutreffend Ullrich, Kalkül, 89. B.W. von Bülow, Grundlinien, 125, meint, an diesem Abend habe es in Berlin „eine gewisse Kopflosigkeit" gegeben, und zwar als Wirkung der russischen Teilmobilmachung. Jagow dachte wahrscheinlich anders, siehe PA-AA, Jagows Essay „Juli 1914 und Kriegsausbruch", PA-AA, Nachlaß Jagow, Bd. 8.

187   übermittelte Stumm: Er hatte an DD 384, 385, nicht mitgewirkt.

187   im Wortlaut: DD 365, „mit kategorischer Ablehnung geantwortet".

188   Pforte der Grenzmauer: Dies schildert er 1921 einem Berliner Hochschullehrer für die Deutsch-englische Schuld-Diskussion zwischen Hans Delbrück und J.W. Headlam-Morley, Berlin 1921, 38, ebenso auch seine Aufzeichnung „Juli 1914 und Kriegsausbruch", PA-AA, Nachlaß, Bd. 8., 17.

188   „nach 11 Uhr abends": „Juli 1914 und Kriegsausbruch", PA-AA, Nachlaß Jagow, Bd. 8.

188   Schlafzimmer des Kanzlers: Riezler, Tgb., Nr. 549 vom 15. August 1914, 198 zu Anm. b: „Der zum Fenster in die Reichskanzlei einsteigende Jagow"; siehe auch Wolff, Tgb., S. 950.

188   mehr Nachdruck zu verleihen: „Julikrise und Kriegsausbruch", PA-AA, Nachlaß Jagow, Bd. 8, 17.

188   Gespräch mit Goschen: BD 2, 550.

189   Jagow ein zweites: DD 395. Die Akten ergeben diese zeitliche Reihenfolge mit Deutlichkeit. Die Herausgeber der DD haben

die beiden Telegramme in umgekehrter Reihenfolge abgedruckt. Sie haben wohl erwogen, daß DD 395 um fünf Minuten früher zum Telegraphenamt gegeben worden ist. Vor Herausgabe von DD wurden die beiden Telegramme gelegentlich in richtiger Reihenfolge behandelt: Theodor Reismann-Grone, Der Erdenkrieg und die Alldeutschen, Münster o. J., 88.

189 Telegramms aus London, angekommen um: DD 368.

189 Vorschlag: DD 357, angekommen 17:07 Uhr.

190 Langdon: Debate, 128.

190 Voraussetzung seiner Diplomatie: Victor Naumann, Untersuchungsausschuß, 45, unter Bezugnahme auf zahlreiche Gespräche mit Stumm; Ullrich, Kalkül, 82; ebenso Epkenhans, Flottenrüstung, 404.

190 eintreffende Telegramm: DD 368. Vgl. Langdon, Debate, 128. In der Tendenz von Langdons Frage auch Thompson, Eye, 88.

190 Agentenmeldung: Harold Nicolsen, Einleitung zu: Sir Edward Rumbold, Crisis.

190 nicht eingreifen werde: JK 6.

190 von Müller notierte: Müller, Regierte?, 36.

190 des 5. Juli 1914: Zwar war Stumm an diesem Tag in Urlaub, aber er kann telefonisch mit Bethmann gesprochen haben, auch kann er seinen Urlaub unterbrochen haben.

190 in seinem Buch: Rheinbaben, Kaiser, 108.

190 der englischen Neutralität: Ebenda, 100.

191 „inadvertent war": Trachtenberg, History, 1991, 48. Vgl. Naumann, Untersuchungsausschuß, 45.

191 Vorschlag „Halt in Belgrad": DD 368 in Verbindung mit DD 357.

192 habe das Telegramm wirklich: Dasselbe gilt für private Dokumentensammlungen, zum Beispiel Baumgart, 127.

192 An Pourtalès drahtete: 2:55 Uhr, DD 392.

192 kräftiger: DD 393.

192 Zweifel bestehen: Mehrere Historiker und Autoren haben einen quasi Widerruf der Weltbrandtelegramme in den ersten Vormittagsstunden des 30. Juli behauptet: Richard Grelling, „Les phantômes nocturnes d'apaisement de Bethmann prirent fin à la pointe de jour (30 Juillet) tels des phantômes disparaissant au lever du soleil", La Campagne Innocentiste, Paris 1925, 55.

192 Früh am Morgen: BD 305, 677 (Bd. 2, 550). Nicht mitgerechnet einen zweiten Besuch in der britischen Botschaft am 4. August. Dabei wollte er sich nur entschuldigen: für die Berliner, die Fensterscheiben der britischen Botschaft eingeworfen hatten, BD 2, 535.

193 Empfang des Telegramms: Gemeint ist das Telegramm, das Jagow mit Weltbrand II nach Wien geschickt hatte.

193	mit Ihnen berichtete: Fußnote in der britischen Dokumentensammlung verweist auf BD 263, 285.
193	von dort bekanntzugeben: Fußnote in der britischen Dokumentensammlung verweist auf DD 395, das ist Weltbrand II.
193	an den Kaiser: DD 407.
193	je im Wortlaut: DD 395.
193	recht gute Information: Gestrichen ist aber: „...da er kriegerisches Eingreifen geradezu provoziert, das zu vermeiden Österreich-Ungarn in erster Linie interessiert ist." Kantorowicz, Gutachten, 94.
193	Erhaltung des Friedens: B.W. von Bülow, Krisis, 127.
193	Berliner Korrespondenten: Sein Name ist Crozier Long, Lutz, Gutachten, 214. Das Blatt stand der britischen Regierung nahe, Deutsche Tageszeitung 8. August 1914, AA Deutschland 135 No. 2 secr.
194	am übernächsten Tag: E.D. Morel, Truth and the War, London 1916, 32; Bethmann Hollweg hat in einer Reichstagsrede vom 19. August 1915 den gekürzten Text von Telegramm II verlesen, siehe Kantorowicz, Gutachten, 94. Vgl. Friedrich Thimme, Bethmann Hollwegs Kriegsreden, Stuttgart, 1919, 55, Anm. 1; Zechlin in: Schieder, Ursachen, 196 (Weltbrand I); Young, Lichnowsky, 112, zu Anm. 62; Rumbold, Crisis, 214.
194	des englischen Vorschlags: DD 368.
194	nach Wien mit: Wegerer II, 107.
195	Unterrichtung des Kaisers: DD 407.
195	Donnerstag um sechs Uhr früh: DD 384, 385.
195	Konversation mit Rußland: Siehe oben, in diesem Kapitel unter I.
195	offizieller Kleidung: Ganz, Untersuchungsausschuß, 57.
195	hat nachgegeben: Ebendort, 57.
195	Journal-Nr. 135: DD 433. Im Text ist dieses Telegramm mit seiner Journal-Nummer bezeichnet, damit es und das Telegramm DD 432 in der richtigen Reihenfolge erscheinen.
196	Ursprungstelegramm: DD 385.
196	Nachgeben nur gespielt: Ebenso Albertini II, 660. Dieses Telegramm sei noch weniger ehrlich als Nr. 136.
196	vorzutäuschen: Albertini II, 658.
196	bösen Glauben: Albertini II, 661: In short, Berchtold and Tschirschky were in league to throw dust in the eyes of Berlin, London an St. Petersburg, not without some success.
197	ergänzte: Journal-Nr. 136, DD 432; Eingang in Berlin 5:25 Uhr nachmittags.
197	um Gehör zu finden: Sergej D. Sasonoff, Sechs schwere Jahre, Berlin 1927, 255. Ähnlich Albertini II, 668 und 526; Langdon, Debate, 56 und 71.
198	gleichlautende Telegramme: 21:50 Uhr, DD 444.

198	neue Friedensinitiative: Durch ein Memorandum für und an Tirpitz, siehe unten Kapitel 7 über den 30. Juli.
198	Beschluß einer Generalmobilmachung: Albertini II, 659–660. Aber dazu Ritter, Staatskunst II, 383, Anm. 28.
198	geführt wurde: DD 350.
198	vormittags um zehn Uhr: Schäfer, Moltke, KSF IV, 1926, 536.
199	zu Berchtold bringen: Tgb. Redlich, Baumgart, 131.
199	8:50 Uhr abends: DD 448, eingehend 22:25 Uhr.
199	„Katastrophe aufzuhalten": DD 385.
199	Casus-foederis-Verneinung: Tschirschky hat nie mit der Casus-foederis-Verneinung gedroht. Das haben, um ein übriges zu tun, die Grafen Berchtold und Forgách nach dem Kriege bestätigt. Sie waren von dem deutschen Sachverständigen Hermann Lutz befragt worden, der für den Reichstag recherchierte. Lutz, Lord Grey, 386, Anm. 286.
199	der englische Botschafter: Dumaine zitiert nach Albertini II, 153–154, BD 307; vgl. BD 450.
200	sabotiert: So auch der österreichische Diplomat E. Urbas in der Neuen Zürcher Zeitung, zitiert von Delbrück, KSF I, 1923, 77. Siehe oben über den 30. Juli, Kapitel 5.
200	telegrafische Kopie: Telegramm Nr. 193 vom 31. Juli, 2.20 Uhr, siehe DD 448, Anm. 2.
200	las es zweimal: DD 465. Ebenso Leopold Graf Berchtold in „Halt in Belgrad", in Hantsch, Grandseigneur II, 633–634. Außerdem hat Berchtold es auch noch selbst gelesen, Tgb. Redlich, Baumgart, 131.
200	Tschirschky später nach Berlin: DD 465.
200	nicht geringe Bedenken: Berchtold, „Halt in Belgrad", zit. nach Hantsch, Grandseigneur, 634. Ähnlich Harry Elmer Barnes, Die Entstehung des Weltkrieges, Stuttgart 1928, 192: Tschirschky habe nach korrekter Übermittlung der Berliner Demarchen stets mit Engagement seine Mißbilligung der „beschwichtigenden Zuschriften" zum Ausdruck gebracht.
200	Bestandteil des Kabels: DD 368. Vgl. DD I, 185!
201	schrieb nach dem Krieg: Brief vom 27. Oktober 1919, zit. Hantsch, Grandseigneur, 639.
201	Generalmajor Waldersee: Kronenbitter, Illusionen, Nr. 11.
203	Mitteilung aus Berlin: Und zwar von Herrn von Stumm: Tschirschky in einem Randvermerk auf einem Brief Jagows vom 11. November 1914, zit. nach Fischer, Illusionen, 716.
203	bloße „Formalität": Schilderung durch Forgách in einem Brief vom 27. November 1935 an Berchtold, zit. nach Hantsch, Grandseigneur II, 638.
203	Jagow wies Lichnowsky: DD 393.
203	und zwar brieflich: Ausführungsbericht nach Berlin: DD 418, angekommen drei Uhr zehn Minuten nachmittags. Hierin un-

terrichtete der Botschafter Jagow, brachte eine seiner Ideen in die Überzeugung ein: Jagow soll statt Grey die Vermittlung übernehmen, „da Sir E. Grey weniger mit ganzer Frage vertraut, auch weniger Einfluß in Wien besitzt." Hierauf keine Reaktion des AA. Offenbar war Lichnowsky pessimistisch, griff verzweifelt nach irgendeiner Veränderung, damit der Stand der Dinge verbessert würde. Jagows Ehrgeiz ging nicht entfernt so weit, diese Aufgabe zu übernehmen.

203 falls Österreich: Telegramm, abgeschickt 7:35 Uhr nachmittags, BD 309.

203 21:50 Uhr nach Berlin: DD 460.

203 Stumm hatte geglaubt: 22:25 Uhr, DD 448.

204 feststellen zu können: DD 356 einerseits, 365 andererseits.

205 und Erledigung erinnert: DD 377; Jagow hatte in einem Telegramm knapp auf „Halt in Belgrad" bezug genommen, DD 355.

205 sofort eine Antwort: DD 388, Eingang früh 1:30 Uhr.

206 Ministerrat: ÖD 11 203, JK 861; Grelling, Die Kriegsschuld des deutschen Generalstabs, 21.

206 vom Dezember 1918: Brief des Historikers Ernst Jäckh vom 13. Dezember 1918, PA-AA, Nachlaß Jagow, Bd. 4, Bl. 128.

206 Chamade: vermutlich eine Anspielung auf Moltkes (des Älteren) Worte zu Bismarck und Roon 1870 nach der Umformulierung der Emser Depesche.

207 Weltbrand II ablehnte: DA III, 79.

207 jedoch unterdrückt: Kanner, Katastrophenpolitik, 308.

207 halb ein Uhr nachmittags: KSF VI, 1928, 1063; dies ist ein anderes Ferngespräch als das in DD 468 verzeichnete, wohl einige Stunden ältere zwischen Stumm und Tschirschky.

207 erhielt: DA III, 49; DD 482, 31. Juli 14:45 Uhr. Parallelinstruktion an Szögyény: ÖD 11155, JK 873, in Berlin angekommen am 1. August (!) frühmorgens. Hierzu B.W. von Bülow, Krisis, 109. Dieser fast offizielle Kommentar der republikanischen Regierung beschönigt das Verhalten des Wiener Kabinetts in dem Grade, daß er behauptet, es habe durch ÖD 11155 auf die deutschen Vorstellungen hin „auch (!) die von England gewünschte Vermittlung der Mächte angenommen".

207 nach Wien: DA III, 57.

208 begreiflicherweise: Dieses Wort hervorgehoben im Original.

208 Hajo Holborn: A history of modern Germany, 1840–1945, New York 1969, 427; Joachim Remak, 1914–The Third Balkan War: Origins Reconsidered, in: Koch, Origins, 93.

208 „Katastrophe": DD 385.

8

209 in seinen Aufzeichnungen: Wolff, Pilatus, 345.

209 Gegensätze sind zu groß: Die Gegensätze zwischen Dreibund und Entente waren nicht zu groß. Möglicherweise meinte Szögyény dreibundinterne Gegensätze.

209 „Manchester Guardian": Rumbold, Crisis, 220.

210 Moltke meinte: Theobald von Schäfer, Generaloberst von Moltke in den Tagen vor der Mobilmachung, KSF IV, 1926, 522ff.

210 von Fleischmann: Ebendort, sowie Conrad, Dienstzeit IV, 152.

210 hoffte eben Moltke: Schäfer, ebendort, 524. Über Moltke an diesem Vormittag auch ein Bericht Cambons, JK 828.

210 zustimmende Antwort: Conrad, Dienstzeit IV, 152 und 156.

210 Argenturberichte: BA-MA, W-10/50729, Bl. 123 f, Schreiben Graf Montgelas an General von Haeften vom 13. Oktober 1928.

210 jetzt von Pourtalès: 11:50 Uhr, DD 410.

211 des Zaren: DD 390.

211 decided: von Nikolaus mißverständlich ausgedrückt, vgl. Albertini III, 2.

211 Akten: DD 399.

211 Telegramm des Zaren: 11:15 Uhr, DD 408.

212 Kaiser: DD 420.

212 Halbsatz: DD 367.

212 Verzagtheit: Ernst Graf Reventlow, Von Potsdam nach Doorn, Berlin 1940.

212 an König Georg: DD 417.

212 Urheber: von Müller, Regierte?, 37.

212 von Müller: Notiz des Kaisers auf einem Bericht des Kanzlers an ihn, DD 407, siehe auch DD 402.

213 Schlag: Müller, Regierte?, 37.

213 an Englands Neutralität: Langdon, Debate, 116.

213 wunderte sich: DD 258. Die Daten des Eingangs der vier Telegramme, die der Kaiser nicht zu sehen bekommen hat: DD 265, Montag 17:05 Uhr; DD 266, Montag 20:40 Uhr; DD 301, Dienstag 15:45 Uhr; DD 357, Mittwoch 17:07 Uhr.

213 Zeitung: Bemerkungen auf einer Ausgabe der „Morning Post", DD 402.

213 Lichnowsky-Telegramm: DD 368, ein Uhr mittags, siehe dazu Kapitel 6 Unterkapitel II.

213 Kaskaden von Randbemerkungen: DD 368.

214 Hysteriker: Langdon, Debate, 116.

214 Edward VII.: Eckardstein, Isolierung, 171.

214 Bericht: DD 401, 19 Uhr Eingang im Neuen Palais.

215 Greys zynische Bemerkung: DD 157.

216 Szögyény: JK 21.

217 Henry White: Albertini III, 170.

217 Bülow: Denkwürdigkeiten III, 169.

217 Graf Eulenburg: Bülow, Denkwürdigkeiten III, 165; Eckardstein, Erinnerungen II, 47.

217 Kaiserin: Konrad Krafft von Dellmensingen, General der Artillerie, Tgb., BA-MA, W-10/50642, Eintragung vom 30. Juli 1914; Afflerbach, Falkenhayn, 229, 231.

217 Erregung: General von Zoellner, Schreiben vom 26. Januar 1921 an das Reichsarchiv, Kriegsrüstung, BA-MA, W-10/51064.

217 ändert er seine Beurteilung: Am Mittag laut General Montgelas in Premeditated W-10/50 729, Brief an General von Haeften vom 15. Oktober 1928, Blatt 123–126; Trumpener, Premeditated, zu Anm. 70; Theobald von Schäfer, General von Moltke in den Tagen vor der Mobilmachung und seine Einwirkung auf Österreich-Ungarn, KSF IV, 1927, 527.

217 trieb er die Dinge: Schäfer, ebendort: Die Meinung von Generaloberst von Moltke zu der entscheidenden Frage, ob der große Krieg noch vermieden werden könne oder nicht, änderte sich im Laufe des 30. Juli.

217 mittags: Trumpener, Premeditated, zu Anm. 70. Albertini III, 6, gibt die Tageszeit mit 13 Uhr an. Andere Zeitangabe: 11 Uhr, Bericht General Wenninger, Gerd F. Schulte, Neue Dokumente zum Kriegsausbruch und Kriegsverlauf 1914, MGM 1979 Nr. 4; derselbe, Europäische Krise, 205; JK II, 335ff.

217 Kriegsgefahr: Trumpener, Premeditated, zu Anm. 70.

217 nicht eingeladen: Oder weil Bethmann die Front der Gegner schwächen wollte? So Mombauer, Moltke, 205, Anm. 89.

217 Der Minister notierte: Tgb., BA-MA, W-10/50 635.

217 viel mehr: Ritter, Staatskunst II, 320; Conrad, Dienstzeit IV, 137; Trumpener, Premeditated, zu Anm. 70.

217 nicht mehr an den Erfolg: Turner, Role, 315.

217 entfielen 14: Untersuchungsausschuß, Bericht des Sachverständigen General Graf Max Montgelas, 11.

218 österreichische Militärattaché: Schäfer, Moltke, KSF IV, 1926, 525; vgl. Sasse, Daten, 717.

4218 kriegsauslösende Handlung: Langdon, Debate, 82: „infamous intervention"; Ritter, Staatskunst II, 322: ein Sabotageakt.

218 Telegramm an den Chef: Conrad, Dienstzeit IV, 152. Abends schickt Moltke ein Telegramm an Conrad von Hötzendorf, in dem er in Kurzfassung seinen Appell an Bienerth wiederholt, KSF V, 1927, 762; Conrad, Dienstzeit IV, 152.

219 widerrief: DF XI, 380, JK 841; Albertini III, 13.

219 arbeitete: Maurice Paléologue, der französische Botschafter in Petersburg, zu dem belgischen Gesandten, Grelling, Aktenstücke, 198; Fischer, Nicht geschlittert, 107.

219 Kompromißformel: Das Telegramm DD 412 bleibt hier unerörtert, siehe dazu Albertini II, 561ff.

219 zu entwinden: Eingang 15:32 Uhr, DD 421. Unmittelbar nach dem Gespräch mit Pourtalès fuhr Sasonow in das Gebäude des

Generalstabs und stimmte dort dem Beschluß der Generalmobilmachung zu, Albertini III, 18–19. Aber die Deutschen erfuhren davon nichts. Zum Verständnis der deutschen Diplomatie
kann daher Sasonows Votum im Generalstab nichts beitragen.

219 in seinem Bericht: DD 421.

219 zustimmen: Jagow leugnet dies in KSF II, 1925, 344, in souverä-
ner Verachtung der Wahrheit.

219 Null Uhr dreißig: DD 384, 357.

220 Mihailovic: DD 357, Albertini II, 501.

220 am 29. Juli:: Das erste Mal am 27. Juli: DD 249; Albertini II, 418.

220 Erläuterungen: Fay, Ursprung, 251.

220 nicht teilzunehmen brauchten: DD 357, Kapitel 4, 62 („any method"). UK XXIV

220 Erläuterungen: Fay, Ursprung, 245ff. Übrigens bestätigt dieser
Aktenvermerk, daß die Akten allgemein nicht bei Bethmann lagen.

221 Tschirschky: DD 433.

221 Jagow: KSF II, 1925, 346.

221 andere: Graf Montgelas, KSF I, 1923, 35.

222 russische Botschafter: Bericht Swerbejews an Sasonow vom
30. Juli, JK 820; Moritz Fabianowitsch Schilling, Der Beginn des
Krieges 1914, Berlin 1924, 68. Sasonow hat seine Formel, dem
Wunsch Greys entsprechend, abgeändert, Renouvin, Origins,
232. Weder Pourtalès noch das AA haben davon erfahren. Vgl.
aber Grelling, J'accuse, 133, unter Bezugnahme auf das Orange-
buch Nr. 67.

222 „Impass": Hoyos, in: Alff, Sonderung, 316.

222 Mittag: 12 Uhr laut Bernd F. Schulte, Neue Dokumente, MGM
1979 Nr. 4; ebenso Sasse, Daten, 716.

222 Unterrichtung: Baumgart, 138; Bach, Gesandtschaftsberichte,
46, 49 und 52; JK 807; Lerchenfeld, in: Deuerlein, Briefwechsel,
Nr. 111. Siehe Trachtenberg, History, 91.

223 Staatsministeriums: DD 456.

223 Kollegiums: DD 456. Die Sitzung begann mittags laut Montge-
las, KSF III, 1925, 122; ebenso Sasse, Daten, 716; Schäfer, KSF
IV, 1926, 530. Dagegen Zechlin, Kriegsrisiko, 183: 18 Uhr.
Wahrscheinlich ist die Besprechung mit den Vertretern der vier
Bundesstaaten früher zu datieren als die Sitzung des Staatsmini-
steriums.

223 alle: Salza Lichtenau, 30. Juli, in: Bach, Gesandtschaftsberichte,
49.

224 Militärs: Siehe: Theobald von Schäfer, Generaloberst von Moltke
in den Tagen vor der Mobilmachung, KSF IV, 1926, 531.

224 Heinrichs: Adolf Heinrichs, Generalsekretär des Staatsministeriums, seit 1914 Unterstaatssekretär, Montgelas, KSF 1925, 122.

224 Schlepptau: DD Anh. IV, 144, 145, Nr. 18.

224 Kronprinz: Friedrich Hartau, Wilhelm II., Rowohlt Monographien, Reinbek 1978, 108–109. Der Kronprinz war ohne Einfluß; Wolff, Tgb., Nr. 213, S. 284; Kantorowicz, Gutachten, 386; Fischer, Nicht geschlittert, 47. Nach dem Zeugnis von Hermann Eckardstein, Isolierung, 182, wollte Friedrich Wilhelm den großen Krieg nicht. So urteilt auch Kanner, Katastrophenpolitik, 415. Kantorowicz allerdings nennt ihn einen Kriegshetzer, Gutachten 386.

224 mittags: Sasse, Daten, 716.

224 gern gelesen wird: Albertini III, 9; Eugen Fischer, 39 Tage, 220.

224 Extrablatt: DD 488.

224 Matin: KSF V, 1927, 727.

225 Telegramm Lichnowskys: DD 357.

225 auch den Botschafter Szögyény: Gleichzeitig mit dem Telegramm an Tschirschky vom 30. Juli, 0:30 Uhr, DD 384, oben Kapitel 6.

225 weitergab: ÖD 11027, JK 658.

225 eben erwähnt: oben Unterkapitel III, zu Anm. 53 „Mihailovic".

225 kommentiert: die österreichischen Erläuterungen zu der serbischen Antwort sind in DD nicht abgedruckt, auch nicht in JK. Fay, Ursprung II, 245ff, gibt den Wortlaut wieder, ebenso Baumgart, 86.

225 Lichnowsky: DD 357.

225 Grey wollte: Auswärtiges Amt, PA-AA, Akten „Weltkrieg" Bd. 7, Bl. 105. Die Herausgeber der deutschen Dokumente über die Julikrise haben dieses das Auswärtige Amt belastende Kabel nicht in ihre Sammlung aufgenommen.

225 Antwort: DD 432; interne Telegramm-Nr. 136, bereits oben erwähnt, Kapitel 6, Unterabschnitt V.

225 Anregung: DD 384.

226 anderen Seite: DD 442.

226 Moltke: Tgb. Falkenhayn, BA-MA, W-10/60635.

226 Moltke beantragte: Gempp in seiner Darstellung „Geheimer Nachrichtendienst und Spionageabwehr des Heeres", II. Teil, 34, BA-MA, RW 5/v. 657.

226 Kanzler lehnte das: Trumpener, Premeditated, Anmerkung 70 geht davon aus, daß Moltke schon am Mittag beim Reichskanzler die Ausrufung der drohenden Kriegsgefahr beantragt habe.

226 Quellen: Montgelas, Dokumente, KSF V, 1927, 763.

227 ermutigendes Telegramm: DD 435, Eingang 17:56 Uhr noch unchiffriert. Albertini III, 21, nimmt an, er habe „gerade vor" der Formulierung von Nr. 200 die drei Telegramme aus Wien erhalten: Nrn. 134, 135 und 136 = DD 432 bis 434.

227 Anweisung: 21 Uhr, DD 441, eigenes Konzept des Kanzlers.

227	eben doch: Eine zu negative Interpretation bei Ullrich, Kalkül, 90.
227	Ernsthaftigkeit: Gegenteilige Auffassung bei Zechlin, Kriegsrisiko, 74, und Fischer, Illusionen, 716.
227	dokumentiert: Das gleiche gilt für sein Telegramm an Tschirschky aus der Nacht vom 27. zum 28. Juli. Zum 28.: siehe Kapitel 4.
227	Nach: von Schäfer, „Moltke vor der Mobilmachung", 27, BA-MA, W-10/50729.
228	Ziemlich bald: ebendort, 28.
228	Tschirschky auch: PA-AA, Akten Gesandtschaft Wien, geh. III, ganz geh. Sachen, Randnotiz Tschirschkys auf einem Brief Jagows vom 11. November 1914, zit. nach Fischer, Illusionen, 716, Anm. 122. Vgl. Langdon, Debate 97-98.
228	Knappheit: 23:20 Uhr, Entwurf Zimmermann, DD 450.
228	entwarf: DD 451.
228	zweigleisig operieren: aber Jannen, Lions, 233!
229	Prinz Heinrich: Wolff, Pilatus, 350.
229	Georg: DD 452.
229	Vorschlag: DD 357.
229	fand eine „Unterredung" statt: Jagow in KSF II, 1924, 345–346.
229	Kabel: DD 464; abgehend am Freitag um 2:45 Uhr frühmorgens; vgl. Albertini III, 28.
230	unwahrscheinlich: vgl. Albertini III, 28, Anm. 3.
230	anrief: DD 468.
230	Persönlichkeit: Ernst von Heydebrand und der Lasa, „der ungekrönte König von Preussen", Brief an seinen Parteifreund Graf Westarp vom 20. Dezember 1913, DZA Potsdam, Nachlaß Westarp, Nr. 1, Bl. 200, zit. nach Groh, Integration, 519. Bethmann war „schwankend auch in der größten Bewährungsprobe", schreibt Deuerlein, Deutsche Kanzler, München 1968, 162.
230	französischer Autor: Alfred Fabre-Luce, Der Sieg, Frankfurt 1925, 328.
231	9. August: Denkwürdigkeiten III, 148.
231	Mitternacht: Sasse, Daten, 717.
231	Aufzeichnung: vom 2. August 1914, BA-MA Freiburg, N 35/1; Schultheß, Europäischer Geschichtskalender, 1917 II, 996ff.
233	angeklebt sein: Schultheß, ebendort, 1000.
233	Maueranschlägen: Gempp in seiner Darstellung „Geheimer Nachrichtendienst und Spionageabwehr des Heeres", BA-MA, RW 5/v. 657, 35.
233	Hoth: BA-MA, RW 5/v. 657, Bl. 41.

9

235	äußert Jagow: JK 931–932
235	schwache Faden: Röhl, Fürsten, 14.

236   deutsche Maximalforderung: DD 480.

236   Zimmermann klagt: BD II, 434.

236   neun Uhr fand beim Kanzler: KSF VI, 1928, 1064; Thompson, Eye, 90.

236   teilnahmen: Stumm an Jagow, Brief vom 20. Mai 1926, PA-AA, Nachlaß Jagow, Bd. 6, Bl. 63. Nach Thompson, Eye, 90, nimmt Jagow an der Sitzung teil.

236   Stumm telefonierte: Gesprächsnotiz, DD 468.

236   Kaiser verfolgte auch an diesem: Journal-Nr. 135, DD 433, siehe oben Kapitel 6 „Weltbrandtelegramme“.

236   Chelius: Eingang am Vortage 22:05 Uhr, DD 445.

236   mobilisiert: Gemeint ist die Teilmobilmachung!

236   in guter Stimmung „richtig“: Vgl. Albertini III, 36. (Geheimrat Wedel): DD 480. König Georgs: DD 452.

237   Memorandum: Zwölf Uhr mittags, DD 474.

237   Georgs: DD 452.

237   gleichfalls gestern abend als solche: Das heißt: als Vorschläge.

237   Tschirschkys Mitteilung: Journal Nr. 135, DD 433.

237   an König Georg: DD 477.

237   abends eingetroffen: DD 368.

238   mit dem der Kanzler: DD 407.

238   Orientierungspapier: DD 474.

238   elf Uhr vormittags: Wegerer, KSF VI, 1928, 1064; ebenso Sasse, Daten, 717; Geiss, Kurzfasung, 270.

238   Nachricht aus Petersburg: DD 473.

238   eines Ertrinkenden: Tirpitz, Erinnerungen, 242.

238   Generalmobilmachung: Aktenvermerk Stumms, DD 468; Albertini III, 29, derselbe II, 658–659.

238   Generalmobilmachung überholt: Stumm zu Wegerer 1928, Alfred von Wegerer, Die russische allgemeine Mobilmachung und das deutsche Ultimatum an Rußland, KSF VI, 1928, 1061ff; vgl. Albertini III, 29–30.

238   Bethmann Hollweg: Siehe auch Albertini III, 38.

238   Stumm: KSF VI, 1928, 1062.

238   Botschafter Swerbejew: JK 932.

239   vom 29. Juli abends: DD 385.

239   Szápáry war angewiesen: seit gestern 17:25 Uhr, DD 433.

239   Lichnowsky: Denkschrift „Wahn oder Wille“, Röhl, Fürsten, 64.

239   Conrad: Zwölf Uhr, Wegerer, Ausbruch II, 130.

239   Kriegsgefahr: Dienstzeit IV, 164–165; vgl. Fellner in: Wilson, Decisions, 9ff.

240   Georg: DD 477.

240   Berlin: Ankunft 14:45 Uhr: Sasse, Daten, 718.

240   Im Großen Generalstab erwarteten ihn: Hauptmann Mewes, Schreiben vom 14. Juli 1919, BA-MA, W-10/50897.

240 „und andere": Tgb., Lyncker, JK 889, Tirpitz, Erinnerungen, 239; Tirpitz war nicht anwesend, JK 889.

240 Er lehnte den Vorschlag: Wenningers Tgb.: Falkenhayn hat dem Kaiser den Ausspruch des Zustands der drohenden Kriegsgefahr.

240 „ringt" Falkenhayn ihm: Tgb. Wenninger in: Schulte, Europäische Krise, 207.

240 des Zaren: DD 487; Albertini III, 56.

241 vollziehenden: Artikel 68 der Reichsverfassung; Schmitt, Coming, 265; Albertini III, 38.

241 36 Festungskommandanten: Sösemann, Theodor Wolff, 145; Herwig, Uncertainties, 265. Jeder dieser 62 Militärbefehlshaber war direkt dem Kaiser verantwortlich.

241 48 Stunden später: DD 479.

241 vom Schloß aus: JK 889.

241 drei Uhr: Die Ultimaten sind je um 15:30 Uhr zum Telegraphenamt gegeben worden, siehe DD 490, 491. DD 490 mußte von Bethmann geschrieben, DD 491 geprüft und korrigiert werden. Außerdem nahm das Chiffrieren Zeit in Anspruch. Vier Uhr laut Tagebuch formulierte er selbst das Telegramm nach Rußland: Ankunft in Petersburg 23:10 Uhr Ortszeit, DD 490.

241 Bethmann Hollweg betrachtete: DD 490.

241 jetzt ohne Hoffnung: Langdon, Debate, 60.

242 von Müller: JK 909; DD 474, Anm. 2.

242 war beauftragt: DD 491.

242 Viertel nach zwei: Ebenda.

242 Müller unterstützte: Tgb. 31. Juli 1914, JK 909.

242 halb fünf: Tirpitz, Ohnmachtspolitik, 10.

242 Tirpitz: Manuskript, PA-AA, Nachlaß Jagow Bd. 5, 25: Bethmann „ziemlich aus der Fassung".

243 zu verhindern: Die Tirpitz-Biographie von Uhle-Wettler erwähnt diesen Auftrag an Tirpitz nicht: 350ff.

243 war das eines Spezialisten: Vgl. Uhle-Wettler, Tirpitz, 326.

243 nach politischer Macht: Erinnerungen, 166.

243 einzige Rettung: ebenda.

244 Lichnowskys: DD 484, 15:50 Uhr.

244 deutschfreundliche: Rheinbaben, Kaiser, 131.

244 Grey mußte: Kanner, Katastrophenpolitik, 303, sagt, Grey scheine sich in einer Art Friedenspsychose befunden zu haben; von allem, was Berchtold ihm habe sagen lassen, hatte er nur das Ja gehört.

244 Kabinettsmehrheit: Jannen, Lions, 152.

245 15:30 Uhr: DD 490.

245 Mitternacht: DD 536.

245 Über sein Angebot von Grey: DD 489. Hierzu Langdon, Debate, 60.

245   Goschen informiert: BD 340.
245   Jannen: Lions, 253. Ebenso Thomson, Twelve Days, 146; Albertini II, 368.
245   meint George M. Thomson: Twelve Days, 146.
246   Goschen nachmittags: BD II, 434.
246   seiner Allianz: Hildebrand, Reich, 364, 1084, Anm. 20.
246   volle Stunde: BD 385.
247   Nikolaus: DD 487.
247   nichts beschlossen: Der Schlieffenplan hinderte die deutsche Diplomatie natürlich nicht, Angebote wie dieses letzte englische anzunehmen. Anders: Mombauer, Moltke, 216, zu Anm. 139.
248   schilderte die Lage: halb vier Uhr nachmittags, DD 492.
248   In der italienischen Frage: DD 534.
248   Wenninger in seinem: Bernd F. Schulte, Neue Dokumente zum Kriegsausbruch und zum Kriegsverlauf 1914, MGM 1979, 140. Zu weit gehende Schlußfolgerungen: Mombauer, Moltke, 209.
248   einem persönlichen Gespräch: DD 535, Friedrich Graf von Pourtalès; Meine letzten Verhandlungen in Sankt Petersburg, Berlin 1927, 59–61.
249   Ansprache vom Balkon: Ulrich Cartarius, Deutschland im Ersten Weltkrieg, München 1982, 12–13.
249   Admiral Müller: Röhl, Approach, 670, Anm. 99. Müller neigte zur Kritik an den herrschenden Verhältnissen.
249   General Conrad: Dienstzeit IV, 156, siehe Albertini III, 529–321.
250   im Stiche lassen: Conrad, Dienstzeit IV, 195.
250   an Franz Joseph: DD 503, ÖD 11125; dieses Telegramm dokumentiere den antiösterreichischen Charakter der deutschen Diplomatie ab Mitte Juli 1914, behauptet Fellner in Wilson, Decisions, 21ff.
250   seinem Erinnerungsbuch: Dienstzeit IV, 157.
250   Goschen: BD 348.
250   Jagow antwortete: BD 383.
250   Telegramm an Lichnowsky: 20:30 Uhr, DD 513.
251   telegraphischen Berichte: DD 489.
251   für die Engländer neu: Lichnowsky, Abgrund, 47. Siehe aber DD 477, oben zu Anm. 20: ein Telegramm des Kaisers vom Neuen Palais, 12:55 Uhr.
251   überbringen ließ: durch den Botschaftssekretär von Schubert, Lichnowsky, Abgrund, 47; BD 372.
251   gebeten: „Wahn oder Wille" vom Januar 1915, Röhl, Fürsten, 63.
251   telegraphisch an den Zaren: Das Foreign Office übergab das Telegramm des Königs den Tageszeitungen, die es am 5. August veröffentlichten, BD 384.

251   Raum zu lassen: Die Antwort des Zaren an König Georg: BD
      490, siehe auch Albertini III, 126ff.

                                10

253   Drehbuch: Röhl, Vorsätzlicher Krieg?, 201.
253   aus Rom: DD 534.
253   Morgengrauen: DD 490, 536.
253   Mitternacht: Nacht vom 31. Juli auf den 1. August.
253   veranlassen: A. Mendelssohn Bartholdy, KSF I und II, 1925, 93.
253   mit mir zum Kaiser: Afflerbach, Falkenhayn, 162.
254   Argumente: Eine andere Version überliefert der belgische Ge-
      sandte. Danach sollen auch Jagow und Zimmermann Wider-
      stand gegen die Generalmobilmachung geleistet haben, erst der
      Kaiser habe die Entscheidung getroffen, Grelling, Aktenstücke,
      201 (Nr. 20).
254   Verkehrsstau: Tirpitz, Erinnerungen, 241; Afflerbach, Falken-
      hayn, 162.
254   verwünschen: Mark Kerr, Land, Sea, and Air, London 1927,
      175.
254   in den Augen: Wolff, Pilatus, 42.
254   Nun danket: Tuchman, August, 96.
255   Buch: Mein Kampf, 37. Auflage, München 1933, 173.
255   Zwischenspiel: DD 562. Vgl. Trachtenberg, History, 58ff.
255   dürften aber nicht: Wolff, Tgb., Nr. 14, S. 86.
255   Mißverständnis: Dies leugnet zu Recht: Mommsen, Handbuch,
      560. Vgl. Harry F. Young, Misunderstanding, in: Journal of
      Modern History, II (1976).
255   Erfinder: Etwas anders aber Reiners, Lichter, 200: man wisse
      nicht, wer das erdacht habe.
256   Unterhaus: Young, Misunderstanding, 658; Lutz, Lord Grey,
      256.
256   Memoiren: ebendort (Misunderstanding), Anm. 71.
256   festgehalten: Vgl. Botho Graf Wedel, BMH 1930, 457.
256   Glück zu wünschen: PA-AA, Nachlaß Jagow, Ordner 8, Teil I,
      98, in dem Aufsatz „Juli 1914 und Kriegsausbruch".
256   Tirpitz: Albertini, 171.
256   Mobilmachung bekannt zu machen: Tirpitz, Dokumente II, 16
      17.
256   vollständig: Albertini III, 171, auch 380–381! DD 562.
256   freudige: Thomas Meyer, Helmuth von Moltke, 1848–1916,
      Dokumente zu seinem Leben und Wirken, Basel 1993, 398.
257   „ohne Verpflegung haben.": ebenda 398.
257   geändert werden können: Wilhelm Groener, Der Feldherr wider
      Willen, Berlin 1931, 145.

257   verwenden können: JK II, 530, Anm. 4.

257   Tagebuch festhielt: BA-MA, W-10/50635

257   zurückgestellt würden: Zwehl, Falkenhayn, 59, JK 1000 a.

257   Versammlungsorten: Thomas Meyer, Moltke, Dokumente; 1993, Basel, 398.

257   Nebenraum gegangen: Tirpitz, Dokumente II, 18.

257   unterzeichnet von Bethmann Hollweg: JK 1000 a, DD 578.

257   an König Georg: DD 579.

258   nicht mehr rechtzeitig: DD 619.

258   Gegen sieben Uhr abends: Tuchman, August 1914, 106, Bern 1964.

259   aufgerissen: Renouvin, Origins, 254, Anm. 24; DD 602. Welchen Sinn das Aufreißen der Schienen haben sollte, hat der Verfasser nicht ermitteln können.

259   zweites Telegramm: DD 570, 18:04 Uhr.

259   Schilderung der Vorgänge: Meyer, 400, wie Anm. 24. Nach der Darstellung des Oberstleutnants Wilhelm von Dommes hat Moltke sich, „dunkelrot im Gesicht", zunächst in das Gebäude des Generalstabs begeben, Aufzeichnung vom 14. Januar 1926, BA-MA, W-10-51061, Bl. 185.

260   Wilhelms Mitteilung: DD 575.

260   Sie wollen: Meyer, wie oben Anm. 24, 400.

260   Bundesrat: DD 553.

261   vorbereitet worden: Jehuda L. Wallach, Kriegstheorien, Frankfurt am Main, 1972, 96.

261   von großem Interesse: anders Albertini III, 199.

261   Ebenfalls konnte man: Jagow, „Juli 1914 und Kriegsausbruch", 19, PA-AA, Nachlaß Jagow, Bd 8.

261   Sozialdemokraten: Bülow, Denkwürdigkeiten III, 167; Groh, Integration, 670.

261   Moltke hat: Waldersee, Brief an Jagow 8. Oktober 1920, PA-AA, Nachlaß Jagow, Bd. 6, Bl. 11 R.

262   Idee: PA-AA, Nachlaß Jagow, Bd. 6, Bl. 26ff, insb. Bl. 33, Brief vom Juni 1926 an General Waldersee, auch Bd. 6, Bl. 70, Brief an Oberarchivrat Foerster; Bd. 6, Bl. 66, Kopie des Aufsatzes von Wolfgang Foerster in: Deutscher Offizier-Bund 1926, 214 linke Spalte, sowie Jagow in der Aufzeichnung „Juli 1914 und Kriegsausbruch", 21, PA-AA, Jagow, Nachlaß, Bd. 8, Bl. 96; Ernst Hemmer, Die deutschen Kriegserklärungen von 1914, Stuttgart 1935, 128.

262   Notwehr: Diese Begriffe wurden nicht unterschieden. Korrekt hätte man von Notstand sprechen müssen, da nicht Belgien, sondern ein dritter Staat das Reich bedroht. So mit Recht Grelling, J'accuse, 158; Kantorowicz, Gutachten, 102.

262 gegenwärtige: Vgl. Hemmer, wie Anm. 38, 121, und Wolfgang Foerster in: Deutscher Offizier-Bund 1926, 214 linke Spalte: er spricht von „aktueller Gefahr".

262 einmarschieren: Sogar schon für die befristete ultimatumsähnliche Forderung, die „Sommation", an Belgien glaubte man die Voraussetzungen der „Notwehr" herstellen zu müssen, Hemmer, ebendort (oben Anmerkung „gegenwärtige"), 129; Bethmann, Betrachtungen II, 83; Tirpitz, Manuskript für „Erinnerungen", 30, PA-AA, Nachlaß Jagow, Bd. 5, 245, diese Stelle fehlt in den Erinnerungen; Jagow, Brief an Oberarchivrat Wolfgang Foerster vom 21. Juni 1926, PA-AA, Nachlaß Bd. 6, Bl. 70.

263 noch nie: auch Grelling nicht, J'accuse, 158.

263 verstand: Zum Beispiel Albertini III, 199.

263 Moltke: DD 662. Ebenso war Tirpitz verständnislos, Erinnerungen, 240.

263 log: Dagegen meinte Stumm, Bethmann hätte das nicht behauptet, wenn es nicht tatsächlich der Fall gewesen wäre, PA-AA, Jagow Nachlaß Bd. 6, Bl. 65, Brief vom 15. Juni 1926.

263 Auftrag: 12:52 Uhr, DD 542, vgl. DD 662 sub „Rußland", und PA-AA, Jagow Nachlaß, Bd. 6, Bl. 31 R wegen Grenzverletzungen.

263 mitteleuropäischer Zeit: 1. August, sechs Uhr laut Sasse, Daten, 719; sieben Uhr russischer Zeit; Pourtalès, Verhandlungen, 72, ebenso Montgelas, Untersuchungsausschuß, 13.

263 Sasonow: DD 588.

263 Deutschlands Kriegserklärung: Sergej D. Sasonow, Sechs schwere Jahre, Berlin 1927, 261, schildert die Übergabe der Kriegserklärung in einer Art, die das im Text Gesagte impliziert. Vgl. Albertini III, 63.

264 Er sei jedoch bereit: Sasonow, wie vorige Anmerkung, 261; JK 1023.

264 zu streichen: Renouvin, Origins, 248, Anm. 7.

264 umarmten sich: Tuchman, August, 107.

264 ein Kabel aus London: Eingang 22:02 Uhr am 1. August, DD 596, siehe BD 448.

265 getrieben habe: Edward F. Willis, Prince Lichnowsky, Ambassador of Peace, Berkeley 1942, 270.

265 vor Mitternacht: Oder in den Stunden nach Mitternacht: Falkenhayn, Brief an Bethmann vom 13. Juni 1919, PA-AA, Nachlaß Jagow, Bd. 6, Bl. 46.

265 Torheit: vgl. DD 772 vom 3. August 1914.

265 zu Jagow: Entwurf eines Briefes an Waldersee vom Juni 1926, PA-AA, Jagow Nachlaß, Bd. 6, Bl. 30 R, 6 des Entwurfs. Siehe auch die vorige Anmerkung

265   2. August: Falkenhayns Aufbruch zu Moltke war noch am 1., sein Besuch bei Jagow war am 2. August: Afflerbach, Falkenhayn, 149, Anm. 8; Falkenhayn, Brief an Bethmann vom 13. Juni 1919, PA-AA, Nachlaß Jagow, Bd. 6. Ebenso Stumm, Briefe vom 20. Mai 1926 und vom 21. Juni 1926, PA-AA, Nachlaß Jagow, Bd. 6, Bl. 64. Foerster, zitiert bei Albertini III 244: das Gespräch mit Jagow war in den frühen Morgenstunden des 2. August; ebenso Wegerer, KSF V, 1927, 784–785.

265   „zu spät": Albertini III, 192, 195–196, 244, dort besonders das Zitat von Foerster; Uhle-Wettler, Tirpitz, 354ff.

265   debattierten: Am 2. August, Sasse, Daten, 719. Oder 24 Stunden später, in der Nacht zum 3. August? Siehe Korrespondenz zwischen Jagow und Stumm über den Zeitpunkt dieser Beratung, Mai und Juni 1926, PA-AA, Nachlaß Jagow, Bd. 6.

265   eine Stellungnahme: DD 662. Oberstleutnant von Dommes, der Chef der politischen Abteilung des Generalstabs, brachte sie ins Auswärtige Amt. Entwurf eines Schreibens an Waldersee, Juni 1926, PA-AA, Jagow Nachlaß, Bd. 6, Bl. 31. War Dommes der Verfasser?

265   Reichstag: Rede Bethmann Hollweg am 4. August 1914, KSF VIII, 1930, 751.

266   bei Dunkelheit: DD 637.

266   wirkte verheerend: Jannen, Lions, 331, 333.

266   rauften sich: ebendort, 331.

266   catastrophe: ebendort, 330.

266   Memoiren: Margot Asquith, Autobiography II, 166.

267   in seinen Memoiren: Herbert Henry Earl of Oxford and Asquith, Memories and Reflections, London 1928.

267   „deplorabel": Tirpitz, Ohnmachtspolitik, 21, 22.

267   Memorandum: DD 662.

267   Elf Uhr 47: DD 641; Albertini III, 400 und 476.

267   Marineattaché: DD 669, Eingang am 2. August, 17:50 Uhr. Vgl. Albertini III, 477!

268   Lichnowsky: Eingang 18:48 Uhr, DD 676.

268   Intervention opponierte: Jannen, Lions, 331.

268   non-interference: Jannen, ebendort.

268   die Adresse: Tirpitz, Ohnmachtspolitik, 24, Datum: 2. August.

268   französische Seestreitkräfte: DD 669, 714, DD 715, 764; Vgl. Albertini III, 399 und 477!

268   Kommuniqué: DF 3 XI 670; Albertini III, 477.

268   hilflos: am 3. August, Tirpitz, Erinnerungen, 242ff.

268   Rußland anzulasten: DD 696, 3. August, 12:55 Uhr vormittags.

268   an den Botschafter in Paris: DD 642, 2. August, 11:55 Uhr vormittags, dazu Albertini III, 478.

269 Stiefelspitzen: Bülow, Denkwürdigkeiten III, 159. Heckscher war Direktor der HAPAG: Peter Pulzer, Die jüdische Beteiligung an der Politik, in: Werner Eugen Mosse (Hrsg.), Juden im Wilhelminischen Deutschland 1890–1914, Tübingen 1976, 237, siehe oben ...(düster)

269 das „Weißbuch": JK 1089.

269 Riezler war der Verfasser: Wolff, Tgb., S. 950, Brief Riezler an Theodor Wolff; Geiss, Die manipulierte Kriegsschuldfrage, Deutsche Reichspolitik in der Julikrise 1914 und Deutsche Kriegsziele im Spiegel der Schuldfrage des Auswärtigen Amtes, 1919–1931, MGM 1983, 35.

269 Fälschung: Kantorowicz, Gutachten, 87ff.

269 Fraktionsdisziplin: Susanne Miller, Zum dritten August 1914, in: Archiv für Sozialgeschichte IV, 1964.

269 dem Ministerpräsidenten: Dirr, 1925, 215f.; Deuerlein, Briefwechsel, 326.

269 Bundesratsausschuß: Preußen soll nicht Mitglied des Ausschusses gewesen sein, v. Lößl, Untersuchungsausschuß, 93.

270 Schoen: JK 138.

270 Viviani: DD 734 b.

270 In seinen Memoiren: Twenty-Five Years II, London 1925, 13.

271 neutral bleiben: DD 764, Albertini III, 478f.

271 Albertini legt deutlich: Die gegenwärtige Studie enthält sich eines Urteils darüber, wieviel Aufrichtigkeit und wieviel Heuchelei dem englischen Minister zuzuschreiben sind. So ganz unwillkommen war der Krieg ihm doch wohl nicht. Zweifellos mußten Lichnowsky und die Staatsmänner in Berlin Greys Worte höchst vorsichtig aufnehmen.

271 daß mir Nr. 234: DD 764.

271 neun Uhr: DD 790.

271 selbst entworfene Antwort: DD 790.

271 die Vorhut: Tuchman, August, 206; Sasse, Daten, 420.

271 „Goeben": Tuchman, August, 183.

271 unchiffriertes Telegramm: DD 810. Siehe Young, Lichnowsky, 123 zu N. 111.

272 Kaiser: DD 811

272 zerstörtes: Tirpitz, Erinnerungen, 243.

272 Rede des Kanzlers: BMH VIII, 1930, 749.

273 Geständnis: Groh, Integration, 698.

273 furchtbarer: zitiert nach Ritter, Staatskunst III, 591.

273 Stimmenthaltungen: Hans Herzfeld behauptet zwei „bedeutsame" Stimmenthaltungen aus der SPD-Fraktion, Der Erste Weltkrieg, München 1968, 44. Dazu Rosenberg, Entstehung, 67: „Auch Karl Liebknecht hat der kaiserlichen Regierung fünf Milliarden Goldmark zur Führung der Kriege bewilligt." 20 Mit-

glieder des Reichstages fehlten. Hierzu dürften die Abgeordneten aus Lothringen, Nordschleswig und Posen gehören.

273   zugrunde gehen: Riezler, Tgb., Nr. 558 vom 22. November
      1914, S. 228.
273   sieben Uhr: BD 2, 671; Sasse, Daten, 721.
273   mündliche Erklärung: BD 2, 532; DD 863.
274   Worte: Neuneinhalb Uhr abends, BD II, 534.
274   Angst: Victor Naumann, Dokumente und Argumente, Berlin
      1928, 25; Albertini III, 524.
274   Muttersprache: KSF V, 1927, 80; BD II, 535.
274   Nach dessen Bericht: Albertini III, 496, BD 671.
275   irregeleitet: Schmitt, Coming II, 408.
275   der falsche Mann: Margot Asquith, The Autobiography II.
275   aus diesem unglückseligsten: Reichstagsabgeordneter von
      Richthofen im Werk des Untersuchungsausschusses VII, 2. Teil,
      215, Zitat nach Rosenberg, Entstehung (1928, 1935, 1961), Kapi-
      tel II, Anm. 20 (das ist Aufl. 1935, 64). Das reicht freilich – an-
      ders Rosenberg – nicht aus, um Jagow hinsichtlich der Zeit vom
      6. Juli bis zum 3. August zu entlasten.
275   Zahl: Siehe Terence Zuber, War in History, Bd. 6 (1999), 266.
      Diese Denkschrift forderte im Westen 96 Divisionen, tatsächlich
      standen 1914 nur 76 1/2 zur Verfügung.
275   zwei Tage: Tuchman, August, 235.
275   bestimmender Kopf: Hauptmann Friedrich W. Mewes, damals
      in der Operationsabteilung des Großen Generalstabs, in BA-
      MA, W-10/51063, Bl. 25 R.

11

277   Wachstum begriffen: siehe oben: S. 2–4ff.
277   Diplomaten: Jagows Aufsätze, PA-AA, im Nachlaß Jagow, „Juli
      1914 und Kriegsausbruch", Bd. 8, Bl. 201.
277   1914 veröffentlichten: J.J. Ruedorffer (Pseudonym), Grundzüge
      der Weltpolitik in der Gegenwart, Berlin 1914, 231; dazu
      Thompson, Eye, 64.
277   Konflikte aufschieben: Weitere Hinweise bei Angelow, Kalkül
      441, und Mommsen, Handbuch, 7/2, 536.
277   war auch Bethmann Hollweg: Kantorowicz, Gutachten, 318;
      Bülow, Denkwürdigkeiten III, 157.
277   Wangenheim: Mommsen, Handbuch, 536, dort weitere Hinwei-
      se; Röhl, Hof, 14. Gerard, U.S. Botschafter in Berlin, hat ge-
      meint, die klügste Politik wäre gewesen, wenn Deutschland gar
      nicht reagiert hätte, zit. von Angelow, Kalkül, 441; ebenso der
      belgische Gesandte Beyens am 12. Juni 1914 in einem Bericht,
      zit. von Bülow, Denkwürdigkeiten III, 156; auch Bülow selbst,

ebendort 157. Alfred Heuss: Things postponed have the way of not happening, Versagen und Verhängnis, Berlin 1984, 6. Dagegen Stern, Limits, 263: „Sarajewo unrequited would worsen Germany's situation." Wenn hier „Situation" die internationale Lage meint, so liegt erneut die deutsche Fehleinschätzung vom Juli 1914 vor. Allerdings: Wäre, blieb Sarajewo unbeantwortet, die innenpolitische Position des Regimes geschwächt worden?

278 Max Warburg: zit. bei Angelow, Kalkül, 441, und bei Offer, Honor, 222.

278 Gustav von Bohlen: Aufzeichnung „Dokument zum Kriegsausbruch", PA-AA, Nachlaß Jagow, Bd. 5, Bl. 58–59, siehe oben Kapitel 1, 45. Am radikalsten lehnte Lichnowsky den Krieg ab, er hieß sicher alles gut, was geeignet war, von ihm Abstand zu nehmen. Vgl. Groh, Integration, 413, in Anm. 199.

278 sorgfältig: Insofern war die Abordnung des Liman von Sanders nicht genügend vorbereitet.

278 Rücksicht: Rosenberg, Entstehung, 62.

278 demonstrativen Détente: Förster, Doppelter Militarismus, 188.

278 Förster: wie vorige Anmerkung

278 dauerhaft: B.W. von Bülow, Grundlinien, 122, erklärt dies für die beste Politik.

278 Großkampfschiffen: Eyck, Regiment, 543.

278 16 zu 10: Tagebuchnotiz des Kapitäns Hopmann vom 8. Februar 1913: „Mitteilung von Tirpitz über Verhältnis 16:10 hat in der gesamten In- und Auslandspresse großes Aufsehen erregt." Epkenhans, Flottenrüstung, 341; Tirpitz, Erinnerungen, 201. Am 9. Februar 1913 wurde die Mitteilung im Vorstand der Nationalliberalen Partei erörtert, Fischer, Weltpolitik, 332; Groh, Integration, 402.

279 „Rochadebahnen": Trumpener, Premeditated, 84, mit ausführlichen Angaben über Archivmaterial in Anmerkung 89; Wenninger, Tgb., 6. Mai 1914, Hauptstaatsarchiv München, Abteilung 4, MKr 41, Nr. 1821; Groh, Je eher, zu Anm. 80; derselbe, Integration, 408, Anm. 172, sowie 409; Ferguson, Der falsche Krieg, 139.

279 begonnen worden: Groh, Integration, 408–409; Trumpener, wie vorige Anmerkung.

280 Max Bauer: Schreiben des Reichsarchivs an Gerhard Tappen vom 16. Oktober 1930, BA-MA, Nachlaß Haeften N 54/4, Bl. 292ff. Siehe auch General Falkenhayn vom 8. Juli 1914, Reichsarchiv, Kriegsrüstung, Anlagenband, 66; Schreiben General Wenninger an den bayerischen Kriegsminister vom 6. März 1914, wie Anmerkung „Rochadebahnen" (2 Nrn. weiter oben)! Röhl, Vorsätzlicher Krieg, zu Anm. 56; Mombauer, Moltke, 156f.

280 Rüstungswettlauf: Vgl. B.W. von Bülow, Grundlinien, 122: seine zweitbeste Lösung sieht ähnlich aus.

280 „Entsagung" und Vorsicht: Wilhelm von Stumm, Brief an Jagow vom Brief vom 8. Januar 1919 an Jagow, PA-AA, Nachlaß Jagow, Bd. 4, Bl. 209 R.

280 der internationalen Beziehungen: Ebenso oder ähnlich Berghahn, Approach, 187; Stevenson, Outbreak, 13; Schöllgen, Mitte, 58; Hull, Entourage, 129. Wilhelm von Stumm rechnete die deutsche „Entsagungspolitik" sogar von 1870 an und erreichte so eine Dauer von 44 Jahren, siehe vorige Anmerkung.

281 Selbstentmannung: Betrachtungen I, 142.

281 aus dem Bündnis: Walther Rathenau, zit. nach Hartmut Pogge von Strandmann, Rathenau zwischen Politik und Wirtschaft, in: Am Wendepunkt der europäischen Geschichte, hrsg. v. Otmar Franz, Göttingen, Zürich 1981, 183; Ferguson, Krieg, 68, Anm. 10; Fay II, 155; auch Taylor, Struggle for Mastery, 521, Ritter, Staatskunst II, 314, v. Salis, Weltgeschichte der Neuesten Zeit, zit. von Fritz Klein in: Schieder, Ursachen, 316; Herwig, First World War, 18; Eyck, Regiment, 715.

282 ihrer Mitbürger ausgesetzt: Fürst Lichnowsky hat die Beziehungen Deutschlands zu Österreich-Ungarn als eine „politische Ehe" bezeichnet, für sie genüge eine völkerrechtliche Grundlage nicht, es bedürfe einer staatsrechtlichen Verbindung, „Meine Londoner Mission", PA-AA, Nachlaß Jagow, Bd. 5, 45.

282 „Sentimentalpolitik": Memorandum „Wahn oder Wille" bei Röhl, Fürsten, 47.

282 Ritterlichkeit: Bülow, Denkwürdigkeiten II, 113 und 409, III 237.

282 dritte Möglichkeit: Farrar, Arrogance, 162, zu Anm. 19.

282 kontrollierend einschalten: Fürst Bülow, Brief vom 7. Februar 1925 an Theodor Wolff, Anhang zu dem Tgb. II, 932; B.W. von Bülow, Krisis, 60.

282 eingestanden hat: Aufsatz „Juli 1914 und Kriegsausbruch", PA-AA, Nachlaß Jagow, Bd. 8, Bl. 74.

282 und Hoyos': Vgl. Farrar, Arrogance, 164, er meint, die deutsche Diplomatie hätte keine andere Wahl gehabt, vorausgesetzt ihre Sicht der deutschen Interessen und der gegebenen Situation.

282 „fixe Idee" genannt: Manuskript im Jagow-Nachlaß Bd. 5, Bl. 124. In den Erinnerungen, 238, abgemildert zu „unglückselige Idee"; vgl. auch Erinnerungen, 210.

??? herrschenden Kaste: Röhl, Fürsten 44.

??? Dellmensingen: Bayerischer General, Tagebuch vom 30. Juli 1914, BA-MA Freiburg. Siehe auch Mombauer, Moltke, 199.

283 Erdmann: Handbuch, 53.

283 keineswegs „angewiesen": Siehe die leider kaum je zit.en Hinweise von Corrado Barbagallo in seinem Buch: Come si scatenò la querra Mondiale, Mailand 1923, passim.

284	erfüllte: er handelte „solvendi causa" im Sinne der juristischen Begriffsbildung.
284	zu verlieren hatten: Schöllgen, Zeitalter, 171.
285	18. Juli 1914: DD 72.
285	im Recht sind: „Michael Kohlhaas" ist das dichterische Werk eines Junkers.
285	Kanner: Katastrophenpolitik, 420.
285	nicht das Licht: Zechlin, Kriegsrisiko, 78. Unterdrückung von Dokumenten 1919: Herwig, Outbreak, 130; Imanuel Geiss, Die manipulierte Kriegsschuldfrage, in MGM 1983, 31ff., passim; Röhl, Fürsten, 12.
286	Spuren zu verwischen: Lichnowsky, Abgrund, 291, Holger Herwig, Clio deceived, Patriotic self-censorship in Germany after the great war, in: International Security, 12 (1987), 8; Langdon, Debate, 20.
286	im Interesse: grosso modo der Auffassung der Kehrites bezüglich der imperialistischen Politik vor dem Juni 1914 laut Wolfgang J. Mommsen, Innenpolitische Bestimmungsfaktoren der deutschen Außenpolitik, in: Derselbe, Der autoritäre Nationalstaat, 1990 (1992), 321 (Vortrag vom 13. Nov. 1971); er nennt in Anm. 11 folgende Autoren: Wehler, Stegmann und Böhme. Vgl. Bernd F. Schulte, Die deutsche Armee, Düsseldorf 1977, S. XXIIf.
286	offenbare diesen Sachverhalt: Entourage 296 sowie weiter 12 zu Anm. 56.
286	des Volkes gehandelt: Ausdrücklich sagen dies Erdmann, Handbuch, 54; ebenso Lutz, Gutachten, 131 am Ende der Fußnote. Äußerungen hierzu sind selten, die Frage spielt für die Kriegsschulddiskussion keine Rolle.
286	verharmlosen: John A. Moses spricht von der politisch-ideologischen Motivation „of the apologetics of Professors Erdmann, Hillgruber, W.J. and H. Mommsen, Gustav Schmidt and many others", Politics, 114.
287	gegenüber der Nation: Vgl. Tirpitz, Erinnerungen, 220.
287	Personen: Karl Dietrich Erdmann, War Guilt (1972/1984), 348; Kantorowicz, Gutachten, 184ff.
287	zu einseitig: Afflerbach 817, dazu Hull, Corfu, 288.
287	Strukturen: Vgl. Barraclough, Agadir, 183.
287	verantwortlich macht: Afflerbach, Der Dreibund, Wien 2002, 817.
287	von „Impulsen": Course, 164.
288	Die Überschrift war: Die Überschrift übernahm so gut wie wörtlich eine Äußerung von Bülow, in: Wolff, dessen Tgb. vom 31. Januar 1916.
288	konkret geworden: Die Außenpolitik des kaiserlichen Deutschland und der Ausbruch des Ersten Weltkrieges (1991), Kein Unfall, 47 und 265.

288 mit auf die Liste: unter Zitat von Bülow: Fürst Bülow zu Wolff, Wolff, Tbg. I, 234.

288 seine Aufzählung: siehe die beiden vorangehenden Anmerkung.

288 Kriegsgötzen: Fischer, Geschichtsbild, 304.

288 leitende Herren: etwa ein anonym gebliebener Diplomat des Auswärtigen Amtes, der Deutschland nicht auf das Niveau Belgiens herabsinken lassen wollte, Wolff, Tgb., 234. Von Gwinner sagte Ende August 1914 im Gespräch, möglicherweise habe „eine ganze Gruppe" im Auswärtigen Amt „zum Konflikt getrieben".

288 endlich mal: Hiller von Gaertringen, Fürst Bülow, 57.

288 Denkwürdigkeiten: Bd. 2, 443.

289 Machtvakuum: Taylor, Course, 164: „No one ruled in Berlin."

289 vom Vordergrund der Bühne: Ernst Graf Reventlow, Von Potsdam nach Doorn, 5. Auflage, Berlin 1940, 462.

290 Weitsicht, Intelligenz: Über General von Plessen: Bülow, Denkwürdigkeiten I, 77; Müller tituliert ihn: „Hofnarr", Regierte der Kaiser?, 12. Eine groteske Anekdote bei Eckardstein, Lebenserinnerungen II, 45. Plessen und Lyncker werden ausdrücklich als durchschnittlich oder mittelmäßig intelligent bezeichnet, Riezler Tgb. vom 30. August 1914; Hull, Entourage 248; Waldersee nennt Lyncker "borniert", Brief an Jagow vom 24. Oktober 1920, PA-AA, Nachlaß Jagow, Bd. 6, Bl. 13ff.

290 Grafen Waldersee: Schulte, Europäische Krise, 212.

290 dem Namen nach: Taylor, Course, 159.

291 Bibliothekar: zit. nach Uhle-Wettler, Tirpitz, 353.

291 urteilt Ballin: Cecil, Ballin, 113.

291 Sachkennern unstreitig: In Hildebrands Darstellung erscheint er allerdings als ein Staatsmann von Format, im Rang ungefähr zwischen Bülow und Bismarck, Das vergangene Reich, 357ff.

291 Stumm war halb verrückt: Bülow in Wolff, Tgb., S. 343.

291 Nagel auf den Kopf: Ferguson, Origins, 752; vgl. ähnlich wie Ferguson: Albertini III, 253; Offer, Agrarian, 352; Norman Rich: Friedrich von Holstein: Politics and Diplomacy in the era of Bismarck and Wilhelm II, 2 Bde., Cambridge 1965, II, 847: Wilhelm duldete nur Sykophanten und Mittelmaß in seiner unmittelbaren Umgebung und den höchsten Stellen der deutschen Regierung, einschließlich der Armee.

291 Sombart: inadequate behaviour, 299.

291 Geiss urteilt: Vorgeschichte, 126.

291 kaum zu bestreitende Befund: Geiss, Vorgeschichte, 126–127. Vgl. Eyck, Regiment, 647f.

291 praktikable Alternative: Auf einer Liste Kiderlen-Wächters standen immerhin sechs Namen, Eyck, Regiment, 541.

292 unterbreiten: Zit. nach Hartmut Pogge-von Strandmann, Staatsstreichpläne, 28.

292 Wahl nach Gunst: Deuerlein, Briefwechsel I, 420.

292 wie Geliebte: Holstein an Eulenburg, 21. Februar 1895, BA Koblenz, Nachlaß Eulenburg, zit. nach Röhl, Kaiser Wilhelm the Second, 21.

292 Fügsame Werkzeuge: Röhl, Kaiser Wilhelm the Second, 15; Lichnowsky, Abgrund 26: „Kultur der Unfähigkeit".

292 so leicht wie möglich: Hull, Entourage, 233.

292 Zurückstecken: Gasser, Hegemonialkrieg, 325. Siehe auch Riezler (Ruedorffer), Grundzüge der Weltpolitik in der Gegenwart, Stuttgart 1914, 108, über den deutschen Rückzug aus Marokko.

293 Dardanellen: Tirpitz, Ohnmachtspolitik, 27; auch Erinnerungen, 452; derselbe, Brief an Hopmann, Baumgart 45, Schulte, Kaiserliche Marine, MGM 1970, 46; Kapitän Hopmann an Tirpitz 9. Juli 1914, ebendort, 48.

293 Bassermann: Brief 19. März 1914 an Bülow, BA Koblenz, Nachlaß Bülow, N 1016/107.

294 zweckrational: im Sinne von Förster, Reich des Absurden, 217.

295 Lerchenfeld: Schreiben an den Ministerpräsidenten Hertling, Hull, Entourage, 276.

295 Hull: Entourage, 276; inhaltlich ebenso: Taylor, Course, 163.

295 Moral der Nation: Fischer in: Sternburg „Die deutschen Kanzler", 104.

295 Fritz Fischer: Germany's Aims in the First World War, New York 1967, 72.

295 Gasser: Hegemonialkrieg, 328, Anm. 150.

295 vorliegende Studie gehört: Siehe oben das Vorwort von Imanuel Geiss.

295 Einzelfragen: vgl. z.B. Hildebrand, Kanzler, 35.

296 Machtexpansion: Gegen Fischer insofern Wolfgang J. Mommsen, Handbuch, 97; Erdmann, Handbuch, 45; Andreas Hillgruber, Rolle, 3. Auflage, 57; Trachtenberg, History, 54, gegen „von langer Hand vorbereitet": Ullmann, 223; Stevenson, Outbreak, 31, 43; Herwig, World War, 19.

296 Absicht der Machtausdehnung: So aber Hildebrand, Reich, 356ff.

296 Standpunkt: zum Beispiel Erdmann, Handbuch, 45; Mommsen, Handbuch, 97; Hillgruber, Rolle, 3. Auflage, 57; Trachtenberg, History, 54; Joachim Remak in: H.W. Koch, The Origins of the First World War, 2. Auflage, London 1984, 91-95: „imaginary sins"; vgl. dazu Stevenson, Outbreak, 31.

296 die Mehrheit: Die Mindermeinung zit. Fischer und Geiss lebhaft Röhl, Vorsätzlicher Krieg, passim, insbesondere 205, Anm. 47. Übereinstimmend mit Fischer sagt Kaiser, Origins, Deutschland hätte in aggressiver Weise nach Weltmacht gestrebt, 468, vgl. Langdon, Debate 161. Weitere Stimmen für Fischer: Moses, Politics, passim, Gasser, Hegemonialkrieg, passim. Aus dem um-

fangreichen Werk von Geiss zitiere ich Das Deutsche Reich und der Erste Weltkrieg, München 1978, 51f.

296 Wünschbarkeiten: Joachim Remak in: Koch, H.W., The Origins of the First World War, second edition, London 1984, 95.

296 Gründe: Vgl. aber Stevenson, Outbreak, 31: Bethmann Hollweg habe in dem Mitternachtsgespräch – „the infamous offer" – Interesse an französischen Kolonien gezeigt. Und in der Reichskanzlei seien seit 1912 Überlegungen angestellt worden über eine Expansion in Afrika und eine Mitteleuropäische Zollunion, dies ohne Quellenangabe. Mit solchen Lakonismen wird das Recht des Historikers zu Vermutungen mißbraucht.

296 Siegesgewißheit: Gasser, Discordia, 171ff.

296 zu den Dokumenten: Erdmann, Handbuch, 45. Ebenso Herwig, Outbreak, 8. Mommsen, Handbuch, 15. Hunderte von publizierten Dokumenten bezeugen das.

296 Behauptung Fischers: Nicht geschlittert, 47: „den er als Zweifrontenkrieg zusammen mit Moltke vorbereitet hatte und für den er bereits seit 1906 und verstärkt seit 1912 die Neutralität Englands zu erreichen suchte."

296 mit Recht abgelehnt: Ullmann, Kaiserreich, 223.

297 war in July 1914: Langdon, Debate, 112: auch Geiss, Vorgeschichte, 149.

297 Moses: auch Fischer bezeichnet sie als Apologeten: Nicht geschlittert, 10: „höchst sophistische Apologie".

297 Sarajewo als Chance: sagt Mommsen, Bestimmungsfaktoren, 387.

298 Mommsen: Domestic factors, 40–41, derselbe, Bestimmungsfaktoren, 354, derselbe, Topos, 404; derselbe, Handbuch, 552; Jarausch, Enigmatic, 73.

298 auseinandermanövrieren wollen: Sogar Fritz Fischer behauptet seit 1983, die „Sprengung der Triple Entente sei in der Vorstellung der Reichsspitze primär gewesen", Nicht geschlittert, 16–17. Langdon, Debate, 69: Die deutsche Politik zielte darauf, die Entente zu spalten, das war Fischers Meinung.

298 um so fester zusammenschlossen: Massiv in diesem Sinne auch Herwig, World War, 8.

298 Überlegenheit: Bernhard Wilhelm von Bülow, Legationssekretär, seit 18. Dezember 1916 in der Politischen Abteilung des Auswärtigen Amts, Verfasser des halbamtlichen Kommentars zu den deutschen Dokumenten, in einer Stellungnahme zu der Denkschrift „Meine Londoner Mission", PA-AA, Nachlaß Jagow, Bd. 5, Bl. 80.

299 anders gesehen hat: Der hierauf bezügliche Absatz von Jagows Privatbrief an Lichnowsky vom 18. Juli 1914, nennt als Ziel der festen Haltung nicht die Schwächung des Entente-Zusammenhalts.

299 drängte: Eyck, Regiment, 592.
299 Tagebuch ausgegeben: Vgl. Langdon, Debate, 113ff.
299 der Entente: Riezler Tgb., 187. Vgl. dazu Langdon, Debate, 124.
299 auseinander zu bringen: Wolff, Tgb., S. 166 vom 17. Februar 1915, Nr. 95.
299 frühen Beitrag: Mommsen, Handbuch, Bd. 4, Teil 1, Abschnitt I a, 97.
300 fallenzulassen: Mommsen, wie vorige Anmerkung, 98.
300 verbessert: Riezler spricht von „einer solchen günstigen Situation", zit. bei Mommsen, wie vorige Anmerkung, 96.
300 öffentlichen Meinung: Schöllgen, Flucht in den Krieg, 4, Handlungsspielraum begrenzt.
300 eher initiativ: Erdmann, Handbuch, 52. Wie Erdmann auch Geiss, Vorgeschichte, 152. „Kurt Riezler und die deutsche Weltpolitik vor 1914". Derselbe Verfasser: Studien über Geschichte und Geschichtswissenschaft Frankfurt 1972, 188; vgl. Mombauer, Origins, S. 163, Anm. 104.
300 zu milde: siehe besonders 1964 den Schluß des Aufsatzes „Zur Beurteilung Bethmann Hollwegs", 540: Er „war gekennzeichnet durch den Adel des Handelnden und zugleich Wissenden, der Machtverwaltende, ohne der Macht verfallen zu sein."
300 in die Diskussion eingeführt: Hillgruber hat eine Anzahl Zustimmungen gefunden, z.B. Schöllgen, 205. Langdon, Debate: „Opinion, that Bethmann ran a calculated risk, is now accepted by virtually all historians of the period. S. irgendwo zw. 121–125. Geiss, Kurzfassung, 2. Auflage, 378, ungemildert (ohne „eher"), also verschärfend Geiss, Vorgeschichte, dort: Kurt Riezler und die deutsche Reichspolitik im Ersten Weltkrieg, 152.
300 Artikel ist überschrieben: „kalkuliertes Risiko": Langdon, Debate, 121ff., siehe Hillgrubers Theorie, HZ Bd. 202, 333–351; auch in: Schieder, Ursachen, 240ff.
301 in der Julikrise: abgedruckt später in: Schieder, Ursachen. Auch Hillgruber, Rolle. Vgl. Mombauer, Origins 178–179, und, kritisch, 182: „to shape popular historical consciousness in the interest of normalising the German past".
301 übernommen: Eine genaue Analyse der Begriffe würde ergeben, daß Riezler von einem kalkulierten Risiko des Kriegsverlusts spricht, Hillgruber aber von einem kalkulierten Risiko des Kriegsausbruchs.
301 Bluff: Bei Ruedorffer, Grundzüge, 221; so auch Thompson, Eye, 65.
301 Hillgrubers Sicht: in Schieder, Ursachen, 243.
301 Diplomatie gewesen: so auch Berghahn, Approach, 211.
301 Berchtold und Tschirschky hätten verabreden müssen: Auch Langdon meint, es habe keine solche Absprache zwischen den

Deutschen und den Österreichern gegeben: Debate, 180, Absatz 2.

301 Genickbruch: Wolff, Pilatus, 337. **Stumm war eine Spielernatur**.

302 so gedacht: Koester, der Geschäftsträger Badens in Berlin, am 20. Juli 1914, JK 165.

302 Stumm hat 1915: Wolff, Tgb., Nr. 95, S. 166ff.

302 Bluffpolitik für alle: Ullrich, Thron, 132; Hillgruber, Rolle, 40f; Wolff, Pilatus, 337, nennt im Zusammenhang mit Bluff nur einen Namen: Stumm.

302 vielleicht von Stumm selbst: Stumm war eine Spielernatur, Gaertringen, Fürst Bülow, 66; siehe Wolff, Pilatus, 337 (Alkohol).

303 ergänzt auch angenehm: siehe oben Anmerkung „in die Diskussion eingeführt". Außerdem: Sösemann, wie oben Kapitel 2, Anm. „Quelle unbrauchbar", Abschnitt IV, behandelt Hillgruber: These als Axiom.

303 Gregor Schöllgen: Flucht in den Krieg, 1991, Darmstadt, Einleitung des Hrsg., 4, Anm. 12, unter Zitat von James Joll; derselbe: Neue Historische Literatur/Kriegsgefahr und Krisenmanagement vor 1914/Zur Außenpolitik des kaiserlichen Deutschland, Historische Zeitschrift, 298ff, Bd. 267; Griff nach der Weltmacht, 25 Jahre Fischer-Kontroverse HJb, 106 (1989).

303 versperrt gewesen: Das Zeitalter des Imperialismus, 284–286, 21. Auflage, Frankfurt/M. 1998; so schon Grelling, in J'accuse (1919), 131: Die deutsche Diplomatie wußte, „wie leicht die Lösung der serbischen Frage war". Im Ergebnis ebenso Kaiser, Origins, 471.

303 geschrieben: The Origins of the First World War, New York.

303 Not der Situation: Riezler Tgb. vom 25. Mai 1915, Nr. 607.

Abgekürzt zitierte Fundorte

Bibliographien in neueren Werken: Wolff, Tagebücher, herausgegeben von Sösemann 1984, Horst Afflerbach, Falkenhayn (1996), und Niall Ferguson: Der falsche Krieg, Stuttgart 1999

Afflerbach, Falkenhayn	Holger Afflerbach, Falkenhayn, Politisches Denken und Handeln im Kaiserreich, 2. Auflage, Düsseldorf 1996
Albertini	Luigi Albertini, The Origins of the War of 1914, 3 Bände, Oxford 1953 (1965)
Alff, Sonderung	Wilhelm Alff (Hrsg.), Deutschlands Sonderung von Europa 1862–1945, Frankfurt a.M., 1984
Bach, Gesandtschaftsberichte	August Bach, Deutsche Gesandtschaftsberichte zum Kriegsausbruch 1914, Berlin 1937
BA-MA	Bundesarchiv, Militärarchiv Freiburg im Breisgau oder Berlin
BD	Die Britischen Amtlichen Dokumente, herausgegeben von Hermann Lutz, Berlin 1926 (zitiert nach Nummern)
Baumgart	Die Julikrise und der Ausbruch des Ersten Weltkrieges 1914, bearbeitet von Winfried Baumgart, Darmstadt 1983, wird zitiert nach Nummern.
Berghahn, Dokumente	Volker R. Berghahn und Wilhelm Deist, Kaiserliche Marine und Kriegsausbruch 1914,

Neue Dokumente zur Julikrise, in: Volker R. Berghahn und Wilhelm Deist, MGM 1970

Berghahn, Approach

Volker R. Berghahn, Germany and the Approach of War in 1914, 2. Aufl., London 1993

Berghahn, Rüstung im Zeitalter

Volker R. Berghahn und Wilhelm Deist, Rüstung im Zeitalter wilhelminischer Machtpolitik, Grundlegende Dokumente 1890–1914, Düsseldorf 1988

Bethmann, Betrachtungen

Theobald von Bethmann Hollweg, Betrachtungen zum Weltkriege, 2 Bände, Berlin 1919, 1921

BMH

Berliner Monatshefte (neuere Jahrgänge der Zeitschrift „Die Kriegsschuldfrage")

Bülow, Denkwürdigkeiten

Bernhard Fürst von Bülow, Denkwürdigkeiten, 4 Bände, Berlin 1930/31

B.W. von Bülow, Grundlinien

Bernhard Wilhelm von Bülow, Die Grundlinien der diplomatischen Verhandlungen bei Kriegsausbruch, Kommentar zu den den Deutschen Dokumenten zum Kriegsausbruch, Berlin 1921

Cecil, Ballin

Lamar Cecil, Albert Ballin, Wirtschaft und Politik im deutschen Kaiserreich, Hamburg 1969

Cecil, Wilhelm II	Lamar Cecil, Wilhelm II, Chapel Hill, 1989
CEH	Central European History
Conrad, Dienstzeit	Franz Conrad Freiherr von Hötzendorf, Aus meiner Dienstzeit, 1906–1918, 5 Bände, Wien 1923
DA	Diplomatische Aktenstücke des österreichisch-ungarischen Ministeriums des Äußeren, Wien 1930 (zitiert nach Nummern)
DD	Die deutschen Dokumente zum Kriegsausbruch. Im Auftrage des Auswärtigen Amtes nach gemeinsamer Durchsicht mit Karl Kautsky hrsg. von Graf Max Montgelas und Walter Schücking, Charlottenburg 1919 (zitiert nach Nummern)
Deuerlein, Briefwechsel	Ernst Deuerlein, Briefwechsel Hertling Lerchenfeld 1912–1917, 2 Bände, Boppard 1973.
DF	Documents Diplomatiques Français (1871–1914), Paris 1936 (zitiert nach Nummern)
Dirr	Pius Dirr, Bayerische Dokumente zum Kriegsausbruch und zum Versailler Schuldspruch, München und Berlin, 1928
Dülffer, Bereit	Jost Dülffer und Karl Holl (Hrsg.), Bereit zum Krieg, Kriegsmentalität im wilhelminischen Deutschland 1890–1914, Göttingen 1986

Dülffer, Kriegserwartung

Jost Dülffer, Kriegserwartung und Kriegsbild in Deutschland vor 1914, in: Michalka, Der Erste Weltkrieg, München 1994

Dülffer, Sackgassen

Jost Dülffer, Sackgassen, Wendeschleifen und Durchgangsstraßen – Zum deutschen Kaiserreich, 1871–1914, in: Neue Politische Literatur, Beiheft 3 1986, 83–103

Eckardstein, Lebenserinnerungen

Hermann Freiherr von Eckardstein, Lebenserinnerungen und politische Denkwürdigkeiten, 3 Bände, Leipzig 1919–1921

Epkenhans, Flottenrüstung

Michael Epkenhans, Die Wilhelminische Flottenrüstung 1908–1914, München 1991

Erdmann, Beurteilung

Karl Dietrich Erdmann, Zur Beurteilung Bethmann Hollwegs, in: Geschichte in Wissenschaft und Unterricht 15, 1964, 525–540.

Erdmann, Handbuch

Karl Dietrich Erdmann, in: Gebhard, Handbuch der Deutschen Geschichte, 9. Auflage, Stuttgart 1973, Band IV, Teil 1

Erdmann, Einleitung

Karl Dietrich Erdmann, Einleitung zu dem Riezler-Tagebuch, siehe unter „Riezler"

Eyck, Regiment

Erich Eyck, Das persönliche Regiment Wilhelms II., Politische Geschichte des Kaiserreichs 1890–1914, Zürich 1948

Farrar, Arrogance

L.L. Farrar, Jr., Arrogance and Anxiety, Iowa City, 1981

Fay, Ursprung	Sidney Bradshaw Fay, Der Ursprung des Weltkrieges, 2 Bände, Berlin 1930
Fellner, Decisions	Fritz Fellner, Austria, in: Keith Wilson (Hrsg.), Decisions for War 1914, London 1995
Ferguson, Der falsche Krieg	Niall Ferguson, Der falsche Krieg, Stuttgart 1999
Ferguson, Finance	Niall Ferguson, Public Finance and National Security, in: Past and Present, Oxford, Nr. 142 (1994)
Ferguson, Origins	Niall Ferguson, Germany and the Origins of the First World War, in: Historical Journal, 1992
Fesser, Sonne	Gerd Fesser, Der Traum vom Platz an der Sonne, Deutsche Weltpolitik 1897–1914, Bremen 1996
Fischer, 39 Tage	Eugen Fischer, Die kritischen 39 Tage von Sarajewo bis zum Weltbrand, Berlin 1928
Fischer, Kriegsziele	Fritz Fischer, Weltpolitik, Weltmachtstreben und deutsche Kriegsziele, in: Historische Zeitschrift, 1964
Fischer, Weltmacht oder Niedergang	Fritz Fischer, Weltmacht oder Niedergang. Deutschland im Ersten Weltkrieg, Hamburg 1965
Fischer, Griff	Fritz Fischer, Griff nach der Weltmacht, Die Kriegszielpolitik des kaiserlichen Deutsch-

land 1914/18, Düsseldorf 1967, Auf Grund der dritten Auflage vollständig neu bearbeitet, Sonderausgabe

Fischer in Schieder	Deutschland und der Ausbruch des Ersten Weltkrieges, in: Wolfgang Schieder (Hrsg.), Erster Weltkrieg, Ursachen, Entstehung und Kriegsziele, Köln 1969
Fischer, Illusionen	Fritz Fischer, Krieg der Illusionen, Die deutsche Politik von 1911–1914, Düsseldorf 1969
Fischer, Geschichtsbild	Fritz Fischer, Der Erste Weltkrieg und das deutsche Geschichtsbild, Aufsätze aus drei Jahrzehnten, Düsseldorf, 1977
Fischer, Nicht geschlittert	Fritz Fischer, Juli 1914: Wir sind nicht hineingeschlittert. Das Staatsgeheimnis um die Riezler-Tagebücher, Reinbek bei Hamburg, 1983
Fischer, Twenty-Five Years	Fritz Fischer, Twenty-Five Years Later: Looking back at the „Fischer-Controversy" and its Consequences, in: Central European History, 1988 Atlanta (Georgia)
Fischer in Sternburg	Fritz Fischer, Theobald von Bethmann Hollweg (1856–1921) in: Wilhelm v. Sternburg (Hrsg.), Die deutschen Kanzler. Von Bismarck bis Schmidt, 2. Aufl., Königstein 1989
Fischer, Kein Unfall	Fritz Fischer, Hitler war kein Betriebsunfall, Aufsätze, 3. Auflage, München 1993

Foerster, Gedankenwerkstatt	Wolfgang Foerster, Aus der Gedankenwerkstatt des Deutschen Generalstabes, Berlin 1931
Förster, Metakritik	Stig Förster: Der deutsche Generalstab und die Illusion des kurzen Krieges, 1871–1914, Metakritik eines Mythos, in: Johannes Burkhardt, Josef Becker, Stig Förster und Günther Kronenbitter, Lange und kurze Wege in den Ersten Weltkrieg, München 1996
Förster, Doppelter Militarismus	Stig Förster, Der Doppelte Militarismus. Die deutsche Heeresrüstungspolitik zwischen Status-quo-Sicherung und Aggression, 1890–1913, Stuttgart 1985
Förster, Reich des Absurden	Stig Förster, Im Reich des Absurden. Die Ursachen des Ersten Weltkrieges, in: Bernd Wegner (Hrsg.) Wie Kriege entstehen, Paderborn 2000.
Gasser, Präventivkrieg	Adolf Gasser, Deutschlands Entschluß zum Präventivkrieg 1913/14, in: Discordia concors, Festgabe für Edgar Bonjour zu seinem 70. Geburtstag, Basel 1968
Gasser, Hegemonialkrieg	Siehe Geiss und Wendt, Festschrift für Fischer
Gebhardt Handbuch	Gebhardt, Handbuch der Deutschen Geschichte, 9. Auflage, Stuttgart 1973, Band 4
Geiss, Dokumente, Kurzfassung	Imanuel Geiss: Juli 1914 – Die europäische Krise und der Ausbruch des Ersten Weltkriegs, München 1965 nach Nummern zitiert. (Kurzfassung der JK)

Geiss,
Vorgeschichte

Imanuel Geiss: Das Deutsche Reich und die Vorgeschichte des Ersten Weltkriegs, München, 1978

Geiss und Wendt,
Festschrift
für Fischer

Imanuel Geiss und Berd Jürgen Wendt (Hrsg.) Deutschland in der Weltpolitik des 19. und 20. Jahrhunderts, Fritz Fischer zum 65. Geburtstag, Düsseldorf 1973

GP

Die Große Politik der europäischen Kabinette 1871–1914, herausgegeben von J. Lepsius, A. Mendelssohn Bartholdy und F. Thimme, 40 Bände, Berlin 1920 ff (zitiert nach Nummern)

Granier,
General Wandel

G. Granier: Deutsche Rüstungspolitik vor dem Ersten Weltkrieg – General Franz von Wandels Tagebuchaufzeichnungen aus dem preußischen Kriegsministerium in: MGM 2/1985

Grelling,
J'accuse

J'accuse! Von einem Deutschen (Dr. Richard Grelling), Lausanne 1915

Grelling,
Aktenstücke

Belgische Aktenstücke, vom Verfasser des Buches J'accuse, Dr. Richard Grelling, Lausanne 1918

Groh, Je eher

Dieter Groh, Je eher desto besser, Innenpolitische Faktoren in: Politische Vierteljahresschrift 1972

Groh,
Integration

Dieter Groh, Negative Integration und revolutionärer Attentismus, Die deutsche Sozialdemokratie am Vorabend des Ersten Weltkrieges, Frankfurt 1973

Hantsch, Grandseigneur	Hugo Hantsch, Leopold Graf Berchtold, Grandseigneur und Staatsmann, Wien 1965.
Herwig, World War	Holger Herwig: The First World War – Germany and Austria-Hungary 1914–1918, London 1997
Herwig Uncertainties	Holger Herwig, Strategic uncertainties of a nationstate: Prussia-Germany, 1871–1918, in: The making of Strategy, herausgegeben von Williamson Murray und anderen, Cambridge 1994
Herzfeld, Rüstungspolitik	Hans Herzfeld, Die deutsche Rüstungspolitik vor dem Weltkriege, Bonn 1923
Hildebrand, Kanzler	Klaus Hildebrand, Bethmann Hollweg. Der Kanzler ohne Eigenschaften? Düsseldorf 1970.
Hildebrand, Reich	Klaus Hildebrand, Das vergangene Reich: deutsche Außenpolitik von Bismarck bis Hitler, durchgesehene Ausgabe Berlin 1999
Hiller von Gaertringen, Fürst Bülow	Friedrich Freiherr Hiller von Gaertringen, Fürst Bülows Denkwürdigkeiten, Tübingen 1956
Hillgruber, Risiko	Andreas Hillgruber, Riezlers Theorie des kalkulierten Risikos und Bethmann Hollwegs politisches Konzept in der Julikrise 1914, in: Historische Zeitschrift 202, 1966
Hillgruber, Rolle	Andreas Hillgruber, Deutschlands Rolle in der Vorgeschichte der beiden Weltkriege, 3. Auflage, Göttingen 1979

Hölzle, Quellen	Erwin Hölzle, Quellen zur Entstehung des Ersten Weltkrieges, Internationale Dokumente, Darmstadt 1978
Hölzle, Selbstentmachtung	Erwin Hölzle, Die Selbstentmachtung Europas, Göttingen 1975
Hull, Entourage	Isabel V. Hull, The Entourage of Kaiser Wilhelm II, 1888–1918, Cambridge 1982
Int. Bez.	Die internationalen Beziehungen im Zeitalter des Imperialismus. Dokumente aus dem Archiv der zarischen Regierung, herausgegeben von Pokrowsky, deutsche Ausgabe von Otto Hoetzsch, (Bd. 2), Berlin 1931–1943
Kurt Jagow, Kronrat	Kurt Jagow, Der Potsdamer Kronrat in: Süddeutsche Monatshefte 1928
Jannen, Lions	William Jannen jr., The Lions of July, Prelude to War, 1914, Novato CA, 1996
Janßen, Kanzler und General	Janßen, Der Kanzler und der General. Die Führungskrise um Bethmann Hollweg und Falkenhayn 1914–1916, Göttingen 1967
Jarausch, Enigmatic	Konrad H. Jarausch, The Enigmatic Chancellor. Bethmann Hollweg and the Hubris of Imperial Germany, New Haven/London 1973
JK	Imanuel Geiss: Julikrise und Kriegsausbruch 1914, 2 Bände, Hannover 1964 (zitiert nach Nummern)

Joll, Origins	James Joll, The Origins of the First World War, London 1984
Just, Handbuch	Leo Just (Hrsg.), Handbuch der Deutschen Geschichte, Bd. 4, Frankfurt 1973.
Kaiser, Origins	David E. Kaiser, Germany and the Origins of the First World War in: The Journal of Modern History, 1983.
Kanner, Kata-strophenpolitik	Heinrich Kanner, Kaiserliche Katastrophen-politik, Wien 1921
Kantorowicz, Gutachten	Hermann Kantorowicz, Gutachten zur Kriegs-schuldfrage 1914, herausgegeben von Imanuel Geiss, Frankfurt 1967
Kehr, Primat	Eckart Kehr, Der Primat der Innenpolitik – Gesammelte Aufsätze zur preußisch-deutschen Sozialgeschichte, herausgegeben von H.-U Wehler, Berlin 1970
Kehr, Schlacht-flottenbau	Eckart Kehr, Schlachtflottenbau und Partei-politik, Berlin 1930
Kennedy, Antagonism	Paul Kennedy, The Rise of the Anglo-German Antagonism, London 1980
Koch, Origins	H.-W. Koch (Hrsg.), The Origins of the First World War, London 1984 (Erste Auf-lage 1972)
Kronenbitter, Nur los lassen	Günther Kronenbitter, „Nur loslassen" – Österreich-Ungarn und der Wille zum Krieg,

in: Lange und kurze Wege in den Ersten Weltkrieg, München 1996, siehe Förster, Metakritik

Kronenbitter,
Illusionen

Günther Kronenbitter, Die Macht der Illusionen, MGM 1998

KSF

„Kriegsschuldfrage" (Zeitschrift nach Bän-
den, Jahrgang und Seite)

Kühlmann,
Erinnerungen

Richard von Kühlmann, Erinnerungen, Hei-
delberg 1948

Langdon,
Debate

John W. Langdon, July 1914, The long Debate,
New York 1991

Ludwig,
Wilhelm II

Emil Ludwig, Wilhelm II, Berlin 1926

Lutz,
Gutachten

Hermann Lutz, Die europäische Politik in
der Julikrise 1914, in: Das Werk des Untersuchungsausschusses der Nationalversammlung und des Reichstages, 1. Reihe, Band 11,
Berlin 1930

Lutz,
Lord Grey

Hermann Lutz, Lord Grey und der Weltkrieg, Berlin 1930

Lützow,
Dienst

Heinrich Graf von Lützow, Im Diplomatischen Dienst der k.u.k.-Monarchie, hg. von
Peter Hohenbalken, München 1971

Meyer,
Befreiende Tat

Thomas Meyer, Endlich eine Tat, eine befreiende Tat, Alfred von Kinderlen-Wächter

"Panthersprung nach Agadir" unter dem Druck der öffentlichen Meinung, Husum 1996

MGM	Militärgeschichtliche Mitteilungen
Michalka, Weltkrieg	Wolfgang Michalka (Hrsg.), Der Erste Weltkrieg – Wirkungen, Wahrnehmung, Analyse, München 1994, (Nachdruck Weyarn 1997)
Mombauer, Moltke	Annika Mombauer, Helmuth von Moltke and the Origins of the First World War, Cambridge 2002
Mombauer, Origins	Annika Mombauer, The Origins of the First World War, Controversies and Consensus, London 2002
Mommsen, Bestimmungs-faktoren	Wolfgang J. Mommsen, Innenpolitische Bestimmungsfaktoren der deutschen Außenpolitik, in: derselbe, Der autoritäre Nationalstaat, Frankfurt 1992
Mommsen, Factors	Wolfgang J. Mommsen, Domestic Factors in German Foreign Policy, in: Central European History, 1973
Mommsen, Handbuch	Wolfgang J. Mommsen, Bürgerstolz und Weltmachtstreben, Propyläen Geschichte Deutschlands, siebter Band, zweiter Teil, Berlin 1995
Mommsen, Topos	Wolfgang J. Mommsen, Der Topos vom unvermeidlichen Krieg in: derselbe, Der autoritäre Nationalstaat, Frankfurt 1992.

Moses, Politics	John A. Moses, The Politics of Illusion, London 1975
Müller, Der Kaiser...	Der Kaiser..., Aufzeichnungen von Georg Alexander von Müller, herausgegeben von Walter Görlitz, Göttingen 1965
Müller, Regierte?	Georg Alexander v. Müller, Regierte der Kaiser? Kriegstagebücher, Aufzeichnungen und Briefe, herausgegeben von Walter Görlitz, Göttingen 1959
ÖD	Österreich-Ungarns Außenpolitik von der bosnischen Krise 1908 bis zum Kriegsausbruch 1914
Offer, Honor	Avner Offer, Going to War in 1914, A Matter of Honor? In: Politics and Society, Vol. 23, 1995.
Offer, Agrarian	Avner Offer, The First World War, An Agrarian Interpretation, Oxford 1989.
Pogge-von Strandmann, Coming	Hartmut Pogge-von Strandmann, Germany and the Coming of War, in: R.J.W. Evans und H.P.v. Strandmann, The Coming of the First World War, Oxford 1988
Pogge-von Strandmann, Erforderlichkeit	H. Pogge-von Strandmann und Imanuel Geiss, Die Erforderlichkeit des Unmöglichen. Deutschland am Vorabend des Ersten Weltkrieges, Frankfurt 1965 (Der Beitrag von Geiss in diesem Band ist abgedruckt in: Das deutsche Reich und die Vorgeschichte des Ersten Weltkriegs, Kapitel 6)

PA-AA	Politisches Archiv des Auswärtigen Amtes, Berlin
Pourtalès, Verhandlungen	Friedrich Graf Pourtalès, Meine letzten Verhandlungen in Sankt Petersburg, Berlin 1927
Reichsarchiv, Kriegsrüstung	Reichsarchiv, „Kriegsrüstung und Kriegswirtschaft", zwei Bände 1930, Textband und Anlagenband
Reiners, Lichter	Ludwig Reiners, In Europa gehen die Lichter aus, Der Untergang des wilhelminischen Reiches, München 1954.
Renouvin, Origins	Pierre Renouvin: The Immediate Origins of the War (28 June – 4 August 1914), New Haven 1928
Rheinbaben, Kaiser	Werner Freiherr von Rheinbaben, Kaiser, Kanzler, Präsidenten, Mainz 1968
Riezler, Tagebücher	Karl-Dietrich Erdmann (Hrsg.), Kurt Riezler, Tagebücher, Aufsätze, Dokumente, Göttingen 1972
Ritter, Staatskunst II	Gerhard Ritter, Staatskunst und Kriegshandwerk. Das Problem des „Militarismus" in Deutschland, Band 2, München 1961.
Röhl, Approach	John C.G. Röhl, Admiral von Müller and the Approach of War, 1911–1914, in: Historical Journal, 1969

Röhl, Kaiser Wilhelm the Second	John C.G. Röhl (Hrsg.), Kaiser Wilhelm the Second, New Interpretations. The Corfu Papers, Cambridge 1982
Röhl, Der Ort	John C.G. Röhl (Hrsg.), Der Ort Kaiser Wilhelms II. in der deutschen Geschichte, München 1991
Röhl, Hof	John C.G. Röhl, Kaiser, Hof und Staat. Wilhelm II. und die deutsche Politik, 4., verbesserte und erweiterte Auflage, München 1995
Röhl, Vorsätzlicher Krieg?	John C.G. Röhl, Vorsätzlicher Krieg? Die Ziele der deutschen Politik im Juli 1914, in: Wolfgang Michalka, Der Erste Weltkrieg, München 1994
Röhl, Fürsten	J.C.G. Röhl, Zwei deutsche Fürsten zur Kriegsschuldfrage. Lichnowsky und Eulenburg und der Ausbruch des Ersten Weltkrieges, Düsseldorf 1971
Rosenberg, Entstehung	Arthur Rosenberg, Entstehung und Geschichte der Weimarer Republik, Berlin 1935
Rumbold, Crisis	Sir Horace Rumbold, The War Crisis, London 1940
Sasse, Daten	Heinz Sasse, Daten zum Kriegsausbruch, in: BMH 1934.
Schäfer, Moltke	Theobald von Schäfer, Generaloberst von Moltke in den Tagen vor der Mobilmachung und seine Einwirkung auf Österreich, in: KSF 1926, 514–549

Schieder, Ursachen	Wolfgang Schieder (Hrsg.), Erster Weltkrieg, Ursachen, Entstehung und Kriegsziele, Köln 1969
Schmitt, Coming	Bernadotte E. Schmitt, The Coming of the War 1914, 2 Bände, New York 1930
Schöllgen, Zeitalter	Gregor Schöllgen, Das Zeitalter des Imperialismus, 4. Auflage, München 2000
Schöllgen, Flucht	Gregor Schöllgen (Hrsg.), Flucht in den Krieg. Die Außenpolitik des kaiserlichen Deutschland, Darmstadt 1991
Sösemann, Theodor Wolff	Bernd Sösemann, Theodor Wolff, München 2000
Schulte, Europäische Krise	Bernd F. Schulte, Europäische Krise und Erster Weltkrieg, Frankfurt a.M. 1983
Schulte, Dokumente	Bernd F. Schulte, Neue Dokumente zum Kriegsausbruch und zum Kriegsverlauf 1914, MGM 1979 (Schulte, Kaiserliche Marine, MGM 1970)
Stern, Grenzen	Fritz Stern, Bethmann Hollweg und der Krieg: Die Grenzen der Verantwortung, Tübingen 1968
Stevenson, Outbreak	David Stevenson, The Outbreak of the First World War, London 1997
Stevenson, Armaments	David Stevenson, Arnaments and the Coming of War, Oxford 1996.

Taylor, Course — A.J.P. Taylor, The Course of German History, London 1945 (1968)

Thimme, Front — Friedrich Thimme (Hrsg.) Front wider Bülow; Staatsmänner, Diplomaten und Forscher zu seinen Denkwürdigkeiten, München 1931

Thompson, Eye — Wayne C. Thompson, In the Eye of the Storm, Kurt Riezler and the Crises of Modern Germany, Iowa 1980

Thomson, Twelve Days — George Malcolm Thomson, The Twelve Days, New York 1964

Tirpitz, Erinnerungen — Alfred von Tirpitz, Erinnerungen, 6. Auflage, Leipzig 1942

Tirpitz, Ohnmachtspolitik — Alfred von Tirpitz, Politische Dokumente. Deutsche Ohnmachtspolitik im Weltkriege, Hamburg und Berlin 1926

Trachtenberg, History — Marc Trachtenbert, History and Strategy, Princeton, 1991

Trumpener, Premeditated — Ulrich Trumpener, War Premeditated? German Intelligence Operations in July 1914, in: Central European History, 1976

Tuchman, August — Barbara W. Tuchman, The Guns of August, New York 1962

Turner, Origins — L.C.F. Turner, Origins of The First World War, London 1970

Turner, Role	L.C.F. Turner, The Role of the General Staffs in July 1914, The Australian Journals of Politics and History, Bd. 11, 1965
Uhle-Wettler, Ludendorff	Franz Uhle-Wettler, Erich Ludendorff in seiner Zeit, zweite Auflage, Berg 1996
Uhle-Wettler, Tirpitz	Franz Uhle-Wettler, Alfred von Tirpitz in seiner Zeit, Hamburg 1998
Ullmann, Kaiserreich	Hans Peter Ullmann, Das Deutsche Kaiserreich 1871–1918, Frankfurt 1995
Ullrich, Kalkül	Volker Ullrich, Das deutsche Kalkül in der Julikrise 1914 und die Frage der englischen Neutralität, Geschichte in Wissenschaft und Unterricht, 1983
Untersuchungs-ausschuß	Verfassunggebende deutsche Nationalversammlung, 15. Ausschuß, und deutscher Reichstag, 12. Ausschuß: Beilagen zu den Stenographischen Berichten über die öffentlichen Verhandlungen des Untersuchungsausschusses. No. I: Zur Vorgeschichte des Weltkrieges. No. II Militärische Rüstungen und Mobilmachungen, Berlin 1920, 1921.
Vietsch, Staatsmann	Eberhard von Vietsch, Bethmann Hollweg, Staatsmann zwischen Macht und Ethos, Boppard 1969
Wegerer, Ausbruch	Alfred von Wegerer, Der Ausbruch des Weltkriegs 1914, zwei Bände, Hamburg 1939
Wehler, Kaiserreich	Hans-Ulrich Wehler, Das Deutsche Kaiserreich 1871–1918, 7. Aufl., Göttingen 1994

Wehler, Krisenherde	Hans-Ulrich Wehler (Hrsg), Krisenherde des Kaiserreichs 1871–1918, Göttingen 1970
Wolff, Pilatus	Theodor Wolff, Der Krieg des Pontius Pilatus, Zürich 1934
Wolff, Tgb.	Bernd Sösemann (Hrsg.), Theodor Wolff, Tagebücher 1914–1919, Boppard 1984
Young, Lichnowsky	Harry F. Young, Prince Lichnowsky and The Great War, Athens (Georgia, USA) 1977
Young, Misunderstanding	Harry F. Young: The Misunderstanding of August 1, 1914, in: Journal of Modern History, Band 48, December 1976, 644–665
Zechlin, Kriegsrisiko	Egmont Zechlin, Krieg und Kriegsrisiko, Zur deutschen Politik im Ersten Weltkrieg, Aufsätze, Düssseldorf 1979
Zechlin, Kabinettskrieg	Egmont Zechlin, Deutschland zwischen Kabinettskrieg und Wirtschaftskrieg, in: Historische Zeitschrift 1964, S. 347 ff.
Zentralbüro	Kladde des Zentralbüros des Auswärtigen Amtes 28. Juli bis 4. August 1914, Politisches Archiv des Auswärtigen Amtes
Zmarzlik, Bethmann	Hans-Günter Zmarzlik, Bethmann Hollweg als Reichskanzler 1909–1914, Düsseldorf 1957
Zwehl, Falkenhayn	Hans von Zwehl, Falkenhayn, Berlin 1926

Verzeichnis der Abkürzungen

Anm.	Anmerkung
BA	Bundesarchiv
Bd.	Band
Bl.	Blatt
CEH	Central European History
d.J.	des Jahres
Ew.Exz.	Euer Exzellenz
f.	folgende (Singular)
ff.	folgende (Plural)
HZ	Historische Zeitschrift
i.m.	in mundo
k.	kaiserlich oder königlich, je nach Zusammenhang
Kapitän z.S.	Kapitän zur See
k.u.k.	kaiserlich und königlich (in Österreich-Ungarn)
M.	Monsieur
MA	Bundesarchiv, Militärarchiv in Freiburg
m.E.	meines Erachtens
MEZ	Mitteleuropäische Zeit
N.	Note
N.O.	Nachrichtenoffizier
o.D.	ohne Datum
o.J.	ohne Jahr
PA-AA	Politisches Archiv Auswärtiges Amt
RK	Reichskanzler
R.M.A.	Reichsmarineamt
scl	nämlich
S.M./Sr.M.	Seine(r) Majestät
sog.	sogenannt
vgl.	vergleiche
zit.	zitiert

Personen- und Sachindex

Wegen ihrer zahlreichen Erwähnungen im Text wurde auf die Aufnahme von Kaiser Wilhelm II., Reichskanzler Theobald von Bethmann Hollweg und Staatssekretär des Auswärtigen Amts Gottlieb von Jagow in das Register verzichtet.

Adrienne Thomas
Aufzeichnungen aus dem Ersten Weltkrieg
Ein Tagebuch

Hg. von Günter Scholdt

(Selbstzeugnisse der Neuzeit, Band 14)

2004. X, 226 S. 14 s/w-Abb. auf 8 Taf. Gb.

ISBN-10 3-412-07704-6

ISBN 978-3-412-07704-4

Adrienne Thomas, eigentlich Hertha Strauch, Tochter eines wohlhabenden jüdischen Kaufmanns, erlebte als 18-Jährige den Ersten Weltkrieg in Metz. Die Stadt war zu dieser Zeit Großgarnison und Mittelpunkt einer einzigartigen Festungsanlage. Hier, an der lothringischen Heimatfront, verfasste sie ihre Tagebuchaufzeichnungen, die am 6. März 1915 gegen Ende der Winterschlacht in der Champagne beginnen und am 8. Februar 1916, kurz vor dem Generalangriff auf Verdun, mit der Rückkehr der Familie nach Berlin enden.

Der Text vermittelt ihre spontanen, zuweilen naiven Vorstellungen von gesellschaftlichen, kulturellen, politischen und militärischen Geschehnissen, die zwischen individuellem jugendlichem Verlangen nach Glück und den kollektiven Mobilisierungs- wie Sittlichkeitserwartungen der wilhelminischen Zeit pendeln. Die Tagebuchschreiberin gewährt dem Leser Einblick in die Mentalitäten der Menschen in einer umkämpften Grenzregion. Ihre Aufzeichnungen waren Grundlage für den 1930 erschienenen Antikriegsroman »Die Katrin wird Soldat«, mit dem Adrienne Thomas weltweite Aufmerksamkeit erregt hat.

KÖLN WEIMAR WIEN

URSULAPLATZ 1, D-50668 KÖLN, TELEFON (0221) 91390-0, FAX 91390-11

0770406082S

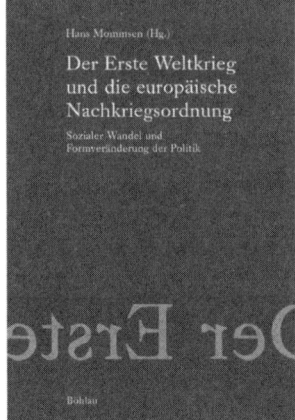

Hans Mommsen (Hg.)

Der Erste Weltkrieg und die europäsche Nachkriegsordnung

Sozialer Wandel und Formveränderungen der Politik

(Industrielle Welt, Band 60)

2001. 246 S. Gb.

ISBN-10   3-412-10600-3

ISBN 978-3-412-10600-3

Der Band versteht sich als Beitrag zur Sozialgeschichte Europas im 20. Jahrhundert. Er behandelt die Rückwirkungen des Ersten Weltkrieges auf die europäische Innenpolitik von 1917 bis 1928 und beschreibt die unterschiedlichen Tableaus der politischen, sozialen, ökonomischen und ideologischen Veränderungen in Deutschland, Großbritannien, Frankreich, Italien und der Sowjetunion. Die Kriegserfahrung war durch den Zusammenbruch herkömmlicher Sinnangebote, die Delegitimierung der angestammten Führungsschichten und eine breite politische Mobilisierung geprägt. Sie begründete eine Formveränderung der Politik, welche zu erheblichen sozialen und ökonomischen Belastungen führte und allenthalben mit populistischen Strategien sowie der Verstärkung korporativer Strukturen beantwortet wurde. Das Werk stellt einen ersten Baustein für den vom Arbeitskreis für moderne Sozialgeschichte e.V. bearbeiteten Grundriss einer »Sozialgeschichte Europas im 20. Jahrhundert« dar, welcher sich zur Aufgabe setzt, die Parameter für eine vergleichende europäische Geschichtsdarstellung im 20. Jahrhundert zu entwickeln.

KÖLN WEIMAR WIEN

URSULAPLATZ 1, D-50668 KÖLN, TELEFON (0221) 91390-0, FAX 91390-11

1060006083O